정치캠페인

선거운동의 전략과 전술

나남출판

나남신서 1147

정치캠페인

선거운동의 전략과 전술

2006년 5월 25일 발행
2006년 5월 25일 1쇄

저자_ 다니엘 시 · 마이클 존 버튼
역자_ 전광우
발행자_ 趙相浩
편집_ 방순영 · 김지환
디자인_ 이필숙
발행처_ (주) **나남출판**
주소_ 413-756 경기도 파주시 교하읍
출판도시 518-4
전화_ (031) 955-4600 (代), FAX : (031) 955-4555
등록_ 제 1-71호(79.5.12)
홈페이지_ http://www.nanam.net
전자우편_ post@nanam.net

ISBN 89-300-8147-9
ISBN 89-300-8001-4(세트)
책값은 뒤표지에 있습니다.

나남신서 1147

정치캠페인

선거운동의 전략과 전술

다니엘 시 · 마이클 존 버튼
전광우 역

NANAM
나남출판

Campaign Craft
The Strategies, Tactics, and Art of Political Campaign Management
by
Daniel M. Shea and Michael John Burton

역자 서문

어머니의 손맛

7년의 시차를 두고 초판과 재판을 접한 내가 이 책을 읽고 번역하면서 남는 인상은 '어머니의 손맛'이다. 나는 중학교를 마치고 도시로 유학을 떠나 지금까지 20여 년 동안 부모님과 떨어져 지낸다. 지금도 매년 명절이나 휴가 때 고향을 찾는데, 그때마다 어머니가 해주신 음식 맛을 보면, 어린 시절이나 지금이나 변함없는 맛이 난다. 장아찌처럼 시간이 흐를수록 오히려 어머니의 손맛은 깊이를 더한다. 이 책이 바로 그렇다. 저자들은 같은 재료를 가지고도 격이 다른 맛을 내는 일품 요리사들이다. 8년 전 읽었을 때 느낀 감동이나 지난 해부터 번역하면서 다시 느낀 감동이나 변함없는 맛이 난다. 오히려 초판의 내용들이 손질되면서 더 깊은 맛이 배어 나오고, 입에서 감탄이 저절로 흘러나온다.

인연이 있는 책

내가 이런 책을 직접 골라 읽고 번역까지 하게 된 것은 정말로 행운이다. 처음 이 책을 접한 것은 1998년이다. 당시 나는 국회에서 국회의원 보좌진으로 일하고 있었다. 선거에 관심이 많았던지라 선거관련

서적이라면 닥치는 대로 읽었다. 그러던 중 국회도서관에서 이 책을 만나게 되었다. 두세 차례 읽으면서 책이 너무 마음에 들어 핵심내용을 뽑아 "선거무작정 따라하기"라는 요약본을 따로 만들어 놓기도 했다. 지금도 집의 책장에 꽂혀 있다. 당시 책에서 얻은 지식을 응용해서 서울 한 지역구의 지방선거 결과를 나름대로 계량적으로 분석하고 응용해서 호평을 받았던 기억이 아직도 생생하다.

많은 '선거전문가'?

언제나 아쉬웠다. 내가 그랬듯이 초보자들이 체계적으로 공부할 만한 선거관련 서적이 국내에 없다. 말의 성찬에 불과한 책도 상당하다. 한국 축구가 그렇듯이, 정치에 관해서도 자칭 '전문가'들이 너무 많다. 어떤 책은 '눈이 내린 다음에 마당을 쓸어야 한다!'는 화두로 이야기를 풀어가는데, 읽다보면 무언가 허전함이 마음 한구석에 남곤 한다.

1995년 대학원을 다니면서 정치권에 발을 들여놓았고, 이때부터 선거에 관심이 많아 국내에 출판된 선거관련 서적은 나름대로 많이 읽었고, 이른바 선거분야에서 '잘 나간다'는 분들을 쫓아다니면서 이야기도 듣고, 그분들의 선거분석 보고서도 많이 모았고, 습작도 해보았다. 그러면서 남는 아쉬움은 역시 대다수가 말의 성찬이라는 것이었다. 말로는 그럴 듯한데 실제 선거현장에서 제대로 써먹을 만한 내용은 별로 없었다. 책이든 사람이든 이런 저런 말을 늘어놓는데, 대부분 감(感)에 의존한 분석을 말로 그럴 듯하게 포장할 뿐이었다.

숨겨진 1인치

2004년 5월 이 책의 초판을 접한 지 7년이 지난 시점. 이때 나는 재판인 번역본을 접한다. 번역본은 내가 1998년에 접한 초판과 내용이 많은 부분 다르다. 초판의 많은 부분을 저자들이 다시 시간과 상황에 맞게 손질했기 때문이다. 인터넷으로 주문한 책을 배달받자마자 단숨에 읽었다. 초판에 대한 인상이 너무 좋아 재판에 대한 기대가 아주 컸기 때문이었다. 7년의 시차를 두고 다시 읽었지만 무더위에 냉수 한 사발을 들이키는 것처럼 속이 후련했다. 참으로 짜임새 있게 한 줄을 써도 제대로 또박또박 쓴 책이라는 느낌을 다시 확인할 수 있었다.

책을 번역하면서, 미국과 한국의 선거조건이 다르기 때문에 책의 효용성이 떨어지지는 않을까 우려되기도 했다. 그러나 두고두고 생각해도 결론은 "걱정할 필요가 없다"는 것이었다. 특히 '선거구 표분석'을 계량화해 놓은 대목은 이 책의 백미라고 생각한다. 국내서적에서는 어디서도 찾아보기 힘든 것이다. 누구나 알아두면 선거현장에 유용한 내용이다. 또 미국의 정치선거가 컨설턴트중심으로 넘어갔고, 사이버선거의 중요성을 시사한 대목 등은 국내 선거시장이 향후 나아갈 방향을 보여주는 이정표이다.

Thank you very much!

어느 선배님께서 "번역은 모래알을 씹는 것과 같다"는 말씀을 해주신 적이 있다. 당초 계획보다 번역작업이 5개월 정도 연장되었다. 직장을 다니다보니 퇴근 후나 주말에 따로 시간을 내어 번역해야 했고, 그러다 보니 가정에 소홀함이 많았다. 아내 이순희와 딸 가은에게 고맙다는 말과 함께 강원도 산골에서 홀로 생활하고 계시는 어머니께도 감사 드린다.

무엇보다 내가 대학원을 졸업한 지 여러 해가 되었지만, 언제나 보실 때마다 '공부하라'는 귀한 말씀으로 자극을 주시는 고려대학교 정치외교학과 김병국 교수님과 국내 최고의 출판사인 나남출판사에서 출판할 수 있는 영광을 주신 조상호 사장님께 큰 절을 올린다. 여러모로 번역작업에 도움을 준 고려대학교 정치외교학과 대학원 후배(이상욱, 현제명)와 국회 동료(음종환, 최기수, 류경재, 이진우, 김혜정), 김정연 국회통역관 그리고 일일이 거명하면서 고마움을 전하지 못한 분들에게도 마음 깊이 감사의 말씀을 전한다.

2006년 5월
마포 공덕동에서
전 광 우

저자 서문

몇 년 전, 나는 학자들이 현대선거를 이해하는 것과 현장에서 선거운동요원들이 아는 것 사이의 괴리를 없애려고 이 책을 쓰기 시작했다. 학교와 현장의 학도들이 새로운 스타일의 선거를 바로 알도록 하고 싶었다. 서로 다른 선거활동 이면의 이야기, '합리적 판단'과 같은 이론, 그리고 선거운동 방법에 대한 현장의 정보를 서로 접목시키고 싶었다. 이 책의 초판이 그 결과물이었고, 그 내용은 분명 실효성이 있었다. 그래서 호평을 받기도 했다.

초판의 주제 가운데 하나는 현대의 선거운동 기술이 급속하게 발전했다는 점과, 그것을 진정 연구하는 사람이라면 기존의 상투적 수법을 새롭게 바꾸어야 한다는 점이었다. 그리고 1995년 가을 그 책을 썼을 때, 나는 주로 커뮤니케이션 방식과 데이터분석을 중심으로 한 기술발전 부분은 어느 정도 제대로 다루었다고 확신했다. 가령, 인구통계 데이터에 접근할 때 CD-ROMs의 장점에 대해 언급하는 식이었다. 문제는 그 동안 빠르게 정보화가 되면서 책의 일부내용이 식상해졌다는 것이다. 누구나 활용하고 싶어 하는 인구통계 데이터의 모든 것을 이제는 인터넷에서 바로 내려받을 수 있게 됐다. 레슬러 출신의, 그것도 제 3당후보인 제시 벤츄라(Jesse Ventura)가 인터넷으로 지지자들을 모아 주지사가 될 것이라고는 어느 누구도 생각하지 못했다. 우리는 이토록 흥미진진한 시대에 산다.

이번 개정판은 이른바 '기술적 부분 보완'을 목표로 했다. 그렇다고 단순히 내용을 업데이트한 정도는 아니다. 학계 교수들, 평론가들, 동료들이 초판의 여러 사소한 문제점과 혼란스런 섹션에 대해 지적한 바도 있었다. 그래서 그 부분도 바로잡았다. 무엇보다 개정판에서 중요한 변화라면, 전략적 요소들이 풍부해졌다는 것이다. 이 책은 일선현장에서의 섬세한 감각이 필요했다. 나는 지난 7년간 학교에 있었기 때문에 도움이 필요했다. 선거는 구성요소를 단순히 결합하는 것 그 이상이기 때문이었다.

마이클 존 버튼(Michael John Burton)이 내 요청을 받아들였다. 그와 나는 알바니(Albany) 대학에서 대학원을 다닐 때 과(科) 동기로서 좋은 친구였다. 우리는 졸업 후 서로 다른 길을 걸었다. 나는 '학교'로, 그는 '현장'으로 갔다. 그는 원래 뛰어났기 때문에 나중에 두각을 보인 것은 크게 놀랄 일도 아니었다. 워싱턴으로 간 지 몇 년 만에 그는 백악관의 클린턴-고어(Clinton-Gore) 팀에 들어갔다. 그리고 5년 동안 백악관 직원으로서 놀라운 역량을 보였다. 고어 부통령의 정치담당 부국장(*assistant political director*)으로 시장선거에서부터 1996년 대선에 이르기까지 아주 다양한 선거의 내부를 직접 들여다보았다. 이런 특별한 경험은 앞으로 그에게 크게 도움이 될 것이라 생각한다.

이후 그는 1998년에 오하이오대학 정치학과 조교수가 됐다. 현재 학계와 출판계에 돌풍을 일으킬 계획을 세우고 있고, 이번 저술작업을 그와 함께 한 것은 나에게 큰 행운이었다. 그의 솜씨와 예리한 통찰력은 이 책의 마지막 결론부분에 인상적으로 담겨 있다. 그의 노력 덕분에 개정판이 초판보다 훨씬 더 나아졌다고 생각한다.

독자들은 이 책에서 새로 추가된 여러 부분과 새로 보완된 그래픽과 데이터, 수십 가지의 최근 선거이야기, 그 동안의 기술변화, 개별 선거과정 등을 잘 결합시킨, 한층 섬세한 감각을 접하게 될 것이다. 개정판을 내는 것은 즐거운 일이었고, '한층 나아진' 이 책이 독자들에게 도움이 되길 바란다.

다니엘 시(Daniel M. Shea)
앨러게니대학(Allegheny College)

나남신서 · 1147

정치캠페인

선거운동의 전략과 전술

차 례

제 1 부 선거지형: 선거운동 환경에 대한 이해

제 2 부 전략적 사고

제 3 부 유권자접촉 기술

제 1 장
서 론

1896년 대선은 미국 역사상 가장 격렬한 선거 가운데 하나였다. 선거는 네브래스카(Nebraska) 주 출신으로 불같은 성미의 민주당 전직 하원의원 윌리엄 제닝스 브라이언(William Jennings Bryan)과 오하이오 주지사로 전직 하원의원이었던 공화당의 윌리엄 맥킨리(William McKinley)가 맞붙었다. 브라이언은 타고난 연설가였다. 당시 나라는 경제적 위기로 지역과 계층으로 분열되었고, 많은 사람들은 금본위제도(*gold standard*)가 채무자에게는 손해가 되고 금융업자에게는 이득이 된다고 보았다. 브라이언은 민주당 전당대회에서 감동적인 연설을 했다. 그는 경쟁자들을 향해 "당신들이 노동자에게 가시왕관을 씌우려 해서는 안 된다. 인류를 황금십자가에 못 박아서는 안 된다"고 외쳤다(Bryan, 1913: 249). 브라이언은 "민주당은 은본위제도를 지지한다"(Silver Democratic)는 메시지를 26개 주(州)에 전하면서 5백만 명을 헤아리는 사람들에게 연설했고, 당시 민주당 정부의 실정과 거리를 유지하면서 자신이 '보통사람'(*common man*)의 대변자라는 인식을 심었다(Dinkin, 1989: 114). 위협을 느낀 맥킨리는 그의 오랜 친구이자 정치적 대부로서, 최초의 현대적 정치컨설턴트라고 할 수 있는 마르쿠스 한나(Marcus A. Hanna)의 재능과 독창성을 활용했다. 한나는 '업무원칙'(*business principles*)에 따라 맥킨리 선거를 기획하면서 모든 선거국면에 대비해 조직을 정교하게 만들었다(Troy, 1991: 105). 그는 독일계·흑인계·운수업자·상인·여성 등 당시 보편적 참정권을 누리지 못했던 유권자별로 운동본부를 따로 만들었다. 수백 명의 연사들을 배치했고, 수많은 홍보물을 배포했다. 홍보물 가운데 상당수는 여러 인종들을 겨냥해 외국어로 만들었다. 많은 돈이 소요되는 이 전략의 자금을 뒷받침하려고, 한나는 기업체사장들에게 체계적으로 접근하면서 이전의 그 어떤 대통령선거 때보다 많은 대략 3만 5천~4만 달러 정도를 모금했다(S. Jones, 1964: 283; Glad, 1964: 169). 한나의 지출기록은 거의 사반세기 동안 최고였다.

브라이언이 지역순방을 했지만, 19세기 당시의 관행은 대통령후보가 어려움에 처하면 선거운동을 활발하게 한다고 보는 것이었다. 한편, 맥킨리는 선거운동을 하는 것이 자신을 열세로 보이게 하고, 나아가 그로 인해 브라이언이 혹시라도 자신을 추월하게 되지는 않을까 걱정했다. 그래서 한나는 후보가 유권자를 직접 찾아가기보다는 유권자들이 후보를 찾아오게 하는 독특한 선거운동 방식을 고안하였다.

한나는 손꼽히는 공화당소속 철도회사 거물들의 도움을 받아 오하이오 주 캔턴(Canton) 소재의 맥킨리 집을 방문하려는 사람들에게 기차표를 공짜로 주게 했다(Jamieson, 1984: 18). 사람들이 맥킨리 집에 도착하면, 사전에 모든 조치들이 준비되어 있었고, 가장 좋은 자리는 언론인들에게 배려되었다. 한나 일행은 메시지의 일관성을 확보하려고 지지자들의 찬조연설 내용을 면밀히 검토했다. 맥킨리 저택방문 선거운동은 전국적으로 주목을 받았다. 《프란시스 루미스》(*Francis Loomis*)지는 "캔턴을 방문하려는 열망이 거의 마니아 수준이었다"고 보도했다(Troy, 1991: 105). 한여름부터 선거일까지 맥킨리는 300회 이상 연설했고, 그의 저택에 100만 명이나 방문하게 했다. 많은 사람들이 방문기념으로 나뭇가지, 잔디, 돌, 현관 조각들을 가져가는 바람에 집이 훼손되는 일까지도 있었다.

투표일은 미국 역사상 최고로 극적이었다. 맥킨리가 한나 덕분에 51%를 득표한 것이었다. 한나가 해낸 일은 높은 수준의 기술을 요하는 것들이 아니었다. 다만, 전화홍보는 당시에 아주 새로운 것이었다. 맥킨리가 당선되고 20년이 지난 다음, 무선라디오가 커뮤니케이션을 가속화하면서, 놀라울 정도의 기술변화를 20세기 후반에 이끌어냈다. 텔레비전이 2차대전 후 보급되었고, 이후 10년간 전 국민가구의 3분의 2 정도가 텔레비전을 한 대씩 소유하면서 위성(*satellite*) 커뮤니케이션이 곧바로 지방 텔레비전 뉴스보도의 표준이 됐다. 유선뉴스망인 CNN이 백악관에 자리잡았고, 가끔씩은 정보기관보다 먼저 국제뉴스를 대통령 보좌관에게 전달했다. 21세기 들어, 거의 모든 가정이 텔레비전을 가지고 있고, 3분의 2는 유선방송을 본다. 그리고 적어도 미국 성인의 30%는 인터넷에 접속한다. 인터넷은 1990년까지만 해도 상상도 못했던 기술이다. 대학생들은 디지털전화기를 들고 캠퍼스를 누비고, 라디오방송국은 인터넷으로 방송하고, 창업회사들은 사원들에게 손바닥 크기의 개인 디지털장비를 지급한다. 만약 한나가 인터넷을 보았다면, 그가 무슨 일을 했을지에 대해서는 추측만 할 뿐이다.

기술혁명은 교육, 교통, 개인 커뮤니케이션, 직업시장, 미래에 대한 사람들의 사고방식을 변화시켰다. 명확하지 않지만, 기술혁명에 대응하는 무언가 심오한 변화가 미국 정치체제에 만들어지고 있다. 모든 수준의 정치가 온라인(*On-line*)으로 나아간다. 유권자들은 점점 커져가는 DB로 조사된다. 대형회사들은 비디오와 위성의 연결방법을 아는 사람을 고용하지 않고서는 생존할 수 없다. 2000년 3월, 애리조나 주 민주당은 사이버 예비선거를 개최했고, 시민들이 인터넷으로 고어와 빌 브래드리(Bill Bradley)에게 투표할 수 있도록 해주었다. 미국의 선거구 분포는 1970년 후반 그대로이지만, 현재의 공직자 선출방식은 과거와 달라졌다.

근래까지만 해도 건국시절과 유사하게 자원봉사자, 지역 정당활동가, 후보자의 친척과 가족이 선거운동을 수행했고, 일일유세와 홍보물(예: 팜플렛, 포스터, 신문광고) 배포 같은 전통적 방법들이 활용됐다. 1950년대에는 '맨투맨'(*retail*) 정치가 보편적이었다. 매사추세츠 주 정치인 오닐(Tip O'Neil)은 정치를 악수하고, 타협하고, 권유를 받아야만 투표하는 일종의 사교행위(*social affair*)로 보았다(O'Neil, 1987). 그는 "만약 내가 요즘 출마한다면, 정치 컨설턴트를 고용하고, 광범위하게 여론조사하고, TV시청자를 겨냥해 광고하는 등 모든 정치선거 기술들을 활용했을 것이다"고 말한 바 있다(1994: xi~xii).

오닐은 '맨투맨' 선거운동 말기에 살았다. 1896년 한나와 함께 시작된 전문 선거운동으로의 전환은 1952년 아이젠하워(Dwight D. Eisenhower)의 대통령선거 운동을 시작으로 가속화되었다. 아이젠하워는 광고팀을 고용했고, 그들은 최초 텔레비전 선거광고를 몇 편 만들었다. 이름을 반복하는 상품테스트 기법을 활용하면서 "대통령 아이젠하워, 대통령 아이젠하워, 당신도 아이젠하워 좋아해, 나도 아이젠하워 좋아해, 모두 다 아이젠하워 좋아해"라는 동일 음(音)이 해당광고에 반복되었다. 1960년대 중반, 상품 마케팅전문가 활용기술들이 연방의원 선거영역까지 들어왔다. 예를 들면, 조심스럽게 수행된 무작위 샘플조사가 직접 순방하면서 정당의 다른 지도부들에게 자문을 구하는 것보다 유권자의 원하는 바를 파악하는 데 비용면에서 훨씬 효과적인 것으로 입증됐다. 이러한 전환기에 닉슨(Richard Nixon)의 광고전략을 수립한 조 맥기니스(Joe McGinniss)는 "텔레비전이 보급되고, 유권자를 사로잡는 일에 텔레비전을 활용하는 방법을 알면서, 과거의 정치적 가치들이 사라져버렸다"는 것을 간파했었다(McGinniss, 1969: 28).

오늘날 단순히 자원봉사자를 기반으로 한 일반대중에 의존하는 선거운동(*grassroots campaigns*)은 아주 별 볼일 없는 선거의 경우에만 활용하는 초보적 선거운동 방법이다. 정치관계자들은 그것을 '구식'이라고 일축한다. 심지어 시의원 선거운동에서도 고가의 방법을 활용하기 시작하고, 1980년대에 현저하게 사용된 작전들은 10년이 지나자 낡은 것으로 간주됐다. 대규모 여론조사 대신 대상을 좁혀 타깃집단을 대상으로 하는 포커스그룹 여론조사방식이 유행했다. 1990년대 중반에는 비디오테이프를 대중에게 배포하는 것이 일반적이었다. 또한 위성(*satellite*) 활용자료 전송방식이 담배연기 자욱한(*smoke-filled*) 밀실을 대체하고 있었고, 동보팩스[1] 가 활용되면서 수작업으로 언론보도자료를 배포하는 기존의 방법도 구식이 되어버렸다. 물론, 인터넷의 출현으로 일일 선거커뮤니케이션에도 근본적 변화가 생겨났다. 이와 같이, 지난 몇십 년간 미국정치는 그 어떤 분야보다도 후보자의 득표방법 부분에 가장 많은 변화가 있었다.

선거운동 기술의 혁명은 그 동안 선거에 상당한 영향을 미쳤고, 앞으로도 계속 그럴 것으로 전망된다. 선거운동 기술의 혁명으로 선거과정에서 자금의 중요성이 강화되면서 자금확보가 용이한 후보들은 충성심과 고생을 중시했던 전통적 후보심사 절차를 거치지 않을 수도 있게 됐다. 150년 이상 선거운동의 중심이었던 전통적인 정당들이 선거컨설턴트와 정치활동위원회(PAC)[2] 의 운동방식을 수용하면서 현대적 의미

1) 역주: 팩스로 동일내용의 전문을 다수의 수신인에게 보내는 방식.

2) 역주: Political Action Committee(정치활동위원회)는 미국에서 특정입후보자를 당선시키거나 낙선시키기 위해 기업이나 노동조합 등의 이익단체가 조직한 선거운동조직. 1974년 미국 연방선거운동법이 개정되면서 정치활동위원회(PAC)는 정치인과 정당의 합법적 정치자금의 통로가 됐다. 이 법에 따르면 개인의 정치헌금은 선거 때마다 각 입후보자들에게 1천 달러씩 모두 2만 5천 달러까지 지출할 수 있었다. 그러나 PAC를 통하면 입후보자 각자에게 선거 때마다 5천 달러씩 기부할 수 있으며, 연간 헌금총액의 제한은 없다. 또한 PAC는 특정후보자에게는 5천 달러밖에 헌금할 수 없지만, 후

를 유지하지만, 그 역할이 점차 줄어든다. 한때 미국정치의 근간이었던 정당들이 이제는 후보에게 자금과 전문지식을 나눠주는 '서비스중시' 조직이 되어버렸다(White & Shea, 2000: 84~107). 후보가 정당 및 다른 곳으로부터 받는 자금은 꼼꼼한 여론조사에서부터 많은 예산이 소요되는 미디어제작에 이르기까지 다양한 전문서비스 분야에 지출된다. 오닐이 가끔 언급했던 것처럼, 모든 정치가 지방색을 띠지만 선거운동 산업은 그 범위와 영향력에서 전국적이 되었다.

유권자에게 제공되는 선거운동 정보의 유형들도 변했다. 시청자들은 요즘 62사운드 비트의 32초 텔레비전 중간광고(*spot*)를 본다. 아놀드 슈워제너거의 〈터미네이터 II〉가 새로운 영화효과인 이미지 모핑(*morphing*: 한 영상에서 다른 영상으로 부드럽고 점차적으로 변환을 시키는 방법)으로 관객들을 긴장시켰던 때로부터 3년 후인 1994년, 공화당후보들은 민주당후보들이 천천히 녹아서 클린턴(Bill Clinton) 대통령의 얼굴로 변하는 모습을 보여주는 광고를 했다. 심각한 이슈들을 지나치게 단순화했다고 호되게 비판받기도 했지만, 그 기술은 효과적이었다.

어떤 사람들은 뉴미디어로 인해 '형식이 본질이 됐다'고 지적한다(McGinniss, 1969: 30). 네거티브 선거광고의 규모가 병적 단계로까지 나가고 있다. 미디어는 후보의 정책적 입장보다는 선거운동이 어떻

보자는 여러 PAC로부터 정치자금을 받을 수 있다. 따라서 PAC는 정치자금의 공급원으로서 중요한 역할을 담당한다. 이렇게 PAC가 후보자에게 직접 헌금하는 경우에는 금액의 제한이 있지만, 특정후보의 당선 또는 낙선을 위한 활동에 지출하는 금액에는 제한이 없으므로 기업과 노동조합은 PAC를 통해 적극적이고 합법적인 선거운동을 할 수 있다. 이런 이유로 1975년 초에 139개뿐이었던 기업정치활동위원회가 1981년에는 1,251개로, 노조정치활동위원회가 303개로 늘어났다. 이러한 PAC의 인기는 정당조직의 쇠퇴를 가져왔다. 정당들이 선거운동자금의 주요한 공급원이던 시대가 가면서 후보자들은 정당 밖에서 끌어 모은 자원봉사자들과 PAC를 통해 모금한 자금을 가지고 각자 선거용 미니정당을 만드는 상황에 이르기도 했다.

게 진행되는지, 누가 앞서고 있는지에 대해 관심이 더 많은 것처럼 종종 보인다. 사람들의 유형은 새로운 선거운동의 가혹한 측면을 기꺼이 감내하려는 쪽으로 변했고, 정치에 새로운 접근법을 구사하려는 새로운 성격의 공직자들이 꽤 생겼다는 것을 실제로 보여주는 증거도 있다(Ehrenhalt, 1991).

1. 최근 선거연구

선거운동이 과연 중요할까? 1950년대와 1960년대에 수행된 초창기 몇몇 선거연구(예: Berelson, Lazasfeld, McPhee, 1954)에서는 그러한 흔적이 거의 없다. 오히려 유권자들이 선거운동 메시지보다 소속정당에 따라 투표한다고 생각했다. 유권자를 균열시키는 극적인 이슈가 있을 때, 후보의 호소력에 의해 유권자들이 좌우될 것으로 보았다. 당파적 안정성은 지역수준에서 특히 강한 것으로 간주됐다. 이처럼 선거운동이 선거결과와 별로 관련 없는 것처럼 보였기 때문에 학자들은 개별 선거운동에 대한 연구의 필요성을 느끼지 못했던 것이다.

오늘날, 많은 연구자들은 선거운동에 대해 관심을 자세히 기울일 필요가 있다는 것에 동의한다. 정당선호도에 따라 행동하는 유권자들은 거의 없다. 선거운동은 점차 늘어나는, 특히 정당과 단절된 유권자들에게 중요하다(Nimmo, 1970). 모든 선출직 출마자들의 선거자금 규모가 엄청나게 늘어났고, 통상적으로 돈이 가장 많은 후보들이 당선된다. 도시의 정당구조가 붕괴되기는 했지만 정당은 여전히 후보에게 점점 더 큰 도움을 제공한다(Frendries & Gitelson, 1999). 마지막으로 1970년대 초반, 연방의원 선거에 관한 연구들은 현역들의 재선율이 확실하게 증가했다는 것을 보여준다. 선거과정의 경쟁성과 관련해, 학자들은 현역 프리미엄의 성격을 구체화하려고 했다. 각각의 이러한 요소들은 분석방향을 유권자에서 선거운동 과정으로 옮길 필요성을 강조한다.

선거에 관한 종합적 관점이 중요하지만, 그것도 전체 그림의 일부에 불과하다. 유권자들이 정당으로부터 멀어지는 소외감, 정치불신, 투표율, 후보중심선거, 정치활동위원회(PAC), 선거기탁금, 후보자 동기부여, 미디어정보 누설통제, 네거티브 선거운동, 현역의 입지 등에 대한 다양한 연구결과물이 최근 발간됐다. 그러나 선거운동 전략에 대한 어느 정도의 연구결과물을 제외하고는 그 동안 선거관리와 선거기술에 대한 관심은 없었다. 중요한 질문에 명쾌한 답변을 제시하지 못하였다. 정치학자들은 호의적인 뉴스보도가 후보에게 큰 힘이 된다는 것을 알지만, 정확하게 사람들이 그것을 어떻게 이해하는지에 대해서는 모른다. 돈이 선거의 생명줄이라는 것을 알지만, 선거진영에서 그것을 어떻게 모아야 하는지에 대해서는 모른다. 요약하면, 선거운동이 어떻게 작동하는지 모른다는 것이다.

지금까지 '정당중심'의 선거정치가 '후보중심' 내지 '선거운동 중심'으로 전환됐다고 말했다. 따라서 정치학자들은 그 과정을 다시 개념화하면서, 현대적인 선거관리자, 컨설턴트, 정당요원들처럼 미국정치에 등장한 선거운동 행위자들의 새로운 위치에 대해 생각해야만 한다. 우리는 숲에 대해서는 알지만, 아직 나무에 대해서는 모르기 때문이다.

2. 선거매지니먼트 관련 저작물

선거관리와 기술에 대한 연구는 그 동안 외면받지 않았다. 1970년대에 몇 권의 저작물이 있었다. 로버트 아그라노프(Robert Agranoff, 1972), 조셉 나폴리탄(Joseph Napolitan, 1972), 제임스 브라운(James Brown)과 필립 세이브(Philip M. Seib, 1976)가 쓴 저서들이 대표적이다. 1980년대는 래리 사바토(Larry Sabato, 1981)가 새로운 선거운동직업에 대한 관심을 이끌어냈다. 마조리 허쉬(Marjorie R. Hershey, 1984), 앤 보드리(Ann Beaudry)와 밥 새퍼(Bob Schaeffer, 1986), 그리고 바바라 샐모어(Barbara L. Salmore)와 스테픈 샐모어(Stephen A. Salmore, 1989)는 선거운동의 내부 움직임에 대해 상당히 필요한 설명을 했다. 에드윈 다이아몬드(Edwin Diamond)와 스테픈 베이츠(Stephen Bates, 1992), 카렌 존슨-카르티(Karen S. Johnson-Cartee)와 게리 코프랜드(Gary A. Copeland, 1991)는 선거홍보에 대해 깊이 있는 연구를 했다. 캐스틴 홀 제이미슨(Kathleen Hall Jamieson, 1992)은 '지저분한 정치'의 등장을 연구했다. 게리 셀노(Gary W. Selnow, 1994)는 선거운동의 컴퓨터기술에 대해 소개했다. 선거운동 과정에서 컨설턴트의 점진적 중요성에 대해 몇몇 새로운 연구가 있었다. 존슨-카르티와 코플랜드(Copeland, 1997), 스윈트(Kerwin C. Swint, 1996)가 여기에 해당한다. 제임스 터버(James A. Thurber)와 캔데이스 넬슨(Candace Nelson)도 1995년과 2000년에 이론부분과 응용부분을 담은 두 권의 책을 냈다. 로버트 프리덴버그(Robert V. Friedenberg, 1997)는 선거운동 산업의 중요한 일부인 커뮤니케이션 컨설팅에 대해 개괄적으로 소개했다

학문연구 이외에도 선거관련 종사자들의 저작들도 찾아볼 수 있다. 가장 많이 활용되는 교재 가운데 하나는 사바토가 1989년에 편집한 책으로, 선거컨설턴트를 위한 상업잡지 《캠페인과 선거》(*Campaigns & Elections*)에서 발췌한 기사들을 모아놓은 것이다. 해당 잡지사에서는 두 번째 편으로 과거의 기사들을 요약해 놓은 《승리의 길》(*The Road to Victory*)을 현재 발간하였다(Faucheux, 1998). 편집물 외에 일반선출직 공직자들과 선거운동 전문가들이 집필해 현장의 선거운동 전술에 대한 독자들의 이해를 돕는 다양한 선거운동 교본(*manual*)도 있다. 잡지에 실린 기사처럼 이 저서들의 강점은 상세하다는 것이다. 예를 들면, 판사 로렌스 그레이(Lawrence Grey)가 쓴 《지방선거에서 승리하는 법》(*How to win local election*)에서는 선거운동 요원들에게 이런 식으로 설명한다. "광택제를 입

히면 표지판(*sign*)이 오래 간다. 표지들이 인쇄기에서 나오면 광택제가 묻은 롤러를 이용해서 표지의 가장자리가 들뜨지 않게 하는 것이 좋다"(Grey, 1999: 194~195). 학구적인 사람으로 이전에 선거운동 컨설턴트였던 딕 심프슨(Dick Simpson)은 《선거 승리》(*Winning Elections*, 1996)라는 훌륭한 입문서를 손수 썼다. 로버트 토마스(Robert Thomas)와 두그 가웬(Doug Gowen)은 지방자치 선거출마에 대한 단편을 썼다(1999). 이러한 선거운동 매뉴얼들은 전략적 이슈들을 다루지만, 머리를 쓰는(*intellectual*) 풍부한 구상없는 것이 문제다. 그 책들의 목적은 새로운 스타일의 정치를 디지털시대의 폭넓은 맥락에서 다루는 데 있지 않기 때문이다.

이 책은 이론과 실전을 접목해 선거운동 관리의 이론과 실천의 괴리를 메우려는 데 그 의도가 있고, 새로운 스타일의 선거운동을 연구하는 학도들을 위해 '정교한'(*craftworld*) 선거운동 활동의 속성 및 기능에 대한 이론적 지식과 실전정보를 함께 다룬다. 각 단원에서는 새로운 선거운동 기교 및 그 논리와 중요성, 전술과 기술 및 관련사례에 대해 살펴볼 것이다. 무엇보다도 이 책의 목적이 미국정치의 복잡한 측면에 대한 이해를 도우려는 데 있다는 것을 말해두고자 한다.

3. 새로운 스타일 선거운동

'새로운 스타일'(*NEW-STYLE*)의 선거운동이라는 용어가 이 책에서 자주 사용된다. 약간 수정되기는 했지만, 아그라노프(1972)가 원래 사용한 이 용어는 현대선거공학의 상태를 상징적으로 나타낸다. '과거 스타일'과 '새로운 스타일'의 선거운동은 ① 새로운 행위자, ② 새로운 동기, ③ 새로운 전술, ④ 새로운 자원이라는 4가지 차원에서 구분된다.

1) 새로운 행위자

선거에서 후보의 역할은 지난 몇십 년간 크게 변했다. 여전히 각 정당에서 후보를 내고 가장 많은 득표자가 승리하고 후보들이 선거운동의 주연배우이지만, 조연배우들은 과거의 '정당 전성시대'와 크게 달라졌다.

1930년대부터 1960년대까지 출마자들은 혼자서 선거에 출마하지 않았다. 정당조직들이 전체적으로 선거운동을 주도했고, 출마자의 당락은 정당의 승패에 좌우됐다. 물론 후보가 당선되려고 최선을 다했지만, 간혹 정당에 공천헌금을 내는 것이 후보지명의 전제조건이었고, 유권자접촉은 정당활동가들이 거의 전담하다시피 했다.

당시에 '전문가'라고 불리는 사람들이 있었다면, 그들은 경험이 아주 풍부한 정당근무자라는 의미에서의 전문가들이었다. 정당요원들은 조직 내에서 승진할 때 정당으로부터 훈련받았다. 실전교육은 정기교육 이상으로 혹독했다. 뉴욕 민주당 정치조직 태머니 홀[3] (*Tammany Hall*) 의 강력한 지도자였던 조지 워싱턴 플런키트(George Washington Plunkitt) 는 이와 관련해 입장이 분명했다.

---

3) 역주: 뉴욕 시정(市政) 을 지배하던 보스기구의 속칭. 혁명전쟁 퇴역군인들이 조직한 공화파의 정치기구로서, 1789년 출범 당시에는 명목상 자선단체의 성격을 띠었다. 그러나 1800년 연방파의 존 애덤스(John Adams) 와 공화파의 토머스 제퍼슨(Thomas Jefferson) 이 맞붙은 대통령선거에서 공화파가 뉴욕 시와 뉴욕 주를 석권하는 데 주도적 역할을 함으로써 이후 공식적인 정치기구로 자리매김한다. 19세기 후반 정치적으로 무지한 이민이 많아졌는데, 그에 따라 투표를 매수조작하는 작태를 배후조종하는 등 태머니의 보스로서 절대적 권력을 행사하면서 부패정치의 온상노릇도 하였다. 보스정치의 전형으로 불리며, 20세기에 들어와서도 뉴욕 시 및 뉴욕 주의 정치에 강력한 영향력을 행사하였으나 스미스 시장 때 부패사건이 속출하여 1930년경 철저한 조사가 행해졌는데, 그 결과 시장이 사임하고 태머니의 신용도 떨어져 이후 급속히 쇠퇴하였다.

> 우리 조직 모두가 책벌레나 대학교수인 것은 아니다. 만약 그렇다면 우리 조직(*Tammany*)은 겨우 4천 년에 한 번 정도 승리할 것이다. 대부분의 지도자들이 국민 곁에 있는 평범한 시민들로서 명예를 더럽히는 사람들을 혼내주고 시정부를 이끌어가는 데 필요한 교육을 받았다. 우리 조직 내에 책벌레들도 있다. 그러나 우리는 그들을 지역지도자(*district leader*)로 만들지 않는다. 퍼레이드 장식용으로 붙잡고 있을 뿐이다(Riordon, 1995: 45).

과학적 지식이 아닌 경험이 보스정치(*Tammany*)를 조직하는 힘이었다. 태머니(*Tammany*)와 다른 정치조직들은 주로 충성의 대가로 새로운 이민자들에게 관직과 여러 혜택을 나눠주면서 세력을 확보했다. 그러나 20세기 들어, 진보운동이 도시의 정치조직을 없애기 시작했다. 진보적인 개혁가들은 관직제공 기회를 줄인 '공무규정'(*civil service rules*), 투표약속을 강제할 수 없는 '비밀투표', 그리고 정당지도자로부터 후보선택 권한을 없애고 투표선거인단에게 그 권한을 돌려주는 '직접예비선거제도'를 요구했다. 어떤 주에서는 상당수의 정부조직들이 나서서 정당이 관여하지 않는 지방자치선거를 요구했다. 이민이 줄어들고, 이동이 늘고, 교육이 확대되고, 가족형태가 변하면서 정당의 영향력은 약화됐다.

또한 과거의 커넥션이 약해져 갔다. 오닐은 케네디에 대해 이렇게 말하고 있다. "나는 그가 단지 명목상으로만 민주당원이었다고 말하고 싶다. 케네디 가족은 연방하원선거에서 케네디를 도우려고 튼튼하고 재능 있는 자원봉사자들을 모집했다. 그들은 정치판에서 한 번도 일해 본 경험이 없는 사람들이었다"(O'Neil, 1987: 76). 당시 자원봉사자 모집유형은 후보들이 서로 따라서 되풀이하는 방식이었다. 1970년대에는 대통령후보 지명방식 개혁으로 과거처럼 정당후보를 직접 선택하던 정당지도부의 역할이 없어졌다. 그리고 선거자금 개혁으로 노동·기업·이념관련 정치활동위원회가 확산되었고, 나아가 후보에 대한 정당지원의 비중이 상대적으로 줄어들었다. 실제로 밀실정치가 이러한 과정 속에서 사라졌다. 어떤 평론가는 심지어 '정당이 끝났다'는 결론을 내리기도 했다(Broder, 1971).

정당이 없어지면서 후보의 '이미지'가 정당에 기반한 지지호소를 대체한 것으로 생각된다. 처음엔 대통령선거 수준에서 시작해 정당의 큰 도움 없이 출마하는 경우들이 점차 늘어나는 것을 미국의 선거운동 연구자들이 확인했다. '후보중심' 정치가 등장하기 시작했다고 이야기됐다. 텔레비전은 후보들이 개별적으로 지지를 호소하는 데 안성맞춤이었다. 텔레비전 광고를 개인 돈으로 확보하면서, 후보들은 그들이 혼자서 잘 할 수 있다는 사실을 곧바로 깨달았다. 한 정당에 일관되게 투표하던 사람들조차도 "나는 정당이 아니라 후보에게 투표했다"고 말하는 것이 일반화됐다. 후보자들과 마찬가지로 유권자들도 정당을 덜 중시하게 됐다. 한편, 새로운 스타일의 컨설턴트들이 후보의 새로운 요구에 반응하면서 급속도로 등장했다. 그리고 어떤 측면에서는 컨설턴트들이 그러한 요구를 가속화시켰다(Sabato, 1981). 홍보와 상품마케팅 수단에 정통한 선거운동 전문가들은 변화하는 선거운동 환경의 필요성을 충족시켰다. 컨설턴트들은 유권자의 선호도를 측정하고 특정그룹에 특정한 선거운동 메시지를 전달했다. 선거운동 전략은 처음에 계산자(*slide rule*),[4] 다음엔 계산기(*calculator*), 나중엔 컴퓨터로 치밀하게 수립했다. 선거운동 산업이 1970년대 초반에 등장하기 시작했을 때, 당시 선거운동관련 직업은 약 30개 분야 정도 되는 것으로 파악됐다(Agranoff, 1972: 17). 그 수는 이후 30년 동안 기하학적으로 늘었다.

---

4) 역자 주: 로그(*log*)의 원리를 이용하여 곱하기 · 나누기 · 세제곱근풀이 · 제곱근풀이 · 삼각함수 · 로그 및 그 밖의 근사계산(近似計算)을 간단히 할 수 있도록 고안된 계산기구. 직선형과 원형의 2종류가 있으나, 일반적으로 직선형이 사용된다. 용도에 따라 일반사무용 · 일반기술용 · 특수용도용 등이 제작된다.

2) 새로운 동기

1970년대 이전에 후보를 돕는 동기는 여러 가지였다. 정당조직은 관직제공 기회를 관리하고 정부계약을 규제하면서 정부를 통제했다. 어떤 사람들은 후보 또는 정당을 믿기 때문에, 또 어떤 사람들은 정(情)을 보여주는 가족이나 친구들이기 때문에 후보를 돕기도 했다. 선거가 끝난 다음에 당선자의 직원으로 일자리를 얻게 되기를 바라는 선거운동 요원들도 흔하게 찾을 수 있었다.

자원봉사자들이 계속 도움을 주고, 그 중 일부가 관직을 확실히 바라지만, 최근 들어 선거운동팀의 핵심은 독자적인 전문가들이다. 그들은 돈을 받고 일한다. 탁월한 컨설턴트들은 시간당 수백 달러를 벌기도 하고, 종종 미디어비용 지출의 상당비율을 요구하기도 한다. 대통령선거 운동의 한 부분이라도 맡아보려고 서로 경쟁을 하는 뛰어난 컨설턴트들의 숫자도 엄청나다. 1996년 클린턴(Clinton) 선거를 도왔던 딕 모리스(Dick Morris)는 《워싱턴 포스트》(*Washington Post*)에서 이렇게 말했다. "나는 1995년에 50만 달러 정도를 벌었다. … 1996년에는 약 1백만 달러 정도를 벌었다"(Harris, 1998). 컨설턴트들은 정당에 따라 크게 차이난다(Thurber, Kolodny, Dubio, 2000). 정당을 가리지 않고 일하는 프리랜서들을 후보들이 신뢰하지 않기 때문에 민주당과 공화당 미디어 컨설턴트들이 각각 따로 있다(모리스는 예외였다). 그러나 컨설팅은 이윤에 기반한 사업이다. 이는 모든 선거전문가들이 다양한 광고를 실는 상업잡지 《캠페인과 선거》(*Campagins & Elections*)를 보아서도 쉽게 알 수 있다. 후보자가 여론조사 전문가, DM발송담당, DM관리자, 미디어담당, 조직관리자, 전화홍보담당, 텔레비전 광고제작자, 심지어 웹마스터를 필요로 하든 그렇지 않든, 도움을 줄 정치컨설턴트는 있어야 한다.

3) 새로운 전술

만약 미디어가 메시지라면, 기술(*technology*)은 전술이다. 텔레비전과 라디오는 사람이 한 달 걸려야 할 수 있는 것보다 더 많은 유권자를 30초 동안에 후보자가 만날 수 있게 해준다. 컴퓨터는 DM,[5] 서베이조사, 리스트 만들기, 모금, 타기팅, 그 밖의 거의 모든 기능에 사용된다. 컴퓨터가 유일하게 못하는 것은 직접 표를 달라고 요청하는 것인데, 이것도 언젠가 가능해질 것이다. 새로운 기술들은 위성중계방송(*hookups*)으로 후보가 여러 집단의 유권자들을 동시에 만날 수 있게 해준다. 인터넷은 유권자들이 후보의 정책, 가족사진, 심지어 텔레비전 광고까지 볼 수 있게 해준다. 언론보도에 따르면, 2000년 선거에서 대통령선거 출마자 존 맥케인(John McCain)은 인터넷으로 550만 달러를 모금했다(Hockday & Donatelli, 2000 : 73). 후보간의 차이점은 메시지 전파매체가 아니라 새로운 스타일의 선거운동이 뒷받침하는 전략이다. 매스컴의 초기 활용방식은 무차별(*shotgun*) 접근방법을 취했다. 치밀한 공격라인을 갖추면, 메시지를 광범위하게 방송하려는 것이 후보의 미디어전략이었다. 그 목적은 가능하면 많은 사람들에게 전파하려는 것이었다. 이것은 신문, 집회, 전(全)선거구유세, 호별방문 등을 통한 메시지전파를 의미하는 것이었다. 설득 가능한 유권자들이 항상 그 대상이 된 것은 아니지만, 이러한 전술들은 사람들을 접촉하는 데 효과적이었다. 특정한 사람에게 특정한 메시지를 전달하기 위한 일은 따로 하지 않았다. 21세기에는 정교한 여론조사로 유권자 선호도를 파악하려고 철저히 노력한다. 신중하게 다듬어진 메시지가 설득 가능한 개별 유권자집단에 전달된다. 최근 선거운동은 무차별난사(*rifle*)가 아니라 정확하게 조준(*shotgun*)한다. 이것이

---

5) 역주: 광고·선전 등을 위하여 예상구매자에게 직접우송하는 인쇄물(*direct mail*).

바로 현대 선거운동 '타기팅'의 기교이자 과학이다.

4) 새로운 자원

새로운 스타일의 선거운동은 돈으로 운영된다. 모든 선거운동 전술이 돈에 좌우된다. 간혹 자금이 바닥난 후보들이 이기는 경우도 있지만, 그러한 사례는 드물다. 선거운동 자금과 선거승리는 아주 밀접한 관계가 있다. 새로운 스타일의 컨설턴트들은 절대 돈을 자원봉사자와 바꾸지 않는다. 그 이유는 간단하다. 만약 전화홍보를 할 자원봉사자들이 부족하면, 돈으로 텔레마케팅 회사의 지원을 받으면 된다. 그러나 돈이 없으면, 남아도는 자원봉사자들을 가지고 장거리 전화요금을 계산하지 못한다.

최근의 선거에서 재정적인 필요성이 차지하는 비중 때문에 새로운 문제의식들이 생겨났다. 돈은 어디서 나올까? 기부자들은 무엇을 바랄까? 기부금을 얼마나 모을 수 있을까? 어느 정도가 되어야 충분할까? 민주적 절차를 연구하는 사람들이 점점 늘어나는 선거비용과, 특별한 이해관계를 갖는 돈이 증가하는 것에 깜짝 놀란다. 예를 들어, 아그라노프는 1972년 연방의원 선거비용이 1만~2만 달러정도 되는 것을 보고 놀랐다(Agranoff, 1972: 27). 그런데 1990년대 후반에는 어떤 주의 경우, 선거비용이 1972년 당시보다 보통 10배 정도 늘어났다. 1998년 세 명이 경합한 캘리포니아 민주당 주지사 예비선거에서 기업대표 출신 알 케키(Al Checchi)는 예비선거비용으로만 4천만 달러를 썼고, 2000년에는 존 코진(Jon Corzine)이 뉴저지 연방상원의원이 되는 데 6천만 달러를 썼다. 나아가 중앙당과 주(州) 당, 심지어 외부 이익단체들조차도 텔레비전 광고에 막대한 자금(*soft money*)[6]을 지출했고, 점차 그 규모도 늘어나고 있다(Magleby, 2000).

---

6) 역주: 법적으로 허용되는 미국의 정치헌금에는 하드머니(*hard money*)와 소

빈번한 개혁요구에도 불구하고, 무엇을 해야 할 것인지에 대해 합의가 이뤄지지 않는다.

4. 컨설턴트 중심 선거운동

아그라노프가 말하는 새로운 스타일의 선거운동이라는 개념은 21세기를 맞이한 현재에도 유효하지만, 그렇다고 완벽하지는 않다. 기존의 개념에 두 가지 현상을 추가로 고려해야 한다. 정당조직의 중요성이 어떤 측면에서 다시 강조되고, 후보중심 선거운동이라고 종종 불리는 현대 선거운동이 실제로는 '컨설턴트 중심'으로 펼쳐진다는 점이다.

1) 정당조직의 부활

1970년대 중반까지만 해도 정당들은 선거과정에서 더 이상 별다른 역할을 하지 못하는 것으로 인식됐다. 유권자의 정당일체감이 약화되

프트머니 두 가지가 있다. 이 가운데 하드머니는 개인이 정치인 개인에게 주는 돈으로, 한도액은 원래 1천 달러였으나, 2002년부터 2천 달러로 늘어났다. 반면 소프트머니는 기업이나 단체가 정치인 개인이 아니라 지지하는 정당에 제공하는 후원금으로, 2002년 이전까지는 액수에 제한이 없었다. 또 헌금액과 사용처를 규제받지 않아 갈수록 규모가 커지고, 이로 인해 기업과 정치인 사이에 은밀한 거래가 이루어지는 등 정경유착에 대한 논란이 그치지 않았다. 이에 따라 미국에서는 2002년 3월 "맥케인 · 파인골드법"을 제정해 소프트머니를 비롯해, 기업 · 노동조합 · 개인들이 중앙당에 무제한적으로 정치헌금을 제공하는 것을 금지했다. 2004년 2월에는 연방선거관리위원회가 비영리시민단체를 통해 무제한으로 기금을 모금해 후보자들에 대한 지지, 반대 의사를 밝힐 수 있도록 허용했다. 따라서 기업들이 소프트머니를 기부하기 위해서는 시민단체를 통하지 않으면 안되게 됐다. 그러나 주(州)나 지방정당들이 선거인등록을 하거나 득표활동을 할 때는 소프트머니가 가능하다.

었고, 대통령후보들이 가끔 공식적인 정당조직을 자랑하기도 했지만 자기 힘으로 뛰었고, 의원들은 정당지도부가 원하는 것으로부터 빗나가는 경향이 있었다. 그럼에도 불구하고 중앙당조직과 전국에 산재한 주(州)당, 지방당은 오래 유지됐다. 많은 사람들이 예상한 만큼 정당조직들이 완전히 사라진 것은 아니다.

닐 코터(Neil Cotter)와 그의 동료들은 1984년 미국의 정당변화 연구(*Party Transformation Study*)를 통해 전국의 정당지도자 수천 명을 체계적으로 조사했다. 그들이 주요하게 찾아낸 것은 대중적으로 알려진 것과 정반대로 대부분의 정당조직들이 존재해 있고, 어떤 경우에는 20세기 초반보다 사실상 더 강화됐다는 점이었다. 정당활동의 상대적 비중이 정치활동위원회가 부각되면서 약화되었지만, 여전히 정당은 출마자들에게 최고의 유일한 도움을 제공한다. 공직출마자들은 탄원서제출, 자원봉사자 조직, 선거자금 제공, 전화홍보, 호별방문 유세 등을 정당에 의존한다. 앞서 언급한 정당변화 연구 이후 많은 연구가 이어졌고, 후속연구에서도 '정당은 계속된다'는 동일한 사실이 계속 확인됐다(Kayden & Mahe, 1985).

정당과 자신을 연결시키는 유권자들이 어떻게 줄어들었는지, 이와 동시에 정당조직들이 확장되는 가운데 자발적 당적포기를 어떻게 적절한 행위로 볼 수 있는지, 처음에는 이같이 모순된 사실이 혼란스러웠다. 조셉 슐레진저(Joseph Schlesinger, 1991)는 가능성 있는 답변 하나를 제시했다. 선거가 더욱 경쟁적이 되고 예측하기 어렵게 된 이유는 바로 정당일체감이 유권자들 사이에서 중요하지 않게 됐기 때문이라는 것이다. 정당조직은 새로운 환경에 적응해야 했고, 그러한 적응은 개선된 선거운동 서비스로 나타났다. 나아가 후보들은 불확실한 선거에 직면하다 보니 일종의 집단방어 형태로 같은 처지의 다른 후보들과 연대하려고 한다.

오늘날 진보적인 지방정당 조직들은 전국적으로 찾아볼 수 있다. 많은 조직들은 디지털시대에 맞게 변신해 그들의 컴퓨터 타기팅시스템, DM운영, 여론조사시설, 텔레마케팅센터 등을 자랑한다. 한편, 정당이 후보들에게 일정한 범위 내에서 돈을 직접 줄 수 있도록 한 1970년대 선거운동자금 개혁조치들은 이른바 '소프트머니 허점'이라는 허술한 틈새를 열어 놓았다. 그것은 바로 연방선거 출마자들에게 직접 기부하는 것은 엄격하게 규제되지만, 정당에 기부하는 것은 그렇지 않도록 한 것이다. 그 결과, 현재 모든 수준의 정당은 정당과 당원을 활성화시키는 거액의 미디어구매를 할 수 있다.

중앙당과 주당조직들은 연방의원선거를 겨냥한 새로운 정당조직을 만들어냈다. 공화당 전국선거위원회나 민주당 연방의원선거위원회 같은 '선거위원회'는 컨설턴트 지휘본부로서 활약한다. 지금은 모든 주에서 찾아볼 수 있는 의회직선거운동위원회(LCCS)는 많은 선거운동서비스를 제공한다(Shea, 1995a). 뉴욕, 오하이오, 캘리포니아, 미시간, 위스콘신 같은 일부 주의 경우, 주의원선거에서 정당선거위원회가 정치활동위원회나 특별이익집단보다 월등하게 주도적인 역할을 한다. 예를 들면, 뉴욕에서는 민주당 주(州) 하원선거위원회가 선거마다 거의 5백만 달러 정도를 지출한다(Shea, 1995a).

중앙당선거위원회와 주당선거위원회가 후보에게 제공하는 서비스와 지원은 상당하다. 그들은 돈을 지원하지만, 그보다 더 중요한 것은 전문지식과 도움을 제공한다는 점이다. 장래가 유망한 연방의원 출마자들은 워싱턴이나 주 수도에서 열리는 교육훈련과정에 초청을 받는다. 그들은 라디오와 텔레비전 중간광고를 만들 때 언론기관의 스튜디오를 이용할 수 있고, DM작업을 하는 데 전문적 지원을 받는다. 어떤 주에서는 정당선거위원회 직원들이 후보진영에 합류해 실질적 지휘를 하기도 한다. 나아가, 정당위원회들은 '중개자'로서의 역할을 하기도 한다(Herrnson, 2000). 잠재적 기부자들과 후보를 연결시키고 서비스판매자의 용역비용을 깎기도 한다. 여론조사에 관심 있는 후보

출마자들은 최고의 여론조사자들과 연결될 수 있고, 비용을 계산하는데 있어 세금을 면제받을 수도 있다. 이렇게 서로를 연결해주는 서비스를 제공하면서, 선거위원회는 정치활동위원회의 정책결정자들과 후보를 불러모아 서로간의 관계가 제대로 작동할지 확인도 한다.

정당의 선거운동위원회들은 일처리에 있어 냉철하다. 저명한 정당 구성원들과 친분을 쌓도록 도움을 주는 많은 '손꼽히는 정치활동위원회들'과 달리, 그들은 의회에서 과반수를 확보하는 것이 목표다. 그들은 오직 박빙의 선거에만 노력을 쏟는다(Shea, 1999). 만약 어떤 출마자의 가능성이 괜찮다면, 상당한 도움이 지원되지만, 승산 없는 후보는 기본적 조언과 사람들 몇몇을 추천 받는 것 외에는 도움을 받지 못한다. 장래가 유망한 어떤 출마자가 민주당 연방의원선거위원회와 처음 만난 것에 대해서 이야기한 것처럼, "그들이 행동한 모든 것은… 저에게 정치활동위원회 명단을 보여준 다음, 후보로 지명받기 전까지 정치활동위원회가 저에게 말을 걸지 않을 것이라고 이야기해 준 것이었습니다. 그리고 그들은 저에게 어떤 것도 약속하지 않았습니다" (Fowler & McClure, 1989: 37). 어떤 후보들의 경우, 시작부터 자금을 지원받지 않고는 경쟁력확보가 어렵기 때문에, '머니게임'은 새로운 스타일의 선거운동에서 가장 어려운 부분 가운데 하나이다. 따라서, 선거자금을 조달하려면, 자금관리 조직들이 필요하다. 그렇기 때문에, 여러모로 후보를 지원해 주는 당의 선거운동위원회를 찾아가는 것은 후보의 공직출마에 중요한 부분이 된다.

2) 컨설턴트 중심 선거운동의 등장

심지어, 이러한 정당자원의 새로운 유입에도 불구하고, 정당의 가치는 본질적으로 급격히 떨어졌다. 어떤 후보들도 분명하게 자신을 정당과 연결시키지 않는다. 선거운동 광고를 보고 후보의 소속정당을 알아내기가 가끔씩은 어렵고, 정당을 나타내는 표시들도 많은 선거운동 포스터에서 없어졌다. 후보가 정당이 아니라 인물을 강조하고, 가끔 컨설턴트들은 후보에게 정당지도자들과 거리를 두라고 조언하기도 한다. 정당과 이렇게 거리를 두는 움직임들은 이미 앞서 언급한 바와 같이, 1970년대와 1980년대의 정치학문헌에 '후보중심' 선거운동의 등장으로 설명되어 있다. 아그라노프는 "오늘날에는 정당보다 후보가 선거운동 커뮤니케이션의 초점이 되는 경향이 있다"고 말했다(Agranoff, 1972: 4). 그러나 후보중심 선거운동이라는 개념은 21세기의 환경에 정확하게 들어맞지는 않는다. '후보중심'이라는 용어가 처음 만들어졌을 때, 그 개념은 대통령선거의 변화를 반영하는 것이었다. 예를 들면, 1950년대, 아이젠하워는 순전히 인물만 부각시켜도 상대 정당의 유권자들을 사로잡을 수 있다는 것을 보여주었다. 1976년 카터(Jimmy Carter)는 그의 민주당성향보다는 개인적 정직함에 대해서 계속 이야기했고, 1980년 레이건(Ronald Reagan)은 공화당의 이상이 아니라 자신의 개인적 장점을 소개했다.

이러한 이동현상은 부분적으로 '이미지 메이커들'이 서비스를 제공하기 시작했기 때문일 수 있다. 이미지 선거운동은 여론조사 및 마케팅 전문가들이 후보로 하여금 이미지를 중시하게 하는 방향으로 이끌면서 대통령선거에 등장했다. 실례로, 닉슨은 새로운 스타일을 지닌 참모들의 조언을 계속 들은 다음 '정당'에서 '이미지'로 전환했고, 결국 1968년 대선에서 승리했다. 그것은 쌍방향이었다. 컨설턴트가 후보를, 후보가 컨설턴트를 서로 필요로 했다. 맥기니스는 이렇게 말한다. "닉슨은 자신을 믿고, 자신의 비전을 공유하는 관록 있는 사람이 필요했다. 그러나 보다 중요한 것은 그가 폭넓은 개념에서부터 기술적 세부사항에 이르기까지 텔레비전을 하나의 무기로 인식하는 인물이었다는 점이다"(McGinniss, 1969: 34). 이러한 공생적 관계에서부터 '대통령홍보'가 시작했다. 그로부터 수 년 후, 한때 워싱턴의 최고 미디어컨설턴트였던 밥 스퀘어(Bob Squier)는 "미디어컨설팅 분야에서 '시청자'라는 용어와 '유권자'라는 용어를 거의 바꾸어서 사용하는 사람들을 보게 될 것"이라고 거침없이 이야기하기도 했다(Squier, 1998).

맥기니스는 선거광고의 활용을 한편으로 존경하고, 다른 한편에선 무시했지만, 지방선거 이상의 선거에 출마한 후보들은 모두 선거운동에서 전문컨설턴트의 도움을 받으려고 한다. 전문가들은 여론을 진단하고, 후보의 주장(*appeal*)을 만들어 내고, 자금을 모금하고, 가장 효과적인 유권자 접촉방법을 실행하려고 한다. 최근의 선거운동은 정당중심도 아니고, 그렇다고 엄밀하게 보면, 후보중심도 아니다. 그보다는 컨설턴트 중심이다.

선거운동은 더 이상 후보자간의 싸움이 아니라 후보를 대신해서 싸우는 선거운동 컨설턴트간의 싸움이라는 니모의 주장이 다소 과장된 측면도 있지만, 어느 정도는 사실이다(Nimmo, 1970). 사실 후보들은 선거를 만들어 내면서 컨설턴트를 고용하고, 자금을 요청하고, 훌륭한 명성과 평판을 얻는다. 이러한 의미에서 보면, 현대 선거운동은 후보중심이다. 그러나 누가 선거운동을 움직이는지 알아보기 위해 후보 이면의 선거운동 구조를 유심히 살펴보면, 더 이상 관직을 기대하는 보스정치(*Tammany*) 스타일의 정당요원을 찾아볼 수 없다. 요즘의 선거운동은 선거운동 관리전략, 전술, 기술에 정통한 전문가들로 인력이 충원된다.

지금은 선거자금 모금활동에서부터 DM, 텔레비전 광고, 현장활동에 이르기까지, 모든 것을 고액의 선거컨설팅회사들이 관리한다. 데리고 있는 사람 수 역시, 정당보다 컨설팅회사가 훨씬 많다. 그리고 적어도, 시간급이나 임시직 형태로 선거운동 컨설턴트들의 도움을 받는 정당조직들이 더 많다. 예를 들면, 어떤 지역의 주의회직 선거운동위원회는 승산 있는 선거를 대상으로 컨설턴트를 고용한 다음, 관리가 필요한 부분에 컨설턴트를 투입한다. 태머니 홀의 플런키트는 학자를 정당의 '장식물'로 일축했지만, 근래에는 선거운동위원회와 컨설턴트회사의 직원들이 아크론(Akron) 대학 응용정치연구소와 아메리카(American) 대학 경영연구소 같은 대학원의 졸업생들로 충원된다. 만약 플런키트가 회비, 총회, 선거경영인상(the 'Pollie' Awards), 직업윤리규범을 모두 갖춘 미국정치 컨설턴트협회를 보았다면 무슨 생각을 했을까?

지금은 누구를 수석컨설턴트로 영입하느냐가 선거의 핵심이슈다. 언론인들은 후보의 컨설턴트팀 구성에 주목한다. 적재적소에 막강한 컨설팅회사를 끼고 있으면, 기부자들은 누가 당선될 것인가를 보고 지갑을 연다. 전문 미디어컨설턴트는 언론의 이목을 집중시키는 방법을 안다. 모금활동 전문가는 선거운동 자금을 최대로 모으는 방법을 안다. 이제는 막강한 컨설턴트팀을 고용하는 것이 선거에 필요하다. 모든 후보들이 새로운 '미국정치의 마법사'인 컨설턴트의 솜씨를 인정한다(Luntz, 1988).

5. 책의 구성

앞으로 나오는 내용들은 미국정치연구자들이 선거운동을 컨설턴트 중심으로 펼치는 미국 선거운동의 발전과정과 논리를 이해하도록 돕는데 그 목적이 있다. 여기서 초점은 대통령선거 이외의 선거에 맞추어져 있다. 대통령선거운동에서 미디어구매 계획을 짜고, DM을 준비하고, 선거자금을 모금한 경험 있는 컨설턴트들이 거의 없기 때문이다. 여기서는 주선거운동, 지방선거운동을 중심으로 논의한다. 간단한 소개 차원에서 대통령선거운동을 살펴보는 것도 유용하지만, 대부분 연방의원, 주의원, 카운티 집행위원, 시의원선거 같은 중간수준의 선거에 가장 적합한 전략과 전술, 기술에 관해 살펴본다. 2장에서는 선거운동 기획에 대해 간략하게 알아볼 것이다.

제 1부는 3장부터 시작하고, 선거맥락에 대해 검토하고, 특정선거를 규정하는 요인들을 살펴볼 것이다. 그런 다음 4장에서 인구통계분석에 대해 폭넓게 살펴보고, 5장에서는 상대후보에 대한 조사, 즉 해당후보에 대한 불리한 자료를 모으는 일에 대해 살펴볼 것이다.

제 2부에서는 전략적 사고의 구성요소들에 대해 살펴본다. 6장의 선거타기팅을 시작으로 7장에서는 여론조사, 8장에서 일반전략에 대해 알아볼 것이다. 제 2부에서는 새로운 스타일의 선거운동 '기술'에 대해 접할 수 있을 것이다.

제 3부는 유권자접촉 기술에 대해 살펴본다. 9장의 모금활동을 시작으로 10장 홍보(미디어전략), 11장 뉴스보도, 12장 현장의 유권자접촉 기술에 대해 알아볼 것이다. 마지막으로 13장 결론에서는 선거조직의 미래를 새로운 데이터관리와 유권자접촉 테크닉 측면에서 살펴볼 것이다.

이 책은 처음부터 끝까지 미국 선거운동에 중대한 변화가 진행중이라는 것을 주장한다. 새로운 스타일의 선거운동이 대통령선거부터 소도시(*Town*) 의회선거까지 뿌리내리고 있다. 그 동안 정치학자들이 커다란 여러 변화과정들에 대해 이해하려고 노력해왔지만, 세부적인 부분들은 배척했다. 이미 25년 전에 제럴드 폼퍼(Gerald Pomper)는 미국인들이 공직자 50만 명 이상을 투표로 선출하지만, '선거는 미스터리'라고 말한 바 있다(Pomper, 1974: 1). 끝으로, 이 책의 목적이 기본적인 선거운동 관리에 대해 설명하고, 전문적 선거운동의 기교와 과학을 강조하려는 데 있다는 것을 말해 둔다.

제 2 장

선거기획

모든 선거매뉴얼은 사전기획(*advance planning*)이 중요하다는 것에 동의한다. 어떤 매뉴얼에서는 "기획하고, 그것을 이행하는 것이 절대적으로 중요하다"고 적혀 있다. 다른 매뉴얼에서는 "흐름도(*flowchart*)는 성공한 선거운동의 필수품이다. 그것은 선거운동팀에 유용하다. 그 이유는 선거운동팀 구성원들이 전체적인 선거운동 계획을 이해할 수 있기 때문이다. 흐름도는 선거운동을 조직화한다"고 적혀 있다. 한 발 더 나아가, 또 다른 매뉴얼에서는 이렇게 적혀 있다. "만일 어떠한 기획이라도 수립되어 있지 않다면, 선거운동을 시작하면 안 된다"(Bike, 1998: 76). 사실, "흐름도는 후보와 참모에게 은근히 영향을 줄 수 있다. 흐름도가 무슨 일을 언제 할 필요가 있는지 정확하게 윤곽을 잡기 때문이다"(Shaw, 2000: 249). 구제타(J. Guzzetta)는 선견지명 있는 통찰력의 충격에 대해 이야기한다. "이 매뉴얼을 읽으면, 당신은 비교적 비용이 많이 들면서, 일거리가 엄청나게 많은 점이 눈에 보일 것이다. 그 다음 곧바로 '이 모든 것이 승리에 필요하냐'고 보통 묻게 될 것이다. 여기에 대한 대답은 물론 '그렇다'(*yes*)이다"(Guzzetta, 2000: 129).

기획은 중요하다. 1960년 대선에 대한 테오도르 화이트(Theodore H. White)의 유명한 저서를 보면, 케네디와 그의 참모들이 대통령에 도전하기까지 3년간의 시간을 어떻게 보냈는지 알 수 있다. 선거 1년 전, '최종공격기획'(*final assault plans*)을 수립하려고 '10월 하순 전략회의'를 가졌다. 그날 아침, 케네디 연방상원의원은 각 지방과 주별로 개략적인 계획에 대해 정확히 예를 들면서 말했고, 심지어는 지역별 정치이슈와 파벌들에 대해서까지 관심을 가졌다. 팀을 이끄는 그의 형과 점심식사를 한 후, '작전'(*operational*) 문제까지 거론했고, "과제를 나누었다. 그리고 마치 한 명의 수석참모가 야전사령관들에게 작전계획을 맡기듯이, 케네디의 참모들은 전국적으로 4등분되었다"(1961: 56). 현대사에서 가장 치열했던 대통령선거운동은 이렇게 시작되었다.

지금은 일반화되었지만, 1960년대 초반만 해도 케네디의 지휘방식은 주목할 만했다. 요즘의 선거매뉴얼을 보면, 업무명세표(*worksheet*) 샘플, 기본전술, 그리고 심지어는 기획과정의 길잡이역할을 하는 선거일정표 견본까지 나와 있다. 모든 작전의 현장마다 목표로 삼아야 할 일들이 제시된다. 선거기획은 상황에 따라 좀 달라질 수 있지만, 전체적인 원칙은 있다. 이 장에서는 선거기획 과정의 길잡이역할을 하는 전략과 타이밍, 그리고 선거기획의 주요 필요성과 전형적 기획내용들에 대해 살펴볼 것이다.

1. 선거기획의 필요성

문제에 당면한 컨설턴트들은 사전에 계획을 수립하지 못한 것을 아쉬워한다. 막연한 명령은 실패하게 되고, 명확하지 않은 스케줄은 시간낭비가 된다. 최고의 어떤 컨설턴트가 이야기했듯이, "만약 닐 암스트롱(Neil Armstrong)이 로켓의 방향만 단순히 조정했다면, 달에 도착하지는 못했을 것이다"(Sweeney, 1995: 15). 선거운동은 세부사항과 기한(*deadline*)을 수반한다. 변화하는 상황에 대해서는 말할 것도 없다. 문건화된 기획이 없다면, 선거운동은 흔들리게 되고, 결국 실패한다. 누군가 말한 것처럼, 선거기획은 "민주적 과정이라 부르는 대혼란에 질서를 가져오는 것이다"(Grey, 1999: 95).

선거기획은 무엇을, 언제, 누가 해야 하는지, 그 일을 하는 데 무엇이 필요한지 명확히 하는 것이다. 훌륭한 기획은 책임을 나누고, 각 사안을 전체로 통합하고, 선거의 단계별 청사진을 제시한다. 아젠다와 타임테이블이 준비돼 있으면, 모든 선거관계자들이 할 일을 갖게 된다. 기획은 달라지거나 변할 수도 있고, 심지어 선거중반에 급격한 수정이 필요할 수도 있다. 그러나 선거기획은 일련의 다양하고, 동시적이면서, 상호의존적인 일들을 조정하는 기본적인 관리수단이다.

심도 있는 선거기획은 선거운동의 불확실성을 최소화한다. 기획은 후보가 전략을 고수하고, 상대공격의 피해를 완화하고, 마지막까지 집중을 강화시킨다. 이미 언급한 것처럼, 선거기획의 존재는 매우 초조해하는 후보자나 참모의 두려움을 누그러뜨리는 데 큰 효과가 있다. 자원봉사자나 유급참모들은 큰 것을 못 보고 그날그날에 너무 집착하는데, 이렇게 되면 선거팀은 메시지로부터 멀어지고, 중요한 목표에서 벗어나 자원을 다시 배분하도록 유혹받는다. 선거기획은 모든 사람이 임무와 스케줄을 고수하도록 하거나, 최소한 그날그날의 변화에도 큰 그림을 유지하도록 도움을 준다.

불확실성은 중복되는 일을 없애면 어느 정도는 최소화된다. 위계질서를 정하고 참모에게 책임을 주면, 선거기획은 귀중한 시간과 돈을 아끼는 데 효과가 크다. 같은 이웃에게 똑같은 전단지를 돌리는 것은 자원낭비이다. 어떤 경우든 일을 중복되게 하는 것은 낭비이고, 아주 해로운 일인 것이다. 만약 참모 한 명 이상이 기자에게 이야기를 건넨다면, 서로 모순되는 메시지들이 언론에 보도될 수도 있기 때문에, 정작 말하려는 것이 무엇인지 또다시 설명해야 하는 곤란한 입장에 놓일 수도 있다. 이미지가 알맹이가 되는 세상에서, 선거운동을 혼란스럽게 하면 결단력이 없거나 선거관리자로서 너무 약하게 보일 수 있다.

기획서는 내부적으로는 선거전술의 길잡이로서 도움이 되고, 대외적으로는 잠재적 지지자들과 뉴스매체에 신뢰감을 준다. 이렇게 하면 선거출마자는 승리할 것처럼 보이기 시작한다. 도전자가 극복해야 할 가장 어려운 장애물 가운데 하나는 일반인들이 당선가능성을 의심하는 것이기 때문에 승자처럼 보이는 것은 아주 중요하다. 만약 사람들이 현역의 기반이 탄탄하다고 생각하면, 도전자를 지지하는 것을 무의미하게 생각한다. '확실히 낙선할 것 같은 사람'에게는 기자들이 관심을 주지 않고, 기부자들도 도움을 주지 않는다. 확실한 선거기획 수립은, 영향력 있는 인사들로 하여금 선거전이 심상치 않다는 것을 느끼게 하고, 그리고 선거운동이 앞으로 조직적이면서 효과적으로 전개되고, 자원낭비나 좋은 기회를 놓치는 일들이 없을 것이라는 점을 믿게 만든다. 그러면 정당충성심이 강하거나 미래를 내다보는 기부자들과 언론은 해당후보가 선두에 나설 것으로 생각하게 될 것이다.

2. 선거기획 구성요소

새로운 스타일의 선거기획의 모습은 후보에 따라, 선거에 따라, 컨설턴트에 따라 다르다. 단일한 단계별 지침서는 없다. 그렇지만, 주요 선거기획사들이 말하는 핵심적인 구성요소들은 있다. 탄탄한 선거기획서에는 상황설명(*contextual*) 정보, 유권자 개요, 전략과 전술, 필요한 인력과 자원에 대한 내용이 담겨 있다. 간단한 리스트를 통해 잘 작성된 기획서의 전형적 요소들을 지금부터 이야기해보고자 한다.

지역구 특성. 선거진영에서는 선거구의 지형, 산업, 주거형태, 지역사회 조직, 교통인프라, 여타 다른 고정변수에 대해 이해해야 한다. 이것은 후보가 활동해야 하는 정치지형이기 때문이다. 따라서 선거작전본부에서는 선거운동 시작 전에 지형을 도표로 만들어야 한다. 3장 참조.

인구통계적 특성. 정치전문가라면, 투표인구의 특성과 선거결과 간의 관계가 밀접하다는 점을 알 것이다. 가령, 노조원들이 많은 지역구에서는 민주당에 투표하는 경향이 있다. 따라서 그러한 지역에 출마한 공화당후보는 노동문제에 관심을 가져야 한다. 인구통계 분석표는 유권자들의 특성을 개괄적으로 보여주며, 가끔씩 지도와 요약된 표에 설명을 곁들이기도 한다. 4장 참조.

후보자 프로필. 이력과 경력은 선거기획에서 거의 항상 부각된다. 후보의 출신배경, 경험, 위원회에서의 위치, 법안발의, 관직 등이 상당히 강조된다. 이것은 상대편도 마찬가지다. 점차적으로 서로를 비교하고, 심지어는 상대편을 깎아내리는 것이 새로운 스타일의 선거운동이기 때문에 후보에 대한 조사는 중요해지고 있다. 5장 참조.

선거현황. 향후의 유권자행동을 예측하는 최선의 방법 중 하나는 최근의 선거현황을 살펴보는 것이다. 과거는 미래의 서막을 알린다. 이전에 공화당에 투표한 선거구(*ward*)는 앞으로도 공화당에 투표할 경향이 있다. 디지털시대라고 해도 선거는 지역과 밀접하다. 후보자들은 아직도 호별방문을 한다. 따라서 선거구 내 어떤 지역에서 후보의 메시지를 가장 잘 수용할 것인지 결정하는 것은 유용하다. 6장 참조.

여론. 선거운동은 점차 여론조사에 의존한다. 기획서 가운데 여론조사 부분은 유권자의 관심사와 지역유권자들에게 흥미로운 주제들에 대한 개요를 포함하기도 한다. 만약 선거진영에서 여론조사 전문가를 고용할 계획이라면, 물어야 할 질문의 종류와 데이터 활용방안 등, 파악하려는 정보유형에 대해 어느 정도 생각해야 한다. 7장 참조.

일반전략. 후보의 포지셔닝은 선거기획에서 중요한 부분이다. 정치 스펙트럼상 후보가 어디에 위치해야 하는지 알아야 한다. 중도적인 선거구에서 보수적인 후보는 선거아젠다의 중도적인 측면에 관심을 갖고, 진보적인 후보는 선거아젠다의 진보적 이슈들을 보다 보수적인 말들로 이야기하면 좋다. 종종, 무엇에 대해 선거운동을 해야 하는지 확실히 알려면, 누가, 왜 특정후보를 찍으려 하는지에 관한 합리적 판단근거를 한 페이지 정도 준비해야 한다. 8장 참조.

선거자금 모금계획. 전략은 이행하는 데 돈이 들고, 돈은 어디선가 나와야 한다. 누가 자금을 제공하고, 그 돈을 언제 기대할 수 있는지, 선거자금 모금방법 등에 대해서는 9장에서 살펴볼 것이다.

홍보전략. 선거홍보 전략은 언론매체별로 통상 나뉜다. 라디오, 텔레비전, 웹사이트별로 별도의 스케줄이 있을 수 있다. 앞으로 나오는 해당내용에서는 뉴스보도 전략, 가령 홍보이벤트, 언론사 편집진과의 미팅에 대해서도 살펴볼 것이다. 예상되는 모든 선거이슈들에 대한 후보의 입장을 한 페이지씩 요약해 놓는 것도 여기에 포함되고, 신속한 대응차원에서 예상질문과 답변을 담은 세부적인 입장정리 문건도 가끔 만들어진다. 10장, 11장 참조.

일반대중 선거운동. 언론매체에 대한 선거비지출 비중이 점차 늘어나고 있지만, 자원봉사자들의 유권자 호별방문 및 표지판(*sign*) 세우기나 붙이기 같은 전통적인 선거운동이 계속된다. 특히 중요한 것은 전문가들이 G-O-T-V라고 부르는 '투표독려'(*get-out-the-vote*) 운동이다. 이것은 지지를 약속한 사람들이 실제로 투표하는지 확인하는 것을 말한다. 12장 참조.

3. 전 략

나폴리탄(Napolitan, 1986)에 따르면, 전략은 그것을 활용하는 후보자에게 알맞아야 한다. 가끔씩 선택하기 곤란한 사항들이 전략기획안에 들어간 경우들이 있기 때문이다. 후보자가 참모의 전략, 기획이 마음에 들지 않으면, 큰 실수가 생기는 경향이 있다. 기획이 불만스러우면 후보자는 냉담해지고, 참모의 결정을 의심한다. 어떤 선거매니저도 후보로부터 "내가 이것을 왜 해야 하지?"라는 이야기를 듣고 싶어하지 않는다. 제대로 된 기획은 선거운동에 대한 이해가 확실하고, 제대로 문건화되고, 토대가 튼튼하기 때문에, 모든 이벤트의 이유가 분명하다. 기획이 제대로 되지 않으면 혼란만 생긴다. "최악의 경우 선거운동들이 서로 다른 방향으로 전개될 수 있다"(Napolitan, 1986: 27). 계획된 운동이 적재적소에서 실행되지 않으면, 조정(*coordination*) 실패로 자원은 낭비되고, 잘못된 메시지가 전달된다.

메시지의 일관성에 주의를 기울여야 한다. 선거기간 동안 많은 메시지들이 제시될 수 있지만, 모든 것은 단일한 핵심테마와 관련 있어야 한다. 많은 선거운동은 한 개의 주간메시지를 가진다. 매주 선거운동 테마의 한 가지 측면을 계속 강조해야 한다. 그 이유는, 반복하면 메시지전파에 도움이 될 것이라는 기대 때문이다. 메시지가 뒤죽박죽 되지 않으려면, 선거운동관리자는 정책발표가 중복되지 않도록 해야 한다. 예를 들어, 어떤 주간에 친환경적 노선을 걷고자 한다면, 이 기간의 모든 홍보는 이 테마를 강화해야지 소비자보호에 관한 것을 이야기해선 안 된다. 나중에, 만약 라디오광고가 소비자보호에 주안점을 두었다면, 우편담당자는 소비자보호 관련편지를 발송하고, 공보담당자는 일간지에 해당이슈가 실리도록 노력해야 한다.

언론매체 기획을 신중하게 하면, 선거운동이 메시지유지에 도움이 된다. 효과적인 전략은 선거운동이 뉴스가 되게 만들고 그 다음에 유료광고를 활용해 뉴스보도를 강화하는 것이다. 1994년 공화당의 공약인 '미국과의 계약'을 호평하는 유료광고를 후보들이 내기 전에, 공화당은 방송을 통해 관심을 최대로 고조시켰다. 몇 줄로 선 공화당출마자들이 당의 기본방침에 충성을 다짐하는 대형이벤트가 의사당 계단에서 열렸다. 공화당은 보도를 위해 뉴스관리자들과 사전협의한 후에, 생방송화면들(*live shots*)을 지방방송국으로 쏘았다(Tron, 1996: 50~52). 이후 몇 개월 동안 여러 선거광고를 통해 공화당의 단일한 모습에 대한 메시지를 보강했다.

마지막으로, 성공적인 선거운동은 상대방이 무엇을 할 것인지 파악한 다음, 후속결과 처리를 위한 대안들을 개발할 목적으로 사전에 대응 시나리오 몇 가지를 구상해야 한다. 어떤 전략가에 따르면, "전략가의 관점에서 보면, 똑같은 선거운동을 반복하는 현역후보에게 타격을 입히는 것보다 더 매력적인 일은 없다"(Shea and Brooks, 1995: 24). 그 이유는 예상대로 행동하기 쉽고, 그리고 상대방의 허를 찔러 좌절시키는 것이 아주 간단하기 때문이다. 만약 상대후보의 전력에 약점이 있다면, 먼저 선수칠 방안들을 만들어내야 한다. 사전계획된 선거공약에 일부 문제가 있다면, 발표 전에 그것이 무엇인지 파악하기 쉽다. 컨설턴트인 위버에 따르면, 선거운동의 역할은 "반격을 예상해 준비하는 것이다. 왜냐하면, 반격이 올 것이기 때문이다"(Shea and Brooks, 1995: 29). 체스처럼 상대방의 전술이 가동되기 전에 그것을 예견해서 격파하는 게임과 같은 것이 바로 선거운동이다. 이러한 점에서 선거기획은 앞을 내다보는 데 도움이 된다.

4. 타이밍

전술적인 요소를 하나의 상세한 계획에 통합시키는 것은 어려운 일이다. 각 단계별 타이밍은 사전행보들과 관련되어 있다. 자금모금이 통상 제일 먼저 시작되고, 유권자를 접촉하는 것은 여론조사 데이터를 축적한 다음에 진행된다. 메시지들은 서로 보완할 때 가장 효과적이다. 그래서 선거광고와 뉴스보도는 서로 보완해야 한다. 예산수립 과정에서는 수입과 지출을 일치시키는 방법을 찾아야 한다. 선거운동용 인쇄물은 선거운동용 표지판(*signage*)과 아주 닮아야 한다. 이 두 가지는 후보의 전략적 포지셔닝에 따라 좌우되는 전체적인 선거메시지를 전제로 하고, 상대당의 후보선정 때까지는 알려지면 안 된다. 모든 조각들을 일관성 있게 하나로 만들기는 참으로 어려운 일이다.

전술적 차원에서, 일부 선거운동의 경우 기획서를 흐름도처럼 작성하도록 요구한다. 그래서 "약 10피트 정도의 가지각색의 종이(*butcher paper*)"를 가지고 시작해 "선거운동의 주요 기능마다 컬러의 접착성기호를 표시함으로써 선거운동을 시각적으로 나타낸다"(Shaw, 2000: 250 ~251). 이러한 방식이 세련된 프로젝트관리 소프트웨어에 자리를 내주고 있지만, 기본원리는 변하지 않는다. 선거일까지 모든 것을 완료하려면 업무를 여러 부분으로 나누고, 차례로 배열·구성해야 한다. 데드라인을 확실하게 선거일에 맞추려고 선거전략가들은 역산해서 생각한다. 선거운동 마지막 날로부터 거슬러 올라간다. 이에 따르면, "예를 들어, 할로윈데이 다음날 잔디밭에 세우는 표지판(*lawn signs*)을 정정할 필요가 있다면, 10월 31일 위에다 이 사실을 녹색기호로 표시한다. 잔디밭 표지판을 통상 선거 한 달 전에 세우기 시작한다면, 그 하루 전날 위에 이 사실을 녹색기호로 표시한다"(Shaw, 2000: 250). 이렇게 거슬러 올라가면서 도표를 그리면, 선거막바지에 선거운동을 하다가 시간을 모두 소모하는 일이 없다.

전략적 차원에서, 일부학자들은 유권자의 태도를 '인지'(*cognition*, 후보에 대해 아는 것), '감정'(*affect*, 후보에 대한 입장들을 밝히는 것), '평가'(*evaluation*, 결정하는 것) 3가지 단계로 바라본다(Salmore and Salmore, 1989: 13~14). 정치전문가들은 이것을 '이름'(*name ID*, 앞의 '인지'와 유사), '설득'(*persuasion*, 사람이 후보에 대해 훌륭한 사람이라고 생각하게 하는 것), 그리고 '동기부여'(*motivation*, 투표장을 이끌어내 투표하도록 하는 것)라는 측면에서 생각한다. 어떤 유권자의 경우는 각 단계가 빠르게 넘어간다. 정당소속감이 강한 유권자들은 순식간에 누가 그들의 표를 얻어야 하는지, 실제로 그들이 투표해야 하는지 알아챈다. 다른 유권자들은 후보자를 알고, 느낌이 형성되고(투표장에서 선택이 이뤄질 수도 있는), 결정하는 과정에 시간이 걸릴 수도 있다. 어떤 경우든 간에, 선거운동기획자들은 선거운동 초반에 후보자가 어느 단계에 있는지 알아야 한다(Guzzetta, 2000; Salmore and Salmore, 1989).

오리건(Oregon) 주의 공화당 의원 고든 스미스(Gordon Smith)는 일시적으로 선거자금이 바닥나는 일이 있기는 했지만, 1996년 1월 연방상원의원 보궐선거 초반에 방송광고를 쏟아내면서 인지도 확보의 중요성을 보여주었다(Gruenwald, 1995). 스미스가 간발의 차로 지기는 했지만, 이후 오리건 주 상원선거에서 승리했다. 당시 그의 이름은 일반인들에게 잘 알려져 있었다. 특히 하위직선거전 같은 경우는 선거운동 후반부까지 인지도가 잘 확보되지 않는다. 컨설턴트 론 브라운(Ron Brown)과 네로 지오게티(Nello Giorgetti)는 이렇게 말한다.

> 지방선출직의 경우, 10가지 선거운동 가운데 9가지는 후보이름이 메시지다. 선거일이 다가올 때까지 이름을 반복한다. 공직에 대한 이야기보다 유권자 앞에 후보이름을 내놓는 것이 중요하다(Brown and Giorgetti, 1992: 51).

그러나 고위직선거는 인지단계에서 후보에 대한 감정단계로 일찍이 넘어가기 때문에, 현안과 다른 테마의 메시지들에 대한 논의가 가능하다.

광고게시판(*billboards*), 차량범퍼 스티커, 정원표지판은 후보이름과 소속정당을 확인하는 것 이외의 기능은 거의 못한다. 이러한 것들을 가능한 빨리 조치한 다음, 천천히 모멘텀을 형성시키는 것이 최고의 방법인지, 아니면 막바지에 폭발시키는 것이 더 큰 효과가 있는지 일부 논란이 있다(Shaw, 2000: 91~92). 판단해보면, 어떤 방법을 선택할지는 지역별 정원표지판 허용기간 규정에 달려 있다. 정원표지판은 막바지에 선거운동이 가열되면 공격당하기 쉽기 때문에 광고게시판 활용이 요구될 수도 있다. 최근 몇 년 동안 차량범퍼 스티커활용이 자제되고 있다. 그 이유는 스티커가 수집가들의 수집품목이 되는 경향이 있기 때문이다.

선거운동 테마들은 후보가 중도, 자유, 보수 가운데 어느 입장을 나타내야 하는지에 대한 전략적 포지셔닝을 논의하는 기획회의 석상에서 중요한 위치를 차지한다. 정치전문가들은 항상 후보의 포지셔닝을 컨트롤하기 원한다. 메리 매털린(Mary Matalin)은 이것을 '정치의 기본규칙 101번'(상대방이 당신을 규정하지 못하게 하라)이라고 부른다(Matalin and Carville, 1995: 72). 유권자들이 후보에 대한 정보가 없으면, 그들은 제일 처음 듣는 정보를 수용하는 것으로 알려져 있다. 커뮤니케이션은 중간매개 요인들이 없을 때 효과적인 것 같다는 점이 연구자들의 주장이다(Whillock, 1991: 9). 달리 말하면, 사람들은 그들이 제일 처음 듣는 것을 믿는 경향이 있고, 유권자들은 자신들이 기존에 가지고 있는 견해를 반영하는 메시지에 더 많은 관심을 기울인다(Diamond and Bates, 1992). 가끔씩 상대후보가 완전히 무명인 경우가 있는데, 그런 후보는 공격으로 상처입기 쉽다. 만약 스펀지에 무엇이 스며들어야 한다면, 선거진영들은 그것을 채우려 한다. 사실, 정치의 기본규칙 101번을 "항상 상대편을 먼저 규정하라"는 것으로 이해해도 무리가 아니다.

후보를 규정지으려면 돈과 언론이 필요하다. 선거전에서 초반기 자금은 더 많은 돈이 모이게 할 뿐만 아니라, 텔레비전 방송전쟁에서 상대편을 앞지르게 한다. 텔레비전은 희소성이 있기 때문에, 타이밍이 중요하다. 초반에 광고방영 시간을 확보하지 못하면, 최고의 방송시간대가 넘어갔다고 보면 된다. 지방의 계열회사까지 상대후보가 유용한 시간대를 모두 장악하기 때문에 투표 전날 광고를 잡을 수 없다.

선거 마지막 주에 선거전 승패가 종종 결판나기 때문에 선거막바지 언론보도는 중요하다. 학자들에 따르면, 유권자의 15% 정도는 막바지 며칠에 결정한다(Shea, 1996b). 85% 정도는 선거일 훨씬 전에 결정하지만, 부동층은 간혹 선거일에 결정을 내리기도 한다. 그렇기 때문에, 마지막 공격이 중요하다. 1994년 캘리포니아 주지사선거에 출마한 민주당후보 캐스린 브라운(Kathleen Brown)의 선거운동을 기획했던 한 컨설턴트가 통상적으로 선거막바지에 언론을 총동원하는 작전(*media blitz*)을 수행하는 데 필요한 돈을 확보하지 못하자, 그에 대해 동료 컨설턴트는 "정치적으로 제 역할을 하지 못한 죄로 추궁당할 것"이라고 말한 바 있다(Walace, 1994). 선거전에서 돈이 바닥날 가능성이 조금이라도 보이면, 선거기획자들은 두려워하게 된다.

모든 사람들은 선거막바지 광고가 좋다는 것에 동의한다. 그렇다면 공격성광고를 해야 할 시간은 이때뿐일까? 많은 도전자들은 시작부터 공격한다. 컨설턴트 게리 노드링거(Gary Nodlinger)는 "도전자들이 현역의 4분의 1 정도밖에 자금을 갖지 못했을 땐, 가만히 있는 현역에게 전력을 집중할 필요가 있다"고 말하면서, 선택의 여지가 거의 없는 것으로 본다(Shea and Brooks, 1995: 25). 물론, 이것은 초반에 그리고 수시로 공격하는 것을 의미한다. 다른 전문가들은 공격을 시작하기에 앞서 후보의 신뢰성이 확립되어야 한다고 주장한다(Whillock, 1991). 특히 공격과 대응이 흔한 오늘날 같은 정치환경에서 공격은 타당한 근거가 없으면, 설득력이 없다. 현역도 도전자와 비슷한 선택을 해야 한다. 예전에는 현역이 탄탄한 경우, 도전자의 공격을 무시하는 것이 하나의 규칙이었다. 도전자의 공격에 대응해서 무게를 실어줄 필요가 없었다는 것이다. 그러나 1980년대 일련의 선거에서 도전자의 공격에 초연해 하던 현역이 패배한 후에, 기존의 생각들이 바뀌기 시작했다. 과연 공격이 다가온다는 것을 알면서도 현역은 그냥 가만히 앉아 있어야 할까? 아마도 그 대답은 '현역이라고 해서 공격을 더 이상 무시하면 안 된다'는 것으로 생각된다(Shea, 1995: 25).

공격성광고가 선거운동 초반이나 막바지 가운데 어느 때 가장 효과를 발휘하던 간에, 지금은 초반과 막바지의 경계가 모호해졌다. 우편투표와 부재자투표 규정이 완화돼 더 많은 사람들이 일찍 투표할 수 있게 되면서 선거의 타이밍이 변하였다. 전략가들은 새로운 환경에 맞게 전술의 타이밍을 다시 조절해야만 한다. 만약 인터넷투표가 뿌리를 내린다면, 선거운동 사이클의 시간대가 훨씬 모호해져 전략기획의 타이밍을 더욱 까다롭게 만들 것이다.

5. 결 론

작전계획이 원안대로 잔존하는 경우는 거의 없다. 완벽한 지식이 없으면 실수를 저지르게 된다. 로버트 번스(Robert Burns)는 "최고의 기획도 실패할 수 있다", "약속한 즐거움 대신 슬픔과 고통만 남을 수 있다"고 말했다. 선거운동 기획이 현재와 과거와 미래, 후보와 상대후보, 양쪽 선거팀의 강점과 약점, 유권자에 대한 정확한 이해를 전제로 하지 않으면, 아주 세세하게 만든 선거운동 기획이라도 계획대로 실현되지 않는다.

1991년 부시의 재선도모를 기획했던 사람들은 경제가 회복될 것이고, 공화당경선에 적수가 없을 것이고, 백악관과 선거조직이 협조적으로 움직일 것이고, 대통령도 공화당 전당대회까지는 본격적인 선거운동에 나설 필요가 없을 것이라고 아주 합리적으로 전망했다. 그러나 사태는 다르게 전개됐다. 경제는 계속 정체됐고, 보수적인 방송평론가 팻 뷰캐넌(Pat Buchanan)이 예비선거에 출마했고, 백악관과 선거조직 간의 역할조정이 계속해서 제대로 이뤄지지 않았다. 그리고 부시 대통령이 선거운동을 하기보다는 군림하려 들었기 때문에, 클린턴에게 너무 뒤처져 회복이 거의 불가능하게 됐다. 아무리 깊은 생각에서 나온 것이긴 하지만, 부시 진영의 선거운동 기획은 출발에서부터 운명이 정해지게 됐다.

지금까지 선거운동 계획들을 짜는 데 사용되는 일반적인 고려사항을 살펴보았지만, 현명한 전략가는 기획이라는 것이 하나의 가정에 불과하다는 것과, 그 가정들이 크게 잘못될 수도 있다는 것을 안다. 선거기획은 조직이 어수선할 때 하나로 집중시키는 역할을 하기도 하지만, 결함 있는 기획을 고집하면 고통을 가중시키기도 한다. 따라서 선거운동전략가들은 계획을 어느 시점에서 중단할 것이고, 유지할 것인지 결정해야 한다.

제 1 부

선거지형: 선거운동 환경에 대한 이해

제 3 장

선거운동 환경

미국의 신학자 라인홀드 니버(Rheinhold Niebur)는 언젠가 어리석은 생각을 경고하는 기도문을 쓴 적이 있다. 그 기도문을 지지하는 집단들은 나중에 그 의미를 완화시키려 했으나, 오늘날 '고요의 기도문'(*serenity prayer*)이라 불리는 그 기도문은 원래 구약성서에서 나온 것이었다. 그것은 다음과 같다.

> 신이여, 우리에게 변할 수 없는 것을 조용하게 받아들일 품위와 변해야 하는 것을 변화시킬 용기, 그리고 이 두 가지를 분별할 줄 아는 지혜를 주십시오(Sifton, 1998).

이 기도문의 의도는 인간정신의 초점을 안식이 아니라 완전한 분별력에 맞추려는 것이었다. 즉, 다루기 쉬운 것과 다루기 어려운 것을 구분할 줄 아는 완전한 행동에 관심을 집중시키려고 했다.

어떤 면에서 보면, 니버는 경쟁구도, 지역구, 상대후보를 꼼꼼히 살펴본 다음, 변화가능한 것과 불변하는 것을 구분할 줄 아는 능력을 정치적 지혜의 중요한 요소로 설명한다. 변화가능한 것과 불변하는 것의 구분이 항상 명확한 것은 아니다. 등록유권자의 경우, 어떤 선거구에서는 변화시킬 수 없지만, 어떤 지역구에서는 강력한 유권자등록운동으로 극적인 변화가 가능하다. 새로운 스타일의 작전은 선거운동 환경에 대한 이해에서 출발한다. 정치컨설턴트들은 '형세'(*landscape*), '환경'(*environment*), '정치지형'(*the political terrain*)에 대해 이야기한다. 전술과 전략에 대한 논의는, 선거를 치르는 공직이 어떤 자리인지, 인구통계 구성은 어떤 모습인지, 누가 투표할 것인지 등, 선거를 둘러싼 환경을 이해할 때까지, 즉 변화가능한 것과 불변하는 것을 구분하기 전까지는 무의미하다.

이 책의 제1부에서는 선거운동 환경에 대해 특별히 살펴볼 것이다. 그것은 대부분 불변하는 것들에 대한 것이다. 먼저 이 장에서는 선거대상 공직, 현역의 상황, 다양한 시나리오, 선거연도, 전국적 흐름, 다른 공직 입후보자들, 지리적 조건, 기타 환경적 이슈 등을 선거운동 환경의 기본특징으로 정리한다. 다음 장들에서는 인구통계상의 특징과 후보자의 프로필에 대해 세부적으로 논의할 예정이지만, 이 장에서는 기본적인 문제를 가지고 시작하면서, 여러 선출직의 선거상의 특징에 대해 살펴볼 것이다.

1. 입후보공직

성공한 시장들의 경우, 연방하원선거에 도전해 가끔 비참하게 실패한다. 성공한 연방하원의원들도 가끔 연방상원에 도전하다가 당혹스런 패배를 맛본다. 이러한 현상의 한 가지 이유는 간단하다. 대규모 선거구가 그 내부의 소규모 선거구와 다를 수 있기 때문이다. 같은 도시의 유권자라도 그가 속하는 연방하원 선거구는 같지 않을 수 있다. 이것은 분명한 사실이다. 또 다른 가능성은 시장, 연방하원의원, 연방상원의원에게 기대하는 바가 다르다는 것이다. 허세를 부리는 화려한 넥타이에 허풍을 떠는 성격의 경우, 지방정치인에게는 괜찮을지 모르지만, 고위공직자로서는 혐오의 대상이 될 수 있다. 행정관료 같은 모습은 연방하원의원의 경우, 거만하게 보일 수 있다. 많은 출마자들은 입후보공직에 따라 선거운동의 원칙이 영향받게 된다는 것을 대가를 치르면서 배운다.

1) 유권자 기대사항

말하는 방식, 몸짓, 용모 같은 근본적인 문제들의 경우, 요구되는 바가 선출직에 따라 크게 차이가 난다. 연방상원 출마자들에 대해서는 유권자들이 검정색양복을 입기 바라지만, 비즈니스맨 옷차림을 해야 할 지방행정관 지망생이 그렇게 하면 거만하게 보일 수 있다. 재판관 후보에 대해서는 통상적으로 당파적이지 않다는 이야기를 듣고 싶어한다. 시장후보들은 지역의 도시계획설정법과 하수도문제에 대해 상세하게 파악해야 한다. 연방상원 출마자가 최근 세금징수의 미묘한 변화에 대해 모르면 어느 정도 용서될 수 있지만, 예를 들어 연방예산 같은 국가적인 중요현안에 대해서는 제대로 말할 줄 알아야 한다.

한편, 연방 상·하원, 법관, 주지사선거 운동에서 잘 파악해야 할 현안들은 무엇일까? 여기에 대한 명확한 가이드라인은 없지만, 해당지역의 정치변천사를 살펴보고, 이전에 성공한 후보자와 그렇지 못한 후보들의 선거테마가 무엇이었는지에 대해 주목해야 한다. 자금이 넉넉한 경우에는 여론조사를 맡겨도 좋다. 여론조사전문가는 현안은 물론, 해당 관심사를 다루는 데 가장 적절한 선출직이 누구인지 조사를 통해 묻는다. 사람들이 교육이 중요하다고 말하면, 그것은 (1) 연방정부 관료가 아닌 주정부 및 그 이하의 지방정부가 학교에 보다 많은 투자를 해야 한다거나, (2) 연방정부가 진일보한 교육투자를 해야 한다거나,

(3) 충분한 돈은 있어도 부모의 참여가 필요하다는 것을 의미하는 것일 수 있다. 유권자들이 부적절하게 생각하는 문제들에 대해 선거진영이 관여하게 되는 경우처럼, 선거진영에서는 명확한 현안을 잘못된 공직자들과 연계시키게 되면 큰 손실을 입는다.

유권자들은 현안과 공직을, 그리고 공직과 후보의 능력을 서로 연결시킨다. 여기에 대한 연구가 발전되어 있지는 않지만, 대강 말하면, 행정직 출마자들에게는 리더십기술과 계획이행 능력이 요구된다. 대통령선거 분야에 탁월한 학자 스테픈 웨인(Stephen Wayne)은 유권자들이 대통령에게 가장 경의를 표하는 바에 대해 조사한 적이 있다. 그에 따르면, 행정부수반에게는 '강력하고', '결단력 있고', '일처리능력'을 원하는 것으로 나타났다(Wayne, 1988: 192~195). 주지사후보와 시장후보에게도 앞서 거론한 세 가지와 비슷한 속성에다 행정적 리더십을 추가적으로 요구했다. 다른 한편, 연방하원 출마자들은 일반유권자들과 친밀한 관계를 형성할 필요가 있었다. 후보에 따라 다른 스타일이 요구되겠지만(Fenno, 1978), 연방하원의원에게는 일반적으로 선거구민에게 관심을 가질 것이 요구된다. 연방하원의원들이 '선거구'의 요구사항과 '국가적 관심사' 가운데 어느 것에 관심을 가져야 할지 묻는 질문에 응답자들이 57% 대(對) 34%로 선거구에 관심 갖기를 바란다는 사실이 해리스(Harris) 연구소의 조사에서 나타났다(Nelson, 1995: 17).

유권자들이 원하는 마지막 요소는 말투와 관련된 것이다. 어떤 선거구에서는 유권자들이 행정직 출마자들과 법관 출마자들이 신중하면서도 이슈중심의 선거에 나설 것을 기대하지만, 연방하원 출마자들은 그러한 것에서 자유로울 수 있도록 허용한다. 다른 지역구에서는 모든 입후보자, 심지어 법관지망생까지 당파적인 공격이 가능하다. 그런데 이러한 예상은 항상 변한다. 연방상원 출마자들의 경우는 위엄 있어야 한다는 것이 전통적인 생각이었지만, 1992년 연방상원선거에 당선된 러스 페인골드(Russ Feingold)는 자신을 추천하기 위해 숨어 있다가 나타난 엘비스 프레슬리(Elvis)를 출연시킨 텔레비전 광고를 했고, 위스콘신 주 유권자들은 페인골드를 여유있게 당선시켰다. 주지사 출마자들은 행정관으로서의 재능을 갖추어야 하지만, 1998년 미네소타 주민들은 전직 프로레슬러 제시 벤츄라(Jesse Ventura)를 주지사로 뽑았다. 당시 그는 그럴듯하게 옷을 벗은 채로 로댕의 〈생각하는 사람〉을 흉내낸 텔레비전 광고를 했었다.

노출하는 것이 여전히 금기시되었지만, 벤츄라가 자신의 우람한 몸을 활용했던 것처럼, 출마자들의 옷차림은 변하고 있다. 얼마 전까지만 해도, 후보자는 대중 앞에서 사업가 옷차림을 해야 한다고 생각했다. 후보자들의 경우는 바비큐파티와 아이스크림 파티 등에서 재킷을 벗을 수는 있지만, 현장에 올 때는 양복을 입고 왔다. 어떤 지역에서는 이러한 지적이 여전히 맞을지는 모르겠지만, 기업간부들까지 '금요일은 캐주얼'이라고 할 정도라면, 후보가 사업가 옷차림을 할 경우 거만하게 보일 수 있다. 요즘에는 선거광고와 브로슈어를 보면, 어깨 위에 재킷을 캐주얼하게 걸치고 시민들에게 말을 건네는 후보자들이 가끔씩 보인다. 점차 많은 여성들이 공직에 출마하면서 밝은 색깔들이 받아들여졌다. 실례로 2000년 대선 예비선거에서 고어는 자신의 복장을 파란색의 가는 세로 줄무늬에서 친숙한 흙색 톤으로 많이 바꾼 바 있다. 물론, 남성이든 여성이든, 시장선거든 대통령선거든, 후보가 소매를 걷은 채 사진을 찍게 되면, 그것이 의도하는 바는 분명하다. 일을 시작할 시간이라는 것이다.

2) 언론관계

공직에 따라 유권자의 기대는 물론, 후보와 언론 간의 관계도 영향받는다. 성공적으로 뉴스에 보도되는 것은 선거운동의 가장 중요한 목적 가운데 하나이다. 전략가들은 기자들이 후보에게 기대하는 바가 무엇인지 이해해야 한다. 많은 유권자들에게 있어 지방차원, 주차원, 국가차원의 문제들을 구분하는 것은 애매하다. 그러나 유능한 기자들에게 있어 그것은 아주 분명하다. 연방선거 출마자는 국가적 현안들을 알고 있을 것으로 기대되지만, 주(단위) 선거후보들은 주차원의 현안, 지방공직 출마자들은 지방문제에 대해 알아야 한다.

일반적으로 말하면, 고위선출직일수록 감시가 강화된다. 연방상원 출마자들은 뉴스매체의 혹독한 검증(*grilling*)에 가끔씩 깜짝 놀란다. 무방비의 후보들은 무능하거나 순진하다는 꼬리표가 붙는다. 1994년 미시간 주 공화당 연방상원후보 지명전에서 스펜서 아브라함(Spencer Abraham)은 로나 롬니(Ronna Romney)가 현안들을 잘 파악하지 못한다고 공격해 승리했다. 언론도 그 주장에 동의했다. 《프리 프레스》(*Free Press*) 지는 롬니가 토론에서 제대로 된 모습을 보여주지 못하자, "믿어지지 않을 정도로 주장이 피상적"이라고 보도했다(Beiler, 1994a: 32). 현역들도 이러한 평가로부터 자유롭지 않다. 어떤 현역 같은 경우, 《프로그레시브》(*The Progressive*)가 선정한 "의회에서 각종 현안과 관련해 가장 두각을 못 나타내는" 인사의 명단에 들어가기도 하고, 지방신문에서는 그러한 이야기를 골라서 정치칼럼을 쓰기도 한다.

공직의 파워에 따라 출마자에게 요구되는 도덕성의 수준이 다르기 때문에, 전문가로서 그리고 자연인으로서 출마자가 갖는 단점에 대한 검증수위 역시 공직에 따라 달라진다. 주의원 출마자의 지저분한 구석을 찾아낸 기자는 해당사실을 보도하지 않을 수도 있다. 하지만 연방하원 출마자들은 높은 도덕기준에서 접근된다. 오리건(Oregon) 연방하원의원 웨스 쿨리(Wes Cooley)는 1997년에 유권자 안내문에 허위주장을 했다는 이유로 기소된 바 있었다. 당시 그는 자신이 실제로 복무하지 않은 한국전쟁의 퇴역군인이라고 주장했다. 나중에는 "나는 결코 한국이라고 말한 적이 없다. … 나는 군대에 있었고, 특공대였다. 당시 한국에서는 전투가 진행중이었다"고 해명했다(Egan, 1996). 쿨리는 이 사건 이후 물러나야만 했다. 연방하원선거 출마 전, 오리건 주 상원선거에 출마했을 때, “이웃사람들이 그가 지역에 거주한 적이 없다”고 말했지만, 당시 쿨리는 “이동주택을 미리 그 지역에 옮겨놓았기 때문에 거주자로서의 자격을 확실히 얻을 수 있었다”고 변명했다(Egan, 1996). 이러한 거짓말에도 불구하고, 쿨리는 주상원의원이었기 때문에 의원직을 유지할 수 있었지만, 연방상원선거에 출마하면서부터는 상황이 달라졌기 때문에 그의 과거전력은 뉴스거리가 됐다.

아이러니하게도, 하위선출직은 감시가 적기 때문에 부당한 주장들이라도 많은 것들이 용납될 수 있다. 연방상하원 출마자들에 대한 공격들이 정확성문제로 가끔 자제되기도 하지만, 주선거와 지방선거 출마자들은 거의 조사받지 않는다. 기자라는 직업은 보수가 적으면서도 일거리는 많기 때문에 시간이 많이 필요하다. 그리고 기자들은 정치갈등을 심판하는 것이 아니라 뉴스를 보도하는 것이 자신들의 업무라고 말한다(Dunn, 1995: 11). 기자들은 어떤 후보자가 상대방에게 하는 모든 주장을 추적하기보다는 고위직선거에 관심을 집중한다. 1992년 이후부터는 잘못된 점들을 적발하는 데 주안점을 둔(Ansolabehere & Iyengar, 1995) ‘광고감시’ 매체가 성공을 거두었다. 대통령선거와 연방선거 출마자들은 자신들의 광고방송, 연설, 토론의견에 대한 평가내용을 볼 수 있고, 주선거와 지방선거의 많은 출마자들도 정확성은 다소 떨어지지만, 효과적으로 관리된다. 이로써 정치인들을 정직하게 만들 수 있는 능력이 공직출마자들은 물론, 해당 선거진영들에게도 주어진 것이다.

3) 선거운동에 대한 관심

선거운동은 실제로 유권자들의 관심사가 되지 않는다. 그런데도 불구하고 정치초년생들은 자신들의 선거운동이 뉴스거리가 되지 않는 것에 가끔씩 좌절한다. 이것은 자연스러운 현상이다. 출마자들, 정당활동가들, 자원봉사자들, 그리고 심지어 전문컨설턴트들까지 선거운동에 깊이 몰두하면서, 다른 사람들도 자신들과 마찬가지일 것이라고 믿는다. 그러나 대부분의 유권자들은 선거에는 별로 관심이 없고, 자신들의 배우자, 자녀, 돈, 휴가, 자동차, 직업에 대해 생각하기를 좋아한다.

그렇다고 모든 공직이 똑같이 외면당하는 것은 아니다. 관심에도 수준차이가 있다. 투표용지를 보면, 관심정도는 맨 위쪽의 대통령선거에서 가장 높고, 다음은 연방상하원선거이고, 나머지는 어느 정도 아래로 떨어지는데, 오른쪽 아래에는 유권자들의 관심이 거의 없는 재판관 및 기타 공직(가령, 검시관)이 위치한다. 이미 선출된 상소심리재판관은 "당신은 당신의 선거운동을 뉴스거리로 방송보도하는 것에 신경쓰지 않아도 좋다. 뉴스보도국은 연예기획사처럼 움직이고, 진지한 뉴스는 가끔 재미없다"면서, 텔레비전을 유권자들과의 의사소통수단 정도로 일축한다(Grey, 1999: 170). 주규모의 대도시 시장선거는 상당히 많이 보도되지만, 대부분의 연방하원선거는 건성으로 다루어진다. 열띤 논쟁, 화려한 후보, 당락선(當落線) 상의 후보가 없으면, 시협의회, 군의회, 주의회, 재판관선거는 무시되는 것이 일반적인 관례다. 독특할 경우 언론에 보도되기도 하지만, 그것도 장담할 순 없다.

하위직 출마자들에 대한 유권자의 무관심문제는 해당 선출직선거에 대한 투표율과 선거자금 모금액수를 보면 알 수 있다. 투표소에 가는 유권자들의 경우는 대통령, 주지사, 연방상하원선거 출마자들에 대해서는 거의 항상 투표하지만, 지방행정관(*county commissioner*)에 대해서는 기권이 많다. 하위직의 경우, 대통령선거보다 40% 정도 투표율이 감소한다. 이것은 선거자금 모금현황에서도 마찬가지다. 단지 해당 선거를 알고 있고, 그 선거로 흥분된다는 사소한 이유만으로도 개인들과 조직들은 후보자들에게 차등적으로 기부한다. 대통령들은 수백만 달러를 모금하지만, 지방행정관들은 수천 달러 정도 모금한다. 선거에 대해 아는 사람이 거의 없다면, 후원도 거의 없을 것이다. 유권자들의 관심이 없으면 돈을 얻을 수 없고, 돈이 없으면 유권자들의 관심을 얻지 못해, 결국엔 많은 유권자들이 아주 하위직선거 같은 경우는 기권을 하는 악순환에 빠진다는 것이 출마자들의 생각이다.

2. 현역효과

현역신분은 선거결과에 그 어느 것보다 많은 영향을 미치는 요소이다. 선거에는 세 가지 기본유형이 있다. 현역을 중심으로 보면, 현역의 상대가 없는 경우, 상대가 있는 경우, 현역이 출마하지 않은 경우가 그것이다. 도전자 없이 현역이 단독출마한 선거는 상대후보가 없고 당선자가 미리 정해지기 때문에 결과는 뻔하다. 현역에 대한 도전자가 있는 선거는 통상 현역이 이긴다. 현역의 경우, 무능하면 물러나지만, 그렇지 않으면 재선되는 것이 일반적이기 때문이다. 가장 불확실한 것은 현역이 출마하지 않는 경우이다. 두 명의 유능한 후보가 맞붙으면 흥미진진한 선거가 펼쳐질 수 있다. 드문 경우이기는 하지만, 지역구가 통합되면 현역들끼리 맞붙게 된다. 1992년에 민주당후보가 결국 승리했지만, 공화당 연방하원의원 밥 맥원(Bob McEwen)은 불꽃 튀는 당내경선에서 같은 당 소속의원인 오하이오의 클라렌스 밀러(Clarence Miller)를 꺾은 적이 있었다. 지역구를 다시 조정하면, 앞으로 현역들끼리 더 많이 맞붙게 될 것이다.

가끔 운명이 꼬이기는 하지만, 현역이라는 것은 후보에게 아주 소중한 자산이다. 현역은 도전자보다 사전인지도가 높고, 언론과의 관계도 깊고, 숙련된 참모도 많고, 재정적으로도 낫고, 자원봉사자들의 폭도 넓고, 정당 및 이해집단과도 탄탄하게 연계되어 있다. 현역들은 후원모금 우편발송과 주민모임, 각종 환영회와 만찬을 통해 유권자와 친분을 계속 쌓아온다. 더욱이, 현역들은 이미 한 번 당선된 바 있기 때문에 적어도 최소한의 호소력이 있다. 공화당이 휩쓸면서 낙선한 현역들이 많은 것으로 유명했던 1994년에서조차 현역의 90%가 의원직을 유지했다. 1998년에는 재선에 출마한 401명의 현역 중 394명이 유권자의 신임을 얻어 98.3%의 당선율을 보였다(Abramson, Aldrich, Rohde, 1999: 250). 이러한 당선율은 행정부문 선출직보다는 낮지만, 시장과 주지사들의 3분의 2가 당선된 기록보다는 높은 것이다.

만약 현역에게 스캔들이 없고 큰 실수를 저지르지 않으면 도전자의 승산은 적다. 현역이 아닌 후보들은 비교적 인지도가 상대적으로 낮다. 정치활동단체와 주요기부자들은, 당선되면 정책을 입안하게 될 현역에게 적대감을 갖게 만들 것을 우려해 도전자에 대한 지원을 망설인다. 선거학자 폴 헤른슨(Paul Herrnson)에 따르면, “현역 연방하원의원의 경우, 1998년 양당구도에서 선거자금 모금과 정당지원을 포함해 81만 8천 달러 조금 못 되게 돈을 거두었고, 이것은 전형적인 연방하원선거 도전자가 거둔 액수보다 3배 정도나 많은 것이다”(Herrnson, 2000: 151). 공식적 입장에 힘이 실리기 때문에 현역들은 지방신문을 통해 보도될 수 있지만, 도전자들은 자신들의 발표내용을 보도할 기자들이 없을 수도 있다. 현역들은 거의 항상 더 많은 관심과 군중을 끌어당긴다.

이러한 관례에도 예외가 있다. 선거의 싸움이 대단할수록 현역의 이점이 적다. 대통령, 주지사, 연방상원들은 선거초반에 특히 더 많은 언론에 보도되는 혜택을 얻지만, 이와 같이 관심이 집중된 선거에서는 도전자도 상당히 보도된다. 간혹 도전자가 그의 명성 때문에 중요한 행위자가 되기도 한다. 1998년 뉴욕 연방상원의원 알폰스 다마토(Alfonse D'amato)에게 도전할 당시, 찰스 슈머(Charles Schumer)는 연방하원에서 어느 정도 영향력 있는 사람이었다. 모든 선거가 큰 관심을 끄는 뉴욕 연방상원선거의 특성과 슈만이 연방하원의원을 오래 지냈다는 점 때문에 두 후보에 대한 언론보도는 대체로 비슷했다. 클린턴 대통령의 부인이었던 힐러리 여사가 처음으로 출마했던 2000년 뉴욕 연방상원선거 역시, 언론의 세계적 관심을 끌었고, 비록 상대후보가 현역 연방하원의원이었지만 힐러리 여사는 연방상원의원이 되고도 남을 정도로 득표를 많이 했다.

도전자들은 그들만이 쓸 수 있는 수단이 몇 가지 있다. 많은 현역은 계속해서 똑같은 선거운동을 반복한다. 여론조사 컨설턴트 닐 뉴하우스(Neil Newhouse)는 그러한 현상에 대해 과거에 성공한 자신의 선거운동 방식이 앞으로도 유효할 것으로 간주하는 '현역들의 병(*incumbentitis*)'이라고 경고한다(Shea and Brooks, 1995: 24). 더욱이, 현역들은 방어해야 할 과거전력들이 있지만, 정치신인은 가끔 부러움의 대상이 되기도 하는 깨끗한 경력을 가진다. 어떤 칼럼니스트는 "가장 어려운 상대는 어떤 선거에도 출마하지 않았던 사람"이라고 말한다(Persinos, 1994: 22). 마찬가지로, 현역이 공세를 취하면 위엄을 떨어뜨리는 것으로 전통적으로 인식되었지만, 도전자는 그렇게 해도 잃을 것이 별로 없다. 요즘의 현역들이 1970년대보다 더 많은 공격에 나선다는 점을 감안하면 기존의 인식이 변할 수도 있겠지만, 초반공격이 여전히 위험한 것은 분명하다. 도전자들을 무시하는 것은 그들을 인정하지 않겠다는 것이지만, 그렇다고 공격하게 되면, 그것은 그들의 출마를 인정하는 것이 되기 때문이다. 언론에 가장 많이 보도되는 선거기사는 열세라고 생각했던 도전자가 모든 사람이 다 이길 것으로 예상했던 현역을 따라잡는 경우이다. 실제로 보면, 기자에게 당선가능성을 보여주는 도전자의 경우, 언론에서 '역경을 극복한'(Horatio Alger)[1] 선거사례로 보도를 준비하는 소재가 된다.

현역이 없는 선거가 현역이 있는 경우보다 다소 순탄한 경향이 있지만, 그 나름대로 독특한 문제가 있다. 근래까지만 해도, 현역이 없는 선거의 경우는 경합적이지 않은 가운데 해당선거구의 당파적 성향이

1) 역주: 호레이시어 애글러(Horatio Alger, 1832~1899)는 미국의 아동문학가로서 미국적인 성공의 꿈을 상징한다.

한쪽으로 기울면, 우세한 정당출신의 후보에게 여러모로 이점이 있는 것으로 간주됐다. 그러나 요즘에는 정당일체감이 쇠퇴했기 때문에 현역이 출마하지 않은 선거의 경우 그 결과를 예측하기 어려운 것으로 받아들여진다. 필라델피아 근교에 위치한 펜실베이니아의 13번 연방하원선거구가 이러한 점을 여실히 보여준다. 마조리 마르골리스-메즈빈스키(Marjorie Margolies-Mezvinsky)는 현역이 출마하지 않은 이곳에서 팍스(John D. Fox)를 꺾고 76년간의 공화당우세에 종지부를 찍었다. 공화당의 텃밭이었던 이 지역은 1968년 이후 민주당후보가 44% 이상을 얻은 적이 없는 곳이었다(Duncan, 1993: 1323). 그럼에도 마르골리스-메즈빈스키는 독립운동을 하는 심정으로 선거운동을 해서 당선됐다. 마르골리스-메즈빈스키에게는 불행한 일이지만, 1994년에 팍스가 공화당 진영으로 되돌려 놓음으로써 이 지역은 다시 공화당의 품으로 되돌아갔다. 그러나 팍스는 2년 후 중도성향의 민주당인사 때문에 다시 낙선됐다.

3. 다자구도 시나리오

선거는 보통 일대일 싸움으로 생각되지만, 많은 경우 주요출마자들이 2명 이상 참여한다. 이처럼 많은 선거가 다자구도이고, 어떤 경우에는 외부의 이익집단들이 가세해 큰 역할을 하기도 한다.

일반적으로 다자구도에는 두 가지 유형이 있다. (1) 정당 예비선거, (2) 제3당, 무소속, 그리고 후보자 리스트에도 없으면서 기명투표를 얻으려는 후보들이 가세한 일반적인 선거가 그것이다. 두 가지 모두 치밀하게 작전을 짜기 어렵다. 예비선거의 경우, 당원들이 서로 부딪치기 때문에 원한에 휩싸인 집안싸움으로 보는 것이 일반적이다. 3명, 4명, 5명, 또는 그 이상의 후보들이 예비선거에 출마할 수 있기 때문에, 표의 향배(向背)를 파악하려면 종종 심사숙고한 토론이 필요하다. 특히, 미국남부 일부 예비선거의 경우, 2단계 과정을 거친다. 한 후보가 50% 이상을 얻으면 선거는 끝나지만, 어떤 후보도 50%를 넘지 못하면 상위득표자들이 다시 맞붙는다. 루이지애나 주는 모든 후보들이 정당에 관계없이 하나의 예비선거에 입후보한다. 그리고 어떤 선거구에서는 모든 카운티(*county*)에서 투표로 선출하는 몇 개의 공직이 상위득표자들에게 돌아간다. 5명의 후보가 세 자리를 놓고 싸워 득표를 많이 한 세 명의 후보자가 당선되는 식이다. 이러한 선거의 경우, 상위후보들간의 결승전이나 일반적인 박빙의 선거에서처럼 당선되려면 많은 계획과 장래를 대비한 심사숙고가 필요하다.

점차적으로, 예비선거에서와 같은 전략적인 문제들이 일반선거에도 나타난다. 정당일체감이 쇠퇴하면서, 유권자들은 더 많은 다자구도의 선거를 경험하기 시작한다. 인기영합적이고 재정운영에서 보수적인 억만장자 페로(Ross Perot)는 전략적 측면에서 클린턴과 부시의 선거운동을 더 복잡하게 만들었다. 그래서 클린턴과 부시 진영은 (1) 클린턴 지지자에게 호소력 있는 페로의 서민적인 개혁요구와 (2) 부시 지지자에게 호소력 있는 페로의 재정적자 감축요구 가운데 어떤 요구가 더 호소력 있는지 판단해야만 했다. 어떤 진영도 확실하게 알지 못했다. 아마도 제 3당후보가 출마한 가장 극적인 사례는 벤츄라의 개혁당이 미네소타에서 승리한 것이다. 당시 민주당후보는 혹독한 예비선거를 치렀고, 공화당후보는 민주당출신으로서 확고한 공화당기반을 지켜야만 했다. 민주 · 공화 양당후보들이 서로 공격하느라 여념이 없는 동안 벤츄라는 중간층을 공략해 당선됐다.

벤츄라의 승리는 예상 밖이었다. 제 3당후보들의 경우, 이기는 경우가 드물긴 하지만, 선거에서 중요한 역할을 가끔씩 한다. 그들은 다수당후보들의 지지기반을 잠식하고, 그들의 메시지효과를 약화시키고, 자원봉사자들을 흡수하기도 한다. 제 3당후보들이 현역과 도전자에게 주는 영향은 똑같지 않다. 헤른슨에 따르면, “다수당의 상대후보와 중요한 또 다른 반대당을 꺾어야 하는 연방하원의원들은 그렇지 않은 의원들보다 평균 10% 내에서 더 득표한다”(Herrnson, 1998: 204). 이러한 차이가 나타나는 이유 한 가지는 현역에 불만을 갖고 소수당 후보들이 가끔씩 선거에 출마하기 때문이다. 미네소타의 유명한 선출직 두 명을 꺾고 벤츄라가 승리한 것은 우연이 아니다. 이것이 바로 벤츄라 선거운동의 정확한 핵심이었다.

1990년대 후반, 다수당후보에게 닥친 또 다른 문제는 이익집단들이 외부세력으로 가세한 것이다. 연방정부선거법상 외부인사들이 연방하원 출마자를 지지하거나 비판하는 광고가 허용된다. 만약 광고가 구체적으로 표를 호소하는 것이 아니라면, 즉 “연방상원의원 스미스를 찍자”고 말하는 대신 “연방상원의원에게 전화를 걸어 큰 일한 것에 대해 감사를 전하자”는 정도로 메시지를 보내는 것이라면 이익집단은 제한규정이 거의 없는 광고시간을 아주 많이 확보할 수 있다.

1998년 연방하원선거의 전략적 논쟁점을 연구한 바에 따르면, “선거쟁점이 후보중심에서 선거아젠다와 유권자의 관심을 끌기 위해 후보들이 이익집단 및 정당과 경쟁하는 방향으로 이동하는 것”으로 드러났다(Magleby, 2000: 211). 유타 주의 제2연방하원선거구를 놓고 벌어진 선거에서 선출직공직자의 임기제한에 관심 있는 한 단체가 상당한 자금을 썼다. 독립당에서 공화당으로 당적을 바꾼 현역 쿡(Merrill Cook)은 많은 사람들이 강한 상대라고 생각한 민주당 릴리 에스켈슨(Lilly Eskelsen)과 맞붙었다. 에스켈슨은 선거가 쿡의 업적을 심판하는 선거가 되길 바라면서, 유권자들에게 자신이 유리하다고 생각하는 교육 및 기타 이슈들을 알렸다. 그러나 문제는 임기제한을 찬성하는 사람들이 광범위하게 쿡에 반대하는 광고에 38만 달러나 쏟아부었다는 것이었다(Goodliffe, 2000: 171). 이와 관련해 한 평론가는 “정당간의 노력이 대체적으로 서로 상쇄되는 동안 임기제한 선거운동으로 선거전의 부정적 성격이 커졌지만, 결국엔 에스켈슨에게 별다른 영향을 미치지 못했다" 고 말했다(Goodliffe, 2000: 171).

4. 선거연도의 영향

선거전문가들은 선거연도를 'on', 'off', 'odd' 3가지 유형으로 구분한다. 'on-year' 선거는 대통령선거가 있는 해의 선거에 해당한다(예를 들면, 1996, 2000, 2004). 'off-year' 선거는 4년마다 선거가 치러지기는 하지만, 대통령선거가 없다(예를 들면, 1994, 1998, 2002). 마지막으로 'odd-year' 선거는 홀수연도에 치러진다(예를 들면, 1999, 2001, 2003). 이때는 임기 전에 자리를 물러난 연방상하원의석을 채우기 위해 가끔 치러지는 보궐선거 이외에는 국회의원이나 대통령선거가 없다.

선거연도는 선거기획에 중요하다. 해당연도에 따라 투표율이 크게 달라지기 때문이다. 대통령선거에 대한 관심 때문에 투표율은 대통령선거가 있는 해에 항상 가장 높다. 게다가 이때는 연방하원의원 전체, 연방상원의원 3분의 1, 대부분의 주의원, 많은 주지사들이 선출된다. 다음으로, 투표율이 높은 경우는 대통령선거가 없는 해이다. 대통령선거가 없지만 연방상하원, 주 전체의 선거가 일반인의 관심을 끌고, 투표소로 유도한다. 홀수연도 선거와 관련해 말하면, 거의 모든 주들에서는 홀수연도에 지방자치직과 사법직선거가 있다. 이 경우에는 선거전이 대단하지 않으면 투표하는 사람이 거의 없다.

보궐선거 역시 투표율이 낮다. 보궐선거는 보통 사임이나 사망으로 공직에 갑작스런 공석이 생기면, 짧은 기간 동안 공지하고 선거를 치른다. 1997년 5월, 뉴멕시코 주 공화당 빌 레드먼드(Bill Redmond)는 유엔(UN) 대사로 임명받아 물러난 빌 리차드슨(Bill Richardson)의 자리에 당선됐다. 보궐선거에서는 가끔 레드먼드의 경우처럼, 정당일체감이 강한 유권자들을 공략하는 것이 승리의 비결이다. 보궐선거 기간에는 정치에 대한 관심이 적어 투표율이 일반적으로 낮기 때문이다. 나중에 레드먼드 선거팀은 선거와 관련해 “후보의 활달한 선거운동과 열렬한 보수적 흐름 때문에 공화당 지지자들이 놀랄 정도로 투표에 참여했다”고 말했다(Wilson and Burita, 2000: 99). 주목해야 할 것은 레드먼드가 대통령선거가 없었던 1998년 선거 당시 낙선했던 몇 안 되는 현역 가운데 한 사람이라는 점이다.

정치전문가들은 또한 ‘시계추현상’에 대해 말한다. 20세기 이후 대통령임기 중반에 치러지는 거의 모든 연방하원 중간선거에서 여당이 의석을 많이 잃었다. 1990년 선거가 확실한 사례이다. 이 선거는 부시가 1988년 대통령선거에서 인상적인 승리를 거둔 2년 후에 있었다. 그러나 1990년 임기중반에 이르는 몇 달 동안의 여론조사에서 유권자들이 대통령의 그저 그런 직무수행(*business as usual*)에 싫증이 난 것으로 나타났다. 민주당이 연방상하원을 모두 장악했기 때문에 사람들은 공화당이 최소한 몇 석 정도만 건질 것으로 예상했다. 선거결과, 민주당이 연방하원에서 17석, 연방상원에서 1석을 차지했다. 몇몇 독특한 요인들이 선거결과에 분명하게 영향을 미쳤지만, 1990년 선거는 장기적인 흐름의 연장선상에 있는 것이었다. 보통, 여당은 대통령임기 첫 중간선거에서 거의 19석 정도 차지한다(Abramson, Aldrich, and Rohde, 1999: 28). 클린턴이 대통령이 되고 난 2년 후인 1994년, 민주당은 재앙이라 할 정도로 참패했다. 연방하원에서 52석, 연방상원에서 8석을 잃은 민주당은 의회주도권을 공화당으로 넘겨주었다.

사회과학자들은 시계추현상의 원인들을 찾으려고 노력했으나, 명확한 해답이 나오지 않는다. 한 가지 가능성은 대선이 있는 해와 대선이 없는 해의 선거가 서로 다른 유권자집단들을 끌어들인다는 것이다. 대선에 투표하는 많은 사람들은 대선이 없는 해에는 투표하지 않는다. 일반적으로 보면, 이들은 당파성과 이념성이 약하지만, 대통령의 성공

뿐만 아니라 여당 연방의원들의 원내진입에 대해 책임감을 느낀다. 그러나 대선이 없는 해의 선거기간에는 우연한 투표자들이 떨어져 나가기 때문에 투표자규모가 줄어든다. 다른 가능성은 유권자들이 제일 처음 대통령에 대해 가졌던 기대를 상실한다는 것이다. 시간이 흐르면, 유권자들의 실망이 커지면서, 야당후보들에게 표를 던진다. 세 번째 가능성은 선거가 바뀌면서 출마자들의 유형이 변한다는 것이다. 대통령에게 화난 공격적인 출마자들은 새 행정부의 정책에 반대하는 이익집단들로부터 후원을 받으면서 확고한 결심을 가지고 출마한다.

이러한 현상들에 대해 완전하게 이해하기 어렵고, 몇몇 예외사항들 때문에 전망하기도 힘들다. 1998년 민주당은 위태로운 상황에 직면했다. 대통령당선 후 세 번째 중간선거라서 여당에게 특히 위험했다. 레이건 대통령 당선 후 6번째 중간선거인 1986년에 공화당은 연방상원 8석을 잃으면서 연방상원의 주도권을 민주당에게 넘겨주었다. 닉슨이 물러나지 않고 몇 달만 있었으면 대통령임기 6년째가 되었을 1974년 선거 때 공화당은 연방상원에서 엄청나게 패배하며 43석을 잃었다. 따라서 1998년 대선을 앞둔 1996년 선거에서 여당은 연방상원에서 38석 정도를 잃을 것으로 예상되었다(Abramson, Aldrich, Rohde, 1999: 228). 당시 클린턴이 대통령에 당선된 지 6년째가 되고, 탄핵위기 한가운데에 있었기 때문에 사람들은 민주당이 크게 패할 것으로 생각했다. 그러나 결과는 완전히 달랐다. 오히려 민주당 연방상원 출마자들이 5석을 건져 다수당에 조금 부족할 정도였다.

1) 국가적 흐름 (*National Trend*)

오닐은 "모든 정치는 지방에 따라 다르다"고 말하면서, 미국인들이 선거 때 국가적이고 국제적인 문제들에 별로 마음을 쓰지 않는다는 사실에 주목했지만, 지방정치도 국가적 흐름, 분위기, 환상들을 외면할 수 없는 것이 현실이다. 매년 전국적 매체는 인기 있는 '범죄이슈' 방송 같은 일부관심사는 부각시키고, 다른 관심사는 다루지 않는다. 어떤 법률역사가는 "전국 곳곳에 뉴스, 영화 그리고 텔레비전이 범죄와 폭력에 대한 이야기를 퍼뜨리는데, 그것은 잘못된 이야기이지만 파급력은 상당하다. 심지어 조용한 교외나 시골 평화로운 장소에 사는 사람들까지도 각종매체가 무엇을 범죄문제로 간주하는지 안다"고 언급한 적이 있다(Friedman, 1993: 452). 전략적 관점에서 보면, 많은 후보들은 인식과 실재 간의 차이가 별로 중요하지 않다는 점을 알게 될 것이다. 사람들이 범죄가 기승을 부린다고 믿으면, 불법행위에 대한 논의가 본격적으로 시작된다. 1994년 공화당의 조지 파타키(George Pataki)가 뉴욕 3선 주지사인 마리오 쿠오모(Mario Cuomo)를 꺾은 것도 바로 이 때문이었다. 쿠오모는 범죄를 혹독하게 다루는 대신 사형제도에 대해 줄기차게 반대했던 인물이었다. 2000년 선거에서 여러 후보들이 사형제개선을 주장했지만, 대부분은 여전히 사형제도를 지지했다. 이것은 민심을 전체적으로 반영한 것이었다.

범죄처럼, 경제상황과 대통령의 인기도 강력한 정치적 힘을 가진다. 1970년대 초반 선거학자 에드워드 튜프(Edward Tufe)는 연방의원 선거변화의 98%를 이 두 가지 요인으로 설명할 수 있다는 사실을 찾아냈다(1975). 이 주장에 다소 과장된 측면이 있고, 학자들이 계속해서 해당변수들을 세련되게 다듬었지만, 튜프 주장의 핵심은 '유권자들은 연방의원 출마자들이 통제할 수 없는 성과들을 가지고 그들을 심판한다'는 것이 아닌가 싶다.

성과는 해석여하에 달려 있다. 공화당후보는 1990년대 중반 경기회복이 레이건시대 재정통화정책의 뒤늦은 산물이라고 믿고, 민주당후보는 범죄가 쇠퇴하는 만큼 국가적인 아젠다로 크게 부각되지 말아야 한다고 생각할 수 있다. 이전의 신념들이 받아들여지고 있는 경우를 제외하고, 대중의 인식이 변할 수 있다는 것이 선거전문가들의 생각이다. 경기회복에 대한 책임이 누구에게 있든 간에, 실제로 미국의 범죄행위 통계가 어떻든 간에 범죄와 경제는 유권자들이 직감하는 것들이다. 만약 선거에서 사람들이 '진실'에 더 가까이 다가가기를 바란다면, 그 출발점은 사람들이 믿어야 하는 당위가 아니라 그들이 믿는 현실을 가지고 시작해야 한다.

2) 다른 공직출마자

많은 사람들은 대통령후보들이 같은 당소속 후보들에게 도움을 줄 수 있다고 믿는다. "약한 동료후보도 함께 당선시키는 유력후보자의 힘(*coattails*)"에 대한 믿음이 미국 선거정치에 깊이 뿌리박혀 있다. 하위직 출마자들은 고위직에 출마한 같은 당 후보들이 인기가 있으면 도움을 받을 수 있다는 것이 대부분 평론가들의 생각이다. 어떤 후보자의 인기가 다른 후보자들에게 갈 것이라고 추정하는 것이다. 실례로, 1980년에 공화당후보들이 레이건과 함께 공직에 들어간 바 있다. 원인과 결과에 대한 명확한 증거는 없지만, 공화당후보들이 레이건의 대중적인 호소력 덕분에 당선됐다는 주장들이 많다.

약한 후보가 유력 동료후보자의 덕을 본다는 코트테일(*coattails*) 이론이 논리적인 것처럼 보이지만, 직접적인 증거를 찾기가 어렵다. 탁월한 선거학자 게리 제콥슨(Gary Jacobson)에 따르면, "경제상황이나 대통령의 업적 같은 국가적 이슈가 일부유권자들에게 일시적으로 영향을 줄 수도 있다. … 그러나 대부분 연방의원선거 투표는 한 개인으로서 후보자를 평가하는 것에 의해 결정된다"(Jacobson, 1997: 134). 제콥슨의 '전략적인 정치인' 이론의 가정은 승리를 원하고 패배를 아주 싫어하는 것이 정치지망생들이라는 것이다. 그래서 똑똑한 후보들은 초반 여론조사에 깊은 관심을 가진다. 주된 이유는 그 정보가 같은 당 소속 동료들과 연관되어 있기 때문이다. 같은 당 소속 구성원 가운데 한 사람조차도 인기가 없으면, 전략적인 정치인들은 선거에 출마하지 않기로 결정한다. 정당지명은 자질도 부족하고, 자금도 없고, 인지도도 거의 없어 결국에 낙선할 것으로 생각되는 다소 떨어지는 인물에게 돌아간다. 몇 년 후, 만약 당소속 동료들이 다시 인기를 얻게 되면, 전략적인 정치인들은 선거에 뛰어든다. 그들은 자질도 훌륭하고 재정적으로도 적당하기 때문에 선거에서 당선된다. 전략적인 정치인 이론에서는 약한 후보자가 유력후보자로부터 덕을 보는 코트테일 효과가 별로 없다.

그러나 직접적인 코트테일 효과가 없다고 말한다고 해서, 그것이 중요하지 않다는 것은 아니다. 코트테일이 존재한다고 단순히 인식만 해도, 상대편보다 저명한 후보들이 앞장선다면 막강한 후보들이 하위직 선거에 출마할 것이다. 더 우수한 후보들은 더 많은 재정적 지원과 언론보도를 이끌어낸다. 어떤 후보가 동시선거에 출마한 다른 후보로부터 상당한 지지를 얻는다고 믿으면, 여러 곳에서 그 후보에게 도움을 주려 한다. 그래서 어떤 방식으로든, 코트테일 이론은 자체적으로 결과를 만들어 낸다고 할 수 있다. 어떤 후보가 승리할 것이라고 믿으면 사람들은 우세한 쪽에 붙고, 이런 식으로 붙는 사람들이 많아질수록 성공가능성도 더 커지기 때문이다.

선거전은 상하위직 출마자들간에 상호연관이 없어도 서로 영향을 줄 수 있다. 2000년 선거가 진행되면서, 많은 사람들은 대통령선거에 출마한 부통령과 뉴욕 연방상원에 출마한 영부인이 같은 후원자집단으로부터 지원을 얻게 될 것이라고 생각했다. 한편, 후원금은 한쪽이 얻으면 다른 쪽은 못 얻는 제로-섬(*zero-sum*) 게임일 수 있다. 지역선거 차원으로 내려오면, 컨설턴트들은 인근지역에서 아주 '열띤' 선거가 치러지게 될 경우, 후원자들이 쏠리고 신문지면도 장식한다는 사실을 알게 될 것이다. 주민투표 의안발의(*ballot initiatives*) 또한 출마자들에게 영향을 줄 수 있다. 1994년, 불법이민자들에 대한 주의 재정지원 서비스를 삭감하기 위해 만들어진 캘리포니아 주 제안 187호는 심지어 연방상원의원과 주지사조차도 주목받지 못하게 만들었다. 다분히 감정에 호소하는 이슈는 그것이 없다면 투표하지 않을 사람들을 밖으로 나오게 하고, 찬반입장에 따라 여러 집단의 자원봉사자들을 움직이게 하고, 대규모 투표자들과 엄청난 뉴스보도를 이끌어낸다. 출마자들과 주민투표 의안발의 간에 경쟁양상은 앞으로 늘어날 것이다.

3) 지 형

지역의 지형은 여러 가지로 중요하다. 선거운동 활동은 그 지역의 물리적 특성에 의해 형성된다. 호별방문 계획은 샌프란시스코 동부쪽을 둘러싸는 주상원선거에서 가능하고, 그렇게 하는 것이 비용면에서도 라디오와 텔레비전 광고보다 효율적이다. 그러나 어떤 도시지역에서는 호별방문 선거운동에 애로사항이 있다. 거주자가 아닌 사람들에게는 고층아파트 방문이 금지되기 때문이다. 지리적 조건은 선거전술을 결정하는 데 도움을 준다.

지리적 조건 가운데 지역의 크기, 인구밀도, 위치는 가장 중요한 사안들에 해당한다. 로드 아일랜드 연방상원선거의 경우에는 1천 평방마일당 주민들이 1백만이나 되고, 노스 다코타(North Dakota) 같은 곳은 7만 1천 평방마일에 6만 6천 명 정도의 사람들이 분산되어 있다. 각 주마다 그 실정에 맞는 선거운동이 요구된다. 어떤 지역들은 활동하기가 특히 어렵다. 예를 들어 뉴저지 같은 곳은 텔레비전 방송이 지리적으로 적합하지 않다. 뉴저지는 미국에서 가장 비싼 미디어시장인 뉴욕과 필라델피아에 장악되어 있다. 케이든(Caden)과 애틀랜틱시티(Atlantic City)까지 접근하려면, 윌링톤(Wilington)과 델라웨어(Delaware)에서도 방영될 텔레비전 광고를 사야만 한다. 뉴욕과 북부 뉴저지에 접근하려면, 출마자는 멀리 떨어진 브리지포트(Bridgeport), 코네티컷까지 방영되는 방송시간대를 사야 한다. 이 때문에 이제는 각 지방케이블 관할권(*franchise*)에 따라 만들어져 있는 케이블방송을 가지고 뉴저지 유권자들을 겨냥한다(Friedenberg, 1997: 187~188).

지역의 지형에 따라 후보자의 활동이 결정된다. 지역의 배치에 따라 순방형태가 규정되고, 이에 따라 실행가능한 선거운동 활동범위가 정해진다. 어떤 지역들은 후보자가 이곳에서 저곳으로 쉽게 이동할 수 있지만, 다른 곳에서는 차를 타고 몇 시간을 가야 하고, 비행기를 자주 갈아타야만 하기도 한다. 어떤 지역들은 높은 산맥, 울창한 숲, 넓은 강으로 나눠지기도 한다. 어떤 곳들은 중심도시에 인구밀도가 높아 선거지휘본부의 위치를 쉽게 정할 수 있다. 한편 인구가 분산되어 있는 곳들에서는 선거지휘본부의 위치를 신중하게 고려해야 하고, 지역을 망라하려면, 2~3개 정도의 선거본부를 필요로 할 수도 있다.

5. 다른 상황적 이슈들

선거운동에서 주어진 변수로 간주해야 하는 것들을 모두 열거하면 책으로 몇 권이 될 것이다. 다음 장들에서는 인구통계와 후보자특성 같은 다른 상황적 요소들을 살펴볼 것이다. 지금부터는 몇 가지 상황적 요소들에 대해 간략히 언급하고자 한다.

1) 지역단체

많은 지역들은 노조지부, 상공회의소, 로터리클럽, 기타 조직들을 자랑할 정도로 강한 조직적 전통을 갖고 있다. 정치활동단체들이 지지를 몰아주고 후원할 수도 있지만, 조직의 중요도는 밖으로 드러난 정치적 속성만을 가지고 판단해서는 안 된다. 비정치적 집단들이 가끔 구전홍보의 중심이 되기도 한다. 가령, 어떤 지역에서는 의용소방대가

규모와 능력 면에서 막강하다. 비록 이러한 조직들이 공식적으로는 중립이지만 실제로는 선거운동과 선거에 대한 이야기가 그들의 계속되는 대화주제이다.

2) 선출직 공직자

당선되어 이미 활동중인 지역의 선출직 공직자들은 선거진영들이 언론의 관심과 기부자 및 자원봉사자를 끌어들이는 데 유용하고, 해당 지역의 다른 유명인사들에게 출마자에 대한 지지를 부탁하거나 소개해줄 수도 있다. 대부분의 주에서는 이미 선출된 공직자들이 선거자금을 다른 출마자들에게 건네줄 수도 있다. 이러한 것들을 감안하면, 정치단체들이 라이벌관계로 말미암아 내부적으로 가끔씩 분열될 때 출마자가 조심하지 않고 잘못된 편에 줄을 서게 되면 자신의 선거에 회복할 수 없는 타격을 초래할 수도 있다.

3) 평판이 좋은 정치인과 나쁜 정치인

전직 정치인들과 현직 정치인들은 유권자들의 마음속에 남아 있다. 평판이 좋은 정치인이 지지를 표명하고 조직적으로 지원하고 자문을 하면 선거에 큰 힘이 된다. 그렇다고 모든 전직 정치인들이 좋게 인식되는 것은 아니다. 어떤 사람들은 불미스럽게 공직을 떠나기도 한다. 평판이 나쁜 인물이 지지를 표시하거나, 출마자가 그 사람과 찍은 사진이 있으면 도움이 안 된다. 문제를 복잡하게 하는 것은 은퇴한 정치인들이 자신들의 과거를 항상 솔직하게 털어놓으려 하지 않는다는 것이다. 그 동안 많은 선거진영들이 꼬임에 빠져 지지표명을 하면 힘이 될 것이라고 믿었던 전직 정치인들이 오히려 나중에 사람들의 분노를 초래하기도 했다.

4) 사회 · 정치적 관습들

지역사회는 가끔 나름의 독특한 사회적, 정치적 관습을 가진다. 어떤 지역들에서는 정원에 세우는 표지판이 환영받지만, 다른 지역들에서는 쓰레기취급을 받기도 한다. 선거연설의 경우, 도시에서는 허용되지만 교외주택가들에서는 허용되지 않는다. 교회에서의 정치토론 허용 역시 지역별로 다르다. 사람들의 성(姓) 만 부르는 것도 마찬가지다. 최선의 방법은 사전에 해당사실을 알아내는 것이다. 살펴보면 관습은 복잡하다. 어떤 곳들에서는 민주당원만 출입하는 선술집과 공화당원만 출입하는 칵테일라운지가 있다. 그리고 가끔씩 타지에서 온 손님들도 전통적으로 특정정당과 관계 있는 호텔에 머물려고 한다.

5) 지역정당과 거물

후보자에 대한 지원정도는 지역정당마다 다르다. 어떤 지역들에서는 적극적인 정당조직들이 공직출마 지망생들을 돕고 싶어하면서 예비선거 기간에 지지를 표시하기도 한다. 반면 다른 지역들에서는 정당조직들이 하나도 도움이 되지 않는다. 정당조직이 강한 곳에서는 실권을 쥔 강력한 리더를 찾는 것이 일반적이다. 가끔 그 사람이 위원장인 경우도 있고, 가끔이지만 영향력 있는 노련한 인물이 실질적으로 지배하기도 한다. 때로는 인접지역 지구당에서 파견한 인물인 경우도 있다. 어떤 의미에서 유용한 지역정당들과 강력한 리더들이 복잡하게 연결되어 있다. 그렇다고 각종 선거입후보자들이 지역정당 거물들을 마냥 좋게만 보는 것은 아니다. 그들이 한편에서 다른 사람이 할 수 없는 자금과 자원봉사자들을 지원하는 지렛대로서 중요한 역할을 하기도 하지만 다른 한편에서는 협력하기 어려운 감시자가 되기도 한다. 뉴햄프셔의 경우, 숙련된 자원봉사자들을 방문하려는 공화당 대통령후보는 '구(舊)

크렘린과 소비에트 정치국'을 연상하게 하는 정치조직을 가진 '뉴햄프셔 실력자'의 협조를 먼저 구해야 한다(Ferguson, 1996). 정도는 다르겠지만, 이러한 정치조직은 미국전역에서 찾아볼 수 있다.

6) 지역의 역사

지역사회는 그들의 전통에 자부심을 갖는다. 그렇기 때문에 지역주민들이 경험한 것을 이해하게 되면, 유권자들을 꿰뚫어 볼 수 있다. 자연재해, 사회정치적 혼란, 고등학교 운동행사도 특별한 경우들이다. 스포츠팀들의 노래, 기존 마스코트들, 예전에 유명했던 선수들도 중요하게 알아두어야 할 부분이다. 더구나 연방의원 선거구 같은 경우는 전통이 다양한 지역사회들로 구성되어 있다. 따라서 여러모로 볼 때, 지역의 전통을 아는 것은 해당 선거구를 파악하는 일이라 하겠다.

7) 여행과 레크리에이션

여행과 레크리에이션은 중요하다. 어떤 측면에서 보면, 스키리조트와 운동경기장은 사람들을 대규모로 고용하는 곳이기도 하지만, 유권자들이 한가한 시간에 무엇을 하는지 알게 해줌으로써 후보자가 유권자와의 접촉방법을 강구하는 데 도움이 된다. 물새에 대해 아는 것이 거의 없는 북서 펜실베이니아에 출마한 사람이 사냥여행을 가고 싶어할지도 모른다. 유명한 컨트리 가수 클린트 블랙(Clint Black)[2]의 노래제목을 몇 가지만 아는 사람이라도 휴스턴에서 출마하면 무조건 컨트리 음악무대에서 노래는 불러야 한다. 선거에서는 사소한 것도 아주 중요할 수 있다.

---

2) 역주: 1960, 70년대의 록을 기반으로 한 컨트리 스타일로 1990년대에 다시 주목받기 시작한 컨트리열풍의 맨 앞에 선 개척자 중 한 사람.

6. 결 론

이 장은 새로운 스타일 선거에서의 상황적 정보의 중요성을 소개하기 위한 것이었다. 선거는 전략에 대한 것이기도 하지만, 전략이 적용될 지형, 즉 생각을 바꾸려 하지 않는 지역정당의 거물, 너무 넓어서 후보자가 스케줄을 지키는 데 어려움을 겪는 지역, 후보가 통제는 못하면서 그냥 선거운동을 해야 하는 국가의 경제흐름, 동시선거에 있어 고위직에 출마한 자질부족의 후보들, 제 3당 출마자들, 현역의 혜택을 누리는 상대후보 등에 대한 것이기도 하다. '불변하는 것들'을 받아들이지 않는 전략가들은 자신들이 불리한 처지에 놓여 있다는 것을 안다. 선거의 세계에서 아마추어와 프로의 차이는 선거구에 대해 현실적으로 이해하고, 그 다음에 통제할 수 없는 상황 속에서 활약할 수 있는 방법을 찾는 정도에 의해 여러모로 결정된다.

제4장

인구통계조사

집합추론이론

1986년 영화 〈파워〉(Power)를 보면, 나이든 선거운동가 진 해크만(Gene Hackman)은 새로운 스타일의 컨설턴트로서 전에 그의 부하였던 기어(Richard Gere)와 맞선다. 두 사람은 똑같은 세 가지 선거에서 맞붙었다. 기어는 승률 85%의 컨설턴트로서 고객들은 최고수준이고, 참모들은 일류급이었다. 반면, 해크만은 최근 직장에서 해고된 한물간 술주정꾼이다. 연방상원에 출마한 무소속후보가 그의 마지막 기회였다. 그 후보는 대학교수로서 다수당후보들이 국가의 실질적 문제들에 대해서는 관심도 없다고 생각하고 선거에 뛰어든 사람이었다. 하지만 그는 승산이 거의 없었다. 해크만의 유일한 목표는 그 후보가 경쟁력을 갖게 만드는 것이었다. 하지만 해크만은 선거운동에 필요한 기본사항 가운데 한 가지가 없어서 목표달성이 어려운 실정이었다. 그래서 그는 도움을 얻으러 기어를 찾아가 애원한다. 해크만이 구하려 한 것은 바로 '인구통계자료'였다.

모든 선거에는 인구통계자료가 필요하다. 필승전략을 짜려면, 컨설턴트들은 무엇이 선거구를 움직이는지 알아내야 한다. 그리고 그 과정의 한 부분은 해당 선거구의 인종, 민족, 소비자기호, 유권자들의 특징적인 여타 요인들을 담은 인구통계적 특성을 이해하는 것이다. 정치 관련 인구통계학자들은 선거결과에 영향을 줄 다양한 특성들을 파악하려고 노력한다. 이 장에서는 독자들에게 인구통계 이해의 중요성, 인구통계 추론의 논리, 인구통계의 윤곽을 잡는 원칙들, 그리고 전략의 기획 및 실행에 중요한 데이터를 모으는 과정에 대해 살펴보고자 한다. 해크만이 인구통계자료를 필요로 한 이유를 이해시키는 것이 바로 이 장의 목적이다.

1. 선거운동 수단으로서의 인구통계학

인구통계학은 여론조사와 다르다. 선거구민 전부를 대상으로 여론조사를 하면, 전체 선거구민에 대해 상당히 정확하게 진단할 수 있다. 하지만 전수조사는 돈이 많이 들기 때문에 샘플 여론조사를 하는 것이 일반적이다. 가령, 인구가 12만 5천 명인 선거구에서는 550명을 샘플로 조사하는 식이다. 그렇기 때문에 여론조사는 선거구의 미묘한 분위기를 잡아내지 못할 수 있다. 컨설턴트 웨인 존슨(Wayne Johnson)은 일을 하면서 여론조사가 충분하지 않다는 것을 일찍이 알았다.

> 맨 처음 여론조사에서 유권자의 62%가 부자에게 세금을 물리는 것에 찬성한다는 등의 사실을 알게 됐다. 그래서 우리는 모든 유권자들에게 부자가 더 많은 세금을 낼 필요가 있다는 내용으로 우편물을 보내려 했다. 문제는 이러한 다수입장이 어떻게 보면 확고한 견해로, 또 어떻게 보면 미온적인 견해로 보일 수도 있다는 것이었다. 이번 경우에는 우편물을 받는 부자가 똑같은 우편을 받는 중산층보다 훨씬 더 반발할 가능성이 있었다. 나중에 우리는 70% 이상 지지를 받는 이슈를 우편으로 보냈지만, 잘못하다가는 압도적으로 패배하게 될지도 모른다는 것을 곧바로 알게 됐다(Johnson, 1992: 51).

개별유권자의 소득을 평가하면, 계층에 기반한 메시지를 보낼 경우 메시지를 받고 불쾌해 할 사람들이 누구인지 확인가능하기 때문에 해당 선거진영이 유능했다면 우편발송 대상에서 부자는 뺐을 것이다. 그리고 그러한 것을 가능하게 하는 실용적인 방법들도 있다.

반발을 피하려면, 유권자의 견해와 인구통계자료를 가끔 조합해야 한다. 최대다수의 최대 관심이슈를 활용하기보다는 여론조사 결과와 인구통계정보를 비교해서 정교하게 분석하는 작업이 필요하다. 전체 유권자들이 원하는 바를 더 이상 판단하려 하지 말고, 특정한 이웃이나 유권자집단들이 무엇을 바라는지에 초점을 맞추어야 한다. 이러한 방식으로 하면 선거메시지를 훨씬 더 정확하게 겨냥할 수 있다.

이러한 접근법은 오랜 세월에 걸쳐 그 유효성이 입증된 것이다. 쿠오모가 1982년 뉴욕 주지사선거에 처음 출마했을 때, 초기의 여러 여론조사에서 그가 특히 이탈리아계 유권자로부터 인기가 있다는 사실이 나왔다. 뉴욕 전역의 운동원들에게 이탈리아계 거주지들의 투표율을 올리라는 지침이 내려졌다. 선거당일에는 민주당원에게 투표독려 전화를 걸라는 지침이 운동원들에게 전달됐다. 명단이 없는 경우에는 이탈리아 성(姓)을 가진 유권자들에게 무조건 전화를 걸게 했다. 결국 쿠오모는 승리했다. 마찬가지로, 오렌지 카운티(Orange County) 연방하원선거에 출마한 로레타 산체스(Loretta Sanchez)는 일찍이 보수적이고, 영국계출신들의 거주지이며, 한때 남미출신이 몇 년간 50%를 차지했던 선거구의 소수민족 변화를 활용했다. 승리한 쪽의 선거진영에서는 이렇게 기록했다. "오렌지 카운티의 변화하는 인구통계 특성은 산체스 후보에게 유리하게 작용했다. 1996년 봄, 유권자 등록현황을 보면, 46% 대 40%로 민주당 지지자가 많았다. 맞벌이가정에 필요한 것을 공약으로 제시한 산체스의 지지호소가 유권자들에게 반향을 일으켰다"(Wachob and Kennedy, 2000: 102).

미국인구에서 그 비율이 급증하는 남미출신들의 투표에 대한 관심이 크게 높아졌다. 이러한 현상의 한 지표로서, 2000년 대통령선거 때 다수당후보들은 자신들의 선거운동에 스페인어를 활용했다. 스페인어로 고어는 '우리는 할 수 있다!'라고 외쳤고, 부시는 자신을 '가정적인 사람'이라고 선전하는 텔레비전 광고를 했다(Milkband, 2000). 남미출신들이 새로운 관심사가 되는 이유는 미국의 인구통계 특성과 대선 선거인단의 구성 때문이다. 민주당 여론조사 전문가 마크 펜(Mark Penn)에 따르면, "규모가 큰 일부 주들에서 남미출신들이 중요한 부동표를 형성한다"(Cisneros, 1999: 72). 이전에 도시주택부 장관을 거쳐 스페인어 방송 유니비전 커뮤니케이션(Univision Communications) 회장을 지낸 헨리 시스네로스(Henry Cisneros)는 "대통령이 되려면 217개의 선거인단 표가 필요한데, 전국적으로 11개의 큰 주들만으로도 선거인단표가 269표가 된다(등록된 유권자는 1천 8백만 명). 1998년, 해당지역 등록유권자의 35%가 남미계였다"고 말한 바 있다(Cisneros, 1999: 72).

2. 인구통계조사의 논리

새로운 스타일의 선거운동 목적은 정확한 유권자에게 표적을 맞추는 것이다. 지역규모가 이웃사촌 정도인 지역의 경우에는 일부 후보들이 유권자를 개별적으로 알기 때문에 누구를 공략해야 할지 본능적으로 안다. 이러한 지역보다 규모가 큰 지역들에서는 그렇게 하기가 어렵다. 그러한 지역들에서 설득 가능한 유권자들을 알아내는 방법은 개별유권자들을 아는 정당요원과 활동가들의 인맥에 의존하는 것이다. 이것은 폐쇄적인 과거의 정당조직 활동방식이다. 모든 개별유권자를 알지 못하는 후보들은 정당거물을 통해야 했고, 그 사람은 자신의 연줄을 활용해 지지를 바꿀 필요가 있는 이웃들에 접근했다. 그러나 디지털시대에는 정당과 지역클럽이 중심이던 시대가 지나갔기 때문에 출마자들은 개별인맥에만 의존할 수 없다. 특히 유권자가 수만 또는 수십만인 선거구에서는 인구통계조사를 활용해야만 한다.

'인구통계학'(*Demography*)은 인구를 연구하는 학문이다. 인구통계학자들은 인구규모, 성장률, 교육수준, 성별, 인종, 민족, 소득, 기타 특성들을 정량화하려고 시도한다. '인구통계'(*Demographics*)는 주민들의 이러한 특징을 조사한 결과이다. 따라서 '정치 인구통계학'(*Political Demography*)은 주민들의 정치적 중요성에 주목하면서 그들의 특징을 연구하는 것이라 할 수 있다.

이것은 몇 가지 기본전제에서 출발한다.

첫째, 주민들은 이질적이다. 단일한 것처럼 보이는 선거구도를 실제로 보면, 유권자의 관심사가 폭넓고 다양하다. 모든 혈통이 서로 닮은 젊은 백인이 거주하는 중산층지역들은 우유부단한 사람들이라는 인상을 일관되게 준다. 그리고 그곳 거주자들은 많은 이해관계, 관심사, 목적, 사고방식 등을 공유한다. 그러나 그 이면에는 상당히 많은 다양성이 존재할 것이다. 어떤 사람들은 임신중절 합법화에 반대하고 어떤 사람들은 찬성할 것이다. 겉으로 아무리 비슷하게 보여도 모든 공동체는 다양한 요소들로 구성되어 있다.

둘째, 인구통계상의 이질성은 유권자들을 개별 분석집단으로 나누는데 활용될 수 있다. 미국인구조사국(Census Bureau)은 사람들에게 성, 인종, 연령, 결혼상태, 교육수준, 기타 내용 등에 대한 작성을 요구한다. 모든 사람이 인종으로 구분될 수 있기 때문에 지역주민 전부를 인종적 특징에 따라 집단으로 묶을 수 있다. 여러 인종이 섞여 명확하게 구분하기 어려운 애매한 경우들이 있어도, 정치인구통계학자는 보통 다양한 인종들간의 투표행위 차별성을 찾아낸다. 어떤 범주들은 정치적으로 중요하지 않고, 가끔씩 특정변수의 정치적 중요성이 변하기도 한다. 1980년 전에 성별은 대선에서 강력한 변수가 아니었다. 그러나 이후 유권자성별은 강력한 지표가 됐다. 여성은 남성보다 민주당에 투표할 가능성이 더 크다. 인구통계조사의 기능 가운데 하나는 어떤 인구통계범주들이 특정선거에서 정치적으로 중요한지 알아내는 것이다. 관건은 효율성이다. 그러자면 조사자는 개별유권자 정보를 모으는 대신 유권자집단의 특징을 이해할 필요가 있다.

셋째, 어떤 인구통계 집단의 구성원이라는 것은 공유된 관심사를 가진다는 것을 암시한다. 미국인은 자신을 개인으로 간주하고, 집단이 아닌 자신의 관심사에 따라 행동하기를 좋아한다. 그러나 유능한 인구통계조사자는 개인들이 속한 집단을 토대로 그들에 대해 상당히 정확하게 예측할 수 있다. 앞에서 언급한 중산층 백인지역에는 보수가 좋은 회계사로 일하는 32세의 영국계 기혼 백인남성이 살 것이다. 그 사람은 규칙적으로 투표하는 공화당원일 가능성이 높다. 그렇다고 이러한 일반화가 그 사람이 속한 집단의 모든 구성원이 동일한 이해관계를 가지거나, 구성원 모두가 한 가지 아이템에 동의한다는 것을 말하는 것은 결코 아니다. 인구통계적 추론은 확실성이 아니라 확률적인 작업일 뿐이다. 그러나 분명한 것은 정당선호와 재산, 거주지, 결혼상태, 인종, 직업 간에 상관관계가 있다는 것이다.

정치선거운동에서 이상의 세 가지 전제는 좋은 통계산출 도구가 된다. 인구통계조사는 정치전문가들이 선거운동에 의미 있는 집단들을 찾아내고, 정확한 메시지로 그들을 공략하는 데 도움을 준다. 인구통계조사는 자료를 종합한 다음, 그것으로부터 합리적인 유추를 해내는 과정이다(Robbin, 1989: 107~108). 여기서 관건은 효율성이다. 조사자는 개별유권자에 대한 정보를 모으는 대신, 유권자집단들의 특징을 반드시 파악할 필요가 있다. 결혼한 백인남성들은 미혼의 흑인여성들과는 다르게 투표한다. 늙은 사람들은 젊은 사람들보다 규칙적으로 투표를 한다. 새로운 스타일의 선거운동은 설득 가능한 사람들에게 메시지를 겨냥하는 것이다. 따라서 제대로 인구통계조사를 하면 유권자들 간에 서로 유사한 점과 다른 점을 알 수 있다.

3. 인구통계조사

정당전성기 시절, 인구통계조사를 대신한 것은 유권자를 직접 접촉하는 방식이었다. 지역거물들은 당원들을 알았다. 플런키트는 이렇게 말했다. “나는 일부 알기는 하지만 금년 여름 이후에 태어난 아이들은 제외하고, 15번 선거구의 모든 남자와 여성 그리고 어린이를 안다”(Riordon, 1995: 25). 과장된 측면이 있지만, 이 말은 대체적으로 사실이다. 그 어떤 사람도 하기 어려울 정도로 여행이 사치였던 시절, 새로 이사온 사람들이 사교클럽과 정당에 가입해 활동하면, 지역 내 요원들은 사람들을 통해 그 사실을 알게 되고 지휘계통에 따라 해당사실을 보고하였다.

그런데 1950년대 들어 도시이주와 공동체붕괴로 이웃간의 친분에 기초해 조사하는 일이 난관에 봉착했다. 플런키트 스타일의 지식을 가능하게 했던 정보의 흐름과 구성원들간의 친밀한 관계가 해체되기 시작했다. 더불어 초보적이지만 데이터처리방법이 활용되기 시작했다. 인구통계정보를 카드에 구멍을 뚫어 컴퓨터로 전산처리했다. 플런키트가 개인들에 대한 자신의 지식을 토대로 해 자기가 생각하는 선거구의 전체지형을 그렸다면, 새로운 스타일의 컨설턴트들은 거시적 수준의 시각에서 출발한 다음 데이터를 세분화해서 미시적 수준의 이해를 이끌어낸다.

1) 미국인구 통계자료 찾기

조사하는 사람들은 최고수준의 일반적 특성을 찾아내려고 《미국통계개요》라는 책자를 보고, 인구통계현황을 면밀히 검토하기도 한다. 이 책자는 정부의 가장 유용한 출판물 가운데 하나이지만, 그 목적은 하위수준의 선거구가 아닌 전체적 차원에서 전국을 요약하는 것이다.

대부분의 선거운동에서 미국인구 센서스자료의 기본출처는 미국인구 통계자료이다.

10년마다 연방정부에서는 전국인구를 파악하고자 법적으로 위임된 엄청난 작업에 착수한다. 샘플링에 의존하는 서베이조사와 달리 인구조사국에서는 전체규모를 알려고 미국에 사는 모든 사람들을 빠짐없이 세고자 한다. 모든 거주자들은 법적으로 질문지작성의 의무가 있다. 인구조사에는 두 가지 유형이 있다. 2000년 인구조사의 경우, 사람들에게 거주유형, 나이, 성별, 민족, 인종, 친족관계에 대해 간략히 물었다. 그리고 보통 6명에 한 명꼴로 배우자 유무, 가문, 세대구성, 주택가격, 교육, 가족언어, 퇴역군인 유무, 직장경력, 종교, 교통수단 등을 추가로 길게 묻는다. 답변서를 제출하지 않는 사람은 인구조사원의 방문을 받아 서로 마주보면서 질문을 받아야 한다.

인구통계자료가 완벽한 것은 아니다. 어떤 사람들이 전부 빠지기도 하고, 어떤 답변서는 정확하게 작성되지 않기도 하고, 어떤 사람들은 개인정보공개를 원치 않기도 한다. 보다 중요한 것은 조사자들이 개인자료를 직접 살펴볼 수 없다는 것이다. 이것은 정치관련 인구통계학자들이 불만을 갖게 만드는 한 원인이다. 그러나 이러한 단점이 있다고 해서 인구조사정보의 가치가 없어지는 것은 아니다. 정치홍보 전문가 셀노가 말한 것처럼, "통계의 평균값은 가끔 선거에 활용하는 데 문제가 없을 정도로 정확하다. 그리고 분명한 것은 평균적인 정보라도 있는 것이 없는 것보다 낫다는 점이다"(Selnow, 1994: 95).

인구통계의 커다란 특징은 조사자에게 유용하다는 것이다. 과거에는 지역정치인들이 어떤 지역에 폴란드계나 이탈리아계가 널리 퍼져 있는지, 또는 어떤 곳이 상류층지역이고 저소득층지역인지 말할 수 있었는지 모르지만, 새로운 스타일의 컨설턴트들은 과거처럼 직접 관찰하는 것보다 더 깊이 파고들 수 있다. 인구통계 데이터를 보면, 특정지역 사람 가운데 얼마나 많은 사람이 주택을 가졌는지, 얼마나 많은 사람이 편부모 슬하에 있는지, 그리고 블루칼라와 화이트칼라가 어떻게 되는지, 또 농부는 어느 정도이고, 65세 이상은 얼마나 되는지 잘 나타난다. 해당자료를 가지고 인구통계학자는 전국이나 특정도시 구역을 면밀히 살펴볼 수 있다. 여러 변수로 많은 지역단위를 분석할 수 있으면, 인구통계자료를 훨씬 돋보이게 만들 수 있다.

인구조사국에서는 자료수집 기술을 세련되게 하고, 질문을 더하거나 빼기도 하고, 예측기술을 향상시키려고 전반적으로 노력한다. 그러나 전체적으로 보면, 데이터구조는 그대로 유지되고 있다. 하지만 자료습득 방식은 지난 몇 년간 엄청나게 변화했다. 1980년대 선거에서는 하드커버의 책자를 활용했다. 리서치도서관들은 인구조사 출판물 선반을 갖추어 놓았지만, 지방의 공공도서관들은 선별된 출판물만 비치했다. 당시만 해도 이러한 정보에 접근하기란 아주 힘든 일로서, 여기저기 뛰어다니면서 책 내용의 앞뒤를 검토하는 수고가 있어야만 가능할 수 있었다. 그러나 1990년대 들어 이러한 정보는 컴퓨터 테이프릴, 테이프 카트리지, CD-ROM 디스켓을 통해 얻을 수 있게 됐다. 데이터에 대한 접근은 물론 관리도 쉬워졌다. 그리고 선거전략가들은 엄청난 양의 자료를 컴퓨터에 담아 저장할 수 있게 됐다.

21세기 들어 인구조사데이터는 인터넷으로 급속하게 이동하고 있다. 인구조사국 홈페이지(www.census.gov)를 몇 번 클릭하면 1990년대 루이지애나 주 배턴 루지(Baton Rouge)에 83,340세대에 219,135명이 살았던 사실이 나타난다. 세부내용을 보면, 백인 118,429명, 흑인 96,348명 등이다. 기혼여성은 36,917명, 기혼홀아비는 2,116명이다. 오전 7~8시에 24,022명이 직장으로 출근한다. 5세 이하인 4,139명의 어린이가 홀어머니 가정에서 빈곤상태로 살아간다. 홈페이지를 찾는 사람들은 이러한 모든 데이터를 HTML 형태로 해당 홈페이지에서 내려받고, 상용 DB관리 소프트웨어로 불러올 수 있다.

데이터 이외의 것도 수집·판매한다. 상업, 농업, 건축허가, 연방기금

양도, 기타 인구통계정보를 제공한다. 전형적인 CD-ROM은 CD-CBP96/P7로 불리는 "1996, 1997년 카운티(County) 상업패턴" 자료이다. 50달러를 내면 "전체 시설현황, 3월중 고용현황, 1/4분기 그리고 연간 종업원현황, 고용규모별 시설현황에 대한 두 자리, 세 자리, 네 자리 숫자단위의 표준상업분류 코드로 만든 데이터"를 살 수 있다.

컨설턴트는 CD-ROM을 통해 특정지방의 사람들이 무엇으로 살아가는지에 대해 상당히 많이 알 수 있다. "미국 연방하원 선거구현황(STF1D/3D)"은 모든 인구조사 범주들에 대해 요약된 정보(융자실태, 수송수단, 거주기간, 수도공급, 하수시설, 연간 전입세대, 세대주인종, 연간건조물, 임대현황 등)를 제공한다. 인구조사 데이터는 두 가지 기본형태('개괄데이터'와 '세부데이터')로 제공된다. 개괄형은 특정한 지역단위(주, 시, 카운티, 인구조사 트랙 또는 블록)에 기초한다. 시 블록을 기본으로 하는 자료형태는 가령 도로나 철길을 이용해 지리적 경계가 정해진 구역들을 뽑기 때문에 보통 사람이 70명 정도 사는 시골지역사회로까지 대상이 확대된다(Lavin, 1996: 178).

다양한 블록단위에서는 간략한 형태의 자료들만 이용이 가능하다. 분류체계의 경우, 개별 블록 위쪽에 인구조사 트랙과 시골의 트랙에 해당하는 블록지구, 읍, 시, 군, 대도시지역, 선거구, 주, 전국현황 등이 있다. 블록수준 이상의 지역들의 경우, 사전에 그 형태가 다양하게 세분화된 데이터를 얻을 수 있다. 배턴 루지의 정보는 개괄적인 데이터에 기초한 것이다. 또한 인구조사국과 개별 주는 자신들의 지리적 경계를 따라 인구조사를 한다. 편의상 어떤 주에서는 인구조사에 이용되는 경계선을 따라 지역의 투표구를 만들었고, "인구조사국에서는 주 교육기관들이 제공하는 지도를 기초로 선거구경계 자료를 만들었다"(Lavin, 1996: 182~183).

세부데이터는 방법이 완전히 다르다. 처음 시작은 개괄데이터처럼 인구조사 질문지에 대한 답변으로 시작하지만, 개괄데이터와는 달리 조사자가 데이터를 재구성한다. 가령, 배턴 루지 데이터를 보면 기혼 여성의 수, 오전 7~8시 사이의 직장통근자 수 등이 나타난다. 그런데 만약 컨설턴트가 직장에 출근중인 여성들을 겨냥해 라디오광고를 할 생각이라면, 오전 7~8시 사이에 통근하는 사람들의 숫자는 물론, 그 시간에 출근중인 여성의 숫자도 파악할 수 있게 데이터를 재구성하는 것이 편리한 방법이다. 하지만 개괄데이터로는 이러한 조작이 불가능하다. 데이터를 재구성하려면 조사자가 개인의 인구조사 양식까지 볼 수 있어야 하는데, 개괄데이터로는 그것이 불가능하기 때문이다. 그런데 조사자가 관련데이터를 재구성하면, 이름이나 주소처럼 개인의 신분노출 사항이 삭제되지만, 데이터를 나누고 편집해서 마지막에는 누가 어떤 질문지와 연관 있는지 대충 어림잡을 수 있다. 다만 문제라면, 이러한 점 때문에 심각한 프라이버시 침해문제 등이 발생하기도 한다는 것이다.

이러한 문제들 때문에 미국 인구조사국에서는 인구통계연구자들의 분석을 허용하면서도 비밀을 유지하기 위해 인구조사양식 결과들로 만들어졌으며, 다양한 안전장치가 마련돼 있는 인구조사공개용 세부자료 샘플(PUMS: *Public Use Microdata Samples*) 이라는 데이터세트를 만들었다. 여기선 사람의 신원확인을 가능하게 하는 것들을 모두 없애버렸다. 또한 인구가 10만 명 미만인 지역들의 경우엔 해당자료가 제공되지 않고, 다만 샘플로 인구조사양식 결과 하나만 제공된다. 그렇지만 여전히 세부데이터 세트는 조사자들이 개인수준의 서베이조사 결과 가운데 특정정보를 검색할 수 있어 아주 유용하다.

조사자들은 가공하지 않은(*Raw*) 세부데이터와 개괄데이터를 확보하는 데 많은 옵션이 있다. PUMS 세부데이터 세트는 1퍼센트나 5퍼센트짜리 샘플구입이 가능한데, 7개의 디스켓에 전국 전체자료가 모두 들어간다. 심지어 미국노인들이 포함된 특별 맞춤형의 3퍼센트짜리 PUMPS 데이터세트도 있다.

샘플크기와 범위에 따라 다르지만, 데이터세트 가격은 100~450달러이다. 개괄데이터 세트는 CD-ROM을 사용해야 하지만(대부분 주들의 데이터세트 비용은 100달러), 대부분의 데이터세트는 온라인으로 접속해 자료를 완전히 내려받을 수 있다. 1990년대 후반 이후, 인구조사국에서는 자료를 인터넷망에 올려놓으려고 노력하는데, 앞으로도 인구조사주기에 맞춰 계속 그렇게 할 것이다. 2000년 인구조사 자료는 2001년 초반에 올려놓기 시작했다.

2) 인구조사 데이터 활용하기

로데이터(*raw data*) 세트는 첫 시작에 불과하다. 인구조사 데이터 활용열쇠는 유사성과 특이성을 찾는 데 있다. 첫째, 인구조사 데이터가 찾고자 하는 해당선거구와 항상 일치하는 것은 아니다. 만일 찾으려는 곳이 주(州), 카운티, 시 또는 연방하원선거구라면, 조사자들은 곧바로 사전에 정해진 개괄데이터를 가지고 간단히 시작할 수 있다. 그러나 만약 해당지역이 한 도시의 일부분이거나 카운티 경계선을 구불구불 가로지른다면, 조사자들은 주(州) 재판관할구역과 인구조사 블록처럼 미리 만들어져 있지 않은 지역을 만들어 내기 위해 작은 분석단위에서 투표구를 뽑아 짜맞추어야 할 것이다.

대체로 한 지역이 미리 만들어져 있든 아니면 직접 만들어야만 하든, 유능한 인구통계학자들은 전체를 작은 분석단위로 분해하는 방법을 안다. 인구통계학의 두 번째 열쇠(특이성 만들기)는 큰 지역을 작은 단위로 세밀하게 구분할 수 있는 조사자의 능력에 달려 있다. 가령, 1990년 데이터를 보면, 오하이오 주 아테네 카운티(Athens County)는 전체거주자가 59,549명이다. 아테네 카운티 경계 내에는 전체거주민이 1,360명이고, 그 가운데 흑인이 17명인 카르타고 타운십(Carthage Township)이라는 곳이 있다. 그곳의 흑인들 가운데 자녀가 있는 부부가족이 3쌍, 자녀가 없는 부부가족이 2쌍, 독신으로 사는 사람이 2명이다. 개괄데이터는 매우 구체적이다. 현대 정치선거운동이 타기팅의 정확성에 의해 판가름나기 때문에, 이것은 정치컨설턴트들에게 반가운 일이다. 그러나 현재 정치선거가 데이터를 기초로 선거운동이 진행된다 하더라도, 그에 따른 손실이 있다. DB 개발비용 외에도, 세련된 DB관리시스템을 이용할 수 있도록 직원들을 훈련시킬 필요가 있다. 그 이유는 새로운 변수가 DB에 들어오면 이론상의 집단 수가 늘어나 DB의 복잡성이 급격하게 늘어나기 때문이다.

복잡성문제 해결대책으로 지리인구 통계집합 활용방법이 1970년대 초반에 나왔는데, 클라리타스 사(Claritas Corporation)가 그것을 선도적으로 활용했다. 클라리타스 사가 가정한 전제는 '물질적, 경제적, 사회적 자원들이 그들의 필요와 양립할 지역'에 사람들이 모일 것이라는 것이었다(Robbin, 1989: 109). 달리 말하면, 사람들은 자신들의 생활양식 선택에 기초해 거주지역을 만들거나 선택하고, 그러한 거주지역들은 명확한 인구통계학적 특징들을 가진다는 것이다. 클라리타스 사는 전체 미국인구를 대상으로 535개 변수를 체계적으로 분석·조합하여 미국인의 다양성을 87% 정도로 설명할 수 있는 집단 40개를 만들었다. 각 집단에는 별도로 이름이 붙여진다. 어떤 집단은 '소작인'(*Share Croppers*)이라는 이름이 붙는데, 그 이유는 소득수준이 낮고, 농업에 종사하고, 학력이 낮은 남부백인들이 해당집단의 구성원이기 때문이다. 다른 집단들로는 '지상낙원'(*God's Country*), '명문계층'(*Blue Blood Estates*), '완고한 노동자의 이웃들'(*Archie Bunker's Neighbors*), '자유분방한 혼합물'(*Bohemian Mix*) 등이 있다. 각각의 개별집단은 생각이 비슷한 사람들로 구성되는 것으로 간주된다. 어떤 의미에서 보면, 지리인구통계적(*geodemographic*) 집합방식은 이웃에 대한 어설픈 이해수준을 공유지역(*shared geography*)에 대한 한층 정교한 이해차원으로 발전시켰다고 할 수 있다.

관련학자들은 이와 같은 새로운 접근방식을 곧바로 비난하기 시작했다. 그러한 방식이 마법의 해결책(*magic bullet*)이 아니라 마법의 속임수(*smoke and mirrors*)이고, 지리인구통계적 집합방식이 클라리타스 사를 위한 단순한 시장개척 홍보수단이라는 것이었다. 컨설턴트 마크 아트라스(Mark Atlas)는 선전한 내용과 실제 지리인구통계가 다르다고 주장했다. 주된 지적사항은 향상된 타기팅을 입증하는 통계증거자료가 있는 것처럼 보이지 않는다는 것이었다. 실제로 검토해 보면, 그 회사가 제시한 선후증거는 해당시스템이 선거결과를 변화시키는 데 별다른 역할을 하지 못한 것으로 나타났다. 물론 지나치게 단순화한 방법론에 문제가 있을 수도 있다. 아트라스는 "전국 인구통계자료에서 나오는 집단들은 각 주의 데이터를 개별로 보았을 때 만들어지는 집단들과 아주 다를 수도 있다"고 말했다(Atlas, 1989: 134). 그리고 "타기팅 절차의 타당성이 확실하지 못할 경우, 선거자원을 할당하기란 참으로 어려운 일이다"고 주장했다(Atlas, 1989: 135).

그럼에도 불구하고, 집합방식은 속성(速成) 인구통계방법으로 계속된다. 많은 컨설턴트들은 전국적인 데이터에서 도출된 집단들이 정확하지도 않고 불필요하게 비싸다고 믿지만, 지리인구통계 특성 분류작업은 광범위한 특징들을 토대로 하여 타깃집단들을 찾아내려는 생각을 갖게 하는 데 영향을 미쳤다. 실례로 영화 〈파워〉를 보면, 풀장과 정원을 가지고 있을 정도로 잘 살면서 자식들은 외지로 출가한 부부들에게 의존하는 한 선거진영의 모습이 나온다. 공화당은 '사커맘'(*soccer moms*)[1]을 사로잡고 싶어한다. 2000년, 일부 민주당인사들은 브래들

---

1) 역주: soccer mom은 축구장에서 아이들에게 "잘해라, 잘해라"라고 응원하는 엄마들을 말하는데, 아이들이 딸려 있는 23~45세 정도 연령층의 여성들을 지칭한다. 이들은 총기사용으로 인한 사건들의 방지를 바라기도 하며, 대체로 진보나 보수가 아닌 온건한 투표성향을 보이고, 그라운드를 뛰는 양쪽 선수가 아니므로 경기를 즐기면서도 어느 팀이 이기느냐에 크게

리[2] 지지자들을 '볼보 운전자들' 동아리라고 부르면서 조롱한 적이 있었다. 이러한 분류는 전체시민들을 한 장의 그림(*caricature*)으로 단순화시킨 문제가 있다. 클라리타스 사 스타일의 집합방식은 전통적인 좌우이념 노선보다 유권자들을 한층 다양하게 이해할 수 있도록 해준다. 어떤 컨설턴트에 따르면, "노련한 정치요원들 같은 경우, 지리인구통계적 접근방식에 어느 정도 장점이 있다는 것을 일반적으로 인정한다"(Beiler, 1990: 34).

3) 조각 모으기

대부분 선거운동에서 전문적으로 추려낸 인구통계 특성을 모으는 것이 어렵다 보니, 후보자, 컨설턴트, 리서치 자원봉사팀에게 그 임무가 맡겨진다. 인구조사 로데이터는 미국 인구조사국에서 직접 구매하거나, 아니면 인터넷으로 내려받거나 주요 리서치 도서관을 찾아가면 해당데이터들을 꼼꼼하게 볼 수 있다. 열람전용 도서관들은 인구조사 전문용어〔가령, '민족성'(*ethnicity*)과 '인종'(*race*)의 차이점〕와 활용 가능한 다양한 데이터패키지〔가령, 우편번호(*zip code*), 블록집단들〕를 지정된 순서대로 가지런히 정리하려는 무경험자들에게 아주 유용하다. 마이클 라빈(Michael R. Lavin)의 《인구조사 이해하기》(1996)나 미국연방의회 계간지 《인구조사 백과사전》(2000) 같은 인구조사 데이터 안내서들도 통계내용을 제대로 이해하는 데 도움이 된다.

일단 로데이터가 모아지면, 그 데이터는 스프레드시트(*spread sheet*, 회계프로그램)처럼 간단하거나, 아니면 상관관계 DB관리 프로그램처

개의치 않는 부류이다.

2) 역주: 1943년 7월 28일 미국 몬태나 크리스털 출생. 미국 대학 및 프로농구 선수로 현역에서 은퇴한 후 1978년에 뉴저지 주에서 연방상원의원 당선. 이후 민주당 대선유망주로까지 부상된 바 있다.

럼 복잡한 DB로 불러올 수 있다. 상관관계 DB의 장점은 연구자들이 서로 다른 집합의 데이터를 상호연결시킬 수 있다는 것이다. 예를 들면, 선거진영에서 특정 카운티의 인구센서스 데이터와 여러 경제데이터를 함께 가질 경우, 상관관계 DB를 활용하면, 해당 카운티의 이름을 가지고 인구센서스 정보와 경제관련 정보를 서로 연결시킬 수 있다.

인구통계현황을 출발점으로 활용하면, 선거진영에서는 가공하지 않은 유권자파일과 중요한 다른 '데이터들'을 합칠 수 있다. 이 경우, 주의 자동차등록정보 같은 공개자료와 주의 어조류보호위원회 데이터 및 카운티 세액평가국 제공기록들을 서로 연결시킴으로써 해당지역에 대한 깊이 있는 평가자료를 만들 수 있다(Beiler, 1990: 133). 만약 이용가능하다면, 자동차 DB를 보고 값비싼 차량, 이동주택, 레크리에이션 차량을 소유하는 사람들이 어디에 있는지 알 수 있다. 사냥면허 소지자들의 리스트는 사냥꾼들의 집중지역을 나타내고, 이를 통해 필요한 유추를 해나갈 수 있다.

흥미로운 작업은 사람의 이름을 가지고 어느 민족출신인지 알아내는 것이다. 통상적으로 선거진영들은 연구자가 이름을 분석해서 '특정개인이나 가족의 출신민족을 알아내는' '민족타기팅 프로그램'에 관심을 보인다(Dawidziak, 1991: 52). 성(姓)을 별도의 리스트로 떼어내고, 이름을 이용해서 'O로 이름이 끝나면 아일랜드인이고, ski로 끝나면 폴란드인'이라는 식으로 개별유권자의 민족을 기록한다(Dawidziak, 1991: 52). 이러한 방법을 활용하면, 선거진영에서 유권자접촉에 나설 때 개별 민족집단의 예상관심사들을 중심으로 우편물을 보낼 수 있다. 그러나 이와 같은 방법도 잘못될 수 있다. 'Park'은 통상 한국인 이름이지만, 마지막 이름이 'Park'인 많은 사람들은 한국과 절대 무관하기 때문이다.

정보의 또 다른 출처는 '조직 내'(*in-house*) 자료들이다. 거의 모든 선거진영은 유권자, 후원자, 자원봉사자들의 명단을 보유한다. 관련

데이터는 신문정리 자료, 후보자에게 보내진 편지들, 후보자포럼과 후원행사, 전직 선거참모들의 리스트로부터 모을 수 있다(Selnow, 1994: 75). 조직 내 리스트들은 정당, 이익단체, 다른 선거운동들에서도 모을 수 있다. 더구나 많은 선출직 공직자들은 재임중에 이런 저런 주제에 관심을 보인 유권자들의 명단을 가지고 있다.

하지만 집무시간이나 공무수행중 확보한 리스트는 여러 규정에 걸쳐 사용이 금지되어 있다. 나아가 일부 리스트의 경우는 수집·활용하는 것이 선거법과 프라이버시 보호법령들에 의해 규제를 받는다. 따라서 선거운동의 모든 다른 측면들과 마찬가지로, 법과 윤리규범을 지키면서 관련작업을 수행할 필요가 있다.

리스트제작은 이제 하나의 사업이 되었다. 판매자들은 우편번호(*zip code*)부터 클럽회원자료, 잡지구독 리스트 등에 이르는 각종 데이터를 제공한다. 이러한 명부들은 소유자나 중개인을 통해 직접 빌릴 수도 있다. 해당사업가들은 선거운동의 필요에 맞는 리스트를 찾는 데 도움을 준다. 중개인들은 리스트도 확보하고, 전단지 등 중요한 광고도 취급하고, 관련데이터도 검사한다(Selnow, 1994: 80~84). 중개인을 통해 얻는 리스트가 비싼 것은 리스트이용을 대부분 기부금 모금활동에 사용하기 때문이지만, 일부는 정확한 타깃을 잡는 데 리스트를 활용하기도 한다.

많은 인구통계 DB는 겸용된다. 워싱턴 소재 아리스토텔레스 사는 정당등록 현황, 출신민족, 성별에 기초한 전국 규모의 유권자 DB를 보유하고 있다. 고객은 특별한 전략적 목적에 따라 맞춤 자료세트를 구입할 수 있다. 예를 들어, 1994년부터 1998년 총선까지 투표한 중간소득의 공화당지지 남성들, 특히 소수민족 출신의 임대업자들을 찾으려 할 때, 이러한 선택기준을 조건으로 지정하면 관련자의 이름과 전화번호, 거리주소를 찾을 수 있다. 이러한 데이터의 경우, 다른 인구통계정보와 결합되면 관련 프로그램을 사용해서 위치를 지도상에 표시할 수 있다.

한편, 이러한 DB는 그것을 사용하면 인구통계를 전체적으로 이해할 수 있게 해주고, 다른 한편에서는 필요한 데이터가 이름, 주소, 그리고 가끔씩 정당가입 현황까지 완전하게 갖춰져 있는 개인의 정보에서 나오기 때문에 해당 DB는 유권자접촉 수단으로 이용될 수 있다.

유권자접촉 형태는 두 가지이다. 선거진영이 유권자에게 말을 거는 것과 유권자가 거꾸로 선거진영에 말을 거는 것이다. 상세한 유권자 데이터는 선거구 수행원들과 전화담당요원들이 입수하고, 구체적인 정보는 선거본부로 모아져 큰 데이터세트에 들어간다(W. Johnson, 1992). 통계적 유추가 아니라 개별유권자들에 대한 정확한 정보확보가 그 목적이라는 점에서 유권자 확인작업은 여론조사와 그 성격이 다르다.

세부사항에 대해 관심을 갖게 되면 시간이 소요되고 자원이 집중된다. 선거진영들의 경우, 자원봉사자들이 많고 경제적으로 여유가 있어야만 그래도 많은 유권자정보를 모을 수 있다. 어쨌든 유권자 및 그들의 구체적인 관심사에 대한 리스트는 정확한 타기팅을 하는 데 효과적인 방법이다. 선거진영들은 가끔씩 간발의 차로 이기기도 하고 지기도 한다. 그러한 경우, 선거관계자들은, 어느 컨설턴트가 말한 대로, “우리는 그 동안 실제로 유권자들을 접촉하면서 왜 진작 데이터를 모으지 않았을까?”라면서 후회를 한다(W. Johnson, 1992: 52). 개인수준 데이터와 인구통계정보를 서로 결합시키면, 관련집단들의 관심사를 더 잘 구분해낼 수 있다. 선거진영들의 DB 기술사용이 늘어나면서 인구통계는 선거전략의 일상적인 부분이 됐다.

이와 관련해 새로운 문제가 대두하는데, 그것은 정보의 과부하와 정보에 대한 집착문제이다. 기대와 달리, DB는 지나치게 세분화되면 의미를 상실한다. 5개 인구조사 특성을 곱하면, 이론상 4천 개의 집단이 만들어지는데, 관련집단이 이 정도 규모로 만들어지면, 인구가 12만 5천 명인 지역의 경우, 한 집단은 평균 30여 명 정도가 된다. 이러한 식으로 지나치게 세분화하면 시작부터 세분화작업의 효율성이 의심받는다.

구성원현황을 일목요연하게 분류하는 것은 가치가 있는 일이다. 일목요연하게 분류하면, 조사자는 선거구를 대체적으로 파악할 수 있다. 블루칼라 대 화이트칼라의 비율, 선거구 흑인규모, 매년 일어나는 사건규모와 장소 등을 알 수 있다. 전체적인 통계를 살펴본 뒤, 다음 단계는 데이터를 적극적으로 조사해서 점점 더 작은 지리단위로 나아가는 것이다. 지역전체의 실업률과 지역 내 카운티와 타운십의 실업현황 등을 조사하는 식이다. 이러한 조사는 주로 선거팀의 정치적 목적에 기초한 것으로서, 자유롭게 생각을 말하게 하는 방식을 취하면서 직관을 중시하는데, 미국의 선거공학에서 잘 발달되어 있다.

이러한 분석을 하는 데 중요한 것은 사전에 완료된 여론조사자료와 함께 선거구의 기존 투표현황자료이다. 민주당 지지자와 공화당 지지자, 그리고 가장 중요한 것으로 생각되는 무당파(無黨派)가 어디에 있고, 분할투표율이 높은 지역에 무당파가 사는지, 대부분의 무당파가 어디에 있는지, 같은 미디어시장에 사는지 등 이 모든 특성들이 인구통계 개요 속에 정리될 수 있다. 더불어 인구통계조사, 여론조사자료, 기존 선거자료는 서로 합치면 강력한 선거운동 도구가 된다.

어떤 컨설턴트들은 돈을 주고 전문가들에게 이러한 작업을 맡긴다. 조사자들에게 유권자 리스트를 주면서, 해당리스트를 마스터파일과 맞추게 한다. 인구통계자료 판매회사인 시에스에스 다이렉트 사(CSS DIRECT) 같은 경우는 소비자 및 그들이 이용하는 상점의 명단이 담겨 있는 리스트 수십 개와 유권자파일을 서로 비교해 주는 일을 한다. DB 회사들은 신속하고 정확하다. 많은 회사에서는 우편라벨, 인쇄출력 봉투, 심지어는 우편발송 패키지 일체를 만들어내면서, 자원봉사자들의 노력에 전적으로 의존했던 기존의 불편한 연락방식이 E-Mail로 처리 가능한 아웃소싱 형태로 바뀌었다.

그런데 아웃소싱 방식의 단점은 주로 비용이 문제되는데, 그 밖에 직접 참여해서 실제로 통제하지 못하는 것도 문제이다. DB 회사들은 주문을 받으면 즉시 정보를 제공하기도 하지만, 많은 선거운동이 밤늦게 그리고 주말에 걸쳐 이루어지기 때문에 주문해도 처리가 지연되는 경우들이 많다. 선거진영에서 직접 처리가능한 타기팅 데이터를 보유하는 것은 분명히 시간과 비용을 들일 만한 일임에 틀림없다. 하지만 중요한 것은 데이터를 편집·구성하는 경험을 통해 배우는 것이라는 점이다. 시작부터 DB를 만들면, 선거진영 구성원들이 지역의 세부사항들을 잘 알게 되어 선거구를 이해하는 데 도움이 된다.

4. 결 론

새로운 스타일의 선거운동 컨설턴트라면 해크만이 '인구통계자료'를 필사적으로 구하려 했던 이유를 알 것이다. '집합데이터'(*aggregate data*)는 선거진영이 개별유권자에게 적절한 메시지를 전하는 능력을 향상시킨다. 어떤 지역이 무당파 거주지라는 것을 파악하면, 기차역, 버스정류장, 통근자들이 모이는 여타 장소들에 주목해야 하는 것은 물론, 주요 통근노선에서 보이는 광고판을 활용해야 한다는 사실도 알게 된다. 인구통계는 지혜를 더해 준다. 관리하는 데 종종 어렵고 부족한 점이 있기는 하지만, 인구통계조사의 가치는 상대적으로 적은 비용으로 정보에 근거한 판단을 가능하게 함으로써 선거진영의 전략적 비전을 높이는 데 있다.

제 5 장

출마자 프로필

기록 살펴보기

1990년 뉴욕의 공화당 강세지역인 111번 스테이트 어셈블리(State Assembly) 선거구에 출마한 민주당후보 윌리엄 매기(William MaGee)는 인구통계현황에 주목했다. 매기의 선거요원들은 지지자와 반대자가 누구인지를 알았다. 그는 상대후보인 공화당의 잭 맥캔(Jack McCann)에 대해 많은 정보를 수집하였다. 25년을 공직에서 보낸 맥캔도 공개기록들을 오랫동안 모아두었다. 매기의 선거팀은 공개기록들을 가지고 상대후보에게 타격을 줄 만한 자료들을 모았다.

당시 매기는 뉴욕이 정치적으로 북부와 남부로 분열된 점을 공격에 활용했다. 뉴욕은 여러모로 지역적 갈등이 심각한 곳이다. 점점 규모가 커져 가는 뉴욕 시와 웨스트체스터 카운티(Westchester County)의 북쪽 전체가 뉴욕 주의 '남부'와 '북부'를 이루고 있었다. 주(州) 남부는 주하원 대부분이 민주당일 정도로 민주당세가 강했다. 반대로 주(州) 북부는 선출직 공직자 대부분이 공화당이었다. 이와 같이 지역간 정치적, 문화적 갈등이 첨예하게 대립된 역사는 건국초기로 거슬러 올라가는데, 어쨌든 주북부 정치인에게는 그들을 주남부 이해관계의 볼모라고 부르고, 주남부 정치인들에게는 그 반대로 부르는 것이 최악의 모욕이었다. 주의회를 보면, 민주당이 수십 년간 다수당을 유지했다. 이에 따라 민주당 주의원들이 입법, 예산승인, 위원회배정, 사무실 장소, 정부보조금 배분 등에 있어 그 흐름을 통제했다. 공화당은 집요하게 물고 늘어져 이러한 과정들을 마비시키는 것 말고는 다른 선택의 여지가 없었다. 양측이 자기입장을 내세우면서 서로를 괴롭히고 당황하게 만드는 주하원의 모습이 회기 때마다 계속 나타났다. 민주당의원들이 예산편성 과정을 완전히 통제했어도 공화당은 수정안을 내서 의사진행을 방해했는데, 공화당이 구사한 많은 전술적 조치는 민주당의원들을 당황하게 만들려는 데 그 의도가 있었다.

가령, 예산합의가 주상원과 주지사의 입장에 반한다는 이유로 공화당의원들이 법률집행 예산증액을 주장하면, 민주당의원들이 수정안에 반대하고, 그런 다음 공화당인사들이 민주당인사들은 '범죄에 미온적'이라고 주장하면, 공화당 간판으로 나온 출마자들이 유권자들에게 "여러분도 아시다시피, 여러분들의 관심이 지대하기 때문에 우리는 범죄자들을 감옥에 가두어 놓았고, 더 많은 예산배정을 노력했지만, 민주당이 표결로 막았다"고 말하는 식이었다.

어느 해인가, 공화당 주의원들이 집단투표를 하겠다고 선언한 적이 있다. 그 가운데 일부인사들은 주남부, 대체로 롱 아일랜드(Long Island) 출신이었다. 이들은 다른 공화당의원들과 도로, 교량, 기차역, 주차장, 선착장 및 주남부를 위한 여타 대형사업에 필요한 예산을 요구하는 수정안을 제출하였다. 그리고 지역구가 비록 북쪽으로 200마일 정도 떨어져 있지만, 맥캔도 그 일원으로 수정안에 찬성표를 던졌었다. 이 점과 관련해 매기의 선거팀은 절호의 공격거리를 찾아냈다. 그것은 맥캔이 주남부 대형사업에 찬성한 이유에 관한 것이었다. 매기의 선거팀은 이를 활용해 봉투 바깥에 당시 뉴욕시장이었던 코흐(Ed

Koch)의 큰 사진과 사진 밑에 "코흐와 맥캔은 어떤 점에서 같을까?"라는 설명이 실려 있는 우편물을 만들었다. 그 우편물을 펼치면, "두 사람 모두 뉴욕 시를 위해 일한다"는 문안이 적혀 있었다. 그리고 아래쪽에는 엄청난 예산이 일부 포함된 사업들로서 맥캔이 찬성했던 주남부의 대형사업 리스트가 있었고, 맨 밑에 비용들이 합산돼 있었다. 그리고 마지막 설명문에 "우리의 도로, 교량, 학교들이 무너지고 있는데, 맥캔은 뉴욕 시에 1천만 달러 이상을 지원하고 있다. 그는 코흐와 우리 가운데 도대체 누구를 위해 일하는가?"라고 적혀 있었다.

우편물은 반향을 일으켰다. 많은 텔레비전, 라디오·뉴스 프로그램과 마찬가지로 지역 내 신문들은 그 이야기를 보도했다. 맥캔은 '주남부 이해관계의 볼모'였다는 이야기가 급속도로 퍼졌다. 그는 자신의 투표행위를 해명하고 관심사를 다른 곳으로 돌려야만 했다. 선거초반에 보내진 우편물 한 통으로 승산 없던 판세는 뒤집혔고, 결국엔 매기가 승리하는 치열한 선거로 바뀌었다.

매기의 승리는 치밀한 상대후보 조사로 가능할 수 있었다. 업계에서 'oppo'나 단순하게 'O-R'[1]이라고 불렸던 상대후보 조사는 20년 전만해도 신기하게 보였다. 어떤 사람도 그런 정보를 모으고 정리하는 방법을 알지 못했고, 더구나 그것을 잘 활용하는 방법을 아는 사람들은 더욱 없었다. 오늘날, 새로운 스타일의 선거운동가들은 상대후보 조사가 거의 모든 선거에서 선도역할을 한다는 것을 인정한다.

이 장의 목적은 상대후보 조사에 대해 이해를 돕는 데 있다. 그리고 상대후보 조사를 둘러싼 일부 윤리적 고려사항, 상대후보 조사가 효과적인 이유, 후보자 자신에 대한 조사의 필요성, 프로필자료의 유형, 그리고 상대후보 조사자료와 거꾸로 상대방후보 쪽에서 수행하는 조사자료의 효과적 관리 등에 대해 살펴보고자 한다.

---

1) 역주: Opposition Research의 약어로, 상대후보 조사를 뜻한다.

1. 상대후보 조사의 윤리적 쟁점

적극적인 상대후보 조사는 미국정치에서 아주 중요하다. 1800년 대선에서 연방주의당 조직원들은 제퍼슨(Thomas Jefferson)이 여러 명의 노예를 두고 있고, 그 중 한 명과 자식을 두고 있을지도 모른다는 사실을 찾아냈다(1990년대에 수행된 과학적 조사에서 연방주의당의 주장이 맞다는 이야기가 있다). 몇 년 후의 1884년 대선에서는 그로버 클리블런드(Grover Cleveland)가 마리아 핼핀(Maria Halpin)이라는 여인과 자식을 두고 있다고 비난받았다. 그에 대해 제임스 굴드 블레인(James Gould Blaine) 지지자들은 "엄마, 엄마, 내 아빠는 어디에 있나요? 백악관에 갔나요? 하, 하, 하!"라는 노래를 불렀다.

클리블런드 진영은 블레인이 돈을 벌려고 연방의원 자리를 이용했다는 폭로로 응수했다. 민주당원들은 "블레인, 블레인, 제이 굴드 블레인은 메인(Maine) 주 출신의 거짓말쟁이"라고 비난을 퍼부었다. 선거결과 클리블런드가 이겼는데, 선거당일 밤 그의 지지자들은 "마리아 만세, (클리블런드와 핼핀 사이에 난) 어린 친구 만세, 내가 클리블런드를 찍은 것은 너무 잘했다. 나는 내가 그렇게 한 것이 너무나 좋다"고 외쳤다(Johnson-Cartee and Copeland, 1991: 6~7).

근래까지만 해도 상대후보 조사는 대학생이나 식탁에서 후보부인이 수행했고, 유급전문가를 이용하는 것은 돈낭비로 간주됐다. 지금은 수십 개의 컨설팅회사들이 전문적으로 그 분야에 종사하고, 상대후보 조사에 지출되는 자금은 엄청 늘어났다. 새로운 스타일의 선거운동은 상대후보 조사를 다양한 이유로 선거전략에 포함시킨다.

첫째, 디지털혁명은 선거관련 자료를 모아 구성, 분류하는 방법들을 근본적으로 바꾸어 놓았다. 어떤 컨설턴트의 이야기에 따르면, "인터넷이 대중화되기 전에는 공개기록 조사를 직접 현장에 가서 수행해야만 했다. 25년간의 공개기록 조사에 다섯 사람이 6개월 정도 걸렸다. 게다가 진척도가 느려 많은 시간이 소요되는 것 이외에도 비용이 엄청났다" 고 말한다(Bovee, 1998: 48). 디지털시대의 상대후보 조사는 컴퓨터 앞에 사람이 앉아 신문기사에서부터 재산기록, 민형사상 범죄기록에 이르기까지 모든 것을 조사하는 방식을 취한다(48). 렉시스-넥시스(Lexis-Nexis), 팩츠닷컴(Facts.com), 뉴스뱅크(NewsBank) 같은 온라인 서비스를 이용하면 신속한 후보조사가 가능하다.

연방선거위원회는 인터넷에 그들이 가지고 있는 로데이터의 대부분을 올려놓았다. 이와 관련된 온라인 커뮤니티에 지방신문들도 가입했기 때문에 모든 보도내용과 투표행위, 금융거래를 신속하게 찾을 수 있다. 아울러 상대후보 조사내용을 디지털방식으로 저장하는 것과 함께 신속한 대응도 나름대로의 자체 기술방식을 취한다. 1996년 대선에서 '클린턴-돌'(Clinton-Dole) 토론 후 후보들이 토론회장을 떠나자마자 사실관계를 바로잡는 기록지(*fact-sheet*)가 곧바로 나왔다. 당시에 특이했던 것도 21세기에 들어서면서 이제는 평범해졌다. 후보가 숨을 곳이 완전히 없어진 것이다.

둘째, 상대후보 조사의 수요가 일부 기자들이 제 역할을 못해서 생겨났다는 주장이 제기된 바 있다. 어떤 컨설턴트는 정책이슈들이 복잡하기 때문에 정치인들이 조사결과를 기자들에게 일방적으로 제공할 수 있다고 말한다(Persinos, 1994: 21). 다른 컨설턴트들은 워터게이트 사건을 계기로 범죄·부정사건 등에 관한 신문과 방송의 독자적인 조사보도가 나오게 되고, 이후 뉴스매체가 '인물'에 병적으로 집착하게 되면서(Sabato, Stencel, Lichter, 2000: 37~38), 그러한 이야깃거리를 제공할 준비와 의지가 있는 선거진영으로부터 관련정보가 나온다고 지적한다.

한편, 선거진영들은 도를 넘은 상대후보 조사를 경계해야 하고, 명예를 손상시키는 자료들을 조심스럽게 활용해야만 한다. 캐스린 홀 제이미슨(Kathleen Hall Jamieson)은 르윈스키(Lewinsky) 스캔들이 절정일 때, “언론이 사생활을 침해한다는 공공연한 문제제기가 있을 것 같다”, “일부언론에서 조사보도로 간주하는 것은 많은 사람에게 관음증으로 생각된다”고 말한 바 있다(Jamieson, 1998).

마지막으로, 비록 품위를 벗어난 아이템일지라도 상대후보 조사가 활용되는 것은 새로운 스타일의 컨설턴트들이 그것의 효과적인 사용방법을 알기 때문이다. 이와 관련해, 언젠가 미디어 컨설턴트 스퀴어가 “나는 네거티브 방식을 좋아한다. 그것은 진실을 포착해 상대후보를 정확하게 가르는 칼처럼 그것을 활용할 수 있는 선거전에서 여러 좋은 기회 가운데 하나이다”라고 언급했다(Luntz, 1988: 72). 어쨌든 상대후보 조사는 그 효과성 때문에 필수적인 선거운동 방식이 되어버렸다.

그렇다고 상대후보 조사가 타당한 것이라 할 수 있을까? 어떤 연구자는 “만약 후보자들이 그들의 출신배경, 특히 자신의 재정관련 정보를 털어놓을 의향이 없다면 애당초 공직에 출마하지 말아야 한다”고 솔직하게 말했다(Robberson, 1996). 여전히, 판단이 애매한 구석이 있는 것도 사실이다.

예를 들어, 유권자들에게 10년, 20년, 30년 전에 일어난 것에 대해 말하는 것이 옳은 것일까? 부시 대통령의 1975년 음주운전 체포사실이 적절한 사례이다. 공개정보는 결함이 없을까? 출마자의 사생활은 어떻게 해야 할까? 르윈스키 사건에서 클린턴 대통령이 선서증언한 것을 보면 과연 사생활(*privacy*)이라는 것이 남아 있다고 할 수 있을까?

많은 전문가들은 상대후보 조사가 민주적 절차에 적합하다고 주장한다. 이러한 상대방조사로 말미암아 선거전의 방향이 고상함(*style*)과 이미지(*imagery*)에서 벗어나 정치적 논쟁으로 옮겨간다. 선출직 공직자들과 입후보자들은 자신의 행동에 책임을 져야 한다. 달리 말하면, 정치인들이 규칙을 준수하도록 만들어야 하는 것이다. 이런 관점에서 보면, 상대후보 조사는 궁극적으로 한층 깨끗하고 책임 있는 시스템으로 나아가는 것이라 할 수 있다. 클린턴의 1996년 대선을 도왔던 스퀴어는 돌이 의료정책에 반대투표했던 사실을 자랑하는 비디오를 전부가 아닌 일부만 보고 그 사실을 유권자들에게 알렸다. 그러면서 그는 양심의 가책을 느끼지도 않았다. 이와 관련해 린다 파울러(Linda Fowler)는 “재임중인 정치인의 업적을 감시·평가하는 것이 아주 어렵다고 생각될 때는 비교선거운동 방식이 특히 공평하다”고 말한다(Fowler, 1995: 203). 어쨌든 대중들이 이와 같은 유형의 정보를 요구하는 한 선거진영에서는 계속 그러한 정보를 제공할 것이다.

어떤 전문가들은 공격적인 상대후보 조사가 정치를 저속하게 만든다고 말한다(Persinos, 1994: 20). 상대후보의 공직수행과 관련된 사실정보를 공개하는 것은 분명 잘못된 점이 없지만, 공직과 무관한 수십년 전의 개인문제를 꺼내는 것은 다르다. 모든 것을 완벽하게 요구하면, 현재와 같은 선거방식에서는 훌륭한 사람들이 공직에 들어가지 못할 수도 있다. 비록 날조되거나 틀린 것이라고 해도, 윤리적 비난은 한 개인의 명예를 심각하게 훼손시킨다.

더욱이, 개인적 사안에 대해 공격하고 정책공약을 허위로 설명한다면, 유권자들이 정치로부터 거리를 두게 될지도 모른다. 상대후보 조사에 반대하는 사람들은 투표율의 점진적 감소가 현대정치의 악의적 속성과 연관되어 있다고 주장한다.

적어도 어떤 평론가는 상대후보 조사가 ‘정직하고 합법적이면서 선거와 관련된 것들’을 포함할 수 있도록 허용해야 한다고 믿는다(Persinos, 1994: 20). 하지만 학자, 전문가, 컨설턴트, 출마자 등이 상대후보 조사의 윤리적 한계를 어디까지 설정하느냐는 부차적인 문제이다. 실질적인 문제는 상대후보 조사로 발견한 사실들이 선거전에 어떻게 영향을 미칠 것이냐는 것이다. 현실적으로 보면, 대중에게 전달되는 뉴스들은 기자들에 의해 걸러진다. 그리고 일단 걸러지고 나면, 진실하고 타당하고 공정한 것으로 그 뉴스를 받아들인다. 그렇기 때문에 언론에서 네거티브한 정보의 보도를 거절한다면 해당정보는 별로 가치가 없어진다. 그리고 선거진영에서 기자들을 통하지 않고 유료광고로 방송할 경우에도 해당 선거진영은 역공의 위험성에 놓인다. 실례로, 1992년 대선에서 부시 진영은 자신들이 제기한 이슈들 때문에 응분의 대가를 치르게 될 것을 우려해 주지사 클린턴이 외도했다는 주장을 기자들에게 일부러 말하지 않았다. 1996년 선거 때는 많은 뉴스방송국들이 돌에 대한 음란한 이야기를 의식적으로 보도하지 않기로 결의했다.

그러나 최근의 정치스캔들에 대한 정밀분석에 따르면, "전국의 주요 간행물들이 처음에는 돌의 과거 혼외정사에 대한 이야기를 내보내려 하지 않았다가 나중에는 결국 그것이 보도되고 말았는데, 이러한 사실은 언론매체들간의 경쟁관계 때문에 편집인들이 좋은 의도로 내린 결정들이 얼마나 쉽게 무시되는가를 보여준다"(Sabato, Stencel, Lichter, 2000: 101). 인터넷상에 아마추어들의 기사보도가 등장하면서 전문적인 언론보도 기준이 손상될 정도로 더욱 위협받는다.

스캔들은 설득력이 강하다. 1992년 뉴저지 연방상원선거에서 가장 놀라운 일 가운데 하나는 다수당소속으로 18년간 원내총무를 지내던 공화당의 존 도시(John Dorsey) 의원이 패배했다는 사실이었다. 당시 언론보도를 보면, "도시가 4개 지방정부에 변호사로 고용되었고, 1991년에 6천 시간 꼬박 일한 대가로 해당정부에 1백만 달러 이상을 요구했다"는 사실이 보도됐다(Beiler, 1994c: 45). 이와 관련해 어떤 신문의 편집장은 이렇게 보도하였다.

> 도시는 동료의원들로부터 돈을 받으면서 정적들을 몰락시키는 데 그의 직위를 이용한다. 연방상원에서 18년을 보낸 다음, 도시는 마치 연방상원의 주인인 것처럼 행세를 한다. 그는 임기제한 문제의 논쟁대상거리이다(Beiler, 1994c: 61; *The Daily Record* 1992.10.24 인용).

경력상의 이러한 흠점 때문에 도시가 선거에서 떨어졌지만, 스캔들은 가끔씩 후보자를 전체적으로 규정짓는다. 1991년 연방하원의 '수표부도' 스캔들을 보면, 의원들이 위약금도 물지 않고 의회 공동당좌예금구좌를 과도하게 인출할 수 있도록 허용한 오래된 특권에 문제가 집중됐다. 예금잔고 이상으로 발행된 많은 불량수표를 보상하는 데 비록 국민세금이 들어가지는 않았지만, 많은 사람들은 '권한남용'이라며 격분했다. 과도인출현황이 공개되자 많은 불량수표에 서명했던 연방의원들은 해명해야만 했다. 일부는 의원직을 자진사퇴했고, 일부는 강제로 물러났다.

이 사건 때문에 1990년대 초반에 널리 확산된 반(反)현역정서가 조장됐다. 수표부도 사건의 정확한 영향을 별도로 파악하기 어려운 것도 문제였지만, 수표를 부도낸 의원들의 상당수가 다시 당선되었기 때문에 수표부도 사건의 파급력을 놓고 사회학자들간에 서로 평가가 엇갈린다(Ahuja et al., 1993 ; Alford et al., 1994 ; Dimock and Jacobson, 1995). 어쨌든 이 문제로 인해 1994년 총선에서 현역출신이 선거운동이 한층 어렵게 됐다. 언론과 대중에 의해 만들어진 기준들이 간혹 애매하기도 하지만, 정치뉴스를 보면 지켜야 할 분명한 지침들이 나온다.

1) 진실성

전문기자들은 자신들의 기사가 뉴스가치도 있고 정확성도 있는지 염려한다. 루머는 정치권에 만연하지만 입증될 수 없기 때문에 대부분 보도되지 않는다. 입증되지 않으면 소문을 토대로 기사를 보도하는 기자들은 업무의 주요방침을 위반하는 것이다. 더 심각한 것은 선거진영들이 간혹 허위정보를 흘린다는 것이다. 기자들이 거기에 빠져버리면, 여과장치가 없다. 실례로, 조지아(Georgia) 주에서 공화당후보로 지명받은 가이 밀러(Guy Miller)는 상대후보 로이 바니스(Roy Barnes)가

살인범과 강간범의 가석방허용에 찬성했다고 비난한 적이 있었다. 관련기사를 실었던 《애틀랜타 컨스티튜션》(*Atlanta Constitution*)은 "유일한 문제는 바니스가 가석방대상으로 살인과 강간 및 다른 10가지 범죄들을 구체적으로 명시한 것으로, 1998년 의회에 제출된 수정법안을 실제로 찬성했다는 점"이라고 보도했다(Helton and Pruitt, 1998). 해당내용을 알리는 관련광고는 곧바로 관심을 끌었다. 이러한 경우를 보면, 언론인들도 완벽한 것은 아니다. 기자들에게 전달된 잘못된 상대후보조사 때문에 휴스턴(Houston) 지방의 1991년 시장선거 흐름이 바뀐 것 같다는 것이 관련분석가의 진단이다(Frantz, 1999).

정보의 진실성 판단기준 2가지는 입증 가능해야 하고, 출처가 합법적이어야 한다는 것이다. 출처가 적법하지 못해 공격받은 경우가 신문이나 잡지 등에 보도된 사례는 드물다. 비록 선거진영에서 좋아했던 방식은 아니지만, 뉴스가 된 경우들이 몇몇 있기는 하다. 1992년에 기자들이 부시 행정부관리들이 클린턴의 해외여행 파일을 입수했다는 내용을 보도했을 때, 클린턴 선거진영은 분노했고, 주동자를 찾기 위해 국무부직원들을 대상으로 연방정부 차원의 조사를 했고, 관련자들은 법적으로 처벌까지 받았다.

한편, 일부 적법하고 윤리적으로 문제가 없는 정보라도 관계당국을 통해 확인될 수 없으면 공표될 수 없다. 해외여행 파일사건이 발생한 즈음, 클린턴 진영에서는 부시의 선거자료들이 브라질에서 생산되는 중이라는 사실을 해외뉴스 보도를 통해 알았다. 그러나 문제의 자료들이 외국에서 만들어진다는 것을 부시 선거진영에서 알고 있었다는 사실을 독자적으로 입증할 만한 증거를 어느 누구도 찾을 수 없었기 때문에 클린턴 진영으로서는 언론에 해당내용 보도를 요청할 수 없었다.

2) 적절성

당연히 적절할 것이라 간주되는 후보의 공적 행위에 문제가 있으면 그 정보는 뉴스가치가 있다. 그러나 공적 행위인지, 사적 행위인지 구분이 가끔 애매할 때 문제가 된다. 사바토(Larry Sabato), 마크 스텐슬(Mark Stencel), 로버트 리히터(S. Robert Lichter)는 적절성을 중심으로 보도할 만한 뉴스와 그렇지 못한 뉴스의 구분기준을 제시했다(Sabato, Stencel, Lichter, 2000). 후보의 사생활은 그것이 공적 업무에 영향을 줄 경우에 뉴스거리가 된다.

예를 들어 혼외정사의 경우, 일반적으로 그 관계가 로비스트와 관련된 것이라면 그 사실은 보도할 수 있다. 그 이유는 문제의 경우가 "공직자의 공적 역할과 사적 역할이 분명하게 구분되기 때문이다"(Sabato, Stencel, Lichter, 2000: 8). 일반적으로 대중은 공직자의 사적 행위 때문에 자신들이 영향을 받게 될 경우 그 내용을 알 권리가 있다.

3) 공정성

공정성은 진실성, 적절성과 밀접하게 관련되어 있지만, 선거진영들이 가끔씩 잘못 생각하는 특성이 있다. 모든 후보들이 똑같은 부정행위로 유죄판결을 받았는데 특정후보만 골라서 비난하면 공정하다고 할 수 있을지 기본적으로 생각해볼 필요가 있다. 더 정확히 말하면, 비난을 퍼붓는 선거진영에서는 자기 측 후보가 깨끗한지 확인해야만 한다. 1998년 뉴욕 연방상원의원 알폰스 다마토(Alfonse D'amato)는 상대후보 척 슈머(Chuck Schumer)가 선거운동하러 나갔다가 중요한 표결에 불참했다며 비난한 적이 있었다. 문제는 다마토 역시 1980년 연방상원 선거에 출마하면서 많은 표결에 불참한 바가 있었다는 점이었다. 처음에는 다마토가 슈머보다 호감을 많이 받았지만, 나중에는 표결불참 논쟁으로 인해 다마토 진영이 오히려 곤란해졌다. 표결불참 이슈 때문에 한때 유리했던 상황도 놓치게 되었고, 더구나 위선과 무능에 대한 치명적인 의혹까지 더해졌다.

상대후보 조사는 대체로 규제되지 않는다. 컨설턴트가 상대후보 조사자료를 잘못 활용하면 동료들로부터 비웃음을 사게 될지는 모르겠지만, 그렇다고 그것을 공식적으로 규탄할 방법은 없다. 1994년 1월, 미국 정치컨설턴트협회(AAPC)에서는 "윤리규칙"(*Code of Ethics*)이라는 것을 만들었다. 그러면서 소속회원들은 여러 가지 가운데 "상대후보에 대해 비판할 경우 증거를 정확하면서 충분하게 갖출 것"을 약속했다. 하지만 아직까지도 그 규칙을 집행할 강력한 규율이 마련되지 않았다. 그리고 면허요구가 없다 보니 선거컨설턴트들의 경우 협회에 의무적으로 가입하지도 않는다.

몇몇 주에서는 부정한 선거운동으로 이득을 얻는 경우가 없도록 하려고 "거짓말을 하면 사퇴하게 된다"는 법령을 채택하였다. 1984년 제정된 캘리포니아 주법은 선거의 주된 승리요인이 허위주장이었다는 사실을 판사가 찾아내면, 해당 정치인으로부터 사무실을 회수하도록 규정한다. 이러한 법령은 대통령선거만 예외이고, 모든 지방, 주, 연방 공직에 적용된다. 불행하게도 대부분 이러한 법령들의 경우 실효성이 없는 것으로 드러났다. 그 이유는 의도적으로 사실을 왜곡한 것이 승리의 원인인지를 입증하기가 아주 어렵기 때문이다. 주목할 만한 예외적 사례는 웨스 쿨리(Wes Cooley)의 경우이다. 쿨리는 물러난 이후 오리건 주에서 유권자용 팜플렛에 허위사실을 기재한 이유로 유죄판결을 받았던 인물이다. 지금은 출마자들이 모든 공격성광고에 출연할 수 있게 하면서, 공격에 대응하도록 무료방송 시간을 주고, 모든 비난의 사실여부를 검토하도록 공화당과 민주당 양당이 서로 제휴해 관련위원회를 만들 것을 요구하는 법령들이 발의되어 있다. 그러나 이러한 개혁조치들 가운데 그 어떠한 것도 금방 가시화될 것 같지는 않다.

2. 상대후보 조사자료의 역할

정치기술 연구자들은 전망적(*prospective*) 가치평가와 회고적(*retrospective*) 가치평가에 대해 이야기한다. 전망적 가치평가는 학수고대되는 것들에 바탕을 둔다. 유권자들은 후보자의 자질, 정당, 인물, 선거공약을 살펴보고, 그 후보가 당선되면 어떤 일을 할 것인지 생각해 본다. 클린턴은 '21세기로 가는 다리'를 약속하면서, 유권자들에게 그의 선거운동을 미래지향적으로 보아달라고 호소했다.

회고적 가치평가는 거꾸로 본다. 출마자의 향후 행동을 판단하는 데 있어 과거의 활동들에 비중을 둔다고 본다. 레이건이 "여러분은 4년 전보다 지금의 형편이 더 좋아졌습니까?"라고 물으면서, 시민들로 하여금 카터 행정부의 문제점에 대해 생각해볼 것을 호소했다. 합의가 형성된 사항은 회고적 가치평가가 주된 의사결정 방식이라는 점이다. 그 이유는 ① 전망적 가치평가가 유권자에게 선거운동 계획들을 깊이 검토하도록 요구하고, ② 다른 모든 것들이 동일하다면 과거가 미래의 강한 지표로 생각되기 때문이다.

상대후보 조사는 회고적 가치평가 과정과 연관되어 있다. 상대후보 조사는 과거활동의 단점들을 지적해 냄으로써 상대후보를 찍는 것이 위험하다는 점을 전달하려는 시도라 볼 수 있다(Fiorina, 1981). 어떤 의미에서 유권자들은 선택에 직면한다. 출마자의 미래계획을 볼 것인지(이것은 심사숙고해야 하고 시간이 소비되는 귀찮은 일이다), 아니면 후보자들이 과거에 했던 것을 조사할 것인지(이것은 신속하고 사실적인 과정이다) 선택에 직면한다. 만약 회고적 조사의 실마리가 사실 그대로라면, 후보에 대한 평가도 사실 그대로일 것이다. 상대후보 조사는 그 영향력 때문에 후보들의 관심을 끈다. 더 많은 경쟁자들이 그 기술을 활용하기 때문에 유권자들은 그것에 익숙해지고, 유권자들이 네거티브(*negative*) 선거운동[2]을 비난할 때에도 상대후보 조사기술을 활용하기 시작할 수 있다. 이러한 이유로 상대후보 조사는 선거운동 작업의 중요한 전문분야가 됐다.

3. 상대후보로부터의 조사

크게 주의해야 할 사항이 있다. 상대후보 조사를 할 경우 상대편에만 초점을 맞추려 해서는 안 된다는 점이다. 실존주의부터 기독교원리와 군사이론에 이르기까지 사람은 다른 사람을 공격하기 전에 자신의 행동부터 살펴보아야만 한다. 상대후보 조사가 비교우위에 대한 조사라는 점에서 상대후보와 자신을 함께 알아야만 한다. 상대후보 역시 조사를 수행한다. 네거티브 공격에 대비하는 유일한 방법은 상대후보가 무엇을 가지고 있는지 알아내는 것이다. 불이행채무, 음란한 이야기, 대처하기 곤란한 표결에 불참한 경우를 조사할 필요가 있다. 다마토의 교훈처럼 자신도 부정행위를 저질렀으면서 상대방이 저지른 부정행위를 비난하는 것은 피해야만 한다.

구직자가 자신의 경력을 정리해야 하는 것처럼 출마지망생들은 자신의 과거 직장경력, 정당가입 경력, 소속단체 경력, 대외활동 경력 등에 대해 상세한 내용들을 찾아내야만 한다. 이러한 종류의 정보는 일반적으로 한 장의 자기소개서 형태로 배포되지만, 긍정적이든 부정적이든 출마자의 배경에 대한 그 어떠한 질문에도 제시할 수 있도록 관련서류들을 준비해야 한다. 언론인들이 공직자 조사내용을 기사화한 1970년대 이후부터 선거진영에서는 아주 하찮은 정보에 대한 기록까지도 갖추어 놓고 있다. 증거가 있는 사실은 소문이 나기 전에 미리 막을 수

---

2) 역주: 네거티브 선거운동은 상대후보를 비난하고 공격하는 선거운동이다. 이와 반대되는 것은 포지티브 선거운동(후보자가 자신의 정책적 · 정치적 견해 등을 적극적으로 피력하는 선거운동)이다.

있지만, 공인될 수 없는 변명성의 사실은 차라리 없는 것만 못하다. 결코 정치는 호락호락하지 않다.

현명한 선거팀은 출마자의 기억이 완벽하다거나 관련된 사안에 대해 후보가 솔직할 것으로 보지 않는다. 골치 아픈 문제들은 고생스럽게 할 수 있기 때문에 선택적으로 기억할 수도 있다. 후보자의 강점과 약점을 이해하는 유일한 방법은 조사를 통하는 것이다. 심지어는 프라이버시와 관련된 정보까지 선거전에 흘러나오는 경우도 있다. 모든 입후보자의 저작물, 납세기록, 학교성적증명서, 재판사건, 세금형태, 투자기록, 차량등록, 진료기록 등은 잘못된 것이 있으면 곧바로 정정해야만 한다. 이것은 성가시고 어려운 일이다.

대부분 사람들은 자신을 자세히 살펴보는 것을 좋아하지 않는다. 사람들은 자존심, 수줍음, 건망증 때문에 자기모습을 정확하게 그려내지 못하는 경향이 있다. 단순한 일대기 정보를 정리하는 것도 아주 어려운 일이다. 출마자에 대한 정밀조사를 염두에 둔다면 정확한 직함과 직업을 기록하는 것이 중요하지만, 출마자가 윤리적으로 문제가 없는지 판단하는 것은 추진하기가 거북한 일이다. 일부 컨설턴트들의 경우 "우리 자신에게 거짓말하는 경향이 다른 사람에게 거짓말하는 경향보다 더 깊이 뿌리박혀 있다"는 도스토예프스키(Dostoyevsky)의 말이 맞다고 생각할지도 모른다.

4. 프로필자료의 유형

자기조사의 핵심은 자신이 어느 누구보다도 우수하다는 것을 출마자가 알게 하는 것인데, 그 이유는 그렇게 되어야만 쏟아지는 공격에 선거진영이 대응할 수 있기 때문이다. 선거전이 차츰 공격적이 되기 때문에 상대후보 조사는 새로운 스타일의 선거운동에 계속 중요한 요소가 될 것이다. 따라서 상대후보 조사가 어떻게 작동하는지 아는 것은 중요하다. 상대후보 조사와 관련된 정보의 유형은 ① 정치정보, ② 선거자금 정보, ③ 경력정보, ④ 개인정보 등 4가지이다.

정치정보. 정치정보는 출마자가 선출직이거나 임명직에 있을 때 착수한 활동이나 출마자가 공직에 도전하면서 말한 이야기와 관련된 것이다. 이러한 활동 가운데 많은 것은 대중을 위한 것으로 밖으로 나타나고, 그 외의 것들은 숨겨질 것이다. 대중의 필요에 대해 아무리 깊이 생각하고 조심하고 주의한다고 해도, 출마자의 경력은 항상 문제가 되는 무언가를 가지고 있는 것처럼 보인다. 상대방 조사원의 임무는 말과 행동, 그리고 부동층을 실망시킬 것들을 찾아내는 것이다.

투표기록. 1994년 중간선거에서 무수한 민주당 주지사, 주의원, 연방 상하원 출마자들이 낙선했기 때문에 민주당으로서는 일종의 대재앙이었다. 바르(Barr)는 선출직으로서 10년간 활동한 조지아(Georgia) 주의 버디 다든(Buddy Darden)을 꺾었는데, 그것이 가능할 수 있었던 것은 다든이 해당지역구에 관심을 끊은 것으로 인식되었기 때문이었다(Shea, 1996b). 바르에 의해 부각된 투표기록 가운데 하나는 다든이 1994년 범죄법안을 지지했던 것이었다. 비록 그 법안이 감옥과 경찰방어 투자를 늘리는 것이었다고는 하지만, 법안의 한 조항에 (권총식의 손잡이와 탄창이 분리되면서 고성능 탄약을 사용하는) 경기관총식의 자동소총 판매를 금지하는 내용이 있었고, 그 조항은 선거구 전역의 총기옹호론자들의 반발을 촉발한 바 있었다.

또한 다든은 휘발유와 상위 소득납세자들에게 세금을 올리도록 한 클린턴의 1993년 예산법안을 찬성하기도 했다. 마침내 다든은 자신이 보수적인 조지아 주의 '진보주의자'로 좋지 않게 불린다는 사실을 알게 됐다. 그의 낙선은 전국의 정치평론가들에게 충격을 주었다. 역설적인지는 모르겠지만 만일 다든이 1994년 범죄법안에 반대표를 던졌다면, 그는 아마도 '범죄에 관대하다'는 꼬리표가 붙었을는지 모른다.

연방의회와 대부분의 시, 카운티, 주의회에서는 글자 그대로 매 회기마다 수천 건의 법안을 접한다. 이러한 법안 가운데 많은 법안은 전문적이고 유권자에게 별로 중요하지 않지만, 몇 가지 법안은 열띠게 논의된다. 조사팀에서는 전체 가운데 일부가 중요하지 않게 보일지는 몰라도 본회의장 표결과 상임위원회 표결 등 상대방 현역경쟁자의 모든 표결사항을 점검하는 것이 중요하다. 문제되는 것은 어떠한 표결일까? 문제의 표결을 찾기 위해 선거진영에서는 종종 전문적인 법안에 대해 잘 알고, 그것에 대해 솔직하게 말해주는 로비스트들이나 입법부 직원들을 찾는다. 서베이조사와 포커스그룹조사 방법도 유용하다.

'문제의 표결'로 쉽게 이해되는 사안은 공직자의 입장이 시시각각으로 변하는 것들이다. 1992년 대선에서 클린턴 진영은 부시가 '시민권에 대해 네 가지 다른 입장'을 가졌다고 비난했고, 부시 진영에서는 클린턴을 '사기꾼 같은 정치인'이라고 강조한 바 있다. 효과적인 것은 소신이나 태도가 급변하는 것을 부각시키는 것이다.

첫째, 예기치 않게 입장을 바꾸면, 해당사안과 관련된 양쪽 당사자 모두를 불쾌하게 할 수도 있다. 어떤 후보가 낙태문제와 관련해 반대에서 찬성으로 입장을 바꾼 것으로 드러나면, 찬성론자들은 그 후보가 과연 진실한지 의심하게 되고, 반대론자들은 그 후보의 돌변한 현재 입장을 생각한다. 둘째, 소신이나 태도가 급변하면 후보의 신뢰성이 의심받는다. 과거에 입장을 바꾼 적이 있는 사람은 앞으로도 그렇게 행동할 우려가 있다. 실제로, 선거 때문에 후보의 신념이 바뀐 것인지 묻는 사람들도 있을 것이다.

장기불참. 표결불참은 직무유기를 보여주는 것이다. 물론, 일부 불참은 이해할 수도 있다. 가족문제와 건강문제 때문이라고 핑계를 댈 수 있지만, 공직자가 '국민을 위해 일하지 않는다'는 것을 넌지시 알리는 확실한 방법은 장기간 표결에 불참한 사실을 지적하는 것이다. 1984년 켄터키 주 연방상원선거에서 도전자인 공화당 미치 맥코넬

(Mitch McConnell)은 현역인 민주당 디 허들스톤(Dee Huddleston)의 표결불참 상황을 부각시켜 이길 수 있었다. 아직까지도 유명한 당시 텔레비전 중간광고에서 네 마리 블러드하운드를 앞장세운 한 남자가 워싱턴 사무실과 켄터키 주의 외딴 집에서 허들스톤이라는 표지판을 미친 듯이 찾았지만 허들스톤은 그 어디에서도 찾을 수 없었다. 해당 광고에 따르면 허들스톤은 캘리포니아와 푸에르토리코에서 기부금을 모으다가 중요한 표결에 불참했다.

가끔씩 특정 표결이 중요한 경우가 있다. 민주당 하리 스태거즈(Harley Q. Staggers)는 1992년 선거에서 낙선했는데, 부분적인 이유는 선거구인 웨스트버지니아에 있는 새로운 FBI센터에 자금을 지원하는 중요한 표결에 불참했기 때문이었다. 유권자들은 자신들의 대표자가 본회의 표결은 물론 상임위원회 표결에도 빠짐없이 참여하기를 바라는데, 이러한 점은 상대후보를 조사하는 사람들이 늘 활용하는 부분이다.

법안서명. 공직자의 활동상을 보여주는 또 다른 자료는 현역인사들의 법안발의 현황이다. 법안발의자는 법안에 따라 달라서 한 명이 있는 경우도 있고, 2~3명이 있는 경우도 있고, 몇몇 인기 있는 법안들은 수십 명이 법안발의자가 되기도 한다. 연방의원들이 동료들의 법안을 항상 주의 깊게 살펴보는 것은 아니다. 이러한 정보를 활용하는 방법이 몇 가지 있다.

첫째, 만약 연방의원이 유권자들에게 중요한 법안에 서명하지 않는다면 그 사람은 직무유기로 공격받을 수 있다. 둘째, 만약 연방의원이 법률이 되지 않은 법안에 서명을 했다면 그 사람은 무능하다고 비난받을 수 있다. 셋째, 만약 연방의원이 많은 법안에 공동발의하는 경향이 있을 때 해당법안들로 인한 예산부담을 알고 있는지 물어보면 효과적일 것이다. 전국납세자연맹은 이러한 방법으로 연방의원들의 점수를 매긴다. 마지막으로 법안발의와 표결기록 간의 관계를 조사하는 것이다. 가끔씩 연방의원들은 자신들이 발의중인 법안들과 거의 일치하는 법안들인데도 반대투표를 하는 경우도 있다. 이러한 행동은 입법에 있어 소신을 뒤집는 행동으로 이야기될 수 있다.

소속위원회와 직책. 상임위원회와 소(小)위원회에는 소관 이슈들이 있다. 그렇기 때문에 소속위원회를 보고 해당의원이 중요하게 생각하는 것이 무엇인지 알 수도 있다. 일부 상임위원회는 다른 위원회보다 유명하고, 어떤 위원회는 출마자의 지역구와 관련된 문제들을 다루기도 하고, 어떤 위원회는 유명하지도 않고 지역민에게 도움이 되지 않기도 한다. 책임 있는 직책은 공직자의 신분과 능력을 확인시켜 주는 것이다. 높은 직책에 올라가지 못하면 많은 문제점, 이른바 무능하거나 무관심하다는 것을 은연중에 나타내는 것처럼 보일 수도 있다.

매기는 맥캔의 소속위원회를 효과적으로 활용했다. 맥캔은 임기의 상당부분을 농업위원회에서 활동했다. 그가 농업위원회에서 활동하는 것은 시골이 대부분인 그의 선거구에 가족농(家族農)이 많았기 때문에 의미가 있는 것이었다. 그러나 선거 1년 전, 그는 농업위원회의 공화당간사에서 밀려 경마위원회 공화당간사가 됐다. 경마위원회는 유명하지도 않았고 맥캔의 선거구와도 무관했다. 그의 선거구에는 경마장이 하나도 없었다. 매기는 맥캔이 가족농의 생존보다 도박에 관심이 많다는 이야기를 퍼트렸다.

정부보조금. 현역의 당선기반은 연방의원이 정부보조금을 확보하는 것과 관련있다. 시, 카운티, 주, 연방정부는 매년 군수계약, 환경개선, 고속도로 같은 특정 프로젝트 투자예산을 편성한다. 어떤 학자가 '특별배려'(Mayhew, 1974b)라고 부른 이러한 프로젝트들을 통해 의사당에서, 카운티 청사에서, 시청에서 행한 공직자의 활약상을 가늠할 수 있다. 공직자들은 언론매체와 우편으로 자신의 성과를 알리면서 유권자로 하여금 지역 연방의원이 유능하다는 것을 믿도록 유도한다. 하지만 이러한 경우에 단점도 있을 수 있다. 특히 돈을 쓰는 데 신중한 유권자들에게 해당가능성이 있는 문제로서, 여러 수준에서 정부보조금을 많이 요구하면 예산낭비를 부추기는 것으로 보일 수도 있기 때문이다. 그러나 하리 스태거즈가 FBI센터에 보조금을 지원하지 않아 낙선한 것처럼 연방의원이 선거구를 제대로 돌보지 못하면 그 대가를 치르게 되는 것이 보다 일반적이다.

공무우편(*Official Mailings*). 많은 공직자들은 유권자에게 정보를 제공하는 데 공무우편을 활용할 수 있다. 이러한 특권은 '무료송달 서명 특권'이라고 불리는 것으로, 연방상하원 의원들에게 우표 대신 서명을 허용한 것에서 유래한 것이다. 나중에는 인쇄된 서명까지 허용됐다. 공무우편의 긍정적 측면은 현역들이 선거구와 접촉할 수 있다는 것이고, 부정적 측면은 지나친 야심을 갖고 우편을 발송할 경우 예산을 낭비했다는 비난을 받을 수 있다는 것이다.

1990년 인디애나 주 연방 상원의원 선거에서 민주당 바론 힐(Barron Hill)은 현역인 공화당의 댄 코트(Dan Coats)가 의도적으로 공무우편을 발송했다는 것을 부각시켜 우위를 점했다. 당시 텔레비전 중간광고 내용은 어떤 집주인이 도로변에 접한 자기집 우체통 앞에서 쏟아져 나오는 편지들을 보면서 서 있는 가운데 "댄 코트는 1,310만 통의 쓰레기 우편을 인디애나 주에 쏟아 부었습니다"라고 아나운서가 말하는 것이었다. 이 광고의 메시지는 코트가 납세자들의 돈을 낭비했다는 것이다.

더욱이 공무우편에는 법적·윤리적 문제까지 있다. 예를 들면, 연방하원에서는 서명으로 대량발송하는 우편물에 들어가는 말 한마디까지도 엄격히 통제한다. 찍어달라고 직접 호소할 수 없고, 8번 이상 '국회의원'이라는 말을 언급하면서 '나'(I)라는 글자를 사용할 수 없다. 규정을 위반하는 우편물은 허용되지 않는다. 최근 들어서는 승인받은 대량발송 우편물까지도 문제가 된다. 2000년 5월, 네브래스카 주의 공화당소속 연방하원 의원 리 테리(Lee Terry)는 정보전달이 아닌 정치적인 것으로 보이는 메시지를 발송한 이유로 민주당으로부터 고발당했다. 테리의 고참보좌관이 해당 우편물의 적법성을 강하게 주장했지만 그의 해명은 변명처럼 보였다.

직원고용과 비용. 공직자가 불필요한 프로젝트에 혈세를 방만하게 사용하는 것보다 유권자들이 더 경멸하는 것은 국민의 세금을 공직자 자신을 위해 잘못 사용하는 것이다. 1994년 선거에서 연방하원 세입위원회 위원장 댄 로스튼 코우스키(Dan Rosten Kowski)가 낙선한 일부 원인은 그가 가짜 직원을 직원명부에 올리고, 사무실에서 사용하는 우표를 돈으로 바꾸고, 고급의자 여러 개와 '선물'을 구입하는 데 국민의 세금을 사용했다는 주장이 제기되었기 때문이었다. 입후보자를 조사하는 사람들은 상대후보의 사무실비용을 조사하고, 그 비용을 다른 후보들과 비교한다. 국민세금을 낭비한 것처럼 보이는 현역들은 유권자들과 말썽이 날 수 있다는 것을 스스로 알아야 한다.

공무출장정보. 유능한 선거진영은 특별히 상대후보의 출장기록에 관심을 갖는다. 선출직 공직자들은 종종 공무로 출장을 간다. 가끔 라이벌들로부터 '유람여행'이라 불리는 이러한 출장은 상대방을 당혹스럽게 만드는 정보의 출처가 되기도 한다. 연방의원들의 경우, 배우자와 함께 이국적인 지역에서 열리는 연차회의, 세미나, 연구모임 등에 동행했던 사실들이 종종 밝혀지기도 한다. 특히 불시에 파급되는 언론보도를 잘 관리하지 못하면, 그 어떤 출장이라도 좋지 않게 보일 수 있다.

1999년 캘리포니아 주 샌디에이고 시의 연방하원의원 브라이언 빌브레이(Brian Bilbray)는 오스트레일리아로 출장 가 미국과 오스트레일리아 양국관계 회의에 참석하면서 미국 미식축구팀인 샌디에이고의 차저스(CHARGERS) 팀과 덴버의 브론코스(BRONCOS) 팀이 시범게임하는 것 등을 관람하며 2주 정도를 개인적으로 보냈다. 그 경비는 오스트레일리아 쪽에서 부담했다. 이와 관련해 빌브레이 의원 보좌관이 설명하면서 기자단의 질문에 "빌브레이 의원이 이번 문제로 일주일간만 표결에 불참했고, 불참한 표결사항들은 한 표에 의해 결정되는 것들이 아니다"고 답변했다(Braun, 1999). 샌디에이고의 《유니언-트리뷴》(*San Diego Union-Tribune*)은 이를 보도하면서, "빌브레이 의원이 오스트레일리아에서 돌아오지 않아 코멘트를 달 수 없었다"고 보도했다(Braun, 1999). 나중에 빌브레이는 2000년 선거에서 떨어졌다.

말실수. 거의 모든 사람이 가끔씩 부적절한 말을 하는데, 여기에는 출마자들도 예외가 아니다. 파울러가 "내가 방문한 뉴욕의 가장 추잡한 선거진영 가운데 하나"라고 불렀던(Fowler, 1995: 206) 1992년 뉴욕 연방상원선거가 대표적인 사례이다. 선거종반으로 치달으면서 도전자인 민주당의 로버트 아브람스(Robert Abrams)는 선거가 한창인 가운데 뉴욕 북부의 조그만 지방에서 선거운동을 하면서 상대후보인 공화당의 다마토를 '파시스트'라고 불렀다. 처음에는 아브람스의 주장에 대해 이렇다할 이야기가 없었지만, 그 주장이 점차 전해지면서 뉴스보도가 많이 나왔다. 선거운동이 선거기간 내내 치열했지만, 아브람스의 용어선택이 지나친 것으로 받아들여졌다. 유태인 출신인 그가 은연중에 이탈리아계인 다마토와 1940년대의 유럽 파시즘을 연계하려고 종교적·민족적 문제까지 들먹이는 것이 꼼수로 인식됐다. 이러한 공격은 효과를 내지 못했고, 결국 승리는 다마토에게 돌아갔다.

언행불일치. 말실수 이외에도 후보자의 언행이 일치하는지도 비교해볼 수 있다. 후보자들과 선출직 공직자들은 많은 경우 이전에 한 말이나 표결, 서명법안과 모순되는 이야기를 한다. 가끔씩 하위공직자들은 임기 말에 높은 자리로 올라갈 기회를 만들어 볼 생각으로 임기 동안 열심히 봉사하겠다고 맹세한다. 어떤 사람들은 과거에 했던 임기제한 약속에 발목 잡히기도 한다. 또 다른 경우에는 세금이 문제되기도 한다. 1988년 부시는 "내 입술을 보시오. 새로운 세금은 없습니다"라며 약속했다. 대통령이 된 후 부시는 민주당과 함께 재정적자를 줄일 목적으로 세금을 인상하자 1992년 대선 때 클린턴 진영은 이 문제를 선거 쟁점화했다.

1) 선거자금 정보

상대후보 조사의 두 번째 유형은 선거자금을 조사하는 것이다. 연방 상하원 출마자들은 선거진영에 100달러 이상을 기부한 개인과 정치활동단체들을 연방선거위원회에 자세히 보고한다. 이러한 절차는 거의 모든 주들이 비슷하다. 상대후보조사 담당자는 이러한 자료들이 규정을 위반한 것은 아닌지 철저하게 조사한다. 가령, 성씨와 주소가 동일한 네 명이 최대 허용가능한 한도까지 후원금을 내고 그들 가운데 두 명이 자신들의 직업을 '학생'으로 적는다면, 누구든 그 가족의 세대주가 규정상 허용되지 않는 후원을 하는 데 가족들을 동원함으로써 개인 후원을 실제로 더 늘렸는지 궁금해 할 것이다.

또한, 극단적인 집단들이나 평판이 아주 안 좋은 사람들이 가끔 상대후보에게 후원하는 사실들이 확인되기도 한다. 마틴 루터 킹 3세(Martin Luther King III)는 조지아의 풀톤(Fulton) 카운티 위원회 위원장선거에 출마했다가 그의 후원자 가운데 한 사람이 살인혐의자라는 사실 때문에 명성이 훼손된 바 있다. 많은 출마자들의 경우 항상 돈이 필요해서 선거자금을 서둘러 모으기 때문에 후원자 가운데 혹시라도 문제의 인사가 없는지 제대로 조심하지 않는다.

더구나 자금이 풍부한 선거진영들은 자칫 선거구를 '매수하려 한다'는 비판을 들을 수 있다. 캘리포니아 주에서 나타나는 새로운 흐름은 후보자들의 엄청난 선거자금 지출현상이다. 마이클 허핑턴(Michael Huffington)은 1994년 상원선거에서 2천 7백만 달러를 썼지만 낙선했다. 다렐 아이사(Darrell Issa)는 1998년 다른 지역 공화당 연방상원 예비선거에서 1천 1백만 달러를 썼지만 떨어졌다. 알 케키(Al Checchi)는 1998년 주지사 예비선거에서 4천만 달러를 쓰고도 13% 정도밖에

득표하지 못하고 떨어졌다.

한 분석가에 따르면, "페로처럼 기성정치에 반대하는 정치권 밖의 출마자들이 요즘 인기가 있지만, 결국 유권자들은 당초부터 학교운영위원회나 시협의회에 근무하고, 지역단체에서 자원봉사하거나, 다른 출마자 및 소속정당을 도우려고 정치모임과 집회에 무수히 나가면서 자신의 의무를 다한 출마자들을 선택했다"(Westneat and Brown, 1998). 만약 이러한 것이 유권자의 최종선택이라면 후보자의 과도한 선거비용은 앞으로 크게 줄어들 것 같다.

2) 경력정보

사회봉사만이 후보자의 경력을 쌓는 유일한 방법은 아니다. 이전의 사업활동 및 기타 경력이 문제될 수도 있다. 문제되는 부분은 경력 부풀리기, 미심쩍은 활동, 믿지 못할 동료 등 세 가지로 크게 묶을 수 있다.

경력 부풀리기. 많은 유권자들의 경우 자신의 경력을 적을 때 거짓으로 과장하지만, 공직출마자들에게는 그러한 행위가 용납되지 않는다. 쿨리는 앞서 언급했던 대로 자신의 경력을 부풀렸다가 대가를 치렀다. 그리고 1994년 텍사스 주 25번 연방하원선거구에 출마했던 민주당의 켄 벤트슨(Ken Bentsen)이 공화당의 유진 폰트노(Eugene Fontenot)를 역전한 적이 있는데, 이 사례는 경력 부풀리기의 위험성을 잘 보여준다. 폰트노는 자신을 의사와 변호사로 광고했지만, 나중에 그는 10년간 의료행위와 변호사활동을 하지도 않았다는 것을 인정했다. 폰트노의 시련은 거기서 멈추지 않았다. 선거 컨설턴트 크렉 바로가(Craig Varoga)는 이렇게 말한다.

> 벤트슨(Bentsen)의 텔레비전 광고와 우편을 통해 폰트노 병원의 국세체납액이 3백만 달러나 된다고 알려지자 폰트노는 문제가 되는 기간동

안 병원을 운영하지 않았다는 사실을 밝혔다. 그러나 그러한 발표는 그의 공식경력과 모순되는 것이었다(Varoga, 1995: 35).

벤트슨은 상대후보의 정체를 성공적으로 밝혀 폰트노가 자신의 전문성과 인품을 부각시키지 못하도록 만들었다.

미심쩍은 활동. 출마자가 전문직업인으로서 활동한 기간도 분명 중요하다. 1994년 오하이오 주 검찰총장선거에서 베티 몽고메리(Betty Montgomery)는 상대후보가 현역 검찰총장이지만 과거에 형사사건을 맡아본 적이 없다는 사실을 유권자들에게 끊임없이 환기시켰다. 그녀는 그가 법정경험도 부족하다고 주장했다. 결국 유권자들은 몽고메리를 선택했다. 대상에 따라서는 금융투자도 문제가 된다. 1995년 공화당의 대통령 후보 감으로 유망주였던 텍사스의 필 그램(Phil Gramm)은 자신의 투자금 일부가 포르노 제작사에 들어갔다는 사실을 뒤늦게 알았다. 그램이 그 회사의 활동사항이나 역할에 대해 아무것도 몰랐다고는 하지만 보수적 유권자들은 아주 잘못된 투자라고 생각했다.

믿지 못할 동료. 단지 관계가 있다는 이유만으로 처벌하는 것은 통상적으로 관례에 어긋나는 것으로 간주된다. 그러나 정치에서는 그렇지 않다. 전직 연방상원의원 캐롤 모슬리-바런(Carol Mosley-Barun)의 선거사무장을 맡았던 그의 친구가 여성 선거운동원들을 성추행한 혐의로 고소되었는데, 이 문제는 모슬리-바런이 문제의 상황을 알고도 묵인했다는 비난으로까지 커졌다.

최근에는 인종, 신념, 피부색 또는 종교에 따라 클럽의 회원 가입자격을 제한하는 것은 일반윤리에서 벗어나는 것으로 받아들여진다. 가끔은 모슬리-바런의 경우처럼 개인적이면서 정치적인 제휴가 간혹 순전히 정치적으로 심지어는 이념적으로 친분이 있다고 해서 문제가 되기도 한다. 실례로, 1996년 선거에서 몬태나 연방상원의원 맥스 보커스(Max Baucus)가 “케네디 상원의원을 따라서 투표한다”는 소문이 퍼진 바 있다. 아울러, 가끔씩 전국총기협회 주장을 강력 지지하면 중도 성향의 부동층으로부터 지지를 받는 데 걸림돌이 되기도 한다.

3) 개인정보

상대후보 조사의 마지막 큰 부분은 개인정보이다. ① 사실과 다르거나, ② 어느 누구에게도 유용하지 않은 정보를 찾아내거나 이용하는 것은 비윤리적인 것으로 간주된다. 다시 말하면, 사진기를 가지고 숲 속에 숨거나 남들이 낸 소문을 마치 사실인 것처럼 발표하거나, 선거 진영을 대신해 부당한 일을 할 사설조사원을 고용하는 것은 부도덕하다. 사실, 사설조사원은 거의 필요 없다. 개인정보의 상당부분은 언론, 법원기록, 지방 공공기록, 담보권현황, 납세현황, 전문협회, 선거위원회, 후보 자신으로부터 얻을 수 있다. 여전히 뉴스매체들이 반칙공격을 주시하기 때문에 해당정보가 대중에게 유용하다고 해도 아직까지는 광고할 때 개인정보를 신중하게 처리해야 한다.

현재의 뉴스보도 수준은 연방상원 재정위원장을 지낸 아칸소(Arcansas) 주의 윌버 밀스(Wilber Mills)의 음주운전 이야기까지 찾아낼 정도다. 1960년대의 경우는 대개 정치인의 사생활은 보호되어야만 한다고 간주됐다. 후보자들의 공직수행에 방해가 안되면, 개인의 부적절한 행동을 너그럽게 봐주려고 했다. 그러나 베트남전쟁과 워터게이트사건으로 언론이 정부를 불신하기 시작하면서 정치인의 사생활을 보호할 것인지에 대한 회의가 생겨났다.

1974년에 밀스는 한밤중에 헤드라이트도 켜지 않고 차를 몰다가 검거되었는데, 그때 스트립쇼에 출연하는 무용수가 그의 차에서 뛰쳐나와 타이들 베이슨(Tidal Basin) 쪽으로 도망치기까지 했다. 심지어는 한 기자가 탐정처럼 감시할 정도로(Sabato, 1991: 47) 밀스가 술 때문에 문제가 있다는 사실을 기자들이 오래 전부터 알고 있었지만, 그 사실은 밀스가 단속경관과 싸움하기 전까지는 이슈가 되지 않았다. 밀스 사건 이후 비슷한 일들이 계속 터졌다. 오하이오 주 민주당 연방상원 행정자치위원장이었던 웨인 헤이스(Wayne Hays)는 '타이프를 못 친다'는 사실을 알고서도 미인선발대회 출신의 엘리자베스 레이(Elizabeth Ray)를 비서로 채용한 일이 있었다. 또 유타 주 민주당 연방하원 앨런 하우(Alan Howe) 같은 경우는 매춘부로 위장한 경관들을 유혹하다가 체포되어 나중에 정당에서 쫓겨났다(민주당은 다른 후보자를 찾으려고 유권자 후보추천 서명캠페인을 벌였다). 결국 밀스, 헤이즈, 하우 세 사람은 모두 연방의원직을 짧게 마감했다.

후보자의 혼외정사문제가 선거이슈가 되기도 하지만, 단순한 이혼은 별로 사람들을 놀라게 하지 못한다. 그러나 자녀양육비 지급을 제때 하지 않는 문제는 관심을 모은다. 1996년 주의원에 출마한 몬태나 주의 민주당후보 빌 옐로테일 2세(Bill Yellowtail Jr.)는 자녀양육비 지급을 상당기간 소홀히 한 것으로 어버이날에 여러 신문에 보도되어 몇 포인트 차이로 선거에서 떨어진 바 있다.

상당한 조사에 따르면, 정당일체감의 의미가 약화되면서 유권자들은 후보의 자질에 주목한다. 이러한 유권자들 때문에 출마자들은 상대 후보를 도덕적으로 결함이 있는 인물로 묘사하면서 자질에 대한 공격을 많이 하는 경향이 있다. 자질문제 제기는 효과적이긴 해도 위험할 수 있다. 유권자들은 후보를 고를 때 자질문제를 고려하면서도 지나치게 악의적이거나 명백한 근거 없이 자행되는 비난에도 민감하다. 그래서 유능한 선거진영들은 자질문제를 제기하기 전에 신중한 절차를 밟는다.

5. 프로필자료 찾기

디지털의 등장으로 상대후보 조사는 오래된 정보와 최근정보로 나눠진다. 일반적으로 중앙과 지역의 관계기관에서 나온 최근정보는 데이터 형태로 저장될 수 있지만, 오래된 정보 및 지방과 관련된 정보는 책자에 담겨 있다. 일부 조사는 여전히 현장을 찾아가야 하지만, 이보다는 인터넷에 이용 가능한 자료들이 더 많다.

1) 공공기록

공공기록을 조사할 수 있는 한 가지 방법이 있다. 주와 연방의 교육관련기록을 찾는 방법에 대해 자세히 소개한 "백그라운드 조사안내서"(*The Guide to Background Investigations*, 1998)를 활용하면 된다. 교육기관들이 복사를 허용하기 전에 허가서를 요구하는 것처럼 해당절차 가운데 일부는 조사자 자신이 후보인 경우에만 가능하지만, 원칙적으로 공공기록은 모든 사람이 이용할 수 있다. 공공기록 조사를 대행하는 노욱스닷컴(Knowx.com) 같은 회사들은 많은 조사프로그램을 컴퓨터에 설치해 놓는다. 어떤 컨설턴트의 말처럼 "사회보험기록, 자동차판매기록, 신용등급평가처럼 만약 당신이 찾고자 하는 어떤 것이 있다면, 분명 그 자료를 파는 회사가 있을 것이다"(Bovee, 1998: 52).

그러나 이와 관련해 현재는 법적·윤리적으로 문제가 없는지, 정치적으로도 그렇게 하는 것이 현명한 조치인지 의문이 제기되기 시작하였다. 선거진영에서 상대후보의 사회보험기록을 찾는다는 사실 자체만으로도 선거쟁점이 되는 실정이다. 부당한 방법을 사용해 알아낸 조사내용을 가지고서는 상대후보를 제대로 비판할 수 없다.

소속직원에 대한 공개정보는 거의 모든 정부기관에서 제공한다. 정부의 국가공무원 리스트를 보면 공식적인 참고자료로서 정부조직 및 진행절차에서부터 사무실 전화번호, 현직 공무원 이력까지 나와 있다. 상업용 '전화번호부'(*yellow books*)도 가끔씩 유용한 자료를 많이 제공한다. 이러한 것들은 시설이 잘 갖추어진 도서관에 가면 모두 찾을 수 있다.

그런데 최근 몇 년 전부터 상당한 양의 정보들이 인터넷을 통해 이용 가능해졌다. 연방의원과 행정관리들을 온라인을 통해 만날 수 있다. 정부기관과 입법부는 예산활동, 거부된 발의법안, 조직구성도, 인력 등에 대한 정보를 제공하고 있다. 입법부에서는 대부분 정보공개사무실을 둔다. 그곳에는 의원들의 활동사항을 기록해 둔다. 아울러 법안발의, 수정안발의, 표결기록, 위원회배정, 위원회활동에 대한 정보도 제공한다. 많은 선출직 현역과 고위 정부관리들은 재산을 신고하도록 되어 있다. 미국의회에서는 의원들의 우편계좌 활용기록이 상하원 의회사무처에 보고되고, 공개감사도 받는다. 주선거, 지방선거 출마자들도 관련기록이 주정부와 지방정부에 의해 보관된다. 관련내용을 조사하려면 발송편지를 요구하고 복사비용을 지불하고 기다려야 하지만, 이용자들은 대부분 잘 참고 기다린다.

완전하게 조사하려면 종종 발품을 팔아야 한다. 지방도서관들은 때로 시와 카운티와 주 정부에서 제공한 자료들을 보관한다. 행정부와 입법부의 활동을 감시하면서 관련자료를 서비스하는 회사들도 활용할 수 있다. 예를 들면, 스테이트 넷(StateNet) 같은 곳은 입법발의 현황, 후원인 기록, 선거진영 후원금 보고서, 그리고 주의회 활동에 대한 많은 별도의 정보를 담은 전국적인 주의회활동에 대한 포괄적인 자료들을 제공한다. 많은 주에서는 의회자료를 온라인상에 올려놓았으며, 그렇지 않은 지역에서는 유료로 정보를 제공한다. 단점은 많은 온라인 정보가 조사자의 기대만큼 오래된 자료까지 관리되지 않을 수도 있다는 것이다. 연방의회 차원에서는 조사자가 기대하는 모든 정보를 신문기사 DB인 렉시스-넥시스의 의회코너에서 찾을 수 있고, 최근 활동사항은 연방상하원 공식웹사이트에서 찾을 수 있다. 미국 연방상원 발의 법안에 대해 알고 싶은 것이 있으면 주요 도서관에서 온라인으로 이용할 수 있는 의회연구소의 공식보고서를 찾으면 된다. 많은 주는 유사한 입법조사기구를 가지고 있다.

놀랄 수도 있겠지만 또 다른 정보출처는 상대후보 사무실이다. 가령 단순히 입법발의 현황이나 상임위원회 현황정보를 요구해서 자세한 정보를 얻을 수도 있다. 의원들의 노력이 필요한 정부보조사업 같은 지방의 대형사업들의 경우도 마찬가지다. 다양한 대형사업에 공식적으로 확보된 예산이 얼마인지 조사자가 관심있다면 현역후보 사무실을 활용하는 것이 유용할 수도 있다. 선출직 공직자들은 자신에 대해 관심 있는 시민들과 접촉하는 것이 중요하다는 것을 알기 때문에 정보요구자에게 즉각적인 관심을 보인다.

그러나 조사자들이 거짓말로 현역후보 사무실에 접근할 경우 우려되는 윤리적 문제점들도 염두에 두어야 한다. 선거관련 정보수집의 가장 좋은 출발점은 지방방송국과 온라인 DB이다. 도서관에서도 과거 선거문헌들을 보관하기도 한다. 지방정당들은 라디오와 텔레비전 광고를 모은다. 방송국들에서는 그러한 광고들을 잘 모아놓지 않고, 관련테이프와 복사본을 잘 제공하지도 않는다. 선거광고자료를 구할 수 있는 또 다른 곳은 정치학자나 신문방송학과 교수들이 될 수도 있다. 후원과 지출정보는 연방선거관리위원회(FEC)에서 제공한다. 공식기록은 워싱턴에 있지만, 자료는 연방선거관리위원회와 '좋은 정부'라는 웹사이트에 게시되어 있다. 반응정치연구소(*Center for Responsive Politics*)는 포괄적인 선거자금정보 DB를 온라인으로 보관한다.

제때 세금을 안 냈는지를 보여주는 재산담보현황 데이터도 유용하다. 해당정보를 찾으려면 조사자들은 행적기록보관소, 지역법원, 지방이나 시의 하위법원 등 다양한 기관을 확인해 봐야 할 수도 있다. 만약 후보자가 주나 카운티 소속기관의 관리를 받는 사업을 운영한다면 해당기관에서는 인・허가 및 사업활동 관련 공개정보를 가지고 있을지도 모른다. 마찬가지로 개별 주에도 고용담당사무소, 상업담당사무소, 산업・기업・일반 직업담당 전문조직들이 있다. 합법적인 회의록은 민사법원, 형사법원, 가정법원을 통하면 이용이 가능하다. 이 법원들에는 피고인 현황자료들이 보관되어 있다. 한편, 상대후보가 이전 선거들에서 투표했는지 알아보고자 할 때 통상적으로 지방선거위원회를 살펴보는데, 여기서 나온 정보를 보면 상대후보가 해당지역에 얼마나 거주했는지 나타난다.

2) 뉴스미디어

이윤을 겨우 남기는 신문들은 과거기사들을 찾는 데 편의도모 능력이 떨어진다. 아직도 많은 신문들이 기사들을 색인화하여 돈을 받고 복사해 주기 때문이다. 이것은 많은 지방 텔레비전과 라디오 방송국도 마찬가지이다. 하지만 인터넷뉴스의 유용성이 크게 늘면서 새로운 현상들이 나타난다. 과거방식의 조사에서는 선거운동원들이 이익단체, 정당본부, 도서관에 있는 선정적인 신문기사모음 자료집을 쭉 훑어보았다. 정치전문가들은 여전히 그러한 정보들을 이용하는데, 부분적인 이유는 그러한 방식을 택하면 박식한 도서관사서, 로비스트, 정당의 각종 직책의 위원장들과 만날 수 있기 때문이다. 그러나 많은 정보를 즉석에서 저장할 수 있는 데스크탑 컴퓨터를 활용하는 방식으로 점차 많은 조사가 진행된다.

완벽하지는 않지만 디지털시대의 큰 혜택 가운데 하나는 신속한 뉴스전달에 있다. 렉시스-넥시스와 뉴스뱅크 같은 데이터베이스는 상당히 유용하다. 렉시스-넥시스는 뉴스전문방송, 잡지, 시사해설, 통계자료, 입법데이터와 함께 전국 주요 도시의 신문을 보여준다. 뉴스뱅크는 지방신문을 검색하는 데 특히 유용하다. 뉴스뱅크를 이용해 메릴

랜드(Maryland)의 엘크톤(Elkton) 출신 후보를 조사하려는 사람은 세실 비즈니스 레저(Cecil Business Ledger)와 세실 휘즈(Cecil Whig)를 검색하면 된다. 주요 일간신문부터 주간지, 틈새시장 출판물까지 언론 매체의 광범위한 목록을 찾을 경우에는 국제연감(*Editor & Publisher*의 *International Yearbook*)과 출판물·방송미디어 수록집(*Gale Directory of Publications and Broadcast Media*)을 살펴보면 된다.

그리고 렉시스-넥시스와 뉴스뱅크는 기사의 전문을 많이 제공한다. 하지만 판매부수가 적은 매체들의 경우에는 10년 이상 거슬러 올라가 조사를 하려면 선거운동원들이 개별 도서관을 직접 방문해야 할 수도 있다. 출판물은 대학이나 연구소 도서관에 있는 월드-캣(World-Cat)을 검색하면 위치를 찾을 수 있다. 세실 휘그는 텍사스 오스틴(Texas Austin) 대학의 일반 도서관 등 십여 개의 도서관에 있다. 잘 보이지 않는 애매한 자료들을 많이 찾으려는 조사자의 경우, 해당 출판물이 색인화되어 있지도 않고 검색할 수도 없다는 것을 알고서 실망할 수도 있다. 하지만 지금도 보통 지방도서관과 역사단체에서는 공직자들에 대한 파일들을 보관한다. 그래서 아직까진 모든 자료들이 사라진 것은 아니다.

사업관련 자료수집 방법은 여러 가지다. 처음 시작은 역시 온라인 서비스가 될 것이다. 이 경우에는 이름을 단순히 검색하는 것이 아니라 후보의 기업활동이나 조직가입 현황을 조사하게 된다. 조사자는 아마도 렉시스-넥시스와 비즈니스 뉴스뱅크를 가지고 일을 시작하게 될 것이지만, 무역저널, 지역업체 간행물, 상공회의소 리포트, 인명주소록, 기업연감 같은 출판물도 유용하다. 지역신문과 지역도서관에도 상대방의 사업활동 자료가 보관되어 있을 수도 있다.

조사자들은 당파성을 갖는 신문에 특별한 관심을 기울여야 한다. 예를 들면, 워싱턴의 《워싱턴 타임스》(*Washington Times*)는 보수적 신문이다. 이 신문은 민주당 공직자와 관련된 스캔들을 주시한다. 그리고 도심의 대안 주간매체인 워싱턴의 《시티 페이퍼》(*City Paper*)는 많은 유사신문들처럼 스캔들 기사를 보도하는 경향이 있다. 조사자들은 주류신문들이 당파성 있는 뉴스매체와 대안뉴스 매체를 신뢰하지 않는 경향이 있다는 것을 생각하고 싶어하겠지만, 선거진영에서는 비주류 신문들이 점차 빠르게 주요매체로 자리잡는다는 것을 주목해야 한다.

6. 데이터저장과 수정

일단 엄청난 정보를 수집해 놓으면, 다음 단계는 해당정보를 빠르게 찾을 수 있도록 구성하는 것이다. 1970년대에는 파일 캐비닛이 서류철로 가득 채워져 있었다. 예를 들면, 두꺼운 신문자료철과 선거자금 보고서들이 들어 있었다. 선거기간에 문제가 제기되면 반박자료를 찾으려고 관련 서류철을 뒤져야만 했다. 두꺼운 자료들을 잘 분류해서 정리만 해놓아도 대단한 것으로 인식될 정도였다. 그런데 컴퓨터기술이 등장하면서 모든 것을 바꿔 놓았다.

다양한 새로운 선거기술처럼 컴퓨터를 통한 상대후보 조사는 대통령 예비선거 때 공화당인사들이 처음 시작했다. 1984년 공화당 전국위원회는 110만 달러를 투자해 상대후보조사그룹(*Opposition Research Group*)을 만들었다. 이 단체의 첫 번째 임무는 대통령에 도전하는 8명의 민주당후보 각각에 대해 상세한 정보를 수집하는 것이었다. 이를 위해 2천 명의 소식통과 40만의 문서를 활용했고 엄청난 자료들을 모았다. 그 다음, 수집한 자료를 관련자들이 읽으면서 후보와 관련된 직접적인 인용문이나 성명서·논평을 찾아 필요한 자료를 걸러내었다. 이렇게 걸러진 정보들은 코드화되어 대형컴퓨터 DB 속에 입력되었다. 결국 이런 절차를 거쳐 DB 속에는 대략 7만 5천 개의 아이템과 4만 5천 개의 인용문이 저장됐다(Bayer & Rodata, 1989).

민주당에서 월터 먼데일(Walter Mondale)을 대통령후보로 지명했을 때, 공화당은 사전에 준비해 놓고 기다렸다. 공화당은 '불쾌한 부통령'(*Vice President Malaise*)이라는 200페이지 분량의 먼데일 분석자료를 만들어 전국의 모든 정당간부들에게 보냈다. 먼데일이 말할 때마다 공화당은 문제가 되는 행동이나 논평을 끄집어낼 준비가 되어 있었다. 먼데일이 장소를 바꾸어 선거운동을 할 때마다 공화당은 해당 지역주민들에게 먼데일의 해로운 견해와 주장을 지역유권자들에게 이야기했다. 공화당의 DB는 나중에 레이건이 토론을 준비하는 데도 유용했다. 하나도 빠짐없이 모든 것이 이야기되고 행동으로 옮겨지자 그 프로젝트는 선거의 '비밀병기'로 인식됐다(Bayer and Rodata, 1989: 25). 21세기 들어, 상대후보조사에 대한 일부 DB는 중간수준 선거에서도 필수적인 것으로 간주된다.

그러나 아무리 디지털화된다고 해도 선거진영이 이용할 수 있는 가장 중요한 정보 가운데 하나는 숙련된 요원들의 지식이다. 어떤 지역을 가면 정치우편물을 수집하는 사람과 과거선거의 상세한 내용을 기억하는 기존의 지구당위원장들이 있을 수 있다. 이 때문에 정치지망생들은 일련의 과정을 먼저 경험한 '노련한 소식통'을 찾아보라는 이야기를 듣는다(Grey, 1999: 53). 이러한 방법은 전략을 개발하고 후보의 인물평을 파악하는 데도 도움이 된다. 여러 후보를 보았던 사람은 예전의 스캔들과 그것의 전개과정을 기억한다. 그리고 새로운 스타일의 선거운동에서는 기존후보들의 약점에 대한 정보를 모으면서 선거구의 특성을 파악하기 위해 선거전술과 관련된 이야기들에도 주목한다. 이와 관련된 일을 하다 보면 어떤 지역에서는 스캔들은 어느 정도 생기게 마련이라고 생각하는 반면, 어떤 지역에서는 도덕적 윤리적 규범을 철저히 지키는 것을 무엇보다 중요하게 생각한다. 심지어는 상대후보를 조사하는 것까지도 부도덕하게 바라보기도 한다.

7. 결 론

클리블런드가 배다른 자식을 둔 것을 비난받은 이후부터 상대후보 조사는 계속되어 왔다. 그러나 어떤 의미에서 상대후보 조사는 예전이나 지금이나 똑같다. 상대후보 조사는 상대후보의 강점과 약점을 파악하기 위한 수단이다. 적절하게 활용되면 이 조사는 선거흐름을 전면적으로 바꿀 수 있다. 그리고 온라인자료의 깊이와 다양성이 점차 늘어나고 있기 때문에 상대후보 조사는 약화되지도 않을 것이다. 급속한 상대후보 조사추세가 선거수준을 높이든 낮추든 간에 새로운 스타일의 컨설턴트들은 상대후보 조사를 새로운 정보수단으로 주목하기 때문에 상대후보 조사는 앞으로 점점 더 중요해질 것이다.

제 2 부

전략적 사고

제 6 장

역대선거를 활용한 타기팅분석

1960년 대통령선거 초반에 닉슨 부통령은 선거기간 동안 전국의 모든 주를 순방하겠다고 공약했다. 그것은 상당한 발표였다. 어쨌든 그는 전국순회에 나선다. 규모가 작은 주들의 경우 방송권역이 인접지역까지 상당수 뻗어 있었기 때문에 그의 공약은 어느 정도 전략적으로 의미가 있었다. 하지만 선거가 막바지를 치닫는 시점인데도 그가 방문하지 못한 지역이 여러 곳이나 되었다. 자신의 약속을 생각하며 닉슨은 선거에 별로 중요하지 않은 지역들을 순회하면서 중요한 여러 날을 보냈다. 그러나 닉슨이 방문한 주 가운데 어떤 곳은 그가 이미 장악한 곳이었고, 일부 지역은 절대 승산이 없는 곳이었다. 닉슨은 먼 알래스카를 방문하는 것으로 자신의 약속을 완수했지만, 이 때문에 선거 막바지의 중요한 시간들이 아깝게 허비되었다. 결국 그는 그 해 11월 선거에서 간발의 차로 고배를 마셨다.

1960년 닉슨의 선거운동과 1996년 클린턴의 경우를 비교해 보자. 20세기 마지막 대통령선거에서 정치 컨설턴트 펜과 더글라스 숀(Douglas Scheon)은 유권자 가운데 최적의 공략지를 찾기 위해 컴퓨터로 다차원지도를 만들었다. 홀어머니들이 클린턴-고어 후보를 지지하는 경향이 있다고 말하는 정도로는 부족했다. 그 대신 공략을 하면 50% 정도를 득표할 수 있는 주들에 관심을 기울이면서 주거상태와 지역미디어 시장을 기준으로 홀어머니들의 집중지역을 짚어냈다. 전화여론조사, 포커스그룹 조사, 쇼핑센터조사 결과를 가지고 일반적인 인구통계 내용들을 늘려갔다. 요인별로 다른 색깔을 나타내는 지도에 각각의 정보를 더하면서 미국 전체의 전략적 그림을 만들었다. 어느 지역에서 상업광고를 할지, 어느 곳으로 후보를 보내야 할지 뚜렷해졌다. 모든 관심은 싸울 만한 가치가 있는 곳들에 집중됐다. 이러한 식으로 가장 중요한 타깃들을 계속 목표로 삼다 보니 결국엔 불필요하게 옮겨다니지 않아도 됐다.

숙련된 여론조사와 컴퓨터로 지도를 작성하는 데 드는 비용의 경우 웬만한 조직에서는 엄두도 내지 못할 정도로 많이 들지만, 지역구를 전략적으로 한눈에 보이게 만드는 작업은 선거운동의 기본이고, 이는 어떠한 선거든 똑같이 적용된다. 정치전문가들은 지역구를 확실하게 파악하려고 한다. 재원도 그것에 따라 집중된다. 지역구에 대해 많은 것을 알려주는 전략적 정보를 저렴하게 이용할 수 있는 방법은 기존의 선거현황들을 활용하는 것이다.

앞에서도 말했지만, 이웃사람들은 서로 비슷하게 투표하는 경향이 있다. 공동체가 동질적이지는 않지만, 2000년 선거에서 유권자 3분의 2가 공화당을 지지한 투표구에서는 2004년 선거에서도 비슷하게 공화당을 지지할 것이다. 기존의 선거데이터는 선거전문가들이 당파성이 강한 투표구를 찾고, 공화당과 민주당 사이를 왔다갔다 하는 투표구를 파악하는 데 유용하다. 아울러 간단한 계산으로 당선에 필요한 득표수가 얼마이고, 그러한 표들이 어디에 있는지 상당히 정확하게 보여준다.

기존의 선거데이터에는 선거진영이 자원을 효율적으로 할당하는 데 유익한 중요정보들이 들어 있다. 1960년 대선 당시 닉슨 진영이 큰 실수를 저질렀던 것은 선거데이터를 활용하지 않았기 때문이었다. 그 의도는 좋았지만 닉슨의 공언으로 떠오르는 한 정치인의 운명과 미국정치의 역사가 바뀌었다. 새로운 스타일의 컨설턴트는 닉슨과 같은 큰 실수를 피하려 한다. 이 장에서는 선거타기팅의 논리, 기존 선거데이터 이해에 필요한 기본적인 계산법, 투표구별 선거전략 개발에 유용한 분석방법들을 살펴볼 것이다.

1. 선거구 이해하기

선거운동과 선거에 대한 연구를 보면, 개인수준과 집합수준의 행태 간에 중요한 차이점을 발견할 수 있다. 개인수준의 행태는 일상생활 습관 속에 있다. 학자들은 한 개인으로 하여금 특정후보에게 투표하도록 만드는 요인을 밝혀내려고 오랫동안 씨름한다. 물론 정당정치의 영향도 있지만, 이념, 후보이미지, 소속감 등의 요인들도 영향을 준다. 어떤 유권자들은 후보자의 선거광고를 보고 확실하게 판단하지만, 어떤 유권자들은 친구에게 인상적이게 보이려고 제비뽑기로 결정한다. 심지어 어떤 유권자들은 키가 작은 사람들은 나라를 이끌 수 없다고 생각한다. 연구자들은 상도를 벗어나는 개인들의 개별적인 의사결정 때문에 항상 난감하지만, 집합수준의 선거통계는 다르다. 큰 그림을 보면서 투표자의 집합적 행태를 조사한다.

집합수준에서 보면 선거구와 주, 그리고 전국의 투표결과들은 많은 개별행위자들이 결합되어 만들어낸다. 개인적 특성들은 전체의 힘에 의해 약화된다. 어떤 선거구는 매년 대체로 같은 비율로 공화당을 지지하고, 어떤 주에서는 다른 후보들보다 제3후보에게 많은 지지를 보낸다. 사실, 미국인 5명 가운데 한 명이 매년 이사한다는 것이 인구조사국의 추정일 정도로 미국인들이 매년 계속 이사하지만, 지역의 투

〈그림 6-1〉 선거구 유권자 지지성향 분류[1]

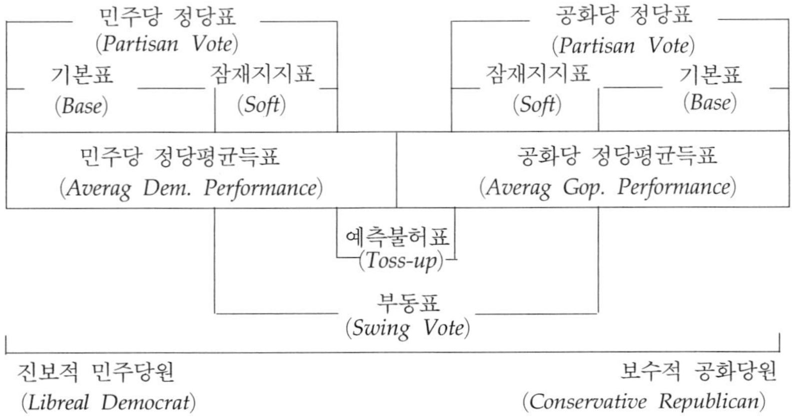

표성향은 대체로 유지된다. 비록 많은 거주자들이 이사를 했을지라도, 투표율이 높은 도시는 8년 후에도 높은 투표율을 보여준다는 것이다. 이는 개인은 변하지만 공동체는 그대로 있게 된다는 것을 의미한다.

통상적인 투표모형은 〈그림 6-1〉처럼 민주당과 공화당후보의 정당평균득표(*average party performance*)가 일반적으로 50 : 50으로 나뉘어지는 선거구이다. 〈그림 6-1〉을 보면, 투표자의 16% 정도는 예측불허(*Toss-up*)의 표로서 후보들이 서로 잡으려 한다. 그리고 각 진영의 또 다른 17%는 잠재적인 정당지지표(*soft-partisan vote*)로서 항상 그런 것

---

1) 역주: 선거구 유권자성향을 나타내는 정당표, 기본표, 잠재지지표, 정당평균득표, 예측불허표 등 여러 표현이 나오는데, 각종 선거공식에 사용되는 계산단위의 기준은 수(*number*)가 아니라 비율(%)이라는 점을 유념하기 바람. 저자는 점수(*score*)와 비율(%)을 혼용하고 있는데, 우리나라 선거현장의 경우 '~득표율' 식의 표현을 사용하는 것이 일반적이기 때문에 역자는 주로 비율(%)을 계산단위로 선택·활용했다. 아울러 우리나라 선거현장에 합당하고 통일된 표현을 찾다보니 기본표(율), 잠재지지표(율), 정당평균득표(율/력), 예측불허표(비율), 부동표(비율) 등으로 표현하지 않았다는 점을 참고로 말씀드림.

은 아니지만 보통은 각 정당이 자신을 지지할 것으로 믿는 표이다. 마지막으로 유권자의 25% 정도는 고정표(*base-partisan vote*)로서 민주당과 공화당후보가 최악의 경우라 해도 지지하는 표이다.

이 모델이 보여주는 중요한 정치적 사실 한 가지는 선거가 경합일 경우엔 보통 소수집단에 의해 선거가 결판난다는 것이다. 유권자의 25%가 항상 민주당후보에 투표하고 다른 25%가 공화당후보를 지지한다면, 나머지 50%가 승패를 결정하게 된다. 이 경우 선택가능한 부분은 유권자의 50%뿐이다. 여기서 만약 각 진영의 또 다른 17%가 각각 민주당과 공화당의 후보에게 투표한다면, 유권자의 84%는 설득하기 어려운 표가 된다. 따라서 어느 쪽으로도 단정하기 어려운 16%만이 경쟁대상이 된다. 이 경우 승리하려면, 경쟁표의 절반인 8% 이상을 최소한 득표해야 한다. 그리고 대개 투표율이 유권자의 50%를 넘지 않기 때문에 승리의 열쇠는 투표자의 4% 정도가 된다. 물론, 선거전문가들이 직면하는 어려움은 간혹 포착해내기 힘든 중간지대를 찾아내는 일이다. 선거타기팅은 승부를 결정짓는 표(*deciding vote*)를 찾아내는 것이다.

1) 예상투표자 계산

타기팅은 어떤 선거구의 가장 중요한 특징인 예상투표자 규모를 파악하는 것에서부터 시작한다. 인구센서스 데이터가 근사치를 제시하기 때문에 선거구의 전체인구를 결정하는 것은 쉽지만, 선거전문가들이 관심을 갖는 것은 전체인구가 아니라 투표인구이다. 유권자 등록비율은 보통 70% 정도이고 그 이상을 넘지는 않는다. 그리고 등록유권자 가운데 선거당일 투표하는 사람들은 해당 선거구와 선거연도, 공직의 종류에 따라 달라지기는 하지만, 일반적으로 유권자의 35~65% 정도 된다. 유권자가 13만인 도시의 경우, 등록된 유권자는 10만 정도이고,

〈그림 6-2〉 **투표자 현황**(*Turnout and Falloff*)

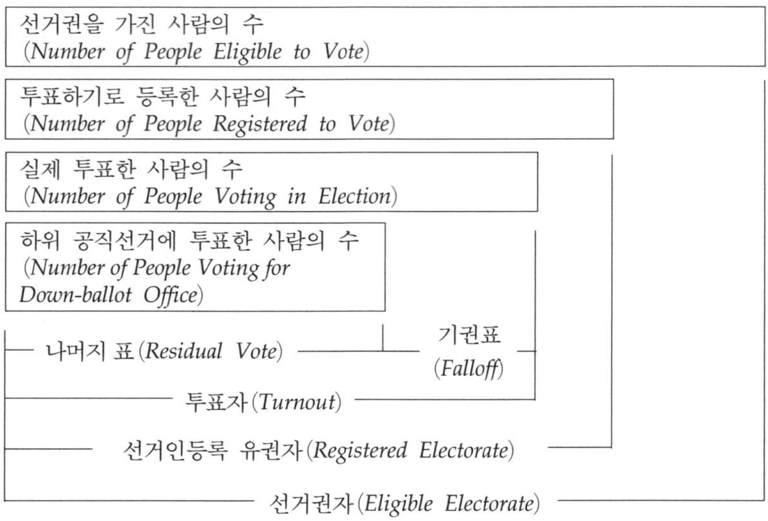

그 가운데 7만 5천 명이 대통령선거가 있는 해에 실제 투표할 것으로 추측된다. 한편 투표장에 들어간 거의 모든 사람은 대통령후보를 선택하지만, 판사 및 카운티 공직출마자들 같은 경우는 투표용지를 훑어 내려가다가 기권하는 '유권자피로'를 겪는 경향이 있다. 유권자들이 중요성이 떨어지는 공직에는 종종 투표하지 않으려 하기 때문이다(〈그림 6-2〉 참조). 유권자들이 투표용지를 보면서 중요공직에만 투표하고 그렇지 않은 자리에는 투표하지 않는 이러한 현상을 '투표감 저하'(*fall-off*) 현상이라고 부른다. 실제투표에서 얼마나 많은 사람들이 투표하는지 알아내고자 한다면, 카운티 수준의 선거를 준비하는 조사자는 카운티 전체인구나 등록유권자를 보아서는 안되고 해당공직에 대한 유권자들의 역대 투표경향을 살펴보아야 한다.

선거통계의 가장 확실한 출처는 지역신문과 일반 참고자료이다. 지방도서관은 대개 최근의 선거파일을 가지고 있고, 신문 같은 경우는 온라인을 통해 참고자료를 이용하는 것이 가능하다. 그리고 렉시스-넥시스와 뉴스뱅크도 다양한 언론자료를 제공한다. 연방선거와 주선거의 경우는 많은 도서관에 가면, 《미국투표》(*America Vote*, *Congressional Quarterly Press*), 《선거 데이터북》(*Election Data Book*, Bernan Press), 《미국투표결과》(*America at the Polls*, Congressional Quarterly Press), 《의회계간 미국선거안내》(*Congressional Quarterly's Guide to U.S. Elections*) 및 기타 참고자료가 비치되어 있다. 이런 책들은 대통령선거, 연방상원선거, 주지사선거 결과에 초점을 맞춘다. 한편, 이러한 책들이 가령 지도와 인구통계 데이터를 제공하기 때문에 유용한 것은 분명하지만, 선거구를 구성하는 작은 지리단위 데이터는 많이 제공하지 못하는 것이 그 한계이다.

한층 정교한 데이터들은 선거데이터 편집을 책임지는 정부기관들을 이용하면 된다. 관할권에 따라 다른데, 어떤 곳은 지역선거위원회, 어떤 곳은 주나 카운티 서기국, 타운 서기사무실로 가면 된다. 기존 선거데이터들은 전화나 우편으로 요청할 수도 있지만, 가끔은 그러한 요청건수가 많이 밀려 있다. 통상적으로 많은 조사자는 해당기관에 가서 직접 자료를 달라고 요청하는 것이 더 유용하다고 생각한다. 부분적인 이유는 간단한 전화통화로는 쉽게 설명될 수 없는, 많은 다양한 자료들을 해당업무 대행기관에서 제공할지도 모르기 때문이다. 선거위원회는(가령, 《구별 2000년 연방하원선거결과》 같은) 미리 편집된 여러 보고서들이나 DB화된 다양한 로데이터를 제공하기도 한다. 그리고 방문객들에게 수치, 당원현황, 투표율, 기타 중요정보 외에도 백분율로 정리된 결과도 함께 필요한지 물어보기도 한다. 정치전문가들은 이용가능한 것이 무엇인지 물어 본다. 예를 들어, 오하이오, 텍사스, 일리노이 주 같은 곳은 컴퓨터로 접근가능한 자료들을 일찌감치 제공하고 있다. 테네시 주는 심층적 통계를 요구하는 사람들에게 이메일로 데이터 파일을 보내준다. 워싱턴 주는 플로피디스켓을 우편으로 보내주기도 한다. 여전히 여러 주들이 자료를 데이터형태로 편집해 보관하기도 하지만, 가끔은 지난 선거현황들이 그냥 책으로 되어 있는 경우도 있다. 선거진영들이 재정적으로 넉넉한 경우에는 선택할 수 있는 방안이 또 있다. 그것은 전문서비스회사를 이용하는 것이다. 해당회사들은 데이터를 편집해서 DB형태로 제공하는데, 거기에는 종종 집단별 인구센서스, 유권자, 당원현황, 심지어 집 전화번호까지 달린 일반 인구통계자료들이 포함되어 있기도 하다.

2) 스미스(Smith) 카운티 사례연구

자료출처가 무엇이든간에 선거진영에서는 선거구와 지난 선거현황들을 전체적으로 파악하기 위해, 특히 앞으로 무엇을 해야 할 것인지를 알아내기 위해 선거데이터를 모은다. 선거구분석에는 일반적으로 통용되는 기록과 요인이 많다. 정치가 단순한 수치 이상이기는 하지만, 통계분석은 많은 양의 자료를 효율적으로, 가끔은 창조적 방법으로 다루는 데 유용하다. 지난 선거조사를 통한 개괄적인 이해라 해도 선거구를 전략적으로 파악하는 데 유익하다. 그렇게 하고 나면, 자료를 어떻게 조사해야 하는지 판단하는 데도 도움이 된다. 이때 계산방법은 해당지역의 지형, 근래 상황, 그리고 준비중인 전략에 맞게 조정된다. 그러나 하나의 통계로 선거구를 절대로 완벽하게 설명할 수는 없다. 신문이나 방송토론 같은 격렬한 논쟁에서도 그렇지만, 선거통계 작업을 수행하는 일에도 정치적인 지혜가 필요하다.

그 동안의 선거결과를 계산하는 데 이해를 돕고자 사례를 하나 들었다. 그것은 가상의 선거구인 '스미스 카운티'로서, 이것을 보면 선거결과를 이해하는 데 도움이 될 것이다. 기존의 6개 선거를 대상으로 조사하면서, 2002년 카운티 회계검사관선거 출마에 대비해 어떤 준비를 해야 하는지 살펴보고자 한다. 이 장에서는 선거운동과 관련된 계산방식에 중점을 두면서, 필승전략 수립을 위해 공화당 선거전문가가 민주당세가 강한 스미스 카운티를 어떻게 분석하는지 보여줄 것이다.

먼저 기본사항부터 살펴보겠다. 이번 선거를 공화당 현역의원의 불출마로 공석인 자리를 놓고 공화당, 민주당 의원 각 1인이 경합을 벌이는 일반적인 선거로 가정하겠다. 이때 물러나는 현역의원은 당내갈등을 피하기 위해 후임 공화당후보에게 출마를 양보한다. 상황을 단순화시키기 위해 여기선 2파전으로 상정한다. 3파전의 경우를 상정하면 여러모로 복잡해지기 때문이다. 3파전에서는 제 3당 후보의 득표수(그리고 이에 따라 민주당과 공화당 중 어느 당이 가장 큰 손해를 볼지)를 따져봐야 하는데, 3파전 선거의 전례가 별로 없다보니 기존의 선거현황이 도움이 되지 않아 선거의 향방예측을 더 어렵게 한다. 게다가 제 3당 후보들은 평소 선거에 참여하지 않는 유권자들의 지지를 받는 경우가 간혹 있지만 지지하는 유권자들의 투표행태에 대해서는 알려진 바가 거의 없어 선거예측을 힘들게 한다. 이같은 문제는 흔히 당내 예비선거에서 일어난다. 예비선거를 보면, 출마자들이 때로는 3명, 4명, 5명 또는 그 이상 난립하곤 해 지난 선거자료만을 가지고는 유권자들이 어느 후보쪽으로 기울지 예측하기 어렵다. 따라서 현명한 사람이라면 여러 후보가 난립하는 예비선거 평가시도 전에 두 명의 후보가 경합을 벌이는 2파전 선거통계치를 이해하는 데 더 많은 시간을 투자할 것이다.

〈표 6-1〉은 유권자들이 연령이 높으면서, 노조에 많이 가입해 있는 미국 중서부의 스미스 카운티의 선거데이터이다. 스미스 카운티는 중심에 낙후된 도시가 있고, 그 주변에 주거지역이 있는 곳으로 가정한다. 표에 나온 선거결과는 지역유권자의 투표행태를 먼저 이해할 수 있게 해준다. 투표율은 일반적으로 대통령선거에서 가장 높고, 그 외에 크게 주목받을 만한 것은 없다. 민주당후보들이 공화당후보들보다 크게 선전하기는 하지만, 공화당후보들의 당선가능성은 있다. 많은 유권자가 카운티 회계검사관 선거보다는 대통령선거에 더 많이 투표를 하는데, 이것은 현실에서도 마찬가지다. 이와 더불어 중요한 점은 선

〈표 6-1〉 스미스 카운티, 1990~2000 총선 현황

	1990	1992	1994	1996	1998	2000
선거권자 수	142,651	138,455	127,984	128,301	130,682	130,512
투표등록 유권자	106,762	103,132	99,678	101,874	101,904	101,803
민주당원	25,658	26,674	24,865	24,659	24,568	24,468
공화당원	20,586	19,458	20,485	20,467	19,437	19,734
실제투표자 수	75,512	87,085	75,490	75,250	68,080	77,692
정당별 후보득표						
대통령선거		87,034		75,234		77,608
민주당		38,453		36,647		36,505
공화당		35,379		32,576		32,959
기타		13,202		6,011		8,144
연방상원선거	75,478	86,823		75,042	68,046	
민주당	56,582	44,509		51,524	35,709	
공화당	18,528	41,444		23,069	32,137	
기타	368	870		449	200	
주지사선거	75,489		75,457		69,354	
민주당	38,674		40,967		38,549	
공화당	36,495		34,282		30,615	
기 타	320		208		190	
연방하원선거	75,204	86,579	75,452	74,893	67,843	72,415
민주당	44,854	46,935	23,582	42,783	40,012	47,043
공화당	30,111	38,844	51,626	31,705	27,643	25,273
기 타	239	800	244	405	188	99
회계검사관선거	72,372	86,001	68,234	60,053	63,694	67,285
민주당	37,675	42,785	32,411	0	28,701	29,503
공화당	34,515	28,574	35,596	58,785	34,823	37,573
기 타	182	14,642	227	1,268	170	209

거결과의 일관성인데, 이것은 스미스 카운티 선거들이 대체로 예측가능하다는 점을 시사하는 것이다.

공화당후보에게 있어 2002년 카운티 회계검사관선거는 전략을 여러 단계로 세분화하는 것 말고는 뾰족한 필승전략을 짜기가 참으로 어려운 상황이다. 첫 번째로 해야 할 일은 투표자 수를 추정하는 것이다. 이와 관련해서는 선거연도가 중요하다. 회계검사관선거는 대통령선거가 없는 해에 치러지는데, 대통령선거가 없기 때문에 기권하는 유권자가 많을 것이다. 적절한 비교대상은 최근의 선거로서, 대통령선거가 없던 해에 치러진 1994년 선거와 1998년 선거가 될 수 있다. 투표자 예상규모를 파악하는 가장 기본적인 방법은 1994년과 1998년 회계검사관선거의 투표자 수를 더한 다음 그것을 해당선거 수로 나누는 것이다. 그대로 계산해보면, 1994년에는 68,234명, 1998년에는 63,694명이 투표했고, 이를 더하면 131,928명이 된다. 이것을 해당선거 수 2로 나누면, 평균으로 65,964명이 나온다. 이 숫자는 2002년 카운티 회계검사관선거 투표자수를 예상하는데 좋은 지표가 된다.

〈표 6-1〉에서 대통령선거가 있었던 최근의 선거들을 보면 개성이 두드러지기 때문에, 그러한 선거들을 가지고 앞서의 계산방식을 활용해 2000년 선거를 전망하면 문제가 생길 수 있다. 1992년 회계검사관선거는 3자대결이었고, 1996년 선거는 공화당후보가 단독출마했다. 이러한 변화는 계산을 왜곡시킨다. 이러한 선거사례들은 평균을 내더라고 좋은 예상지표가 될 수 없다. 개성이 두드러진 선거들을 보완하는 방법은 대체가능한 선거를 이용하는 것이다. 문제가 되는 주하원의원선거를 주상원의원선거로 바꾸거나, 연방상원의원선거를 주지사선거로 대체해서 계산하는 식이다. 카운티 회계검사관의 경우는 카운티 행정관직을 참고로 이용할 수 있을 것이다. 물론, 이러한 접근방식에도 위험이 없는 것은 아니다. 주로 대통령선거 때문이기는 했지만, 1992년에는 유권자들이 상당히 흥분했다. 반면 1996년에는 저조한 투표율

〈그림 6-3〉 예상투표자 규모추정

방법 1: 두 개의 비슷한 선거년도 투표자 수 평균 계산

비슷한 선거년도(#1)의 투표자 수

비슷한 선거년도(#2)의 투표자 수

예상투표 수

예상투표자 수 = 〔(선거년도#1의 투표자 수) + (선거년도#2의 투표자 수)〕/2

방법 2 : 투표등록유권자, 투표율, 나머지투표율 곱하기

투표등록 예상유권자 수

평균 투표율

평균 나머지투표율[2)]

예상투표자 수

예상투표자 수 = (투표등록 예상유권자 수) × (평균 투표율) × (평균나머지투표율)

이 보여주듯이 활기가 없었다. 기존 회계검사관선거를 검토해보면, 여러 경우에 있어 정당 내의 갈등, 불운한 후보들, 뛰어난 선거전략에 영향을 받았다는 점이 드러난다. 단순평균을 계산하면 그러한 변수들을 무시하게 되는 문제가 있기는 하지만, 부족하더라도 그렇게 하는 것이 좋다.

유권자규모를 판단하는 두 번째 방법은 평균투표자 수, 기권현황, 선거인등록현황 같은 큰 그림 속에서 회계검사관선거를 보면서 관련문제 보완노력을 하는 것이다(〈그림 6-3〉 참조). 이 경우 각 단계마다

2) 역주: 나머지 투표는 '투표자 가운데 하위 공직 선거에 투표한 사람의 수'를 말한다(나머지표 = 전체투표 수 - 하위직 선거 기권표 수). 유권자의 무관심 등으로 인해 실제 투표장에 들어가서도 고위직 선거(대통령, 연방상하원, 주지사 등)에만 투표하고 하위 공직선거에는 유권자들이 기권하는 현상들이 있다.

정치적 판단이 개입된다. 예를 들면, 투표자 수는 정확히 무엇을 의미하는 것인가? 그것은 유권자 전체를 말하는 것인가? 아니면, 선거명부에 등록된 투표자를 말하는 것인가? 중요한 것은 선택이다. 선거인등록자가 많고 이사를 오가는 사람이 적은 선거구는 선거인등록자를 이용하는 것이 좋다. 그 이유는 선거인등록자 수가 선거과정에서 크게 변하지 않을 것이기 때문이다. 선거인등록이 저조하고 이사하는 사람들이 많은 선거구에서는 선거전 등록추세를 전망하면서 선거인등록자와 유권자를 조합할 필요가 있다. 이해를 돕기 위해, 스미스 카운티는 선거인등록자 수가 상당히 많은 안정된 지역구로 가정한다. 이와 같은 경우에는 유권자가 아니라 선거인등록자 수가 토대가 되어야 한다.

투표자 수를 산출하려면 회계검사관선거의 투표자 수만 보아서는 안 된다. 그 이유는 하위공직 선거의 경우 기권하는 경향이 있기 때문이다. 한편, 대통령선거에 투표한 사람들의 숫자를 보는 것도 충분하지 않다. 그 이유는 미국 2000년 대선 당시 플로리다 주 사태처럼 무효표들이 나올 가능성이 있기 때문이다. 그밖에도 편집된 데이터를 보면, 비중 없는 후보들에게로 간 표나 기명투표들을 간혹 빠트리는 경우가 있다. 어떠한 이유로 말미암아, 실제 총투표자 수를 이용할 수 없다면, 투표자수가 최고였던 공직선거의 데이터로 대신할 수 있다.

1994년과 1998년 투표율은 실제투표 수를 선거명부에 등록한 유권자 수로 나누면 측정할 수 있다. 대통령선거가 있는 때와 없는 때 간의 투표율에 상당한 변화가 있기 때문에, 여기서는 대통령선거가 없는 때의 선거가 사용된다. 스미스 카운티를 보면, 1996년과 1998년 간에 상당한 투표감소가 있다. 그 이유는 대선이 없는 때의 지방자치선거의 경우, 예외적이다 싶을 정도로 투표율이 유난히 저조하기 때문이다. 따라서 대선이 있는 해에 모여드는 사람들과 대선이 없는 해에 나타나는 사람들이 매우 다르다는 점에 주목해, 비슷한 연도를 고르는 것이 중요하다. 대선이 없는 예비선거에서 투표하려는 사람들은 4년에 한

번씩 대선에 투표하러 가는 우연한 투표자가 아니라 애당심(愛黨心)이 대단한 당원들로 생각되기 때문에, 1994년과 1998년 데이터를 이용해야 하는 것이다.

1994년 스미스 카운티에서는 선거명부에 등록한 99,678명 가운데 75,490명이 투표했다. 75,490명을 99,678명으로 나누면, 대략 0.757의 투표점수(퍼센트로 하면 75.7%의 투표율)가 나온다(선거권자 127,984명으로 계산하면, 국가적인 기준으로는 높지만 투표율은 59%에 다소 모자란다). 1998년을 대상으로 계산하면, 등록선거인의 투표점수는 0.668이 나온다. 다음으로, 개별투표율(또는 점수)을 더한 후 그것을 선거 수로 나누면 평균투표율이 나온다. 이대로 따라서 하면, 1994년과 1998년 투표기록의 합은 1.425이고, 그것을 2로 나누면 0.7125가 나온다. 이것을 반올림하면 0.713이 되기 때문에, 대선이 없는 때의 평균투표율은 71.3%이다.

투표하러 투표장에 나올 선거인등록 유권자의 비율을 아는 것도 중요하지만, 그렇다고 모든 선거인등록 유권자들이 회계검사관선거에 투표를 하는 것은 아니다. 그렇기 때문에 회계검사관 선거에서의 기권표나 기권하지 않는 표(달리 말하면, 하위공직 선거들에 투표할 나머지 부분)를 계산하는 것이 필요하다. 나머지 투표율 계산공식은 해당선거가 있었던 모든 선거의 경우를 전부 다 본다는 점만 다르고, 그 외에는 투표율결정에 이용되었던 공식과 유사하다(여기서의 전제는 기권표는 선거년도와 상관없이 크게 변하지 않는다는 것이다). 이 경우 해당되는 때는 1990년부터 2000년까지의 선거 전체가 된다. 다시 말하지만, 분석은 정치적 판단으로 해나가야 하는 것이다. 어떤 데이터 자료상에 대선이 있는 때와 대선이 없는 때의 선거패턴이 서로 다르면, 두 가지 패턴을 합쳐서 한 점수로 만드는 것은 어리석은 짓이다.

어느 특정한 연도의 모든 공직선거에 투표한 나머지 투표율(*residual vote*)을 계산하는 것은 비중 없는 공직선거 출마자에게는 투표하지 않는 표를 찾으면 되는 간단한 문제이다. 예를 들어, 1990년의 경우를 보면, 7만 5,512명이 실제로 투표장에 갔고, 그들 가운데 7만 2,372명이 회계검사관선거 출마자에게 투표했다. 실제투표자(*actual vote*)로 회계검사관선거 투표자 수를 나누면, 반올림해서 0.958이라는 점수가 나온다. 기권을 퍼센트(여기서는 4.2%)로 가끔씩 표현하기도 하지만, 보다 중요한 것은 끝까지 투표한 사람의 숫자이다. 점수 0.958은 1990년 선거투표자의 95.8%가 회계검사관선거에 투표했다는 것을 의미한다. 1992년부터 2000년까지 이후 계속되는 선거에서 나머지 투표점수를 측정하면, 해당선거들의 전체평균을 낼 수 있다. 여기서는 회계검사관선거의 나머지 투표점수 평균은 0.908 내지 90.8%라는 것을 알 수 있다(평균 기권율은 9.2%이다).

이렇게 해서 관련 통계치들을 얻고 나면, 예상투표자 수를 측정할 수 있다. 평균투표율과 평균 나머지 투표율을 곱한 다음, 그 계산결과에 선거당일 투표하는 선거인 수를 곱하면 된다. 평균투표율을 평균 나머지 투표율과 곱하는 첫 번째 과정은 선거인등록 유권자 가운데 실제로 회계검사관선거에 투표할 비율을 계산하는 단계이다. 스미스 카운티 회계검사관선거를 가지고 계산해 보면, 첫 번째 과정의 계산결과는 반올림해서 0.647 또는 64.7%가 된다. 등록된 유권자를 계산에 포함하는 두 번째 과정은 회계검사관선거에 반드시 투표할 것으로 예상되는 투표자 수를 산출해내는 것이다.

쉬운 이야기로 들릴지는 몰라도, 두 번째 과정은 가장 어려운 과정이다. 선거인 등록규모가 항상 변하기 때문이다. 일반적으로 3월보다는 10월에 더 많은 유권자가 선거인등록을 한다. 선거인등록 운동도 등록자 수를 늘리는데, 대학가나 계절고용을 하는 지역들의 경우는 변동이 확연하다. 또한, 선거기록 담당자들의 경우 죽은 사람들을 기록에서 없애려고 현시점에 맞지 않는 선거인등록 유권자를 삭제하기 때문에, 조사자들은 자신이 보는 통계자료가 문제의 등록유권자들 삭제와 유권자 선거인등록운동 전개 및 대규모 인구이동발생 전후 가운데 어느 때의 것인지 가끔씩 파악하려고 애쓰게 된다.

변화를 반영하는 한 가지 방법은 새로운 유권자등록 수를 활용할 수 있을 때 전략적 추정치를 수정하는 것이다. 이러한 접근법의 문제는 아주 장기적인 계획수립이 불가능하다는 점이다. 선거인등록 유권자 수가 매달 바뀔 때마다 새로운 전략적 상황이 생겨나기 때문이다. 다른 방법은 과거의 등록추세를 조사하는 것이다. 예를 들면, 가장 최근에 활용 가능한 현황이 등록자가 10만 1,409명일 때인 3월 1일의 것이고, 과거 비슷한 선거연도의 선거인 등록추세가 3월과 9월 사이에 평균 5% 증가한다고 가정할 경우, 3월 등록자 수에 1.05(현재의 등록률 +5%)를 곱해, 선거당일 추정되는 투표등록자 10만 6,479명을 산출하는 것이다. 이때 산출된 선거인등록 예상유권자 수에 반드시 투표할 것으로 예상되는 나머지 투표점수(0.647)를 곱하면, 회계검사관선거의 예상투표자 수가 68,892명이라는 계산을 얻을 수 있다.

다음으로 당선에 필요한 득표 수를 추정하고 싶으면, 방금 전 계산한 예상투표자 수를 2로 나눈 다음, 그 결과에다 1을 더하면 된다. 예상투표자 수는 〈그림 6-3〉을 활용하면, 두 가지 계산이 나온다. 첫 번째 계산은 〔방법 1〕에 따라서 1994년부터 1998년까지의 총투표자 수의 평균을 내는 것이고, 두 번째 계산은 〔방법 2〕를 따라서 6번 선거 모두의 투표율과 나머지 투표율의 평균을 각각 계산한 다음 예상등록자 수를 계산하는 방식으로 접근하는 방식이다. 어느 것을 선택해야 할까? 선거전문가들은 두 개의 결과 가운데 큰 숫자를 선택한다. 여기서 '더 낮은 수'는 선거당일 유용하지 않다. 스미스 카운티 회계검사관선거의 경우를 보면, 투표율, 나머지 투표율, 등록자 수를 계산한 〔방법2〕의 계산결과가 6만 8,892로 더 크다. 이것을 2로 나누면 3만 4,446표가 나오고, 여기에 승부점 1을 더하면 3만 4,447이 만들어진다.

마지막으로 나온 예상투표자 수는 추정치라는 점을 주목할 필요가 있다. 승패를 가르는 지점이 50%에서 정확하게 거의 나눠지지 않는다. 어떤 사람은 제3당후보들에 투표하기도 하고, 다른 사람은 무소속 출마자들에게 투표하기도 한다. 그리고 몇몇 사람들은 신문에 보도되기를 바라면서 자신의 이름을 투표용지에 쓰기도 한다. 선거는 통상 50% 미만의 득표로 승패가 결정나지만, 선거연구자들은 '1~2위 후보를 제외한 나머지' 표들의 평균을 계산한 다음 그것을 총투표 수에서 빼지는 않는다. 나중에 잘못했다고 후회하는 것보다는 안전한 것이 낫기 때문이다.

두 후보가 경합하는 선거에 대한 계산은 분명하다. 그러나 여러 후보가 참여하는 선거의 표를 계산하려면, 한층 창조적으로 생각해야 한다. 득표계산 공식은 출마자 수에 맞게 조정되어야 한다. 총투표 수를 단순히 절반으로 나눌 수는 없다. 제3당후보가 문제가 되면, 최선의 방법은 과거의 비슷한 제3당후보가 얻은 득표력을 측정하면 된다. 만약 어떤 선례도 없다면, 고도의 추측을 해야 한다. 통상 후보 3~4명이 출마한 과거 예비경선의 경우를 보면, 두 라이벌세력간에 경쟁양상을 보이기 때문에, 각 진영의 후보가 기대할 수 있는 득표가 어느 정도인지 대략 짐작할 수는 있다. 선거진영에서는 가끔 자신의 눈높이를 낮추어야 한다. 클린턴도 불과 43%의 득표로 부시와 페로를 눌렀고, 후보 네 명이 경합한 민주당 대통령후보 예비선거에서는 33%로 승리했다. 조사자들의 입장에서 보면, 정확한 득표 수를 제시할 수 있는 마법과 같은 공식을 바랄지 모르지만, 불완전한 비교자료를 포함한 과거 선거자료와 함께 정치적 판단을 가미해야 한다.

3) 기본표와 정당득표

당선에 필요한 득표 수를 계산했으면 부동표와 기본표를 구분해야 한다. 전문가들은 '정당평균득표'(*average party performance*), '부동표'

(*swing vote*), '분할투표 요인'(*split-ticket factor*), '기본표'(*base vote*) 등에 대해 언급한다. 이것들은 유권자를 유용한 여러 범주로 구분하기 위해 고안된 표 계산방법들이고, 이러한 계산방법들을 이해하는 것은 중요하다. 나아가 이러한 계산방법들을 이해하는 것보다 한층 더 유용한 것은 그것들의 상호연관성을 이해하는 것이다. 개별선거마다 서로 다른 필요사항을 충족시키려면, 이러한 계산방법들을 분해하고 개량해서 서로 짜맞추어야 하기 때문에, 각각의 요소들이 어떻게 작용하는지 파악하는 것은 중요하다.

지금부터 주의해야 할 사항이 몇 가지 있다. 첫째, 선거통계분석에 시간이 소요되지만, 선거진영에서는 그 비용보다는 돌아오는 보상이 훨씬 크다는 점을 알아야 한다. 선거통계의 효과적인 용도는 복잡한 데이터를 단순화하는 것이다. 일단 시간을 투자해 놓으면 계속 쉽게 관리할 수 있다. 둘째, 모든 선거통계는 선거구와 선거에 따라 가공되어야 한다. '정당평균득표'와 '부동요인' 같은 통계들은 현실적인 문제들을 다루기 위해 개발됐다. 만약 선거전문가가 미리 만들어진 통계공식이 해당선거에 실제로 응용가능한 것인지 생각하지 않고 그것에 집착하면 어려움을 겪게 된다. 각 단계마다, 통계자료가 무엇을 의미하는지, 전략적 문제에 접근하는 데 더 좋은 방법은 있는지에 대해 문제의식을 가져야 한다. 마지막으로, 기술적인 문제로서 선거인규모에 관해 앞서 살펴본 것처럼, 지금부터 나오는 소수점은 소수 셋째자리에서 반올림한다(가령 0.002). 반올림은 단순화하기 위한 것이지만, 단순화시키다 보면 정확성이 손실되는 문제가 있는 것도 사실이다. 반올림오류가 연산과정에 들어갈 우려가 있기 때문에, 정확한 전문가들은 프로그램이 허용할 때까지 소수점을 계산한다.

정당기본표 총계(*Aggregate Base-Partisian Vote*). 정치학에서 '골수 민주당원'은 민주당후보가 보잘것없어도 해당후보에게 투표하는 사람이다. 어떤 공화당원들도 신념을 굽히지 않고 완고하다. 많은 사람은 정당이름이 붙는 것을 싫어하지만, 분명히 당원이 아닌데도 불구하고 어떤 유권자들은 선거마다 똑같은 정당에 일관되게 투표한다. 이러한 의미에서 계속해서 동력을 불어넣을 필요가 있을지는 모르겠지만, 민주당과 공화당은 그 어떠한 선거상황에서도 기댈 수 있는 '정당기본표'(*base-partisian voter*)가 있다.

정당기본표는 선거에서 중요하다. 그들은 자발적인 지원자로서 특히 중요하다. 그렇다고 선거구파악을 위해 정당기본표를 모두 다 찾으려는 것은 과욕이다. 집합통계는 투표구, 선거구, 주 전체의 기존 현황에 초점을 맞춘다. 여기서 개인들은 거의 무의미하다. 주민의 31%가 한 정당의 골수지지자인 선거구는, 그 정당후보들에 대한 골수지지자는 11%이지만 항상 주민 20%의 지지를 안정적으로 추가득표하는 선거구와 절대 다르지 않다. 계산결과가 같은 이유는 집합통계의 논리에 따라 두 방식 모두 지지자 개개인들에 대해서는 생각하지 않기 때문이다. 정당기본표의 계산목적은 간단하다. 그것은 골수지지자들이 누구인지 파악하는 것이 아니라 그들이 얼마나 되는지 알아내는 데 있다.

여기서 개념적인 문제가 중요하다. '정당기본표'와 '부동표'에 대해 논의할 때, 해당용어들이 통계상의 총계를 나타낸다는 점에 주의할 필요가 있다. 그것들은 단순한 추상적 개념으로서, 특정한 개별집단이 아니라 반복되는 선거현상을 지칭하는 것이다. 하지만 단순한 추상적 개념이라 해도 용어들간의 차이는 중요하다. 왜냐하면, (항상 동일정당 후보에게 일괄투표하는 골수당원을 뜻하는) 진정한 의미의 정당기본표는 (정당이 항상 의지할 수 있는 개인들을 뜻하는) 단순한 의미의 기본표보다는 그 규모가 훨씬 작을 것이기 때문이다. 불변하는 공화당원도 가끔씩 민주당에 투표하고, 그 반대도 마찬가지다. 그래서 1만 2천명의 정당기본표는 해당 선거구에 1만 2천명의 고정표가 있다는 것을 의미하는 게 아니라 우리는 모든 유권자들이 선거 때마다 정당을 바꿔가면서 분할투표를 하는 부동표 일색인 가운데 유권자의 30%를 정당

〈그림 6-4〉 정당기본표 계산

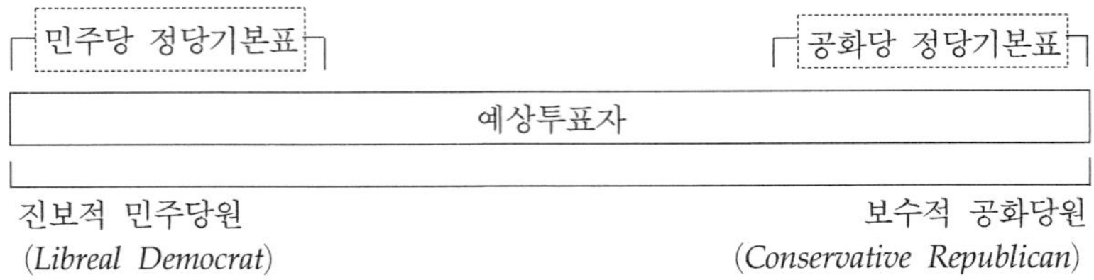

정당기본표 = 소속정당 후보의 최저득표율

들이 항상 고정적으로 득표하는 선거구를 생각해볼 수 있다. 이와 같이 골수지지층이 실제로는 없으면서도, 두 정당이 항상 과반수를 득표하는 상황이라면, 해당 선거구가 부동표 일색이면서도 공식적으로 말할 만한 부동표가 없는 곳으로 생각될 수 있다. 어쨌든 '정당기본표'는 잘만 활용하면, 유용한 예측을 가능하게 하는 수학적 개념인 것만은 분명하다.

'정당기본표 총계'는 어떤 정당후보의 최저득표로서, 누가 나와도 획득 가능한 투표 수를 가리키는 것이다. 최악의 성적을 낸 후보를 단순하게 찾으면 되는 쉬운 통계이지만, 조사자는 조심해야 한다. 스미스카운티에서 민주당은 1996년 회계검사관선거에서 득표가 가장 저조했다. 한 표도 얻지 못했다. 그러나 그 선거를 정당기본표 산출기준으로 삼으면 문제가 있다. 민주당후보가 해당선거에 불출마해 민주당이 한 표도 못 얻었기 때문이다. 이러한 선거들은 선거구에 관한 어떠한 정보도 못 주기 때문에 유용하지 않다. 민주당후보가 두 번째로 저조했던 선거는 민주당원의 투표참여가 이상할 정도로 낮았던 1994년 연방하원선거였다. 공화당의 경우는 최악의 선거가 1990년 연방상원선거였다. 1994년 민주당의 연방하원선거처럼, 1990년 연방상원선거는 공화당에게 유효한 지표가 된다.

정당기본표를 계산하는 것은 최악의 정당후보에게 투표한 유권자들의 규모를 찾는 간단한 문제이다(〈그림 6-4〉 참조). 1994년 연방하원

선거에서 민주당후보는 7만 5,452표 가운데 2만 3,582표를 얻었다. 이 득표 수를 해당선거의 전체투표자 수로 나누면, 정당기본표의 득표율은 0.313 또는 31.3%가 된다. 공화당은 1990년 연방상원선거에서 7만 5,478표 가운데 겨우 1만 8,528표를 얻었는데, 이 경우 정당기본표의 득표율은 0.245 내지 24.5%가 된다. 이러한 결과를 가지고 계산하면, 아무리 못한 후보가 나오더라도 카운티 회계검사관선거 예상 투표자 6만8,892명 가운데 대략 2만 1,563명은 민주당에 투표하고, 1만 6,879명은 공화당에 투표할 것으로 예상된다(여기에서 아이러니한 것은 정당기본표는 전략적 고려가 필요 없다는 점이다).

정당평균득표(*average party performance*). 각 정당이 평균적으로 어느 정도 선전할 수 있을까? 어떤 정당이 어려움을 무릎 쓰고 특정선거구에서 확실하게 얻을 수 있는 최소기본표를 보여주는 것이 '정당기본표'라면, '정당평균득표'(APP)는 각 정당후보가 통상적으로 가능한 득표의 규모를 반영하는 것이다. 그것은 한 투표구에서 정당의 힘이 통상 어느 정도인지 측정하는 데 사용된다(Beaudry and Schaeffer, 1986: 30). 기능적으로 말하면, 서로 경합하는 후보들이 접전을 벌일 때 정당이 기대가능한 득표이다.

정당평균득표는 우선 양질의 후보 두 사람이 스캔들에도 휘말리지 않고, 선거자금이 일방적으로 불리하지도 않으면서, 선거운동을 치열하게 하는 전형적인 경합선거 세 가지를 골라서 계산한다. 대통령선거에서도 종종 이용된다. 그러나 1992년, 1996년 대통령선거는 제 3당후보로 페로가 있었고, 2000년에는 녹색당후보 네이더와 두 명의 개혁당후보가 있었다. 하지만 해당선거들을 일대일로 비교하는 것은 다소 문제가 있다. 한편, 여기서도 정치적 판단이 요구된다. 계산에 활용해야 할 적당한 선거는 어떤 것일까? 어떤 후보들이 훌륭한 후보들일까? 어떤 선거들이 정말로 격렬한 것일까? 선거통계를 계산하려면 연구자들은 선거흐름을 잘 알고, '전형적'이라는 것이 의미하는 바가 무엇인지

〈그림 6-5〉 정당평균득표율 계산

민주당 정당평균득표 (*Average Dem. Performance*)	공화당 정당평균득표 (*Average Gop. Performance*)

진보적 민주당원 (*Liberal Democrat*)	보수적 공화당원 (*Conservative Republican*)

정당 평균득표 = 〔(득표율#1) + (득표율#2) + (득표율#3)〕/3

판단하기 위해 과거의 사실에 근거하여 선거구를 보아야 한다. 이것은 쉬운 일이 아니다. 정당지도부와 폭넓게 토론하고 과거 신문기사 모음집을 장시간 뒤지고 경험에서 나오는 추측이 필요하기도 하다. 일단 전형적인 선거 세 개를 고르고, 그 다음 세 가지 선거의 평균을 계산하면 정당 평균득표율을 알 수 있다(〈그림 6-5〉 참조).

스미스 카운티에서 세 가지 선거를 골라 분석하면, 가장 적절한 선거는 1996년과 1998년의 연방하원선거와 1998년의 주지사선거이다. 1996년 연방하원선거의 경우, 민주당 지지표 4만 2,783표를 해당선거 전체투표자 수 7만 4,893으로 나누면, 0.571의 득표력이 나온다. 1998년 연방하원선거와 주지사선거의 경우, 계산해 보면 득표력은 각각 0.590과 0.556이 된다. 이 숫자들을 더해서 3으로 나누면 민주당의 정당평균득표력 0.572가 나온다. 이것은 보통 투표자의 57.2%가 민주당을 지지한다는 것이다. 공화당의 정당평균득표력은 0.424 내지 42.5%가 된다. 여기서 주목할 것은 계산결과로 나온 각 정당의 평균득표율을 더하면, 총합이 가끔 100%가 안되기도 한다는 점이다. 이러한 문제가 생기는 것은 제3당, 무소속, 무효표로 가는 표 때문이다.

정당평균득표 계산의 유용성은 금방 명확하게 나타난다. 다른 모든 조건이 동일한 가운데, 각 정당이 스미스 카운티 회계검사관선거에서 기대할 수 있는 득표력을 계산하려면, 각각의 정당평균득표율을 예상투표자 수와 곱하면 된다. 여기서 민주당의 정당평균득표력은 0.572이고, 추정투표자는 6만 8,892명이다. 두 숫자를 곱하면 대략 3만 9,406명의 투표자가 선거에 출마하는 유능한 민주당후보에게 투표할 것으로 예상된다. 공화당의 경우는 정당평균득표력이 0.424이므로, 공화당후보는 2만 9,210표를 얻을 것으로 기대된다.

4) 부동표, 잠재정당지지표, 예측불허표

이제부터 선거구의 정치지형이 보이기 시작할 것이다. 공화당후보가 민주당후보에게 큰 표차로 뒤지기 때문에, 스미스 카운티는 민주당 강세지역에 해당한다. 투표자의 56% 정도가 정당기본표이고, 정당별로는 민주당이 31.3%로 24.5%인 공화당보다 많다. 이러한 사실은 부동표가 많다는 의미이기도 하다.

부동표(*Swing-Vote*). 설득 가능한 투표자는 정당기본표 이외의 부분으로서 계산하기 쉽다. 부동표는 민주당과 공화당의 정당기본표 총계의 나머지이다(〈그림 6-6〉 참조). 스미스 카운티 회계검사관선거에서 각 당별 정당기본표는 민주당이 2만 1,563표를, 공화당이 1만 6,879표이다. 이것을 더하면, 전체적으로 3만 8,442명의 정당기본표가 나온다. 이 정도의 유권자는 움직이지 않을 것이다. 예상투표 6만 8,892표에서 정당기본표 3만 8,442표를 뺀 나머지인 부동표는 전체투표자의 44.2%인 3만 450표가 된다. 이 부동표가 선거승패를 결정한다.

부동표 계산방식에는 두 가지 방법이 있다. 그것들은 투표자의 변화 가능성을 측정하기 위해 고안된 것들이다. 첫번째 방법은 서로 다른 연도에 치러진 두 선거에서 투표자가 한 정당에서 다른 정당으로 옮긴 정도와 관련된 것이다. 첫번째 단계에서는 특정연도의 선거에서 한 정당이 가장 선전한 선거를 찾아 득표 수를 확인한 다음 그것을 같은 선거에 출마한 입후보자 전원의 득표 수로 나누면 된다. 두 번째 단계에서는 앞에서와 다른 연도의 특정선거를 골라 해당정당이 가장 졸전을

〈그림 6-6〉 부동표 계산

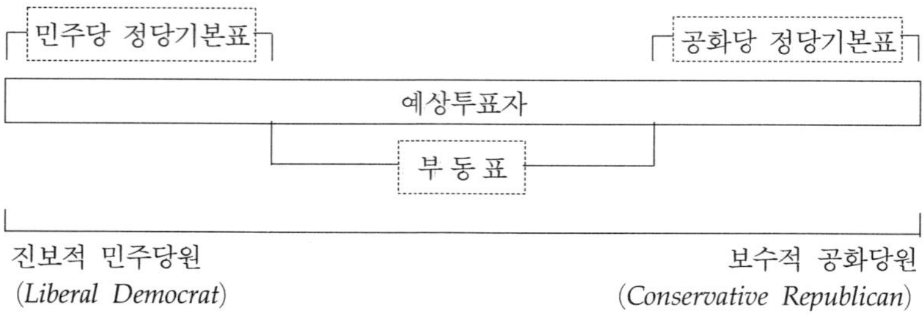

부동표 = 예상투표자 - (민주당 정당기본표 + 공화당 정당기본표)

펼친 선거의 득표율을 계산하면 된다. 그런 다음 첫 번째의 최고득표율과 두 번째의 최저득표율을 비교하면 부동표 규모를 알 수 있다. 두 번째 방법은 같은 연도에 치러진 선거들을 대상으로 투표자가 한 정당에서 다른 정당으로 지지를 바꾼 '분할투표'의 규모를 측정하는 것이다. '분할투표'는 같은 연도에 치러진 선거간의 변화가능성을 찾는다는 점만 빼면, 방금 살펴본 '부동표'와 비슷한 정보를 제공한다. '분할투표'는 특정정당의 후보가 선전한 최근의 선거와 그 정당의 후보가 같은 시점의 선거에서 졸전을 벌인 선거결과를 서로 단순비교하면 된다.

잠재 정당지지표와 예측불허표. '부동표'의 경우, 일반적 정의가 너무 포괄적이어서 정교한 분석을 하기 어렵다. 부동표가 정당들이 어떤 어려움 속에서도 유지하는 정당기본표들을 제외한 나머지 표 전부를 포괄하기 때문이다. 부동표 내에도 등급구분이 가능하고, 또 반드시 그렇게 해야 한다. 최저득표율인 정당기본표를 제외한 부분은 50~60% 내 정도일 것이다. 타기팅의 핵심은 시간과 자원의 불필요한 낭비를 줄이면서 선거운동의 정확성을 높이는 데 있다. 유능한 전략가는 전략적 효과를 확실히 하면서 부동표를 세분화한다.

부동표구분이 자의적일 수도 있지만, 합리적인 구분이 가능하다. 정당기본표는 주어진 특정기간 동안 해당 정당후보가 제일 못한 최악

〈그림 6-7〉 정당표와 잠재지지표 계산하기

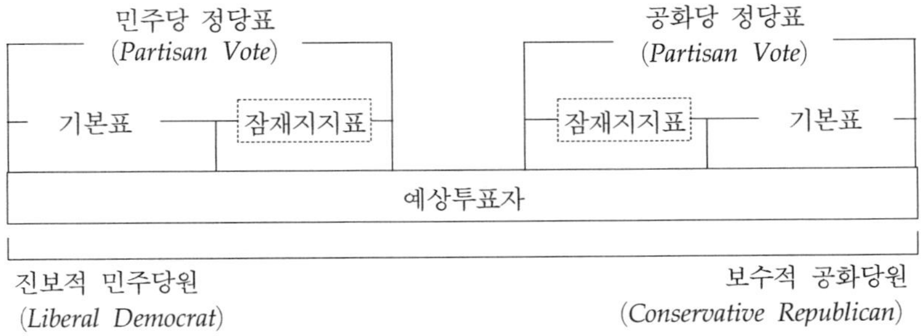

정당표 = (평균적인 최악의 후보득표율)
잠재지지표 = (정당표) - (기본표)

의 득표율 말하고, '정당 최저평균득표'는 특정기간 동안의 선거연도별 최저득표율 평균을 가리킨다. 선거가 최악인 경우, 정당득표율이 투표자의 4분의 1에 불과할 수도 있다. 다섯 차례의 선거기간 동안 최저평균득표율이 투표자의 3분의 1에 불과한 정당도 있을 수 있다. 정당의 최저평균득표와 부동표 사이에 중첩되는 부분을 확인하는 것이 중요하다. 중첩되는 부분의 투표자는 후보가 최악인 경우에는 지지하지 않지만, 정당후보의 호감도가 조금만 나빠지는 경우에는 지지하는 특성이 있다. 이러한 잠재 정당지지자를 장악하는 것은 중요하다. 그 이유는 상대방의 잠재지지자가 이탈하도록 설득하는 것이 힘들기는 해도, 그렇다고 불가능하진 않기 때문이다. 따라서 당원들은 (1) 최악의 후보에게도 투표하는 정당기본표와 (2) 최악은 아닌 평균적인 최저후보에게 투표하는 잠재 정당지지표로 구분할 수 있다(〈그림 6-7〉 참조). 잠재 정당지지표는 정당의 최저평균득표율에서 최악의 정당기본득표율을 뺀 부분이다. 그 외의 범주로 예측불허의 표가 있는데, 이것은 정당기본표나 정당 최저평균득표에 속하지 않는 나머지를 말한다.

스미스 카운티의 민주당의 정당 최저평균득표는 1990년부터 2000년까지 매 선거마다 민주당 최저득표율을 이용해서 계산한다. 1992년과

1996년 선거에서 민주당후보의 최저득표율은 제3당후보가 출마한 대통령선거에서 나타난다. 공화당에서는 1992년 카운티 회계검사관선거가 최저득표율에 해당된다. 무소속후보들이 참여한 선거의 경우에는 어떻게 해야 할까? 계산에서 배제해야 할까? 이 결정은 정치적 판단이 필요하다. 한편, 세 사람이 경합하는 선거의 경우는, 그 정확성이 떨어지는 문제가 있어도, 두 사람이 경합하는 양자선거의 추정치를 늘리는 방법들을 사용해서 잠재 정당지지표를 줄일 수도 있다. 다른 한편, 무소속후보에게 가는 투표자들은 후보선택을 점치기 어렵기 때문에, 그들을 예측불허의 범주에 포함시키는 것이 현명할 수 있다.

이러한 맥락에서 3자경합 대통령선거들을 스미스 카운티 분석에 활용하고자 한다. 민주당의 경우, 1990년부터 2000년까지 매번의 선거마다 최저득표율을 골라 그것들을 각각 더한 다음 평균을 내면 그 값은 0.441이나 41.4%가 된다. 이 값에 카운티 회계검사관선거의 예상투표자(6만 8,892명)를 곱하면, 민주당의 정당 최저평균득표 3만 381표를 얻는다. 이 표는 잠재 정당지지표와 정당기본표를 모두 포함하기 때문에, 잠재 정당지지표를 알아내려면 정당기본표인 2만 1,563표를 정당 최저평균득표에서 제외해야 한다. 정당 최저평균득표 30,381표에서 정당기본표(21,563표)를 빼면 8,818표의 잠재 정당지지표가 남는다. 그것은 전체 예상투표자의 12.8%이다. 공화당에 대해서도 같은 절차를 밟으면, 2만 4,043표의 공화당 최저평균득표와 7,164표의 잠재 정당지지표가 나온다. 공화당의 잠재 정당지지표는 전체예상투표자의 10.4%이다.

마지막으로, 예측불허표가 있다. 그 동안 네 가지 부분(공화당 정당기본표, 민주당 정당기본표, 공화당 잠재 정당지지표, 민주당 잠재 정당지지표)에 대해 계산했다. 네 가지를 더하면, 선거구에서의 정당표 전부가 나타나고, 예측불허의 표는 그 나머지 부분이다. 정당기본표와 잠재정당지지표를 더한 것이 전체정당표이기 때문에, 예측불허표는 예상투표자에서 전체정당표를 빼면 남는 표이다(〈그림 6-8〉 참조). 민주

〈그림 6-8〉 예측불허의 표 계산

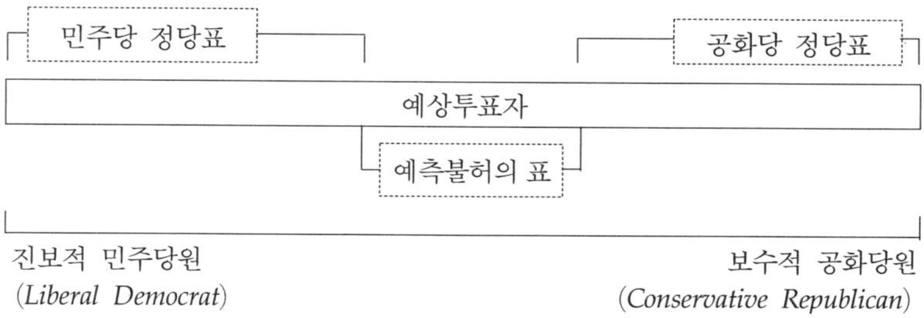

예측불허의 표 = 예상투표자 - (민주당 정당표 + 공화당 정당표)

당은 3만 381표, 공화당은 2만 4,043표의 정당표를 각각 가진다. 이것들을 더하면, 전체정당표는 5만 4,424표가 된다. 이것을 예상투표자(6만 8,892표)에서 빼면, 예측불허의 표는 예상투표자의 21.0%인 1만 4,468표가 된다.

타깃표. 거의 모든 후보는 기본적으로 정당기본표를 얻는다. 이러한 주장은 '정당기본표'의 정의 속에 함의되어 있다. 그러나 만약 어떤 후보가 전임자들보다 못하다면, 정당기본표는 즉시 수정된다. 자신의 고정기반을 잃거나 상대편의 고정기반을 얻으려는 것은 거의 불가능하다. 전략적 사고를 하는 선거전문가는 타깃을 발굴한다. 스미스 카운티 회계검사관선거에서는 당선되려면 3만 4,447표(예상투표자 50%+1)가 필요하다. 경합하는 공화당후보는 무엇보다 우선적으로 최저평균득표(42.4%인 29,210표)를 지켜야만 한다. 그렇지 못하면 선거를 포기해야 한다. 그러나 최저평균득표는 당선필요표에 5,237표가 부족하다. 민주당은 정당기본표로 21,563표(31.3%)가 있는데, 이 표는 공략이 불가능한 것이다. 공략가능한 것은 민주당 정당평균득표 가운데 정당기본표를 빼면 남는 유동적 성향의 1만 8,119표(26.3%)이다. 이러한 상황에서 예상투표자의 50%+1표로 승리하려면, 공화당후보는

〈그림 6-9〉 선거구 표분석: 스미스 카운티 2002년 선거

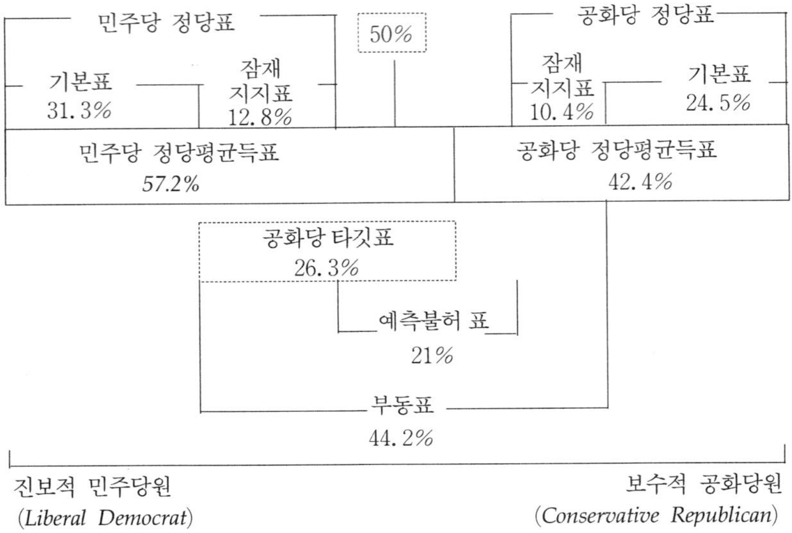

Note: 타깃표에는 정당의 정당평균득표에 포함되지 않는 예상투표자의 0.4%가 포함된다.

공화당의 타깃표에 해당하는, 방금 언급한 민주당의 정당평균득표 중 유동적인 1만 8,119표 가운데 5,237표(28.9%)를 반드시 얻어야만 한다(〈그림 6-9〉 참조).

타깃표계산의 전략적 중요성을 간과해서는 안된다. 정당평균득표를 보면, 공화당은 힘든 싸움이 될 것 같다. 공화당 정당평균득표가 42.4%에서 50%로 되려면, 공화당후보는 7.6%를 추가로 득표해야만 한다. 추가득표는 할 수 있을 것처럼 보여도 만만치 않은 일이다. 타깃표구성을 보면 그것은 거의 불가능한 일처럼 보인다. 타깃표는 (1) 공화당의 정당평균득표 외부의 예측불허표에다가 (2) 공화당의 잠재 정당지지표를 더한 것이다. 정당평균득표가 저조한 상황에서 시작하는 공화당후보는 보통 민주당으로 가는 표의 많은 부분을 잡아야 한다.

전형적인 전략이론대로라면, 민주당후보는 자연발생적인 민주당성향 유권자에게 어필하는 테마를 취할 것이다. 반대로 공화당후보는 중간 진영을 잡기 위해 중도적인 민주당성향의 메시지를 선택해야 한다. 더욱 사태를 복잡하게 만드는 것은, 그러한 선택을 통해 보수주의자들이 민주당과 공화당 간에 차이가 있다는 점을 느끼게 하면서 공화당지지자들이 반드시 투표해야 하는 이유를 동시에 제시해야 한다는 점이다.

예측과 집합통계의 유의사항. 지금까지의 계산들에서 나온 결정적인 사실은 분명하고 간단하다. 스미스 카운티에서는 5천 명 이상의 투표자가 중요한 것 같다. 여전히, 좋은 결과가 나오려면 투입(*input*)에 달려 있다는 점을 명심해야 한다. "쓰레기가 들어가면, 쓰레기가 나오기 때문이다". 아주 많은 가정들이 이러한 원칙에 따라 만들어졌다. 과거 선거는 미래의 성과를 예상하는 좋은 길잡이가 된다는 점, 선거인등록현황을 정확히 추정할 수 있다는 점, 기권표가 계속 생길 것이라는 점, 그리고 유권자의 당파적 모습이 극적으로 변하진 않을 것이라는 점이 그러한 가정들이다. 그동안 살펴본 계산들에는 인적 오류가 들어간다. 개인적 판단에 기초해서 '유사한' 선거들과 '잘 어울리는' 후보들을 고르기 때문이다. 선거통계는 단순한 수학의 산물이 아니다. 그것에는 고도의 정치적 판단이 들어간다. 정치에 대한 폭넓은 이해와 유권자에 대한 식견이 없으면, 선거구에 대한 체계적인 전략적 이해를 하기 어렵다.

판단과 행동은 별개의 변수들이다. 가끔 선거팀에서는 단지 자신들이 불리한지 알아보려고 통계를 내기도 한다. 정당평균득표가 43%나 44%에 불과할 수도 있는데, 이것은 해당정당의 후보가 불리하다는 점을 암시하는 것이다. 이러한 점에서 보면, 스미스 카운티에 대한 최종 선거지형인 〈그림 6-9〉는 공화당후보에게 힘든 형세라는 것을 보여준다. 집합개산(槪算)을 통해 대처하기 어려운 숫자가 나왔지만, 그렇다고 그러한 숫자가 가능한 결과를 모두 반영하는 것은 아니다. 당파적 성향을 조사하는 다른 방법은 지난 10년, 또는 그와 비슷한 기간 동안에 있었던 대개 15~20개의 정상적인 선거를 골라서 각 정당의 후보들이 몇 번 이겼는지 알아보는 것이다. 스미스 카운티에서 활동하는 공화당 컨설턴트는 공화당후보가 1994년 연방상원선거에서 이겼고, 1994년 이후 공화당후보가 계속 회계검사관 자리를 차지했다는 점에 용기를 낼 것이다. 이길 방법은 분명히 있다. 가장 일반적인 성공의 열쇠는 신중한 타기팅을 통해 집합수준의 통계현황을 자세히 파헤치는 것이다.

2. 투표구수준의 전략

불리한 조건은 극복가능하다. 매기가 민주당후보로 출마한 뉴욕 주 의회선거구를 생각해 보라. 그 선거구는 누구의 말을 들어도 공화당 지역이었다. 거의 모든 선거에서 당선자는 공화당출신이었고, 유권자 등록명부에도 공화당원이 2 대 1 정도로 많았다. 그러나 매기는 1990년 선거에서 당시 10년간 지역을 대표했던 공화당인사를 꺾고 당선됐다. 그의 당시 선거팀은 자금사정이 열악한 것 외에도 여러 어려움이 많았다. 상황이 그러하다 보니 매기는 선거운동을 아주 효율적으로 해야만 했다. 그래서 기존의 선거결과들과 여론조사를 종합해서 잘 조율된 타기팅계획을 세웠다.

매기의 선거팀은 먼저 공화당기반이 탄탄한 지역부터 간추렸다. 투표구 105개 가운데 25개 정도가 확실하게 공화당 편이었다. 해당지역들에서 공화당의 정당평균지지는 60%가 넘었다. 민주당후보들이 해당지역들에서 이긴 전례가 없었다. 뉴스보도와 지역정가에서 매기가 해당지역들을 외면한다는 비난이 있었지만, 확실하게 공화당 편인 지역에는 어떤 에너지도 쏟지 않았다. 동시에 매기 선거팀은 확실하게 민주당 편인 지역도 간추렸다. 20개 정도의 투표구를 찾았다. 선거자원이 빠듯했기 때문에 이들 지역들에는 노력을 거의 쏟지 않았다. 만약 매기가 확실한 민주당 지지자들에게 기댈 수 없었다면, 그는 아무튼 낙선했을 것이다. 해당 투표구들의 민주당지지자들을 미리 확보했기 때문에, 확실하게 민주당인 투표구를 공략하는 대신 선거일에 꼭 투표하도록 기억만 환기시켜주면 된다는 것이 매기 선거팀의 생각이었다.

이제 남은 것은 다소 희망적인 관점에서 '부동지역'으로 분류한 투표구들이었다. 하지만 매기 선거팀은 남은 60여 개 투표구의 유권자들을 전부 공략할 수 있을 만큼 자원이 충분하진 않았다. 그래서 설득 가능성 높은 지역들을 찾아 상대적 비중에 따라 우선순위를 매기는 데 노력을 집중했다. 이러한 방침은 일련의 계산과정에서 고려되었고, '당선에 필요한 표'를 계산하는 데 지침으로 활용됐다. 예를 들면, 상대후보의 지지기반과 매기의 지지기반을 함께 고려하면서, 매기가 부동지역들에서 각각 52%, 55%, 57%, 60%로 이길 가능성이 있다고 할 때, 타깃대상으로 필요한 부동지역들이 어느 정도인지 검토했다. 최종적으로 대략 40개 투표구가 주요 타깃대상에 해당됐다. 매기가 해당지역들에서 50~55% 정도를 득표하고, 그러면서 나머지 지역들에서 무승부를 기록한다면 승산이 있었다.

매기의 선거팀은 서베이조사에서 검증된 이슈들과 테마들을 철저하게 고수하면서, 타깃대상 투표구들의 유권자에게 지지를 호소했다. 만약 해당지역 유권자들이 선거구 전역에 산재해 있다면, 그들에게 접근하는 최적의 방법은 유인물을 정확하게 발송하고, 신중하게 만든 홍보물을 유권자에게 전달하면서, 개별 방문하고, 야심찬 텔레마케팅 운동으로 지지를 확산하는 것이었다. 매기는 500표차 내로 당선됐다. 그는 정당기본표를 얻었고, 더 중요한 것은 그가 타깃으로 정한 투표구의 대부분에서 55% 이상을 득표했다는 점이다. 이러한 성과는 선거진영이 기존의 선거통계를 활용해 자원과 유권자 지지면에서의 심각한 열세를 성공적으로 극복하고 적절한 유권자집단을 타깃으로 삼았기에 가능할 수 있었다.

1) 투표구 우선순위 구분

스미스 카운티 회계검사관선거에 출마한 공화당후보의 처지는 매기의 맨 처음 상황과 비슷하다. 반면 민주당후보의 입장에서는 모든 여건이 좋다. 하지만 공화당인사 한 사람이 회계검사관 자리를 차지해 줄곧 지켜왔기 때문에, 이러한 상황이 보기 드문 것도 아니다. 많은 공화당인사가 민주당 강세지역에서 당선되기도 하고, 그 반대로 민주당인사가 공화당 강세지역에서 당선되기도 한다. 어떤 사람들은 숙달된 선거운동가이다. 현역인 공화당 회계검사관이 그만두었고 역대 선거결과가 민주당에 상당히 유리하기 때문에, 공화당입장에서는 어려운 상황이다. 하지만 그렇다고 절대 승산이 없는 것은 아니다. 매기가 성공가능성을 보여준다. 문제는 지역에 맞는 특단의 필승전략을 어떻게 짜느냐하는 것이다.

선거구 통계현황들을 전체적으로 파악했으면, 더 작은 분석단위로 넘어간다. 주 선거는 카운티, 카운티 선거는 타운, 시 선거는 구로 나눌 수 있다. 여기서 주목할 것은 선거데이터를 다룰 수 있는 가장 작은 분석단위로 선거데이터를 나눠야 한다는 것이다. 물론, 여기에는 비용편익 문제가 수반된다. 자료를 상세하지 않게 보관하면 데이터관리 비용은 저렴하지만 정밀한 타기팅이 어렵다. 반면, 분석단위를 세분화하면 타기팅은 정확해지나 분석단위의 증가로 데이터관리 비용이 늘어난다. 분석단위는 정확한 판단이 가능할 정도로 작아야 한다. 하지만 그렇다고 편집과 분석이 힘들 정도로 작아서는 안 된다. 시 단위 선거는 투표구가 250개, 주 상원선거는 투표구가 175개 정도 된다. 일반적으로 투표구당 유권자 수가 수백 명이라는 점을 감안하면 데이터 분류는 고된 작업이 될 수밖에 없다. 특히 수작업으로 데이터를 처리할 경우에는 더하다. 그러나 데이터처리에 기울인 노력만큼 전술적 과제들이 명확해진다.

한층 상세한 분석단위를 활용하기 위해, 새로운 스타일의 선거진영들은 해당업무를 컴퓨터로 처리한다. 소규모 선거진영에서는 색인(*index*) 카드와 연산프로그램(*spreadsheet*)을 사용해도 그럭저럭 가능할 수 있다. 그러나 규모가 큰 선거진영에서는 방대한 데이터들을 유지하고, 찾고, 합치고, 정리할 수 있는 데이터관리 전문회사의 서비스를 이용하고 싶어한다. 전문회사의 서비스를 활용하면, 세부적인 우편업무 처리까지 가능하기 때문에 수작업으로 우편작업을 할 때 수반되는 어려움은 겪지 않아도 된다. 시나 커다란 카운티 선거진영들처럼, 중간수준의 선거진영들은 마이크로 소프트 액세스(*Microsoft Access*)와 로터스 어프로치(*Lotus Approach*) 같은 중간범위의 데이터관리 프로그램에 가끔씩 투자한다. 이러한 DB 응용제품은 주로 작은 사업체용으로 만들어진 것이지만, 선거에 맞게 만들어졌기 때문에 데이터를 불러내 정렬하고, 궁금한 것을 묻고, 간단한 작업으로 투표구별 타기팅작업을 처리할 수 있다. 이러한 유권자접촉 전문프로그램들은 선거전문가들이 기존 선거결과를 정리 · 분석하는 데 유용하다.

DB가 새로운 선거공학의 중요부분이 되는 이유 중 한 가지는 정교한 타기팅 때문이다. 그 동안 살펴본 통계작업은 빙산의 일각에 불과하다. 새로운 사실과 함께 포착하기 어려운 내용까지 보여주는 다른 통계작업들도 있다. 그리고 그러한 계산작업은 선거구 전체는 물론 개별 분석단위에서도 이뤄진다. 백여 개 이상의 투표구를 대상으로 유권자규모, 투표자 수, 기권, 예상득표, 정당평균득표, 정당기본표, 잠재 정당지지표, 예측불허의 표를 계산해서, 투표구별 우선순위를 매긴 다음, 각 투표구를 유권자규모, 정당득표, 설득 가능성에 따라 분류하면 된다. 전략가들은 후보의 지지호소에 설득될 유권자들이 있는 곳, 각 정당이 기댈 수 있는 유권자들이 있는 곳, 잠재 정당지지표가 가장 많은 곳들의 리스트를 만들 수 있는 능력을 갖추고 싶어한다.

어떤 선거진영에서는 절대점수를 가지고 투표구 순위를 매긴다. 예를 들어, 73번 투표구는 103.34점, 85번 투표구는 24.84점이라는 식이다. 반면 어떤 선거전문가들은 '상'·'중'·'하'로 등급을 분류해서 선거구지도에 그것을 표시한다.

각 투표구의 우선순위를 계산하면, 타깃유권자가 가장 많은 지역들이 나타난다. 정당평균득표가 높으면서 투표율이 낮은 투표구는 선거운동이 필요하고, 정당평균득표는 낮으면서 투표율이 높고 상대후보의 정당기본표가 많은 투표구에서는 후보의 시간을 허비할 필요가 없다. 새로운 선거운동 기술을 활용하면 애매한 정보도 창조적 활용이 가능하다. 유능한 컨설턴트들은 통계데이터의 수치를 어떻게 읽는지 잘 안다. 선거통계데이터는 활용여지가 많고, 컨설턴트의 능력은 독창성에 달려 있다. 어떤 출처에서 나온 통계데이터는 출처가 다른 데이터와 결합하여 형태를 바꾸고, 다시 계산하여 관련자료의 수준을 높임으로써, 한층 깊은 의미와 한층 개선된 전략을 만들어 낸다. 각각의 선거진영들은 자기만의 독특한 제약조건과 기회요인을 갖는다.

전략을 세우면, 어려운 상황도 잘 해결할 수 있다. 스미스 카운티의 컨설턴트는 공화당후보에게 선거자원을 타깃유권자 비율이 가장 높은 투표구에 집중하라고 할 것이다. 그렇게 하려면 선거당일 실제 투표할 유권자를 제대로 예상해 공화당에 투표하도록 설득 가능한 타깃유권자의 현황을 정확히 추정해야 한다. 하지만 이것은 쉬운 일이 아니다. 왜냐하면 정치적 판단도 필요하고, 공화당이 승리한 과거 선거선례도 조사해야 하고, 선거를 잘 아는 당원들과도 이야기를 나눈 다음 타깃유권자 규모에 대한 최종판단을 내려야 하기 때문이다.

설득력 있는 전략이라면 아마도 다음과 같을 것이다. 공화당의 정당평균득표(2만 9,210표)를 지킨다고 전제할 때, 공화당후보가 승리하려면 과반수에 미달하는 5,237표를 추가득표해야 한다. 그리고 그 표는 공화당의 정당평균득표와 민주당의 정당기본표 사이에 있는 1만 8,119표에서 모아야 한다. 선거구 전역에 홍보(가령, 라디오광고와 신문보

〈표 6-2〉 투표구 순위분류

당선에 필요한 타깃표 현황				3,697
순 위	투표구 명	타깃지역 선거인 수	예상투표 수	누계
1	56	371	93	93
2	89	359	90	183
3	51	347	87	270
4	81	345	86	356
(순위 5번부터 55번까지의 투표구는 생략)				
56	94	267	67	3,569
57	79	260	67	3,636
58	82	255	64	3,700

도)를 통해 1,540표를 만들 수 있다면, 나머지 3,679표는 투표구별 선거운동으로 모을 수 있다. 한발 더 나아가, 우편, 전화, 개별방문 등의 대상인 투표구들에서 타깃유권자의 25%를 최고로 얻어낼 수 있다고 가정해보자. 가령, 200표의 타깃대상이 있는 투표구에서는 정당평균득표 외에 50표가 추가로 나올 것이다. 이러한 식으로 투표구별로 얻을 수 있는 표를 계산하고 나온 결과의 우선순위를 매기면 투표구별 순위가 나온다(〈표 6-2〉 참조). 자료를 분석해보면, 리스트 상위에 있는 투표구들의 대부분은 교외지역들로 부동요인이 크다. 리스트 아래 쪽에는 완전히 공화당편인 농촌지역들과 완전히 민주당편인 도심지역이 있을 것이다.

이용 가능한 타깃이라는 관점에서만 투표구를 평가하는 것은 상당히 조잡한 일처리방법이다. 정당기본표와 부동표를 정확하게 배합하고, 지리적 규모를 체계화하거나 여타 타깃투표구들과 인접한 투표구에 비중을 더 준 다음, 인구통계현황과 여론조사 결과, 자원봉사자 명단, 기타 자원들을 고려하기 위해 가중치와 대책들이 추가로 더해질 수 있다. 현명한 정치컨설턴트는 8장에서 논의될 일반전략 개발을 위해 최상의 판단근거를 만들려고 노력할 것이다. 지금은 공화당의 승리 가능성에 주목하는 것이 중요하다. 만약 공화당후보가 공화당의 정당평균득표를 지키고, 선거구 내 투표구의 절반정도인 타깃유권자를 많이 확보할 수 있으면, 공화당은 회계검사관 자리를 실제로 차지할 수 있다. 이러한 승리가 쉽지는 않겠지만, 그것은 세밀하게 초점을 맞춘 전략적 개념화 작업으로 가능하고 그 계획도 수립가능하다.

3. 결 론

예측이 부분적으로만 맞아도 전략가들은 예측의 정확성을 자랑한다. 1996년 초 클린턴 선거진영은 당선에 필요한 타깃지역 리스트를 만들었다. 미드웨스트(Midwest)에서는 미네소타, 아이오와, 미주리, 위스콘신, 일리노이, 미시간, 오하이오에 집중했다. 클린턴과 고어는 해당 지역들을 자주 방문했고, 공화당의 아성인 인디애나, 네브래스카, 남북 다코타와 돌의 고향인 캔자스는 상대하지 않았다. 몇 개 지역을 공략하고 다른 지역을 건너뛴 이유는 분명했다. 어떤 지역들은 반드시 이겨야 했고, (남 다코타에서 활동할 때 모멘텀이 있기는 했지만) 다른 지역들에서는 그럴 수 없었기 때문이었다. 11월 5일 선거결과는 정확히 계획을 세운 대로 당초 리스트에 없던 중서부지역에서는 패하긴 했지만, 목표로 설정했던 미드웨스트 지역에서는 클린턴이 승리했다.

1996년 클린턴 선거진영은 효율적인 타기팅으로 큰 효과를 얻었다. 현역 대통령의 선거진영이다 보니 주선거나 지방선거에서는 절대 예상할 수 없는 자원들에 접근할 수 있었지만, 선거전문가들도 한 선거구의 역대선거를 보면 그 선거구를 이해하는 데 도움을 얻을 수 있다.

과거를 되돌아보면, 모든 지역을 방문해야 하고, 똑같이 지지를 호소해야 한다고 잘못 생각한 전례들이 있었다. 1960년대에 닉슨은 그러한 생각이 얼마나 큰 실수였는지 깨달은 바 있다. 만약 당시 참모가 오늘날과 같은 컨설턴트였다면, 그토록 섬세하지 못한 전략을 감히 제안하지 않았을 것이다. 선거타기팅은 비용편익효과가 가장 큰 타깃들에 선거운동을 집중하도록 도와준다.

제 7 장

여론조사

전략구상의 핵심

부시는 2000년 3월 딜레마에 직면했다. 당시 부시는 공화당 대통령 후보 예비선거에서 애리조나 주 연방상원의원 존 맥케인(John McCain)의 공격적인 도전을 결국 이겨내면서, 그의 선거초반 우세가 약해지는 것 아니냐는 수개월간의 의구심들이 해소됐다. 그래서 부시는 관심을 고어 쪽으로 옮기기 시작했다. 당시 미국은 역사상 전례가 없는 경제성장을 이루었고, 고어는 국정의 2인자였다. 그래서 거의 모든 대통령 선거에서 가장 중요한 이슈였던 경제문제는 공격거리로서 별로 좋지 않았다. 부시가 사형을 찬성했지만, 범죄발생률이 클린턴-고어 행정부 동안 실제로 감소했다는 점을 감안한다면, 전통적으로 공화당의 이슈인 범죄문제 또한 크게 문제될 것이 없었다. 오히려 고어는 사회보장제도, 노인약품지원, 낙태 같은 사회적 이슈들에서 부시보다도 중도성향의 유권자들과 더 조화를 이루었다. 크게 놀랄 일은 아니지만, 부시의 공격플랜은 대략 800명 정도의 유권자를 대상으로 신중하게 수행된 여론조사를 통해 만들어졌다.

2000년 2월 부시 진영은 고어가 진실하지 않다는 점을 퍼트리기 위해 여론조사를 한 적이 있었다. 여론조사 초반에 많은 응답자가 "고어는 당선을 위해서라면 거짓말도 서슴지 않을 것이다"는 질문에 동의하지 않았다. 그러나 정책이슈들, 개인적인 경력, 선거자금 모금활동에서 고어가 진실하지 않다는 의혹에 대한 이야기를 들은 후, 잠재적인 고어지지자들의 이탈이 있었다. "고어가 당선을 위해서라면 거짓말도 서슴지 않을 것"이라는 주장에 동의한 응답자가 52%에서 70%로 늘어났다. "고어의 진실성에 의심이 간다"는 응답자는 42%에서 69%로 늘어났다. "고어가 네거티브 캠페인을 펼친다"고 대답한 응답자는 29%에서 59%로 늘어났다. 이러한 조사를 통해 부시 진영은 메시지를 찾아냈고, 3월 12일 기자회견에서 부시는 "고어는 당선을 위해서라면 거짓말도 서슴지 않을 것이다"고 주장했다. 부시는 그렇게 주장한 다음 20분 동안 같은 내용을 4번 이상 반복했다(Yang, 2000). 부시와 그의 선거 진영에서는 그 이후에도 몇 달 동안 같은 주장을 계속했다. 고어에 대한 비난으로 재미를 크게 본 부시 진영은 많은 유권자가 고어를 좋아하고, 신뢰하고, 그의 진실성을 믿는 경향이 있지만, 그것이 확고하진 않다는 점을 알게 됐다. 이로써 부시 진영은 하나의 돌파구를 찾게 된 셈이었다. 부시가 "고어는 당선을 위해서라면 거짓말도 서슴지 않을 사람"이라고 비난하기 시작했을 때만 해도, 부시와 고어의 지지도는 대체로 비슷했다. 그러나 후보간 지지도 격차는 늦봄까지 6%, 공화당 전당대회가 열린 늦여름에는 두 자리 수까지 벌어졌다. 그렇게 된 데에는 분명히 다른 요인들도 있었지만, 신중한 여론조사를 거쳐 나온 전술을 부시 진영이 구사하면서 전략을 구체화한 데서 도움을 얻었다.

이 장에서는 현대 여론조사의 중요요소들, 여론조사의 필요성, 기본개념, 조사의 유형, 오류방지, 조사절차, 샘플링, 자료분석 등에 대해 논의한다. 여론조사는 선거공학의 기초로서, 자원할당, 후보의 포지셔닝, 상대의 약점, 선거이벤트와 유료광고의 타이밍을 결정하는 데 있어 중요한 요인이다. 간단히 말하면, 여론조사는 유권자의 마음을 이해하는 데 가장 효율적인 방법인 것이다.

1. 여론조사의 필요성

여론조사는 비용이 비싸다 보니 여론조사 데이터가 불필요하다는 비판을 많은 사람으로부터 자초하기도 한다. 어떤 후보는 이렇게 말한다. "나는 평생 이 선거구에 살았다. 그래서 사람들이 무엇을 생각하는지 알고 있다. 그런데 왜 내가 이미 알고 있는 것을 찾아내려고 많은 돈을 들여가며 여론조사를 해야 하나". '선거구에 대한 느낌(感)'은 과거 정치활동의 기본요소였다. 당시에는 투표구책임자와 지역장들이 유권자들의 이야기를 주의 깊게 듣고, 자신들의 판단을 지도부에 전달했다. 추가정보는 신문기자나 시민대표들로부터 얻었다. 가끔씩은 공직자들에게 보내진 특정이슈에 대한 청원편지의 숫자나 집회규모를 토대로 정치적인 평가를 내리기도 했다. 여론조사는 과학적인 조사방법이 개발되기 오래 전부터 시작했다. 이제는 정당의 위계질서가 무너져 불가능하기도 하지만, 과거와 같은 비공식적인 방법들에 의존할 수 없다. 많은 유권자가 여론조사를 불신하기는 하지만(Traugott and Kang, 2000 : 185), 여론조사 발표와 실제결과를 비교해 보면, 오늘날 여론조사 기술이 정확한 정보를 만들어 낸다는 사실을 알게 된다. 여론조사는 유권자의 태도와 인식에 대한 정확한 자료를 얻는 데 있어 최선의 방법이 가끔씩 되기도 한다. 정치참모들은 유권자의 태도에 대한 신뢰할 수 있는 정보를 원할 때 여론조사가 필수적이라고 생각한다.

2. 여론조사의 기본

여론조사는 비용이 많이 든다. '벤치마크 여론조사'(*benchmark poll*)는 선거시작 때 사용되는 것으로 비용은 1만 5천~2만 달러 정도 든다. '추적(*tracking*) 여론조사'와 '국지(*brushfire*) 여론조사'를 함께 하면 여론조사 비용은 급격하게 늘어난다. 통상 총선거비용의 5~10%정도가 여론조사 비용으로 들어가는 것이 일반적이다. 이것을 지나치게 많다고 보면 안 되고, 여론조사 비용은 다른 선거활동을 위해 들어가는 것이다. 이러한 이유 때문에 여론조사 비용은 그것의 실질적인 가치로 평가되어야 한다.

여론조사 비용은 여러 요인과 함께 질문방식, 인터뷰길이, 자료분석 깊이에 따라 결정된다. 복잡한 질문은, 질문을 만들고 사전테스트하는데 시간이 든다. 인터뷰를 길게 하고 샘플을 크게 하면, 면접원과 슈퍼바이저의 시간은 물론, 가끔은 장거리 전화요금까지 소요된다. 샘플을 크게 하면 전화번호부 구입이 필요하다. 조건을 어떻게 하느냐에 따라 비용이 몇 배까지 들어간다. 어떤 컨설턴트는 자금이 부족하면 여론조사를 도와줄 학생이라도 찾아보라고 말한다(Simpson, 1996).

여론조사의 첫 번째 용도는 후보의 인지도와 선호도를 평가하는 것이다. 많은 공직출마자는 시민단체의 구성원이거나 사회에서 주목받는 자리에 있던 사람들이다. 그들은 그러한 가시적 모습이 선출직 공직선거에서 도움이 되길 기대한다. 한편 지역봉사 활동이 선거자금 모금과 선거조직에 도움이 되기는 하지만, 그것이 반드시 유명세로 이어지는 것은 아니다. 후보들은 때때로 선거초반의 낮은 인지도에 사기가 꺾이기도 한다. 자신이 선거구 전역에 알려져 있을 것이라고 믿는 후보들은 종종 자신의 이름을 기억하는 사람이 10명 중 1명에 불과하다는 사실을 알게 된다. 실례로, 1994년 조지아 주(州) 10번 연방하원선거구의 경우, 치열한 선거가 끝난 직후 유권자의 49%만이 당선자 이름을 알고 있었다. 이러한 비율은 보통 연방상원의원보다 인지도 면에서 10% 이상 높은 수치다(Shea, 1996b: 402). 어쨌든 많은 후보는 그들이 크게 사랑받지 못한다는 점을 알고 낙담한다.

여론조사의 두 번째 용도는 유권자의 관심사를 확인하는 것이다. 어떤 선거든 초반에 후보들이 주장하고 싶어하는 이슈들이 많다. 이슈

리스트를 줄여나가야만 한다. 1991년 펜실베이니아 연방상원의원 선거계획을 짜는 데 유용했던 방법을 회고하면서, 제임스 카빌(James Carville)은 "해리스 워포드(Harris Wofford)는 많은 것을 가지고 있다고 믿었지만, 우리들은 펜실베이니아 사람들이 크게 관심을 가지는 3대 핵심이슈(중산층 조세감면, 교육확대, 의료서비스)만 제안했다. 워포드는 그대로 했다. 그것을 우리는 계속 유지했다"라고 말하고 있다(Matalin and Carville, 1995: 74). 선거에서 자원은 항상 부족하다. 그래서 선거진영은 청중이 받아들일 주제에 초점을 맞추어야 한다. 여론조사는 선거조직이 정확한 이슈를 찾는 데 유용하다.

여론조사로 얻는 세 번째 정보는 후보에 대한 유권자의 판단이다. 가령, 적절치 못한 행위에 대한 비난에 상대후보가 취약한지 여론조사로 평가한다. 이와 함께 여론조사 데이터는 조사를 의뢰한 후보의 약점이 무엇인지 보여준다. 선거진영도 출마자들에게 영향을 줄 정보가 공개되면 무슨 일이 벌어지게 될지 알고 싶어한다.

여론조사의 네 번째 용도는 다양한 사회적, 정치적 가치에 대한 잠재적인 태도들을 조사하는 것이다. 이슈선호도와 잠재적인 태도의 차이점은, 이슈선호도는 현존하는 정치적 선택들 가운데 하나를 선택하는 것을 말하는 반면, 잠재적 태도는 특정한 제안이 없는 상태에서도 존재한다는 것이다. 일반적 생활관, 개인의 책임감에 대한 믿음, 공적 영역에서 가난한 자들을 돌봐주어야 한다는 확신 등은 모두 잠재적인 태도의 사례들이다. 만약 정책적 이슈들이 적절하길 바란다면, 잠재적 태도에 대한 이해가 있어야 한다. 임신중절 합법화 지지정책에 대한 포지션은 개인자유의 관점에서 계획되어야 한다. 예를 들면, 일률과세 정책이 천부적 권리로서 소중하게 여겨지는 식이다. 중요하게 생각하는 이념, 신앙심의 깊이, 정당선호도는 모두 유권자의 행동을 예측하는 데 실마리가 된다. 그리고 여론조사를 통해서 개별유권자의 생각을 타진할 수도 있다.

아주 특별한 것은 여론조사가 선거매니저들에게 전략과 전술의 잠재적 효과를 파악할 수 있도록 해준다는 점이다. 유권자의 신념에 대한 정확한 분석을 얻게 되면, 선거조직은 해당정보를 기초로 메시지, 유권자 타기팅, 선거자원 할당에 대해 평가할 수 있다. 잠재적인 선거자금 기부자들은 최고의 투자대상을 찾으려 하고, 뉴스매체는 보도가치가 있는 후보들이 누구인지 파악하려고 하기 때문에, 새로운 스타일의 선거캠프들은 자신들이 승리를 향해 제대로 가고 있다는 것을 과학적으로 보여주면 신뢰를 얻을 수 있다.

3. 여론조사의 유형

정치여론조사는 '포커스그룹 여론조사'(*focus group*), '벤치마크 여론조사', '사후점검 여론조사'(*follow-up*), '추적 여론조사', '즉석반응 여론조사'(*quick-response*), '홍보성 여론조사'(*push*) 등 크게 6가지 유형으로 나눌 수 있다. 언론사에서 수행하는 일반조사는 선거전략을 짜는 것이 아니라, 대개 기사거리를 팔려는 데 그 목적이 있다. 따라서 어떤 정보가 유용하다고 해도 언론사 여론조사는 중요한 결정을 내리는 데 신뢰할 수 없다. 그 이유는 선거작전본부가 Raw데이터에 접근할 수 없기 때문이다. 단순히 표면에 나타난 수치만을 가지고 그 내부에 있을지도 모를 중요정보를 찾아낼 수는 없다. 때때로 이러한 '내부적인 것들' 속에서 승리비결이 발견되기도 한다. 후보의 미래와 컨설턴트의 운명은 연장선상에 있다. 선거전에 안목이 있는 개별 조사회사들이 수행하는 여론조사가 필수적인 것으로 가끔 받아들여진다.

여론조사 회사가 제안하는 조사유형 가운데, 1990년대 초반에 등장한 포커스그룹 여론조사라는 것이 있다. 이것은 소수의 응답자집단들로 하여금 4시간여 정도 자신들의 의견과 신념과 태도에 대해 이야기하게 하고, 조사팀에서는 대화를 기록하고, 중재자가 참여자들로부터 코멘트를 이끌어내는 것이다. 비록 샘플크기가 적지만, 포커스그룹 내에서 제안되는 견해 가운데에는 간혹 관련이슈에 내재한 감정까지 나타나기도 한다. 그리고 관련이슈가 간단한 사안처럼 보여도 최대한 많은 정보를 끌어내려면, 포커스그룹을 주의 깊게 감독해야 한다. 중재자는 수줍음 타는 참여자에게는 용기를 북돋워 자신있게 말하게 하고, 거리낌없는 참가자가 이야기를 독점하는 것을 막아야 한다. 포커스그룹 여론조사와 유사한 것으로 '다이얼그룹 여론조사'와 '몰(보행자전용 상점) 인터셉트 여론조사'가 있다. 몰 인터셉트 여론조사의 경우는 면접원이 물건을 사는 사람에게 접근해 몇 가지 질문하고, 응답자를 상점 정면에 있는 건물 뒤로 데려가 추가질문을 한다. 몰인터셉트는 직접 개인이나 집으로 보내는 우편광고물을 세밀히 검사하고, 사람들이 포장을 어떻게 펼치고 뜯는지 알아보고자 할 때 유용하다. 텔레비전 광고의 경우는 다이얼그룹 여론조사를 활용한다. 다이얼그룹 여론조사에서 응답자들은 제어손잡이를 앞뒤로 회전시키면서 만족도를 표시한다. 이러한 분석방법을 활용하면 선거메시지의 장점과 약점을 정확히 지적하고, 심지어는 어휘사용과 문장구조에 대한 문제점까지 파악할 수 있다.

포커스그룹 여론조사는 선거 초반에 많이 활용되고, 벤치마크 여론조사를 준비하는 데 이용된다. 벤치마크 여론조사는 다양한 조사항목의 최초기준점(*benchmark*)을 만들기 위해 고안된 주요 조사방법이다. 큰 샘플은 인지도, 이슈선호도, 성향, 선거이슈와 관련된 여러 차원의 지식을 평가할 때 활용된다. 큰 샘플을 활용하면, 당파성, 이념, 신앙심, 기본적인 인구통계에 대한 자료도 얻어진다. 이러한 정보들은 선거전략을 짜고, 다음 조사 때의 질문들을 고르기 위해 선거초반에 이용된다.

사후점검 여론조사는 선거중반에 종종 수행한다. 그것은 전략적 문제점을 찾아내 수정하기 위한 것이다. 이 조사는 벤치마크 여론조사보다는 짧은데, 짧기로 말한다면 추적 여론조사가 더 짧다. 이 조사는 제한된 범위의 이슈나 정보를 포함하지만 유권자의 흐름을 파악하기 위해 정기적으로, 가끔은 매일 조사를 수행한다. 핵심 조사항목은 인지도, 후보지지도, 이슈지지도, 선거이벤트와 광고의 효과 등에 대한 것이다.

여론조사를 연속해서 수행하면, 유권자들의 전체적인 선호도분포의 변화를 관찰할 수는 있지만, 개인수준의 결정에 대해서는 많은 것을 알 수 없다. 이러한 문제점을 해결하기 위한 방법이 맨 처음 유권자샘플을 모아 선거기간 내내 해당패널을 대상으로 반복조사하는 것이다. 이러한 접근법은 많은 정보를 제공하지만 비용이 많이 드는 것이 흠이다. 더구나 어떤 사람들은 참여를 포기하기도 한다. 그리고 반복되는 조사로 오히려 응답자들의 태도가 변화될 수도 있다. 이 방법보다 덜 부담스러운 것은 즉석반응 조사이고, 이 조사의 목적은 선거이벤트가 일어난 다음 곧바로 그 효과를 확인하려는 데 있다. 예를 들어, 상대후보가 공격성광고를 할 경우 그것이 아군후보의 입지에 준 영향을 곧바로 파악하는 식이다.

일부 여론조사는 의도적으로 유권자들이 상대후보로부터 멀어지게 하려는 경우가 있다. 대개 선거막바지에 여론조사 형식을 꾸며 유권자를 설득하려는 '홍보성 여론조사'(*push-poll*)가 그것이다. 사실상, 이 경우엔 여론조사란 말이 적절치 않다. 그 이유는 무작위가 아닌 표적으로 설정한 유권자명부를 가지고 위에서부터 아래로 전화를 걸어 내려가고, 그 의도 또한 자료를 모으려는 것이 아니라 지지를 움직이려는 것이기 때문이다. "당신은 만약 스미스 후보가 음주운전으로 체포된 경력이 있다는 사실을 안다면, 그래도 투표할 것입니까?"라는 형태의 질문이 홍보성 여론조사의 전형적인 특징이다. 이러한 방법이 어떤 후보자나 선거전문가, 언론매체 비평가 사이에 큰 관심을 유발하기는 하지만, 홍보성 여론조사는 단 한가지 이유로 수행된다. 최근 일리노이 주의 한 여론조사 전문가가 다음과 같이 말했다.

> 정치과정은 일종의 자기옹호 과정이다. 그 한가운데 있는 사람들에게 있어 홍보성 여론조사는 전문여론 조사와는 다른 측면에서 이해된다. 승리냐 패배냐의 싸움에서는 어떠한 제약도 없다. 모든 사람은 다른 사람도 그렇게 한다고 생각한다. 홍보성 여론조사는 주의원선거 수준으로까지 확산되었다. 이러한 여론조사의 확산은 멈추기 어렵다(Richard Day in Bogart, 2000: 317).

경쟁환경 속에서, 자기통제는 필요하면서도 불가능하다. 홍보성 여론조사는 2000년 대선에서 만연했다. 뉴욕 연방상원의원 선거에서 낙선하기 전, 루돌프 줄리아니(Rudolph Giuliani)는 힐러리의 선거요원이 낙태문제에 관한 그의 입장에 대해 비난을 확산시켰다는 이유로 그를 고발했다(Bumiller, 2000). 공화당 예비경선 초반에 대통령으로 촉망받던 맥케인은 부시의 여론조사팀이 그를 '거짓말쟁이와 사기꾼'으로 묘사하는 홍보성 여론조사로 "청소년들에게 환멸을 느끼게 만들었다"는 이유로 고발했다(Mitchell and Bruni, 2000). 결국에는 숙련된 전문면접원들이 투표권도 없는 소년들을 괴롭힌 이유가 도대체 무엇인지 해명되지 않았다.

때로는 합법적 여론조사와 홍보성 여론조사의 구분이 모호하다. 고어의 신뢰성을 검증한 부시의 여론조사는 넓은 의미의 홍보성조사에 해당하는 것일까? 그러나 일반적 측면에서 양자간의 차이점은 효과보다 그 의도에 있다. 만약 여론조사가 무작위 유권자샘플의 반응을 파악하기 위한 것이라면, 즉 일반화할 수 있는 정보를 얻는 것이 그 의도라면, 그것은 홍보성으로 간주되지 않는다. 그렇지만 만약 여론조사가 유권자를 설득하기 위한 것이라면, 그것은 홍보성으로 간주될 수 있다. 미국 정치컨설턴트협회는 홍보성 여론조사 영업을 비난한다. 더욱이 홍보성 여론조사는 피해를 주는 뉴스를 조장한다. 어떤 주의원들은 그것을 법으로 금지하도록 입법화할 것을 제안한 적도 있다(미국헌법 제1조 언론의 자유보장 조항 때문에 법제화를 못할 수도 있다). 컨설턴트들은 대중과 미디어가 홍보성 여론조사를 이용하는 것을 비난하는 경향이 있고, 홍보성 여론조사 활용에 대한 역작용이 오히려 잠재적 이익보다 크다는 충고를 수긍한다.

4. 여론조사의 질 통제

여론조사의 가치를 최대화하고자 정치컨설턴트들은 통상적으로 여론조사 수행을 전문가들에게 맡긴다. 여전히 컨설턴트들이 여론조사 자료의 큰 수요자이고, 여론조사의 함정에 대해서도 안다. 모든 중고차 구매자들이 정비사가 아니지만, 소식에 밝은 고객은 사기당하는 일을 최소화하려고 오일이 새는지, 호스는 끊어지지 않았는지 본네트 속을 살펴볼 수 있다. 이것은 여론조사 서비스 이용자에게도 해당된다. 여론조사 기술과 통계방법에 대한 이해를 잘 하는 사람일수록 큰 대가를 치르는 실수를 하지 않는다.

잘 된 조사는 오류가 거의 없다. 만약 모집단의 55%가 선거일에 투표를 한다면, 여론조사상에 편차가 별로 없는 사실이 반영되어야 한다. 선거조직은 모집단의 실제 여론조사에 대해서 잘 안다. 그들은 여론조사 데이터에 대해 정확하게 안다. 유일한 검증은 투표일에 나오는데, 이때는 틀려도 고칠 수 없다. 여론조사자가 최선을 다해야 하는 일은 오류를 최소화하는 것이다. 세 가지 오류가 두드러지는데, '도구오류'(*instrument error*), '측정오류'(*measurement error*), '샘플링오류'(*sampling error*)가 그것이다. 실제와 조사결과가 서로 다른 여론조사의 전체오류는 이러한 세 가지 오류의 결과이다.

1) 도구오류

질문지를 만드는 것은 어려운 일이다. 하워드 슈만(Howard Schuman)과 스탠리 프레서(Stanley Presser)는 권위 있는 연구를 통해 질문순서가 바뀌면서 언론의 자유에 대한 응답자의 태도가 크게 달라지는 사실을 발견했다(1981). 따라서 여론조사 도구가 어설프게 만들어지면, 결과는 대중의 태도를 제대로 반영하지 못한다.

도구오류는 질문을 만들거나 여론조사를 수행하면서 생기는 왜곡현상(*bias*)이다. 많은 도구오류는 부동층으로부터 생긴다. 전형적인 사례는 "만약 오늘 투표를 한다면, 당신은 스미스 후보와 존스 후보 가운데 누구에게 투표할 것입니까?"와 같은 질문이다. 만약 두 후보 외에 선택할 것이 없다면, 많은 응답자는 두 후보 가운데 한 사람을 선택하는 것이 적절하다고 느낀다. "아직 결정하지 못했다"라고 대답하는 사람은 별로 없다. 일부 여론조사 전문가들은 대답을 이끌어내기를 원하기도 한다. 그러나 결국엔 스미스 후보와 존스 후보만 투표용지에 올라간다. 주지사선거나 대통령선거처럼 중요한 선거에서는 많은 사람이 마음내키지 않아도 선택하려고 한다. 그러나 이것이 모든 경우에 해당하는 것은 아니다. 선거 컨설턴트의 관점에서 보면 부동층은 확인하고 싶은 대상이다. 그래서 이용하는 질문이 "만약 오늘 선거를 한다면, 당신은 스미스 후보와 존스 후보 가운데 누구를 선택할 것입니까? 아니면, 아직도 결정하지 못했습니까?"와 같은 물음이다. "아직도 결정하지 못했습니까?"라는 구절을 더함으로써, 부동층은 "아직도 그것에 대해 생각해보지 않았습니다"라고 편하게 응답할 수 있게 된다.

2) 측정오류

측정오류는 응답자의 대답을 제대로 기록하지 못해서 생기는 왜곡현상이다. 면접원이 잘못된 순서로 질문을 하거나 데이터입력 담당자가 자료를 잘못 입력해서 생기는 실수들이 대표적이다. 질문이 적절하게 작성되고 질문에 대한 대답이 제대로 이뤄진다고 해도 면접원이 대답을 잘못 기록할 수도 있다. 분석을 위해 데이터를 입력해야 하는 '답변기입' 방식은 데이터입력 담당자가 데이터를 잘못 기입할 수 있다. 그래서 대형 여론조사회사들은 컴퓨터를 이용하는 전화면접을 활용한다. 여기선 면접원들이 한 번에 질문이 하나씩 보이는 퍼스널컴퓨터를 이용한다. 조사원이 응답자로부터 받은 대답을 기록하기 때문에, 각각의 대답이 수용 가능한 답변의 범위 내에 있는지 확실히 하려고 대답을 체크한다. '인터뷰'문제는 나중에 인터뷰부분에서 적절하게 다룰 사안이다. 입력타당성과 질문순서를 관리하는 것은 데이터의 질을 향상시킨다.

3) 샘플링오류

여론조사에서 세 번째 주된 오류는 전체 모집단과 샘플의 특징이 서로 다른 샘플링오류이다. 이렇게 서로가 다른 이유는 전체 모집단의 일부분을 인터뷰해 놓고, 전체 모집단에 대해 유추하기 때문이다. 불행하게도 샘플마다 조사대상자들의 구성비가 서로 다르다. 어떤 샘플에서는 예상보다 부자가 많고, 어떤 샘플에서는 젊은 남성들이 너무 많고, 또 어떤 샘플에서는 환경보호론자들이 적게 대표되기도 한다. 샘플을 신중하게 뽑으면, 이러한 오차들의 범위는 계산 가능하다. 사실상, 어느 정도의 샘플링오류는 인정되어야 한다. 오류를 확실하게 없애는 유일한 방법은 모집단을 전수조사하는 것이다. 그러나 이것은 여론조사에서 비현실적 접근법이다.

편중없이 샘플을 모으기란 어렵다. 예를 들어, 전화번호부에서 뽑은 샘플은 (보통사람들보다 가난해서) 전화가 없는 사람과 (다른 사람들보다 사생활을 중시해서) 전화번호부에 등록되지 않은 사람을 원천적으로 배제한다. 전화보유자 가운데에도 자신의 견해를 밝히지 않으려는 사람의 비율이 늘어난다. 선거요원, 광고제작자, 언론매체가 여론조사에 점진적으로 더 의존하기 때문에, 여론조사회사가 시민들에게 전화를 쏟아 붓는다. 여기에 가끔씩 불분명한 전화마케팅까지 가세해 여론조사자들에게 특히 피해를 준다. 그래서 많은 사람이 질문에 대답을 하지 않는다. 여론조사자들에게 문제는 그들이 조사를 완벽하게 하려면 전화를 더 많이 걸어야 할 뿐만 아니라, 여론조사 질문에 대답을 하지 않으려는 사람들이 모집단 속에 고르게 분포돼 있지 않다는 점이다. 가령 교육수준이 높은 남자 같은 경우는 다른 집단보다 질문에 잘 답변하려고 하지 않는다. 여기서 현실적인 문제가 발생하게 되는 것이다. 칼럼니스트 허핑턴은 "여론조사 정확성의 열쇠는 '동등한 선택확률'의 원칙이다. 그런데 무작위로 선택된 사람 가운데 많은 사람이 조사에 참여하기를 거절하면, 그 원칙은 더 이상 적용되지 않는다"고 말한다(Daves, 2000: 219).

5. 인터뷰과정

신뢰할 수 있는 여론조사는 다정한 대화에서 나온다. 면접원과 질문지는 응답자를 편하게 해야 한다. 유용한 정보를 찾아서 모아야 하지만, 응답자가 질문을 받는다고 느껴서는 안 된다. 잘 된 인터뷰는 응답자로 하여금 면접원과 흥미있는 대화시간을 가진 것에 대해 고마움을 느끼게 하면서 끝나는 것이다.

인터뷰는 도입부가 중요하다. 인터뷰거절의 대부분은 처음 몇 초안에 일어난다. 도입부가 적절하려면, 응답자에게 조사의 목적을 말하고 가족 가운데 누가 전화를 받아야 하는지 확인해주어야 한다(많은 여론조사 전문가는 처음부터 여성이 너무 많이 전화받는 것을 우려한다). 여론조사의 경우, 조사회사의 이름을 항상 밝히지만 조사를 의뢰한 후보의 이름은 종종 알리지 않는데, 그 이유는 후보의 이름을 밝히면 조사결과가 편향될 수 있기 때문이다.

1) 질문설계

여론조사 전문가들은 '좋은' 질문과 '나쁜' 질문에 대해 이야기한다. 좋은 질문은 타깃대상 구성원 모두가 이해하는 것이다. 의사소통이 분명하고 2개 국어를 구사할 수 있는 면접원을 활용하면 조사과정에 도움이 된다. 평균적인 시민들은 정책적 전문지식이 없다. 그래서 환경관련 이슈들은 예를 들면, '황폐화'보다는 '산림손실'과 같은 용어를 사용할 것이 요구된다. 게다가, 질문은 응답자로 하여금 특정한 대답을 하도록 유도해서는 안 된다. "당신은 무기를 보유하는 것이 합법적인 권리라고 믿습니까?"와 같은 질문은 응답자로 하여금 "예"라고 답변하게 만드는 경향이 있다. 마지막으로, 앞서 언급한 것처럼, 좋은 질문은 적합한 범위의 답변들을 제시해야 한다.

여론조사전문가들은 질문표현에 상당한 시간을 소요한다. 구어체어법은 결과를 왜곡시킬 수 있다. 구어체표현은 사람에 따라 그 의미를 달리한다. 속어의 경우, 연령, 계층, 인종에 따라 그 의미해석이 다르다면, 사용하기가 특히 곤란하다. 명확하지 않은 용어도 문제가 될 수 있다. '빈번하다'(*frequently*)는 것은 무엇을 의미하는가? '여러 번'(*several*)의 의미는 무엇을 말하는가? 심지어 '유권자'(*voter*)라는 용어도 개념이 복잡하다. 면접원이 응답자에게 "당신은 유권자입니까?"라고 묻고, 그 대답이 "예"라고 했을 때, 이것은 모든 선거, 모든 총선,

모든 대선에서의 투표권을 의미하는 것인가? 아니면, 10년 전에 한번 투표권이 있었다는 것을 의미하는가? 명확하고 정확해야만 이와 같은 모호함을 최소화할 수 있다.

2) 질문유형

불확실성을 줄이려면, 질문이 '정보성'인지, '지식성'인지, '의견성'인지, '자기인식성'인지 구분해야 한다(Backstrom and Hursh-Cesar, 1981). 정보성질문은 가령, 연령, 성별, 인종, 소득 같은 일반 인구통계 특성처럼 응답자와 직접적으로 연관된 사실들에 관한 것이다. 지식성질문은 가령, 응답자의 지역 국회의원이 누구인지 묻는 것과 보다 넓은 범위의 사실들에 관한 것이다. 의견성질문은 가령, 어떤 이슈나 후보에 대한 응답자의 태도를 묻는 질문처럼 응답자의 판단을 묻는 것이다. 자기인식성 질문은 가령 응답자가 자신을 민주당원이라고 생각하는지 여부를 묻는 질문처럼 응답자가 자신에 관한 의견을 묻는 질문이다. 묻고자 하는 질문의 유형을 이해하면, 여론조사전문가들은 자신들이 시민들로부터 얻는 정보의 유형을 더 잘 이해할 수 있다.

이러한 유형의 질문들은 '개방형'이나 '폐쇄형'답변 형태로 물을 수 있다. 개방형질문에서는 응답자들이 자기자신의 말로 질문에 답변할 수 있다. 폐쇄형에서는 응답자가 미리 정해진 대답 가운데 선택해야 한다. 개방형질문은 면접원들이 해당주제에 대해 많이 알고 있어야 한다. 가령 "당신은 미국이 직면한 가장 중요한 문제가 무엇이라고 생각하십니까?"라고 질문하면, 광범위하게 답변이 나올 수 있다. 파트타임으로 일하는 면접원은 복잡한 답변을 어떻게 적어야 할지 모를 수도 있다. 답변항목이 고정되면, 기록하기는 쉽지만 응답자들이 선택항목 이외의 답변은 제시하지 못하게 하면서 판단을 강요하는 문제가 있다.

폐쇄형질문의 중요한 용도는 응답자를 걸러내는 것이다. '걸러내기

(filter) 질문'은 인터뷰의 흐름을 통제하면서 이어지는 질문들의 타당성을 확보한다. 가령, '맞벌이부부에 대한 과세'의 효과를 과부에게 묻는 것은 적절치 못하다. 그래서 '당신은 결혼했습니까? 과부입니까? 별거했습니까? 이혼했습니까? 아니면, 미혼입니까?'처럼 결혼여부를 묻는 질문이 걸러내기 질문으로 사용될 수 있다. 결혼했다고 대답하는 사람들은 해당세금과 관련된 질문들을 받는다. 그 외의 사람들은 다른 범주로 분류된다. 흔한 걸러내기 질문은 다가오는 선거에 투표할 의향이 있는지 응답자에게 질문하는 것이다. 만약 응답자가 "투표하지 않을 것이다" 아니면, "아마도 투표하지 않을 것 같다"고 답변한다면, 여론조사는 곧바로 중단한다. 투표하지 않을 사람으로부터 정보를 모으려고 돈을 쓸 이유가 없기 때문이다. 간혹 기권예정자들의 투표유도방안 강구를 목적으로 그들에게 기권사유를 묻는 조사를 할 수도 있다.

응답자가 일단 걸러내기 질문을 통과하면, 면접원은 '신뢰성조사' 질문이나 '세부조사' 질문을 물을 수도 있다. '세부조사'는 이전의 답변에 대한 세부내용을 파악하는 것이다. 예를 들면, "평상시 당신의 정치성향은 민주당, 무소속, 공화당, 기타 가운데 어디에 해당한다고 생각하느냐"고 묻는 여론조사에서, 자신을 '무소속'이라고 답변하는 사람에게 다시 어느 당 성향이라고 생각하는지 질문하는 식이다. 이러한 경우처럼 세부조사 질문은 깊이 있는 정보를 추구한다. 신뢰성조사 질문은 다른 질문들에 대한 응답자의 답변이 신뢰할 만한 것인지 조사하는 것이다. 질문지의 어떤 질문에서 최근에 투표를 했는지 묻고, 다른 질문에서 투표장소를 묻는 식으로 신뢰성조사 질문을 한다. 만약 응답자가 투표장소를 묻는 질문에 답변을 못하면, 곧바로 응답자가 실제로 투표했는지에 대해 의심하게 된다. 일부조사에서는 직접 해당지역의 투표기록을 뒤져 답변이 사실인지 실제로 조사하기도 한다.

3) 여론조사 방식

조사방식에는 일반적으로 네 가지가 있다. 그것 가운데 어느 것을 선택할지 결정할 때, 정확성이 가장 중요한 고려사항이지만, 비용문제 때문에 선택이 요구된다. 대면조사는 면접원들이 선정된 응답자의 가정을 방문하는 조사방법이다. 우편조사는 통상 짧은 편지형태를 취한다. 인터넷조사는 요즘 크게 활성화되는 것으로 응답자들에게 직접 질문서를 메일로 보내거나, 아니면 조사대상자들이 웹사이트를 손수 방문하도록 해서 조사를 완성하게 한다. 네 번째로 정치여론조사에서 가장 빈번하게 이용되는 것은 전화를 이용하는 것이다.

각각의 조사방식은 나름대로 장단점을 가진다. 대면조사는 대개 데이터의 질과 응답자의 협조 면에서 최고이지만, 조사과정에 돈과 시간이 많이 든다. 우편조사는 상대적으로 저렴하지만 일반적으로 응답률이 낮고, 조사기간이 너무 오래 걸린다. 더구나, 우편조사는 응답자의 답변호응도에 전적으로 달려있기 때문에, 조사결과가 편향되는 경향이 있다. 특정후보에 대해 적극적으로 지지하거나 반대하는 사람들은 관심이 별로 없는 사람들보다 더 많이 조사에 호응하는 경향이 있다. 이러한 '자기선택의 문제' 때문에 우편조사의 활용도가 저조한데, 그러한 정도는 선거조직의 경우가 특히 심하다. 그 이유는 설득되지 않은 유권자들이 통상적으로 선거진영의 타깃이기 때문이다. 전화조사는 정치여론 조사에서 우위를 점한다. 비용 면에서는 우편조사와 비슷하지만 응답률이 훨씬 높은데다 복잡한 질문을 나누어서 묻는 것이 가능하기 때문이다.

21세기 들어 인터넷조사가 여론조사시장에 진입하고 있다. 크리에이티브 리서치 시스템(*Creative Research Systems*) 사 같은 회사들은 완벽한 인터넷조사 프로그램을 제공한다. 해당 프로그램들은 데이터입력을 따로 하지 않아도 된다. 응답이 미리 코드화되어 있기 때문에 응답자가 조사를 마치면 곧바로 조사내용이 분석프로그램에 들어간다. 다음 단계로 신속하게 이동하는 큰 이점이 있기는 하지만, 샘플이 편중되는 일부 문제가 있다. 인터넷조사는 우편조사의 일부 단점도 안고 있다. 온라인 이용자들은 학력이 높고, 젊으며, 경제적으로 잘 사는 경향이 강하다. 그리고 온라인조사에 참여하려는 사람들은 평균적인 유권자보다 정치참여도가 아마도 높다. 앞으로 몇 년간 여론조사전문가들이 인터넷조사를 더 많이 이용하겠지만, 21세기 들어 인터넷조사의 한계가 상당히 나타나고 있다.

4) 여론조사회사

선거여론조사는 선거조직 내 자원봉사본부가 아니라 보통 여론조사회사들에 의해 수행된다. 자원봉사자들은 통상 자기가 원해서 봉사를 하는 것이기 때문에 훈련소요 시간이 상대적으로 짧지만, 아무리 잘 움직이는 자원봉사자라 해도 신뢰하기 어렵다. 출근도 일정하지 않고 자원봉사자의 열정은 오히려 올바른 조사에 방해가 된다. 데이터를 제대로 모으려면 냉정한 접근이 요구된다. 면접원의 목소리 톤은 그 자체만으로도 후보의 매력을 전달한다. 선거요원들이 자원봉사자들에게 중립의 중요성을 인식시키려고 노력하지만, 그것은 여간 힘든 일이 아니다. 그래서 새로운 스타일의 선거운동에서는 전문가의 도움을 구한다.

그러나 아웃소싱은 그것대로 문제가 있다. 자원봉사자를 활용하면 경험이 없고 의욕이 앞서 어려움을 겪지만, 전문여론조사회사는 고용계약에 따라 다르다. 인력 풀, 훈련, 고용등급은 조사의 정확성에 크게 달려있다. 거의 모든 사람에게 질문지를 큰 소리로 읽으라고 가르칠 수 있지만, 뛰어나게 대화할 수 있는 사람은 거의 없다. 좋은 여론조사는 유능한 사람들을 모으는 그 회사의 능력에 부분적으로 달려있다. 시간급이든 아니면 설문건수별로 돈을 지급하든, 보수지급방식까지도 데이터의 질에 영향을 미친다. 시간급은 면접원의 허위전화 보고서제출 유인을 줄인다. 그러나 통화건수와 무관하게 보수를 지급하기 때문에, 일을 제 시간에 마치게 하는 동기부여가 없다. 면접원의 통화완료 건수에 따라 보수를 지급하는 건수별방식은 악착같은 면접원들이 지정된 사람들과 재차 연락하고, 접근이 어려운 응답자들과 접촉하기 위해 근무시간외에도 통화를 하고, 그밖에 미리 약속된 전화를 거는 것에 대해서도 보상을 하지만, 허위보고인데도 돈을 지불하는 문제점이 있다. 완벽한 방법은 없다. 많은 조사회사는 시간급과 면접실적에 따른 인센티브 부여방식을 접목하여 활용한다.

정치컨설턴트가 유능한 경우에는 조사회사에 면접원 훈련방식(매뉴얼, 교육시간, 면접원들에게서 예상되는 행동들)에 대해서도 묻는다. 그 이유는 면접원 자체가 측정도구이기 때문에, 조사가 정확하려면 여론조사센터 면접원들은 모든 가능한 정보를 정확하게 보고해야 하고, 응답자들이 불쾌하게 만들어도 중립을 지키고 동요하지 말아야 하기 때문이다.

많은 여론조사회사는 감독관으로 하여금 전화통화를 골라 그 내용을 듣게 한다. 이러한 형태의 감독은, 집에 있다가 출근하는 면접원들에게 흔히 나타나는 일종의 직무태만으로서, 면접내용을 허위로 꾸며내는 일들을 막는 데 도움이 된다. 관리가 잘 되는 조사회사에서는 무작위로 감독시간대의 기록들을 보관한다. 여론조사 총책임자는 무작위검사를 통해 보수를 조정하고 그에 따라 업무를 분장한다. 무작위검사를 통해 일을 잘 하는 것으로 확인된 면접원들에게는 힘들어도 돈이 많은 조사를 맡긴다. 양질의 조사를 추구하는 컨설턴트들은 인터뷰가 실제로 진행되었는지 감독관이 직접 확인하도록 응답자들에게 무작위로 전화를 걸게 하여 완료된 면접내용들을 가끔씩 검증한다.

6. 샘플링

여론조사연구에서 가장 힘든 문제 가운데 하나는 면접대상을 정확하게 결정하는 일이다. 여론조사자는 선거조직이 분석하고 싶어하는 모집단을 결정할 때까지는 조사대상 리스트를 만들 수 없다. 조사대상이 선거구 전체인지, 선거인명부에 등록된 유권자들인지, 잠재적 유권자들인지, 민주당원인지, 투표를 거의 하지 않는 선거인명부에 등록된 민주당원인지 우선 결정돼야 한다. 조사자는 조사를 통해 분석해야 할 사람들의 전체집단을 '모집단'으로 정의한다. '표본'(*sample*)은 모집단의 하위집단으로 전체구성원의 일부이다. 과학적인 관점에서 보면, 조사자가 모집단에서 표본을 무작위로 추출하기 때문에 여론조사는 유효하다. 표본에서 나온 자료들은 모집단을 대표하고, 표준 통계공식은 분석을 하는 데 사용된다. 이것은 힘든 일이다. 주지사선거에서는 5백만 명의 선거유권자 모집단에서 800명 정도를 뽑으면 된다. 이 경우 샘플은 모집단의 0.00016%만을 대변한다. 만약 샘플이 어떤 식으로든 편향돼 있다면, 데이터는 대표성을 갖지 못하고, 조사의 결론은 부정확할 가능성이 있다.

한 가지 샘플링방법은 무작위 디지털 전화번호추출기(*Random Digit Dialing*)를 이용하는 것이다. 무작위 디지털 전화번호추출기는 지역번호와 동일구역 교환기(*local exchange*)를 바탕으로 샘플 전화번호를 만드는 기술이다. 여론조사자들이 전화번호부에서 표본을 뽑고 싶을 수도 있지만, 전화번호 등록률이 저조한 지역에서는 전화번호부를 활용하면 표본이 왜곡될 수 있다. 하지만 이러한 왜곡문제는 전화를 무작위로 걸면 극복될 수 있다. 그리고 무작위로 전화번호를 추출할 때에도, 샘플링전문회사가 상업용 전화번호와 사용하지 않는 전화번호를 걸러낸 무작위 디지털 전화번호리스트를 활용하면 데이터가 정교해져 전화통화의 효율성이 높아진다. 한편, 무작위 디지털 전화번호추출 리스트에도 투표기권자들이 들어있기 때문에 조사자는 무작위 디지털 전화번호추출기 리스트와 등록유권자 리스트를 종종 비교하면서 활용해야 한다. 그러나 유권자 리스트의 경우, 간혹 최근의 것이 아닌 경우도 있어 자료의 질은 정부기관이 유권자명부를 얼마나 자주 업데이트해 놓느냐에 달려있다. 일부 조사회사에서는 '계층화' 샘플링방식을 활용하는데, 그것은 먼저 지역들을 무작위로 뽑은 다음, 해당지역별로 유권자를 무작위로 뽑는 방법이다.

표본크기를 결정할 때, 컨설턴트는 오차를 얼마나 허용할 것인지를 결정해야 한다. 통상 오차한계로 3%를 허용하는데, 이것은 한 선거구에서 특정후보에 대한 지지도가 46%라면, 실제 모집단의 지지도는 43%에서 49% 사이에 있을 것이라는 것을 의미한다. 허용할 오차한계를 결정하고 나면, 표본의 '신뢰수준'을 결정해야 한다. 신뢰수준은 조사결과가 오차한계 내에 실제로 있을 가능성이다. 만약 신뢰수준이 95%이라면, 완전 무작위 샘플링 절차에 따라 나온 응답들이 오차한계 밖에 있을 가능성이 5%라는 것이다. 그 이유는 무작위 샘플링이 그 속성상 확률게임이다 보니 간혹 무작위로 추출한 표본들이라도 대표성을 상당히 갖지 못할 수 있기 때문이다. 일부 선거진영들은 조사가 우연히 들어맞았을 가능성을 최소화하려고 표본을 더 크게 해달라고 요구하기도 한다. 신뢰수준을 95%로 하고 오차한계를 5%로 하려면, 384명의 응답자가 필요하지만, 99%의 신뢰수준에 오차한계를 3%로 하려면 1,843명의 응답자가 필요하다(〈표 7-1〉 참조). 오차한계를 줄이고 신뢰수준을 높일수록 표본크기가 기하급수적으로 증가하기 때문에, 정확성이 높아진 만큼 그에 상응하는 비용을 지불해야 한다. 가끔씩 이것은 내리기 힘든 결정이다.

만약 샘플링절차가 무작위가 아니면, 심지어 큰 표본이라고 해도 비용이 들어간 만큼 정확성을 높이지 못한다. 어떤 조사에서는 표본구성의 균형을 확실히 맞추려고, 일부 응답들의 값을 정확하게 다시 계산

〈표 7-1〉 오차한계와 신뢰수준

오차한계	단순무작위추출 샘플 크기	
	신뢰수준	
	95%	99%
+/- 7%	196	339
+/- 6%	267	461
+/- 5%	384	663
+/- 4%	600	1,037
+/- 3%	1,067	1,843
+/- 2%	2,401	4,147
+/- 1%	9,604	16,587

한다. 자주 일어나는 일이지만, 인터뷰방식에서 생기는 문제점들을 없애려고 표본들에 '가중치'를 줄 필요도 있다. 예를 들면, 어느 날 오후 600명을 인터뷰한다고 하자. 그 시간에는 표본들이 일반모집단보다 나이 많은 사람과 여성들이 많을 가능성이 있는데, 그 이유는 해당 표본집단들이 집에 머물 가능성과 질문에 응하려는 의지가 더 크기 때문이다. 표본이 선거구의 인구특성을 제대로 반영하려면 남성 312명을 조사대상으로 했어야 하는데, 실제로는 남성 250명을 대상으로 인터뷰했다면, 조사대상 남성 각각의 답변에 더 많은 비중이 부여된다. 그러나 이러한 접근법도 문제가 있다. 집에 있는 남성은 직장에 있는 남성과 정당선호도나 후보선호도가 다를 가능성이 있기 때문이다. 그들은 야간에 일하거나 파트타임 또는 그냥 실업자일 수도 있다. 이것은 여성 응답자에게도 마찬가지로 해당한다. 따라서 조사자가 평일에 인터뷰할 수 있는 사람은 해당 선거구민의 대표성을 반드시 갖는다고 볼 수 없기 때문에, 인구통계학적으로 가중치를 준다고 해도 잘못될 수 있다.

7. 데이터분석

컨설턴트들은 여론조사 설계절차에 대해 묻기도 하지만, 가장 관심이 많은 것은 여론조사 결과이다. 〈표 7-2〉부터 〈표 7-5〉는 오하이오주 민주당 조엘 하얏트(Joel Hyatt), 공화당 마이크 드와인(Mike DeWine), 무소속 조 슬로베넥(Joe Slovenec) 간에 벌어진 1994년 연방상원선거 여론조사 때의 질문이다.

〈표 7-2〉에서는 응답자들에게 선거관심도를 묻는다. 전체 조사대상의 42.6%인 452명이 선거에 매우 관심 있는 것으로 답변했다. 이것은 '빈도분포'라고 불린다. 표의 맨 아래에는 "모른다"고 응답한 답변이 있다. 해당 응답자들은 질문에 답할 수 없거나 의지가 없는 사람들이다. 이에 해당하는 13명은 전체표본의 1.23%를 차지한다. 여러 목적을 감안해, '대답할 수 없다'는 응답자는 추가분석에서 제외된다. 혹시 '모르겠다'는 응답이 많으면, 질문 자체가 잘못된 것일 수도 있다.

조사에서 드와인이 확실히 앞선다. 〈표 7-3〉은 후보선호도를 보여주고, 질문아래에는 응답들이 나열돼 있다. 조사결과를 보면, 하얏트 33.2%, 슬로베넥 3.8%와 비교할 때, 드와인은 전체 유권자의 42.3% 정도의 지지를 얻어 선거에서 크게 앞서고 있다. 〈표 7-4〉는 출마를 선언한 세 명의 후보 가운데 한 명을 선택한 사람에게만 주어진 질문이다. 가령 면접원이 하얏트 지지자와 면접할 경우에는 컴퓨터가 "하얏트 후보에게 투표할 의사가 어느 정도입니까?"라는 식으로 질문을 채워 완성한다. 조사결과는 응답자의 3분의 1이 현재 지지하는 후보를 선거일에 그대로 지지할 것인지 결코 확신하지 못하는 것을 보여준다.

아마도 유권자들에게 있어 가장 중요한 범주는 '부동층'이다. 〈표 7-5〉는 마음을 결정하지 못했거나 투표하지 않을 작정이라는 응답자들의 선호도에 대한 것이다. 그들 각자 어느 쪽으로 마음이 기우는지 질문을 받는다. 부동표가 각 후보자에게 할당된다. 80% 이상은 선호

〈표 7-2〉 선거관심도 질문

이번 연방상원선거에는 민주당 조엘 하얏트 후보가 공화당 마이크 드와인 후보, 무소속 조 슬로베닉 후보와 경쟁을 펼치고 있습니다. 선생님께서는 이번 선거에 어느 정도 관심을 갖고 계십니까?

(1) 매우 많음 (2) 다소 있음 (3) 별로 없음 (4) 전혀 없음 (9) 잘 모름

변수 명	변수 값	빈 도	부분별 비율	유효사례대상 부분별 비율
매우 많음	1	452	42.60	43.13
다소 있음	2	360	33.93	34.35
별로 없음	3	115	10.84	10.97
전혀 없음	4	121	11.40	11.55
잘 모름	9	13	1.23	

유효사례 : 1,408　　무효사례 : 13

〈표 7-3〉 후보선호도 질문

만약 오늘 투표를 한다면, 선생님은 하얏트 후보, 드와인 후보, 슬로베닉 후보 가운데 어느 후보에게 투표할 것입니까. 아니면 기권할 것입니까?

(1) 하얏트 후보 (2) 드와인 후보 (3) 슬로베닉 후보 (4) 기권 (5) 미결정 (9) 잘 모름

변수 명	변수값	빈 도	부분별 비율	유효사례대상 부분별 비율
하얏트 후보	1	343	32.33	33.17
드와인 후보	2	447	42.13	43.23
슬로베닉 후보	3	39	3.68	3.77
기권	4	109	10.27	10.54
미결정	5	96	9.05	9.28
잘 모름	9	27	2.54	

유효사례 : 1,034　　무효사례 : 27

〈표 7-4〉 후보지지 강도조사

선생님께서는 ________ 후보에게 투표할 의사가 어느 정도입니까?
(1) 매우 확실 (2) 어느 정도 (3) 전혀 없음 (9) 잘 모름

변수 명	변수 값	빈 도	부분별 비율	유효사례대상 부분별 비율
	-1	232	21.87	
매우 확실	1	521	49.10	63.30
어느 정도	2	273	25.73	33.17
전혀 없음	3	29	2.73	3.52
잘 모름	9	6	.57	

유효사례: 823 무효사례: 238

〈표 7-5〉 후보호감도 조사

선생님께서는 하얏트 후보, 드와인 후보, 슬로베넥 후보 가운데 누구에게 호감이 가십니까?
(1) 하얏트 (2) 드와인 (3) 스롤베넥 (4) 기권 (5) 미결정 (9) 잘 모름

변수 명	변수 값	빈 도	부분별 비율	유효사례대상 부분별 비율
	-1	856	80.68	
하얏트 후보	1	34	3.20	20.36
드와인 후보	2	27	2.54	16.17
슬로베넥 후보	3	4	.38	2.40
미결정	4	102	9.61	61.08
잘 모름	9	38	3.58	

유효사례: 167 무효사례: 894

하는 후보가 있으므로 여기선 별개다. 하얏트 후보 쪽으로 마음이 기우는 사람들이 있기는 하지만 대부분은 진정한 부동층이다.

1) 교차분석

'교차분석'은 서로 다른 질문간의 항목별 응답빈도를 나타내는 것이다. 교차분석을 하면, 첫 번째 변수에 대한 두 번째 변수의 영향력을 알 수 있다. 〈표 7-6〉은 선거관심도를 가지고 후보선호도를 교차분석한 것이다. '매우'라는 열은 선거에 매우 관심이 있다고 답변한 사람의 현황이다. 그 부분에서 드와인은 하얏트를 54% 대 35%로 앞선다. 두 번째 열은 선거에 '다소' 관심이 있다고 답변한 사람들이다. 여기서 하얏트는 41% 대 35%로 드와인을 따라잡는다. '조금밖에 관심없다'고 답변한 사람들에서는 하얏트가 39% 대 34%로 드와인보다 우세하다. '결코 관심이 없다'고 답변한 사람의 대다수는 투표할 의사가 없는 것

〈표 7-6〉 선거관심도와 후보선호도 교차분석

	선거관심 정도					
	매우 많음	다소 있음	별로 없음	전혀 없음	나머지	퍼센트
하얏트 후보	158	124	43	17	342	33.3%
	35.35%	35.0%	38.7%	14.9%		
드와인 후보	242	244	38	21	445	43.4%
	54.1%	40.7%	34.2%	18.4%		
슬로베넥 후보	18	15	3	3	39	3.8%
	4.0%	4.2%	2.7%	2.6%		
기권	3	35	11	59	108	10.5%
	.7%	9.9%	9.9%	51.8%		
미결정	26	36	16	14	92	9.0%
	5.8%	10.2%	14.4%	12.3%		
나머지	447	354	111	114	1026	n/a
퍼센트	43.6	34.5%	10.8%	11.1%	n/a	n/a

으로 나타난다.

이러한 현황은 드와인 지지자를 매우 고무시키는 것이다. 그는 전체적으로도 우세할 뿐만 아니라, 적극적인 투표의사가 있는 사람들 사이에서도 앞서고 있다. 상황은 선거일에도 마찬가지였다. 부동층이 공화당으로 대폭 이동했고, 최종득표는 드와인 53%, 하얏트 39%, 슬로베넥 7%로 나왔다. 후보들의 이러한 득표현황은 선거일에 투표의사가 있는 것으로 답변한 응답자들을 대상으로 한 여론조사의 예상치와 몇 포인트 차이나지 않는 것이었다.

여론조사 전문가들이 데이터에 숨어있는 것을 찾아내기 위해 활용하는 분석기술들은 많다. 어떤 여론조사회사는 회귀(*regression*) 모델과 확률공식을 활용한다. 다른 곳에서는 유권자들을 서로 다른 정치적 집단으로 분류하기 위해 요인분석을 이용한다. 마지막으로, 조사데이터와 인구통계 및 선거데이터를 오버랩하는 것도 아주 일반적이다. 여론조사 결과에서 전략적 정보를 끌어내는 것은 선거공학의 가장 중요한 기술 가운데 하나이다.

8. 결 론

컨설턴트는 여론조사 전문가를 고를 때 신중해야 한다. 가장 중요한 것은 신뢰이다. 선거캠프에서는 나쁜 소식이라도 절박한 물음에 대해서도 여론조사자들이 정확하게 답변해주길 기대한다. 잘 된 여론조사는 선거진영이 유권자의 생각과 관심 및 지지후보를 파악할 수 있는 가장 중요한 기회 가운데 하나이다. 유권자여론을 측정하는 데 여타 방법들이 있기는 하지만 새로운 스타일의 선거운동에서는 수학적 정확성을 중시하고 선거매니저들은 여론조사 데이터 없이는 선거판에 들어가지 않는다.

노트

이 장의 중요한 부분은 다니엘 M. 시(Daniel M. Shea)의 *Campaign Craft: The Strategies, Tactics, and Art of Campaign Management*(《선거운동기술: 선거운동관리의 전략, 전술과 기교》)에 있는 마켓(Jesse Marquette)의 "How to Become a Wise Consumer of Campaign Polling"(선거여론조사의 현명한 소비자가 되는 방법)에서 인용, 편집했다.

제 8 장
일반전략

1984년 유권자들은 레이건이 지향하는 바를 확신했다. 그가 추구한 것은 경제발전과 국가안보였다. 그것은 '미국의 새로운 시작'(*Morning in America*) 이었다. 비전이 낭만적이면서 정치이미지를 효율적으로 활용한 그의 선거테마는 미국 정치캠페인 분야에서 하나의 전설이 되었다. 그로부터 8년 후, 클린턴의 대선출마 이유는 카빌이 선거작전본부에 붙여 놓은 간판에 적혀있다. "변화 대 현상유지; 멍청아, 중요한 것은 경제야; 의료보험문제를 잊어서는 안된다." 조지 스테파노풀러스(George Stephanopoulos) 는 그것을 '선거의 전부'(*haiku*) 라고 불렀고, 이슈가 무엇이든 '세 가지 조항'과 관련된 메시지로 그것을 포장했다. 스테파노풀러스는 그의 저서 《우리시대》(*In our world*) 에서 "가장 큰 잘못은 일관성 없는 메시지"라고 말했다(Stephanopoulos, 1999: 88). 훌륭한 테마는 당선이유를 신속하고 명쾌하게 표현한다.

돌이켜보면, 1984년부터 1992년까지 승리를 가져온 선거테마들은 명확했다. 시대가 좋으면 긍정적인 것을 강조하고, 시대가 나쁘면 변화를 요구한다. 1995년 초 클린턴에게 닥친 딜레마는 아주 복잡한 것이었다. 1994년 후반 중간선거에서 유권자들은 연방상하원의 주도권을 민주당에서 공화당으로 교체했다. '확실했던' 민주당후보들까지도 고배를 마셨다. 연방상원 대변인 톰 폴리(Tom Foley)는 변호사출신의 정치신인에게 졌다. 이러한 사태는 전체적으로 민주당, 구체적으로는 클린턴 대통령에 대한 거부로 해석되는 극적인 불운이었다. 많은 사람은 클린턴이 1996년 11월의 대선패배를 기다리는 것 외에는 별다른 대책이 없다고 생각했다. 민주당 내부에서부터 클린턴에 대한 도전이 시작되고, 예비선거에서 클린턴이 떨어질 것으로 보았다. 어떤 선거테마로도 클린턴을 살리기 어려울 것 같았다.

그러나 1994년의 극단적 예상은 현실화되지 않았다. 클린턴은 예비선거에서 도전받지 않았고, 1996년 대선 내내 공화당후보를 두 자리 숫자 이상으로 계속 앞섰다. 언론에서조차 따분한 선거라고 규정할 정도로 대통령의 치솟은 인기는 꺾일 줄 몰랐다.

클린턴의 승리요인은 부분적으로 상대진영의 실책에서 찾을 수 있다. 공화당은 선거체제로 전환하지 못했고, 대선후보인 돌 역시 하나의 메시지에 제대로 집중하지 못했다. 후보 여러 명이 출마한 열띤 예비선거가 끝난 다음, 공화당의 지지기반을 결집할 시간이 거의 없었기 때문에, 단일메시지에 집중하지 못한 것은 어쩌면 자연스런 일이었다. 클린턴의 또 다른 승리요인은 민주당 전국위원회가 1995년부터 일찌감치 반(反)공화당 광고에 돈을 쏟아 부었다는 점, 조직노동자의 지지를 얻었다는 점, 미국경제가 살아났다는 점에서 찾을 수 있다. 승리요인을 단편적으로 말하기 어렵다. 그러나 여러 면에서 클린턴의 1996년 대선승리는 현명한 전략적 포지셔닝에서 비롯됐다.

1994년 중간선거 참패 후 대통령이 어떻게 나아가야 할 것인가에 대한 입장은 두 가지였다. 하나는 진보주의적 접근이었다. 낙선한 민주당후보 가운데 여러 명이 보수적이거나 중도적인 반면, 선거에서 살아남은 사람들은 전임자들보다 더 진보적이었다. 그렇기 때문에 대통령이 1996년 대선전략으로 핵심적인 민주당 지지기반 강화에 전력투구해야 한다는 주장이었다. 그러한 생각은 나름대로 일리가 있었다. 공화당성향의 후보들을 놓고 선택하게 되면, 사람들이 공화당후보를 매번 선택할 것이기 때문에, 대통령이 오른쪽으로 갈 필요도 없고, 민주당 소속이면서 공화당인사처럼 행세할 필요도 없다는 것이었다. 다른 입장은 중도적 접근이었다. 1994년 중간선거에서 잃은 표는 중도에서 나온 것인지, 좌파에서 나온 것이 아니기 때문에, 1996년 대선에서 승리하려면, 중도진영을 회복해야 한다는 주장이었다.

클린턴의 선거컨설턴트가 되기 전까지 민주당후보와 공화당후보를 비슷하게 자문했던 딕 모리스(Dick Morris)는 중도적 접근에 자신의 비책을 가미했다. 그것은 민주당의 극좌와 공화당의 극우를 동시에 누르고 중도를 받아들이면서 정쟁에서 벗어나야 한다는 것이었다. 모리스는 그것을 '삼각분할 전략'이라고 불렀다. 그의 말에 따르면 "대통령은 각 정당의 견해들 가운데 가장 좋은 것을 취합할 뿐만 아니라, 논쟁에서 제 3의 힘을 구축하기 위해 각 정당의 견해를 초월할 필요가 있다"는 것이었다. 그러한 입장을 취하면, "대통령이 유권자로부터 외면받아 원래 위치로 되돌아가거나, 아니면 유권자의 지지를 얻어 소속정당을 장악하게 될 것"이라고 모리스는 말했다(Morris, 1999a : 80~81). 삼각분할 전략으로 만들어진 정책들은 지나치게 중도적이거나 사소하다는 비판을 받았지만, 클린턴의 포지셔닝은 훌륭했다는 것이 많은 평론가의 결론이었다. 지금부터 살펴볼 전략적 포지셔닝의 기본사항을 이해하면, 삼각분할의 이면논리가 분명해질 것이다.

이 장에서는 선거의 일반전략에 대해 살펴볼 것이다. 전략적인 이슈들은 앞부분에서도 다루었고, 일반전략에 대한 논의는 여러 면에서 선거기획, 유권자 인구통계조사, 출마자 프로필조사, 역대 선거분석, 선거여론조사 등의 종합판이다. 표적이 없으면 방향이 없듯이, 테마가 없으면 합리적 설명을 못한다. 일반전략은 출마자들을 전략적으로 포지셔닝하고, 타깃유권자를 정밀하게 표시하고(*mapping*), 효과적인 선거테마를 개발하는 작업을 수반한다.

1. 전략적 포지셔닝

현명한 선거전략을 만들려면 선택을 잘 해야 한다. 유권자의 규모와 성향은 지역마다 다르다. 어떤 선거구의 경우, 인구가 희박한 지역에서는 부동표가 많을지 모르겠지만 도심지역은 별로 그렇지 않을 수도 있다. 어떤 투표구에서는 민주당후보에게 결코 승산이 없지만 어떤 투표구에서는 공화당후보가 항상 곤욕을 치른다. 역대 선거결과를 가지고 타깃을 찾아내면, 해당지역들을 '민주당', '공화당' 또는 '부동'으로 표시할 수 있다. 누구를 타깃으로 삼고, 타깃유권자 획득을 위해 무엇을 할 것인지에 대한 선거전략은 이미 알려져 있는 '유권자구성'이라는 것에서 통상적으로 나온다. 정당전통이 강한 투표구나 선거구는 예측불허의 표가 많은 지역과 다른 전략이 요구된다. 선거전문가들에게 불문율은 거의 없지만 합리적인 가이드라인은 많다.

첫째, 몇 가지 기본원칙. 선거전략에는 강화(*reinforcement*), 설득(*persuasion*), 전향(*conversion*)이라는 세 가지 주요목적이 있다. 강화전략은 고정지지자들로 하여금 후보를 고수하게 하고 선거일에 투표하도록 독려하는 것이다. 설득전략은 부동층의 지지를 얻어내는 과정이다. 전향전략은 상대후보 지지자들이 지지후보를 바꾸게 하는 것이다. 선거용어에서 이러한 단어들의 정확한 의미는 다소 모호하다. 가령, 민주당후보가 공화당의 비(非)고정지지자에게 지지를 호소한다면 그것은 설득하는 것인가? 아니면 전향시키는 것인가? 그러나 일반적으로 자신의 당원들은 강화하고, 예측불허의 표는 설득하고, 상대후보의 당원들은 전향시킨다고 말한다.

유권자를 설득하거나 지지자를 다지는 일은 전향시키는 일보다 분명히 쉽다. 해당후보가 열렬히 지지받는 정당소속인 경우에는 전체적인 초점이 강화전략에 맞춰질 수 있다. 이러한 강화전략은 해당정당의 소속유권자들이 꼭 투표에 참여하도록 하는 데 목표를 둔다. 처음부터 우세한 후보가 없는 부동지역에서는 일반적으로 설득전략이 중심전략이다. 대부분의 유권자가 상대정당에 관계되어 있거나, 도전자가 대중적으로 인기 있는 경우에는 전향전략이 필요하다.

특정지역에 적합한 접근전략을 알아내려면 유권자의 정치성향을 연속선상에 나타내면 된다. 그 연속선은 양쪽 끝이 골수지지자들을 나타내고, 중간지대는 부동층을 나타낸다(Bradshaw, 1995: 31~33). 이러한 접근법은 기본적으로 스미스 카운티에서 취한 것이다(6장 참조). 앞서도 언급했듯이, 역대 선거조사, 인구통계조사, 선거초반 여론조사 등을 활용하면, 선거구에 대해 많은 것을 알게 된다. 투표자 등록명부는 개별유권자에 대한 기본적인 사실들을 제공하는데, 여기에는 당원여부가 포함된다(소속정당 확인은 여전히 투표자성향을 가늠하게 하는 가장 좋은 지표이다). 이러한 정보를 더 큰 지역으로 결합시키면, 선거구의 정치지형이 드러난다. county, city, ward, precinct, parish 및 전략적 조사에 사용되는 여타 분석단위들의 경우, 앞서와 같은 방식으로 정치지형 분석이 가능하다.

〈그림 8-1〉은 민주당후보의 여건이 좋은 선거이다. 민주당지지가 투표자의 50% 정도이고, 공화당지지는 30% 정도에 불과하다. 사실상, 민주당의 정당기본표는 공화당보다 50% 정도 많다. 이러한 상황에서 민주당후보는 민주당 지지표를 다지고 부동층 일부를 설득하는 것을 목표로 삼아야 한다. 반대표는 당선되는 데 필요 없다. 많은 부동층이 민주당 투표성향을 보이기 때문에, 득표활동은 어렵지 않다. 민주당후보의 최상의 전략적 포지션은 민주당원들 가운데나 조금 오른쪽에 있다.

〈그림 8-1〉 해당 정당에 유리한 선거구전략 - 민주당후보

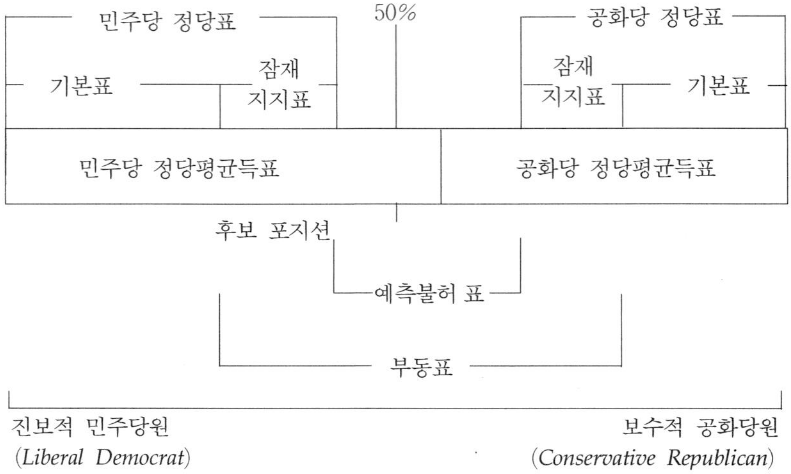

1995년 일리노이 제2선거구 보궐선거에서 민주당후보 제시 잭슨2세(Jesse Jackson Jr.)는 타깃으로 삼아야 할 유권자들이 분명했다. 아프리카계 미국인들이 시카고의 사우스 사이드(South Side)부터 쿡 카운티(Cook County) 남쪽 일대의 교외지역까지 차지하고 있으면서 선거구의 3분의 2 이상을 차지하고 있었다(Benenson, 1995: 3836). 당원가입 현황은 도심에서는 민주당이 압도적이고 교외에서는 공화당이 확고한 인구통계조사와 대체로 비슷했다. 선거당일 잭슨2세는 도심투표구에서 98%, 교외에서 51%를 득표했다. 이러한 득표 덕분에 잭슨2세는 선거구 전체에서 3대1 정도로 이길 수 있었다(D. Johnson, 1995: B17).

어떤 후보들은 특정정당이 강한 선거구의 이점을 누리기도 하지만, 다른 후보들은 반대로 어려움을 겪기도 한다. 서로 다른 방향에서 특정정당 강세선거구를 보면, 가상의 스미스 카운티 회계검사관 선거에서 공화당후보가 직면한 어려운 상황을 이해할 수 있다(6장 참조). 〈그

〈그림 8-2〉 해당 정당에 불리한 선거구전략: 공화당후보

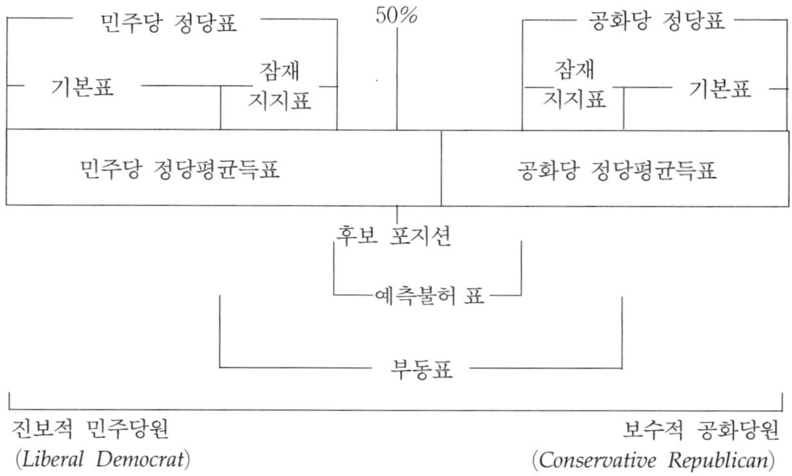

림 8-2〉에서 공화당은 많은 민주당원을 전향시키는 것 외에는 다른 선택의 여지가 없다. 선거의 승산이 별로 없기 때문에 공화당지지자들이 공화당후보를 끝까지 고수할 것으로 기대하고 믿어야 한다. 막바지에 투표를 독려하는 것 외에는 자기 편을 다지는 일에 나서지 않기로 결심해야 한다. 더욱이 공화당원의 지지를 약간 잃고 많은 부동층이 민주당으로 갈 것으로 가정한다면, 많은 공화당 잠재지지층을 설득해내야만 한다. 공화당후보는 전체유권자의 중간지점에, 특히 공화당 정당기본표의 왼쪽으로 전략적 포지션을 맞추어야 한다.

이러한 처방이 민주당강세 선거구에서 공화당후보의 당선불가능성을 말하는 것은 아니지만, 당선되려면 창조적이어야 한다. 공화당의 레드먼드(Bill Redmond)는 민주당이 압도적인 뉴 멕시코 제 3선거구에서 이긴 바 있다. 하지만 그 이전에 있었던 1996년의 선거에서는 민주당의 빌 리차드슨(Bill Richardson)이 유권자 3분의 2의 지지를 얻어 레드먼드를 이겼다. 그러다가 나중에 리차드슨이 UN 주재 미국대사로 임명

〈그림 8-3〉 예측불허의 선거구전략

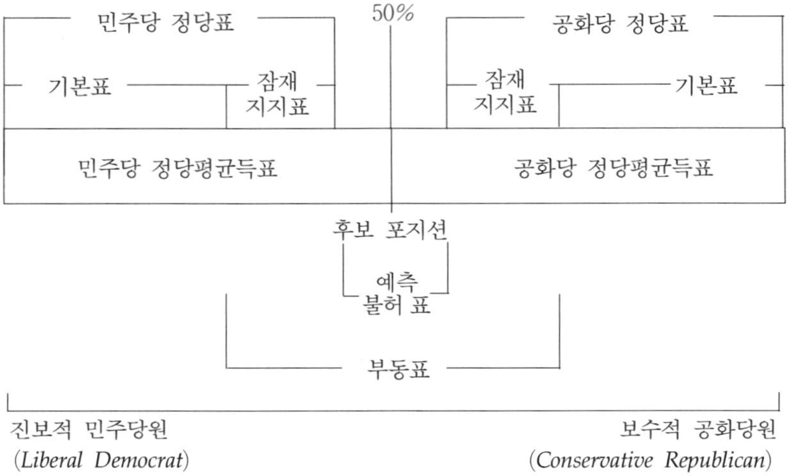

되면서, 1997년에 보궐선거 사유가 생겼다. 잭슨처럼 낮은 투표율 때문에, 레드먼드의 경우 적극적인 정당기본표의 중요성이 더 커졌지만, 당선되려면 정당기본표 이상을 득표해야 했다. 레드먼드는 정당기본표에 활력을 불어넣고, 좌파 진보주의 성향의 유권자들을 이탈시키는 녹색당후보를 치켜세워 민주당 지지표를 분산시키는 방향으로 움직였다. 공화당후보는 제 3당후보가 지지기반을 넓혀가는 만큼 민주당후보를 이기는 데 필요한 득표부담이 줄어들었다. 레드먼드는 지지자규합을 위해 상대후보의 의심스러운 공직활동을 문제 삼아 공격하면서, 민주당후보를 통상적으로 지지했던 부동층에게 직접 지지를 호소했다. 레드먼드 선거팀에 따르면, 해당전략은 기본에 충실한 것이었다. "레드먼드가 온화하고 자상한 인물이라는 것을 확인시켜줌으로써, 우리는 1996년 선거 당시 많은 공화당후보에게 상처를 입혔던, 극단주의에 대한 민주당의 전형적인 공격을 무디게 할 수 있었다"(Wilson and Burita, 2000: 98). 보수적인 인물임을 강조하는 대신 중도주의자로 자신을 포지셔닝했기 때문에 레드먼드는 43%를 얻어 민주당후보를 3% 차로 이길 수 있었다.

예측불허의 선거구들은 양상이 다르다. 〈그림 8-3〉은 한쪽으로 치우치지 않은 선거구를 나타낸다. 어떤 의미에서 이 경우 전략은 후보가 열세인 경우와 비슷하다. 후보는 유권자 가운데 쪽으로 포지셔닝해야 한다. 폭넓은 유권자를 설득해야 하는 열세의 후보자와는 달리 경합선거구에서는 공화당후보가 한층 한정된 범위의 유권자에게 초점을 맞출 수 있다. 이 경우 각 정당후보의 당선전략은 당원의 지지를 강화하고, 부동층을 설득하고, 소수의 상대후보 지지자들을 전향시키는 것이어야 한다.

민주당 스코티 배슬러(Scotty Baesler)와 공화당 짐 버닝(Jim Bunning) 간에 벌어진 1998년 연방상원의원 선거보다 박빙이었던 경우는 드물다. 배슬러는 대학야구선수 시절, 버닝은 프로야구선수로서 켄터키 주에 알려진 인물이었다. 당시 그들은 공화당과 민주당으로 표심이 양분된 켄터키 주의 연방하원의원으로 활동 중이었다. 두 사람 모두 소속 정당 내에서 보수적이었다. 만약 배슬러가 중도주의자로, 버닝이 보수주의자로 활동했다면, 배슬러는 초반부터 선두를 확실하게 지켰을 것이다. 그러나 버닝은 여러 이슈와 관련해 자신을 중도주의자로 포지셔닝한 후 공격광고를 적극 펼쳤다. 이 선거를 연구한 정치학자들에 따르면, "버닝은 사회보장제도를 보호하자는 전통적인 민주당이슈를 주장했고, 그가 맡았던 여당 분과위원장 직책은 그의 주장이 진실하다는 것을 뒷받침했다"(Gross and Miller, 2000: 189). 중도적인 포지셔닝은 버닝이 근래에 가장 현란한 정치광고 선거운동의 하나로 평가받는, 멋진 정치광고 선거운동을 펼치도록 하는 강한 토대가 됐다. 버닝은 그해 11월 선거에서 배슬러를 간발의 차로 이겼다.

정밀한 타기팅은 도움이 된다. 버닝, 레드먼드, 잭슨은 열심히 뛰면서도 영리하게 움직였다. 포괄적으로 접근하는 것은 두 가지 점에서 어리석은 짓이다. 첫째는 부족한 자원을 낭비하게 된다는 점이다. 시간과 돈은 그 효과가 최대인 곳에 쓰여야 한다. 두 번째 문제는, 첫 번째보다는 덜 명확한 것으로서, 성공가능성이 적은 지역의 선거운동은 득보다 실이 많다는 점이다. 만약 특정후보에 대한 반대성향이 강한 투표구에서 유권자들이 그 후보의 홍보물을 받고, 그 후보의 자원봉사자들이 유권자들의 집 현관 계단에 있는 것을 보고, 유권자들의 지지정당을 비판하는 라디오와 텔레비전 광고를 듣기 시작하면, 오히려 자극을 받아 더 많이 투표할 가능성이 있다.

한편 부동층에 초점을 맞추는 것도 나름대로 문제가 있다. 1998년 연방하원선거에서 오하이오 부지사였던 공화당의 낸시 할리스터(Nancy Hollister)는 현역인 민주당의 테드 스티릭랜드(Ted Strickland)로부터 중도성향의 유권자들을 빼앗으려고 했다. 연방하원 제6선거구는 1992년부터 각 정당이 매번 2% 차이로 교대로 이긴 곳이었다. 이유야 어찌됐든, 할리스터는 양질의 후보였으나 보수적인 경쟁자들과 격렬한 예비선거를 치른 후 딜레마에 빠졌다. 이 선거구에서의 승리는 중도적 유권자를 잡는다는 뜻이기도 했으나, 중도적 유권자를 잡는 것은 공화당의 보수적 지지기반을 위태롭게 한다는 의미이기도 했다. 할리스터의 중도적 선거운동이 시작되었을 때, 공화당의 우파진영은 낙태와 같은 보수의 핵심이슈들에 대한 할리스터의 입장을 받아들이기 어려웠다. 그가 중도입장에 가까운 말을 할수록 우파의 고정지지자들은 그에 대한 환상에서 더욱더 깨어났다. 결국 할리스터는 크게 패했는데, 심지어는 자기 투표구에서도 질 정도였다.

2. 승리지도 만들기

전략적 포지셔닝은 추상적으로 움직인다. 일반전략은 구성요소들이 함께 작용할 때 효과를 나타낸다. 유권자타기팅은 추상적인 선거이론을 구체화한다. 선거진영은 여론조사, 유권자조사, 인구통계분석을 서로 결합시켜야 하고, 이러한 조사 및 분석을 선거구의 구성요소들과 연결시켜야만 한다. 이러한 작업은 힘들고 따분하지만, 관련기술을 이용하면 작업이 수월하다.

이러한 문제해결의 새로운 열쇠는 컴퓨터로 타깃유권자 분포도를 만드는 것이다. 미국 인구조사국의 지리공간정보 DB시스템은 통상 TIGER(*Topological Integrated Geographic Encoding and Referencing*)라 불리는 것으로, 일종의 미국 거리지도이다. 그것에는 원래 인구데이터에 담겨있지 않지만, 조사자들이 주, 카운티, 타운, 심지어는 거리까지 데이터포인트의 위치를 표시할 수 있다. 이것을 활용하면, 정치컨설턴트는 전투계획을 시각적으로 보여주는 전략지도를 만들 수 있다. 스페이셜 로직(Spatial Logic) 회장에 따르면, "모든 전투 초기에 정책결정자들은 전략개발, 실적평가, 강점확인, 약점보완을 위해 지도를 지속적으로 검토한다." 그리고 "선거, 여론조사, 정치분석은 서로 다르지 않다. 지도는 보안관선거에서부터 대통령선거에 이르기까지 모든 규모의 선거에서 활용될 수 있다"(Lindauer, 1999: 48).

많은 정치전문가는 유용한 데이터가 계속 늘어나고, 그러한 데이터가 아주 많다는 것을 안다. 많은 회사에서는 데이터를 이용하고 다듬는 작업을 도와주는 프로그램을 판다. 해당 프로그램은 인구통계, 사업통계, 라이프스타일 정보를 연결시킨다. 인구통계와 가령, 범죄보고서, 보건기록, 경제정보, 투표구 선거데이터처럼 정부에서 나온 여러 자료들을 서로 연계시키는 것이 가능하다. 선거데이터는 온라인으로도 점차 이용이 가능하다. 인기 있는 지도작성 프로그램으로는 맵인포(MapInfo) 사의 맵인포(MapInfo)와 에스리(ESRI) 사의 아치/인포(Arch/Info)가 있다. 지리정보시스템(GIS) 컨설턴트들은 고객들과 함께 지도작성에 필요한 DB를 설계, 유지하면서, 많은 인구통계자료를 만드는 일을 한다.

지도작성 프로그램인 맵인포와 아치/인포는 다목적 정보시스템이기는 하지만, 맵 애플리케이션(Map Applications) 사의 지오보터(Goe-Voter) 같은 자료관리시스템에서는 선거요원들이 투표자, 기부자, 자원봉사자를 정확하게 짚어낼 수 있다. 이러한 프로그램들은 리스트와 현장보고서를 합치고, 나아가 DB 확대를 가능하게 한다. 그리고 그 능력은 놀랄 정도로 대단하다. 데이터들이 가령 유권자 이름이나 거리 주소와 같은 공통항목을 갖고 있으면 하나의 DB가 될 수 있다.

1990년대 후반, 지리정보시스템은 선거운동의 중요한 부분이 됐다. 관련된 DB와 선거구를 시각적으로 연결하면서, 유권자정보를 풍부하게 담은 자료들이 급속하게 등장할 수 있었다. 크레용으로 색깔이 표시된 지도들이 선거작전본부의 벽면에 오래 전부터 있었기 때문에 선거정보를 지도화하는 것이 비록 새로운 것은 아니었지만, 지리정보시스템의 등장으로 거리별, 심지어는 가구별로까지 그림화하면서 순식간에 모든 종류의 데이터를 지도상에 표시할 수 있게 됐다.

앞서 언급했던 가상의 스미스 카운티 회계검사관선거에서, 공화당 전략가는 투표구타깃을 기존의 선거현황들만 가지고 등급을 정하거나, 선거인명부에 등록된 민주당원과 그렇지 않은 유권자의 정확한 위치에 따라 투표구별로 인구통계상의 우선순위를 고려할 것이다. 이러한 자료들을 가지고 민주당이나 공화당으로 당세가 확실해 우선순위가 낮은 지역과 우선순위가 다소 높은 지역을 구분하는 공식을 만들 수 있다. 최고의 우선순위는 어느 정당 쪽으로 갈지 모르는 곳에 주어져야 된다(〈그림 8-4〉 참조). 지리정보시스템 프로그램은 많은 수치를 모아서 해당 결과를 보여준다. 어떤 의미에서 데이터를 지도화하면, 새로운

〈그림 8-4〉 타깃표시: 스미스 카운티, 2002(투표구 기준)

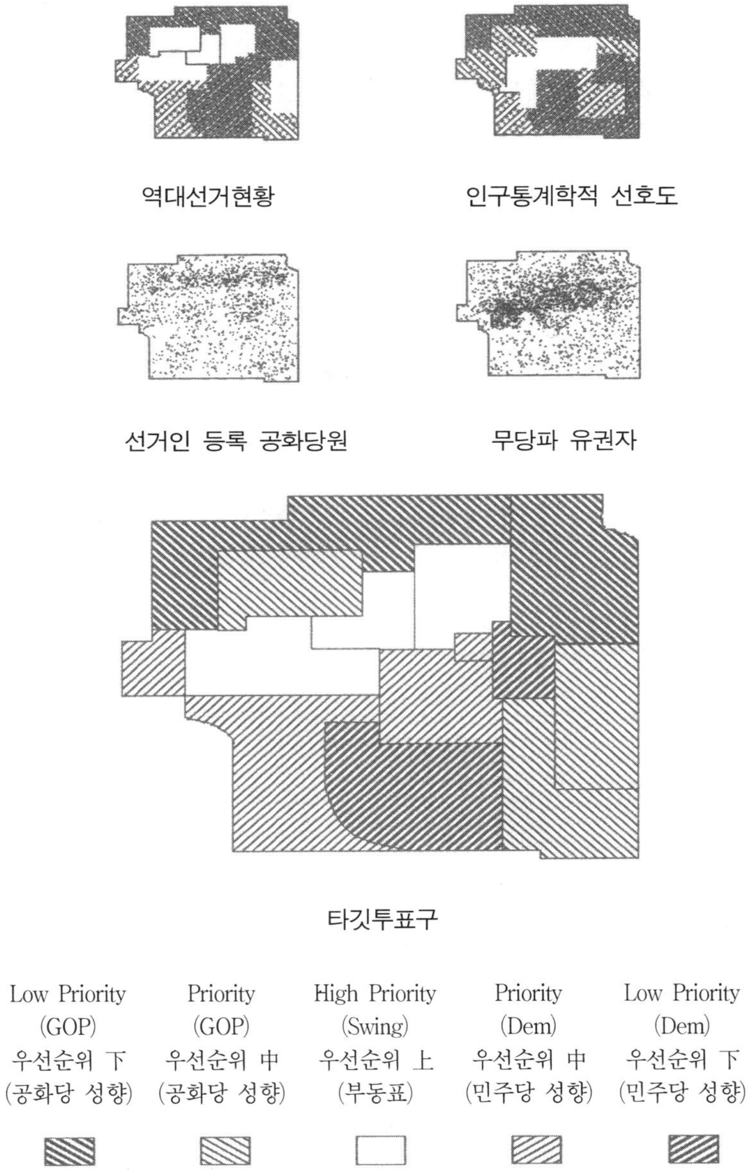

정보를 추가로 제공하지 못할 수도 있다. 데이터수치가 변하지 않을 수 있기 때문이다. 그러나 그러한 수치들을 시각화해서 어느 곳에 정당의 평균득표가 높은지, 부동표가 어디에 집중되어 있는지 경험하면, 캠페인 연구자들은 세부적인 분석이 가능한 독특한 개념적 도구를 얻게 된다.

3. 선거테마

선거타깃을 지도상에 표시하면, 대체적으로 선거테마에 호응할 지역을 찾는 데 도움이 된다. 좋은 선거테마는 유권자가 원하는 것, 후보자가 제시해야 할 것, 그리고 상대편이 제시할 것을 정교하게 결합해서 만든 것이다. 선거전문가들은 타깃집단 내의 유권자들이 선거테마를 반복적으로 듣게 하는 것이 중요하다고 믿는다. "만약 당신이 테마를 지키면서 매우 자주 말하면, 당신이 유권자의 선택기준을 직접 정하게 될 것이다"(Bradshaw, 1995: 44).

선거테마는 강력하다. 정치신인 피터 호에스트라(Peter Hoestra)가 1992년 연방하원 예비선거에서 공화당의 전국하원위원장인 미시간의 가이 밴더 약트(Guy Vander Jagt)를 꺾어서 기성정치인들을 깜짝 놀라게 한 적이 있다. 호에스트라는 얼마 안 되는 돈으로, 약트가 지역보다는 국가적 사안에 관심이 더 많은 직업정치인이라는 점을 지역 내에 알려 나갔다. 그 메시지는 호에스트라가, 약트가 처음 당선된 해인 1966년에 출고된, 내쉬 램블러(Nash Rambler)를 타고 퍼레이드에 나섰을 때 반향을 일으켰다. 자동차간판에는 "이제는 교체해야 하지 않겠습니까?"라고 적혀있었다(Morris and Gamache, 1994: 116). 한편, 서른 살에 불과했던 제시 잭슨 2세의 경우도 자신의 젊음을 강력한 메시지로 만들었다. 선거기간 내내, 그는 자신이 젊기 때문에 앞으로 계속 당선되면 의회에 오래 재직할 수 있고, 그렇게 되면 당선횟수를 중심으로 돌아가는 중앙정치의 결실을 거둘 수 있다고 주장했다(D. Johnson, 1995).

선거테마의 목표는 적절한 유권자에게 적절한 메시지를 전달하는 것이다. 인구통계조사와 여론조사자료를 통해 레드먼드 선거진영은 예측할 수 없는 많은 유권자가 지지후보를 결정하는 데 '정치권의 정직성과 진실성 회복'을 가장 중요하게 생각한다는 점을 알게 됐다(Wilson and Burita, 2000: 94). 이에 따라 유권자의 관심을 정치윤리에 집중시키려고 선거운동을 열심히 했다. 그러나 모든 유권자를 단일하게 다루는 것은 중대한 실수이다.

타깃이 정해진 선거테마는 현대선거에서 매우 중요하다. 투표기준으로 당파성의 중요성이 점차 줄어들면서(Wattenberg, 1998), 유권자들은 후보자들을 판가름하는 다른 방법을 찾아야만 한다. 선거연구자들은 후보의 현직여부가 그 틈새를 채워간다고 말한다(Mayhew, 1974b; Ferejohn, 1977; Cover, 1977). 비록 경험적으로 검증이 어렵지만, 데이비스 메이휴(Davis Mayhew)에 따르면, "하나의 사실이 나타난다. 정당이 판단기준이 되는 것에 불만을 느낀 유권자들은 현직여부를 유용한 판단기준으로 삼는다"(Mayhew, 1974b: 313). 추정하건대, 판단기준의 중요성이 당파성에서 현직여부로 이동한 것은 높은 재선율을 설명하는 데 유효하다.

그러나 이러한 추론은 자체적으로 한계를 갖는다. 첫째, 유권자들이 후보자의 자질, 이슈, 전국흐름, 도전자를 지지하게 만드는 많은 여타 요인에 대해서도 사실상 관심을 기울이기 때문이다. 린다 파울러(Linda Fowler)가 말한 대로, "민주주의에 대해 지나치게 비관적인 견해로서 수용하기 어려운 생각이다"(Fowler, 1993: 79). 현직 중시 이론이 후보의 업적에 대한 회고적 평가의 중요성을 최소화하고, 정당일체감이 약한 당원들과 무당파들이 당파성이 강한 당원보다는 현역들을 지지하는 경향이 있다는 점을 전제하지만, 사실은 그렇지 않은 것 같다(Krehbiel and Wright, 1983). 둘째, 유권자들은 후보가 대변하는 바를 전하는 간결한 메시지를 직접 찾아 본 다음, 그 정보가 자신들의 목적에 부합하는지 생각해보기 때문이다. 어떤 유권자들에게는 정당에 기초한 지지호소가 여전히 유효할 수 있고, 다른 유권자들에게는 현직 여부가 중요할 수 있고, 또 다른 유권자들에게는 메시지가 효과적인 결정요인일 수 있다.

만약 유권자들이 정당이나 현직 여부 이외의 요인들에 관심을 갖는다면, 선거테마는 중요해진다. 유권자들이 정보를 근거로 선택하기 쉽기 때문이다. 이와 관련해, 조엘 브래드쇼(Joel Bradshaw)는 다음과 같이 말한다.

> 테마는 후보자와 유권자, 그리고 유권자의 관심사를 묶어주고, 후보와 상대후보 간에 대비되는 점들을 개괄적으로 보여주려고 유권자에게 전달하는 단 하나뿐인 중심적인 생각이다. 테마는 후보가 당선되어야 하는 이유에 대한 대답이다(Bradshaw, 1995: 42).

만약 후보가 특정정당 강세선거구에서 다수당소속이라면, 정당에 기초한 지지호소가 선거테마의 열쇠가 될 수 있다. 한편, 후보가 현역이고 유권자가 경험을 선호한다면, 사람들의 인식과 후보자의 업적에서 선거테마가 나올 수 있다. 중요한 것은 유권자들이 각각의 이슈에 대한 후보의 주장을 평가할 시간이 거의 없다는 점이다. 따라서 선거테마를 제대로 만들려면, 유권자의 관심사와 후보자의 해결방법을 서로 연결시켜야 한다.

단순한 테마가 중요하지만, 어떤 후보들은 그것의 필요성을 잘 모른다. 그들은 유권자가 개별정책에 대한 입장을 이해할 것이라고 믿는다. 하지만 개별정책을 이해할 만큼의 시간이나 에너지를 갖고 있는 유권자는 거의 없다. 또한 그렇게 할 여력이 있는 유권자라고 해도 자신이 그동안 해왔던 선택을 추인(追認)하는 경향이 있다. 따라서 선거진영은 유권자들에게 일관된 판단기준을 제공해야만 한다. 실제로 선거진영 입장에서 보면, 중심테마는 메시지의 길잡이 역할을 해야 하고, 그 설명은 서로 모순되지 말아야 한다. 그렇지 않으면 유권자들의 혼란을 부채질하게 되기 때문이다.

1) 선거테마 만들기

선거테마에 관한 이야기는 참으로 장황하다. 오리건 주 시장이면서, 선거 컨설턴트로서도 활동하는 캐서린 쇼(Catherine Shaw)는 많은 정치팸플릿에서 선거슬로건들을 상당히 모았다. 그것들 가운데에는 "우리 모두는 … (후보 이름)와 함께 승리한다", " … (장소 명)을 위한 지도자", " … (장소 명)의 모든 것에 관심 있는 후보" 등의 슬로건들이 있다(2000: 28). 한편, 선거테마들은 서로 바꿀 수 있는 것처럼 보인다. 그러나 쇼는 알맞은 선거테마는 선거맥락에 따라 다르다고 말한다. "새로운 목소리! 새로운 에너지"와 "실천하는 리더십, …(후보 이름)" 가운데 어느 것이 더 좋을까? 가끔씩 단어들이 아주 단순하게 들려도, 실제로 보면 선거테마를 만드는 일은 복잡하다. 알맞은 테마를 개발하는 것은 투표자들이 원하는 것과 후보가 제시해야만 하는 것을 정교하게 조합하는 것이다. 그리고 상대후보가 말하려는 사항도 간과해서는 안 된다(Bradshaw, 1995: 43 ; Salmore and Salmore, 1989: 126~135).

'유권자들이 원하는 것'을 찾는 것은 불확실한 일이다. 벤치마크 여론조사를 하면 두드러지는 이슈들을 많이 알 수 있지만, 그러한 이슈들은 몇몇 응답자를 제외하고는 언급되지 않는다. 2000년 3월 갤럽조사에서 '미국이 현재 직면한 가장 중요한 문제'를 말하라는 질문에 응답자들은 다른 것들보다 '교육문제'를 자주 언급했다. 그 비율은 16%였다. 에이즈(AIDS) 전염병은 0.5% 미만으로 거의 언급되지 않았다.

만약 여론조사자들이 응답자들에게 에이즈(AIDS)가 중요한 이슈가 아니냐고 한마디 거들었다면, 아마도 그 수치는 더 높아졌을 것이다. 그렇지만, 현명한 선거전문가라면 이 여론조사가 사람들의 마음을 제대로 측정했는지 의아스럽게 생각할 것이다.

데이터는 항상 해석여하에 달려 있지만, 테마를 개발하려면 유권자의 관심사를 집약하는 메시지를 찾아야 한다. 일반적으로, 테마는 의도적으로 포괄적이게 만든다. 다양한 이슈나 폭넓은 조건들을 포괄하기 위해서이다. 대부분의 경우, 오염문제에 대한 사람들의 관심이 분명하고 후보자가 문제를 다루는 적임자라고 해도, 그를 '환경분야의 지도자'라고 단순히 발표하는 것은 잘못하는 것이다. 환경문제를 강조하면, 다른 타깃유권자들을 소원하게 만들기 때문이다. 선거를 하다보면, '미래에 관심 있는 후보'라는 테마처럼 전반적인 선거테마가 가장 효과적이라는 점을 배우게 된다. 메시지가 포괄적이어야만 다양한 이슈들이 들어갈 수 있기 때문이다. 마찬가지로, '범죄에 강경한 후보'라고 하기보다는 '보다 안전한 공동체에 관심이 있는 후보'라고 하는 것이 더 나은 전술이다. 범죄에 대해 두려움을 갖는다는 표현의 핵심은 어떤 사람도 공동체에서 안전하지 않다는 것이다. 그리고 지역을 안전하게 만들려면, 지역을 순찰하는 경찰을 늘리고, 범죄자에게 중형을 선고하고, 교육시스템을 개선하고, 가족의 가치를 장려하고, 주거와 사회기반시설에 투자하는 등의 많은 변화를 시도해야만 한다. 따라서 그 범주가 폭넓은 테마라야만 여러 가지 연관된 생각들을 통합함으로써 더 많은 유권자에게 호소력을 갖게 될 여지가 있다고 하겠다.

어떤 사람들은 '포지션이슈'와 '가치이슈'의 차이점에 대해 말한다(Salmore and Salmore, 1989: 112~113). 포지션이슈는 자신의 입장을 명확히 해야 하는 이슈들이다. 따라서 사람들은 포지션이슈와 관련된 사안에 대해서는 반드시 하나의 입장을 취해야만 한다. 이런 점에서 낙태와 총기규제 같은 이슈들은 사람들을 갈라놓은 포지션이슈에 해당한다. 한편 가치이슈는 강한 국방, 범죄감소, 오염근절, 일자리창출처럼 모든 사람이 동의할 수 있는 관심사이다. 그러나 여기에도 예외가 있다. '쐐기(*wedge*) 전략'이 바로 그것이다. 그것은 상대편 가운데 하나를 희생시키게 만드는 서양장기에서 나온 전략으로서, 상대편을 분열시키는 이슈들을 강조하는 것이다. 가령, 환경론자들과 조직노동자들로 구성된 진보적인 선거구에서 중산근로자층이 제 목소리를 내도록 만들기 위해 공화당후보가 의도적으로 '일자리창출' 메시지를 제시해 중산근로자층과 환경론자들을 대립시키는 경우가 여기에 해당한다.

단일이슈가 거의 모든 유권자들의 관심을 압도하는 경우처럼, 간혹 포지션 이슈와 가치이슈 가운데 하나를 선택할 기회조차도 후보에게 주어지지 않을 때가 있다. 이러한 이슈들을 '투표(*referenda*) 이슈'라고 부른다(Salmore and Salmore, 1989: 113). 많은 도시에서 유권자들의 경우, 프로스포츠팀 재정지원을 요구받고, 새로운 경기장 건설비용을 부담한다. 성공한 프로팀은 그 도시의 큰 재산이기는 하지만, 그 팀에 대한 재정지원은 기존의 도로, 교량, 학교 지원예산이 감소한다는 것을 의미한다. 결국, 이러한 유형의 이슈들은 도시를 분열시켜, 후보자들로 하여금 한쪽 입장에 참여하지 않을 수 없게 만든다.

테마선택은 후보의 출마공직에 따라서도 제약을 받는다. 유권자들이 공직에 따라 거는 기대가 다른 것은 당연하다. 주지사, 카운티단체장, 시장 같은 행정직 출마자들은 지도력과 능력을 부각시키려고 한다. 사람들은 그들이 특정 이해관계의 요구에 단순히 순응하기보다는 이해관계를 선도하는 역할을 해주길 기대한다. 한편 의회직에 출마한 후보자들에게는 일상적인 선거구 봉사활동과 함께 선거구를 위한 정부사업 프로젝트를 성사시킬 능력을 기대한다.

후보자의 신분 역시 중요하다. 현역들은 특별한 제약을 받는다. 주디스 트렌트(Judith Trent)와 로버트 프리덴버그(Robert Friedenberg)에 따르면, 후보자의 신분은 홍보전략의 핵심요소이다(Trent and

Friedenberg, 2000: 76~78). 현역들은 물러나라는 요구를 받지 않은 이상 '변화'와 연관된 메시지들을 강조할 수 없다. 현역의 선거테마는 '그 동안의 방향을 유지시켜야 할' 필요성을 강조한다. 도전자들과 달리, 현역들은 공직이 상징하는 힘, 진실, 능력, 합법성 같은 부수적 요소들을 활용할 수 있다. 그러나 그들에게는 감출 수 없는 기록들이 있다. 대부분의 현역들은 자신들의 기록 가운데 '업적'과 같은 긍정적 측면들을 발굴하려고 최선을 다한다.

도전자들은 테마선택에서 상대적으로 자유롭다. 선택에 제약받을 기록들이 없다. 그렇지만 강력한 테마의 필요성은 크다. 도전자들은 유권자들을 설득해서 기존의 투표행위를 바꾸도록 만들어야 한다. 그러자면 현역에 대한 공격은 거의 항상 필수적이다(Trent and Friedenberg, 2000: 91~101). 바바라 샐모어(Barbara L. Salmore)와 스테픈 샐모어(Stephen A. Salmore)와 같은 학자에 따르면, "대부분의 도전자는 현역에 대한 우호적인 평판을 약화시키면서, 자신에 대한 긍정적인 사례들을 활용하는 일을 동시에 해야 한다"(Salmore and Salmore, 1989: 128). 아주 특별한 일이 없으면, 유권자들이 변화를 추구할 이유가 별로 없다. 그래서 최근 사망한 폴 코버델(Paul Coverdell)은 1992년 연방상원선거에서 자신을 평범한 조지아 사람으로 훌륭하게 묘사하면서, 상대후보를 극단주의자로 생생하게 표현했다. 인상적인 텔레비전 광고에서 늙은 여성이 유권자들에게 "코버델은 우리처럼 평범하지만, 상대후보 위치 파울러(Wyche Fowler)는 명문가출신이다. 그리고 조지아 사람들은 자기 고장을 자랑스러워하는데, 매사추세츠 출신 진보주의자는 조지아 사람들을 위하지 않는다"고 말했다.

도전자나 현역이나 마찬가지로, 테마는 이해가 쉬워야 한다. 유권자는 복잡한 것보다 단순한 것을 받아들이는 경향이 있다. 진실, 경험, 관심, 변화, 노력, 가족중시, 여타 가치이슈들은 쉽게 이해되고 보편적인 호소력을 갖는다. 1990년 미네소타 연방상원의원 선거에 도전하면서, 폴 웰스톤은 엄청난 갑부로서 6백만 달러를 선거에 쓸 준비가 되어 있는 상대후보와 극명하게 대비되는 '보통사람'이라는 단도직입적인 테마를 개발했다. 8년 뒤 미네소타 유권자들은 전직 프로레슬러 벤츄라를 주지사로 만들었는데, 그러한 결과는 전통적 권위에 대한 그의 도전에 크게 힘입은 것이었다. 당시 선거테마는 메시지가 없었다. 어떤 정치분석가에 따르면, "숙련된 정치인들과 달리, 그는 무엇이든 부딪쳤고, 메시지도 절대로 고수하지 않았고, 곤란한 질문은 회피했다. 이 때문에 그는 다른 후보들과 구분됐다." 그러나 이것이 테마가 없었다는 점을 말하는 것이 아니다. 그의 독립기념일 T셔츠에는 분명히 "98년에 복수하라"는 절규가 적혀 있었다(Beiler, 2000: 128).

4. 결론

"테마는 복수명사가 아니다"(Bradshaw, 1995: 42). 테마는 유권자들의 신속한 인식을 도와준다. 선택할 것이 많다면, 유권자는 하나도 선택하지 않는다. 벤츄라의 개혁적 테마는 그의 전략적 목적들과 부합하는 강한 효과를 냈다. 만약 선거진영에서 전략적 포지션과 타깃유권자에 대해 생각하지 않는 등 전체적인 전략을 만들어내지 못하고, 가장 중요한 일로서 설득 가능한 유권자들에게 지지해야 할 이유를 제시하지 못하면, 그 어떤 성과도 기대하기 어렵다. 표가 어디에 있고, 어떤 테마가 표를 사로잡을지 아는 정도로는 부족하다. 잠재적인 지지자들을 잡을 수 있도록 여러 가지가 일치된 노력을 해야 한다. 제 3부의 주제는 유권자접촉이다.

제 3 부

유권자접촉 기술

제 9 장
모금활동 전략과 전술

선거는 돈이 필요하다. 그 동안은 자원봉사자, 이슈, 외모, 개성을 가지고 당선될 수 있었다. 요즘도 자금이 부족한 후보들이 간혹 당선되기는 하지만, 그러한 경우들은 예외적 현상으로 점차 줄어든다. 선거비용이 설득력 있는 당선의 척도가 된 것이다. 심지어 1996년 대선에 녹색당 간판으로 출마해 선거자금을 거의 쓰지 않아 결국 아주 조금밖에 득표하지 못했던 사회운동가 랄프 네이더(Ralph Nader)도 현행 선거자금제도가 미국정치를 부패시킨다고 직접 문제제기를 하면서도, 2000년 대선에서는 열심히 모금운동에 나섰다. 선거자금개혁을 자신의 주요이슈로 삼았던 연방상원의원 맥케인(John McCain)은 부시와 맞붙기 위해 수백만 달러를 모금하지 않을 수 없었다. 새로운 정치환경은 출마자들이 돈을, 그것도 상당히 많이 모금할 것을 요구한다.

돈은 중요하다. 부분적 이유는 돈이 있어야 선거자원들을 신속하게 확보할 수 있기 때문이다. 과거 선거는 주요인사의 지지선언과 자원봉사에 의존하였다. 그러나 자원봉사자들의 경우, 조직하는 데 시간이 들고 효율성이 요구되는 큰 계획들을 맡기기엔 가끔씩 미덥지 못하다.

주요정치인의 지지선언은 그 자체로 유효하다. 어느 누구도 그것이 선거에 약간은 도움이 된다는 점을 부인하지 않는다. 그러나 단순한 지지표시가 아니라, 유명인사가 후원요청 서신을 발송하고, 후원인들을 면담하고, 후보를 대신하여 후원요청 전화를 하는 것이라면, 그러한 지지선언에는 아주 상당한 무게가 실린다. 돈이 되는 후원은 당선의 필수조건이기 때문이다.

이 장은 독자들이 선거자금모금에 대해 이해하도록 하기 위한 것이다. 선거자금의 역사, 사람과 집단의 선거자금 제공이유, 자금모금 활동 등에 관한 부분전략 및 전술을 간략하게 살펴볼 것이다.

1. 선거에서의 돈

선거는 절대 돈이 조금 들지 않는다. 식민지시대에는 후보들이 유권자에게 음식과 술을 대접했다. 워싱턴(George Washington)은 버지니아 연방하원선거에 처음 출마했을 당시, 유권자 1인당 1.5쿼터씩, 총 160갤론의 술을 제공했다(Dunkin, 1989: 3). 19세기 대부분 동안, 선거는 당파성이 강한 신문과 정당조직을 통해 수행됐다. 집회와 행사가 열렸고, 정당사무처 요원들이 거리를 누볐고, 전단지가 인쇄·배포됐다. 후보자보다 정당이 나서서 필요한 선거자금을 모금했다. 한편, 후보자들은 정당에 돈을 기부했다. 그 이유는 정당으로부터 공천을 받는데 필요했기 때문이었다. 도시의 민주당 실력자들은, 플런키트가 '정직한 부패'(*honest graft*)라고 부른, 직위를 이용한 편법적 방식으로 자금을 받았다(Riordon, 1995: 3). 한나가 사업가들의 돈 수백만 달러를 써서 맥킨리의 저택에 유권자들을 방문시킨 것은, 공화당이 대통령직을 돈으로 산 것이나 거의 다름없었다. 과거의 정치는 오늘날 기준에서 보면 참으로 명예롭지 못한 것이었다.

비록 20세기에 들어 정당의 입지가 점차 줄어들었지만, 과거 정당은 선거자금조달에 중요한 역할을 계속했다. 대부분 지역들에서 정당지도부가 많은 정당사무처요원들을 계속 통제했고, 후보지명 과정을 관리했다. 아마도 가장 중요한 것은, 정당들이 선거자금을 모을 수 있었다는 점이다. 돈은 부(富)와 정치권력 간의 일반화된 유착관계 속에서 나왔다. 사람들이 정부결정에 영향을 미치고 싶을 경우, 정당에 후원하면 됐다. 후보는 큰 조직의 산물이었기 때문에, 돈이 후보에게 직접 들어가도 돈을 정당에 납부하는 것이 당연하게 받아들여졌다. 기업, 노조, 부자들은 정당에 많은 금액을 후원했다. 예를 들면, 1928년 민주당과 공화당이 모금한 자금들의 70% 정도는 1천 달러 이상의 기부금이었다. 당시 1천 달러는 포드사의 최초 자동차인 모델 티(Model T) 두 대를 사고도 남는 금액이었다(Sorauf, 1998: 3).

1960년대와 1970년대 들어 정치모습이 달라지기 시작했다. 발티모어에서 전성기시절부터 받아온 정치자금이 법무부관리들에 의해 적발되어 스피로 애그뉴(Spiro Agnew) 부통령이 1974년에 물러날 정도로 부패가 여전히 극심했지만 정당이 더 이상 주도권을 쥐지 못했다. 워터게이트 사건 전후로 미국의회는 선거자금 모금부담의 상당부분을 후보들에게 지운 선거자금개혁안을 통과시켰다. 후보를 돕는 정당지출비용인 소프트머니(*soft money*)의 사용이 늘어나도록 사법부에서 선거자금조달규정을 완화시켰지만, 아직도 후보들은 자신의 손으로 직접 많은 돈을 모금해야만 한다. 그리고 돈이 없는 후보가 소속정당의 진지한 관심을 끄는 일이 매우 드문 게 현실이다.

자금모금은 전임(*full-time*)으로 해야 하는 일이다. 1996년 많은 연방상원의원들이 의원직에서 물러나면서, 재선을 위해 많은 돈을 모아야만 하는 중압감이 사퇴결심의 한 요인이었다고 말한 바 있다. 재선이 되려면 8백만 4천 달러를 모금해야만 했었으나, 나중에 "그것은 그동안 의회에서 내가 한 표결기록으로는 쉽지 않은 일이었다"고 밝혔던

(Simon, 1999: 306), 연방상원의원 폴 시몬(Paul Simon)은 시사방송프로 〈60분〉에서 "처음 정계에 진출했을 때에는 민주당의 정치자금모금 만찬행사가 있는 자리라면 가리지 않고 열성적으로 참석했다. 그러나 지금은 마지못해 간다. 이러한 모습은 지금이 물러날 적기라는 징후일 것이다"고 말했다(Simon, 1995). 예전에는 연방상원의원이 되려면, 당지도부에 충성을 해야 했지만, 오늘날에는 상황이 바뀌어 정치자금 모금활동에 헌신해야만 한다.

선거비용이 통제할 수 없을 정도로 늘어난 것을 생각하면 시몬을 이해할 수 있다. 지금은 접촉해야 할 사람들도 많다. 1940년대와 1950년대의 베이비-붐 세대, 1965년 투표권법, 그리고 18세에게 투표권을 부여한 미국 수정헌법 제26조 때문에 유권자가 늘어났다(Adamany and Agree, 1975: 21). 유권자들을 접촉하려고 노력하면서, 경쟁을 벌이는 선거진영들은 새로운 기술들을 활용한다. 정교한 서베이조사, 직접 유권자에게 전달되는 홍보물(*direct-mail*, 이하 DM), 텔레마케팅, 컴퓨터를 이용한 타기팅, 라디오 및 비디오용 제작물은 당선비용을 증가시켰다. 선거컨설팅은 새로운 부담을 더했다. 유능한 컨설턴트들은 시간당 수백 달러를 요구하고, 웹에 기반한 홍보도 컨설팅의 새로운 범주로 추가됐다. 연방선거위원회의 보고에 따르면, 1997 ~1998년 선거기간 동안 연방하원과 상원에 출마한 후보들이 7억 4천만 달러 이상을 사용했는데도, 그 가운데 당선된 후보는 소수였다.

사람들은 이처럼 막대한 선거비용지출이 필요한지 의문을 갖는다. 후보들이 돈을 적게 쓰고 이길 수는 없을까? 텔레비전, 라디오, 홍보물에 많은 돈을 써야 당선된다고 후보들이 잘못 생각하면서, 선거비용이 계속 늘어난 것 같다. 현역들의 승산이 어쨌든 높다보니 기부자들도 그들에게 몰리고 있다. 돈과 당선가능성 간에 과연 상관관계가 있을까? 한 표당 비용을 정확히 계산할 수는 없지만, 돈이 미국선거에서 중요하다는 점은 대부분 동의한다. 예를 들면, 1990년 캘리포니아 주의원선거에서 가장 돈을 많이 쓴 사람들의 96%가 당선됐다. 이러한 경우는 연방선거에서도 마찬가지였다. 1998년에 현역의원이 출마하지 않는 선거구에서 당선된 후보들이 선거비용을 상대후보보다 48%나 많이 지출했다는 사실은 "돈이 중요하다는 점에 믿음을 더하는 것"이라고 폴 헤른슨(Paul Herronson)은 말했다(Herronson, 2000: 243~244), 풍부한 자금이 승리를 보장하는 것은 아니지만, 그 가능성은 높여주는 듯 하다. 보다 중요한 것은, 자금은 큰 의미가 없다는 생각으로 모험을 감행하려는 후보와 컨설턴트가 거의 없다는 점이다.

1) 돈과 현역의 이점

과연 선거자금이 높은 재선율의 근원일까? 현역들은 돈을 모으기 쉽기 때문에 당선되는 것일까? 아니면 다른 방법이 있는 것일까? 이러한 질문들은 답변하기 어렵기 때문에 정답을 찾기가 어렵다. 오히려 헤른슨의 선거승리연구에 따르면, 도전자들은 현역들이 선거홍보에 많은 돈을 투자했을 때 승산이 큰 경향이 있는 것으로 나타났다(Herronson, 2000: 232). 추측컨대, 기반이 탄탄한 현역은 돈을 쓸 필요가 없지만, 위태로운 현역은 대중매체와 계약을 해야만 할 것이다. 이러한 역설적 현상을 처음 연구한 사람 가운데 한 명이 게리 제콥슨(Gary Jacobson)이다. 도전자가 상당히 위협적일 때, 현역은 위협대처에 필요한 돈을 모으게 된다. 제콥슨은 "현역의 이점은 '그가 무엇을 하느냐보다는 잠재적 도전자가 무엇을 하느냐'라고 이야기한 바 있다"(Jacobson, 1997: 37). 그렇다면, 선거비용지출은 선거경쟁의 원인인가, 아니면 결과인가? 실증적으로는 명확하지 않다. 가장 그럴 듯한 설명은 현역과 선거자금이 상호보완 관계를 갖는다는 것이다.

그 대답이 어떤 것이든 간에, 정치활동위원회는 지나치게 현역에 치우쳐 있다. 헤른슨에 따르면, 현역인 연방하원의원들은 1998년부터 평균 32만 574달러를 모금했다(Herronson, 2000: 155~165). 현역의 확고한 프리미엄은 다른 선출직에도 존재한다. 자신들의 이해관계를 판촉하고 싶어하는 조직들은 당선예상자들에게 후원한다. 그 이유는 낙선후보에게는 수익(*pay-offs*)이 없기 때문이다. 민주당 연방상원선거위원회 전직대표의 말대로, "중앙정치권의 돈은 대체로 무엇인가를 바라고 제공한 돈이다. 대부분의 공식 정치활동단체들은 그들이 당선될 것으로 생각하지 않는 후보들에게 후원하는 일에는 관심이 조금도 없다"(Luntz, 1988: 178). 현역들은 보통 힘이 있기 때문에 상당한 후원금을 받을 것으로 생각되고, 실제로도 그렇다.

다른 요인들도 작용할 것이다. 현역들은 종종 지난 선거에서 남은 현금을 보유하기도 하는데, 그러한 경우는 시작부터 모금활동이 믿음직스럽게 보여, 일반적인 경우보다는 상당히 많은 '초기자금'을 정치활동위원회와 개인들로부터 모은다. 초기자금은 위협적이고 유능한 도전자의 기를 한층 꺾어 선거에 뛰어들지 못하게 함으로써, 그보다 못한 사람들이 출마하게 만든다(Maisel, 1990: 125). 마지막으로 현역들은 돈을 모아본 경험이 있다. 만약 현역들이 모금방법을 몰랐다면, 아마도 애초부터 당선되지 못했을 것이다. 일단 선출직에 들어가면, 믿을만한 후원인들을 갖게 되고, 다른 후보들의 모금방법을 배우는 데 많은 시간을 투자하고, 모금방법을 계속 개선해 나간다.

2) 선거자금법

연방선거 출마자들은 엄격한 자금모금 규정의 통제를 받는다. 규정들이 아주 세부적이다 보니 현명한 선거캠프에서는 문제가 없도록 하기 위해 변호사와 회계사를 고용한다. 연방선거위원회(FEC)는 쉽게 요약한 형태로 규정과 규칙을 배포한다. 최근에는 인터넷을 통해 관련 자료들을 이용할 수 있다. 해당자료들에는 연방선거출마자들과 유관단체를 위한 세부적인 선거가이드, 수시발간뉴스, 소책자, 월간소식지 《더 레코드》(*The Record*) 등이 있다. 《더 레코드》는 선거전문가들에게 선거자금과 의무보고사항에 대한 최근자료들을 제공한다. 디지털시대이기 때문에 선거에 관한 필요사항들을 놓치지 않으려면, 온라인으로 필요한 보고서들을 받아 정리하면 된다.

이러한 보고서들은 선거진영들이 1970년대에 만들어진 선거자금법을 위반하지 않도록 하려는 데 그 목적이 있다. 연방선거위원회법 규정과 일련의 개정내용들은 각 선거단계(예비선거, 결선투표, 본선)마다 개별후원을 1천 달러로 제한하였다. 정당들은 1인당 최고 5천 달러 내에서 기부받지만, 후보지원금은 통상 투표등록노력, 공동여론조사, 투표독려운동의 형태로 지출항목을 정해서 지원할 수 있다. 이러한 지출내용들은 인구와 인플레이션에 기초한 공식에 의해 상한선이 정해져진다. 2000년 선거 당시, 연방하원선거구가 한 개 이상인 주들에 출마한 연방상원선거 출마자들의 경우, 중앙당과 주정당에 허용된 자금지원규모는 3만 3,780달러였다. 주의 규모에 따라 다르긴 하지만, 연방상원선거 출마자들은 163만 6,438달러까지 자금지원이 허용됐다. 당초 지원한도 공표시점 때, 지출상한선의 적법성을 놓고 법원으로부터 문제제기가 있었고, 종합적인 선거자금개혁입법이 의회에서 논란 중이었다.

21세기가 시작되면서 노조, 회사, 법인형태의 후원조직들이 후보자에게 직접 후원하지 못하도록 되었지만, 엄격하게 통제받는 별도의 금융계좌를 통해서 지원하는 것은 허용됐다. 그들은 선거의 각 단계마다 후보자에게 직접 5천 달러를 후원할 수 있는 정치활동위원회를 만들 수 있었다. 1997~1998년 선거 당시, 연방선거위원회 보고에 따르면, 4,699개의 정치활동위원회들이 5천만 달러 조금 모자라게 기부했다. 어쨌든, 후보자의 필요에 따라 정치활동위원회가 단순하게 반응하는 셈이다. 출마자들은 선거를 위해 더 많은 돈을 원하고, 정치활동위원회는 수요를 충족시킨다. 한편, 후보 1명이 정치활동위원회 지원금을 받으면, 다른 후보들도 보통 그에 따라서 받아야만 한다.

이익단체들의 발달이 전국적으로 유사하기 때문에, 비슷한 규칙들이 주와 지방의 선거에도 적용된다. 주정부와 지방정부가 규제문제들에 관여를 많이 관여하면 할수록, 기업, 노조, 소비자집단들은 선거과정에 더 깊숙이 참여하겠다는 결정을 내린다. 미시간 주 같은 지역들에서는 출마자 선거자금의 4분의 3이 이익단체와 정당으로부터 나오는 반면, 노스캐롤라이나 주 같은 지역들은 선거자금의 3분의 2 정도가 개인들로부터 나온다(R. Jones, 1991: 52~53). 주와 지방은 자금규정이 다르다. 연방선거위원회는 주의 규정을 조사해 2년마다 포괄적인 기부리스트를 발표하지만, 출마자들이 특별한 정보를 알고 싶으면 직접 주의 관계기관에 문의해야 한다.

21세기가 시작되면서 보류되는 것처럼 보이는 선거자금 개혁입법 요구가 근래에 널리 확산됐다. 연방선거위원회법 규정들의 범위를 넘어서 정당이 합법적으로 모금하거나 지출하는 자금인 '소프트머니'에 많은 초점이 집중됐다. 소프트머니는 비연방선거에 사용된 돈과 정당이 후원하는 '이슈지지 광고'에 사용된 돈을 통상 의미한다. 후자는 전자보다 훨씬 논란이 된다. 예를 들면, 1996년 민주당 전국위원회는 클린턴의 재선을 노골적으로 옹호하지 않으면서, 이슈지지 중간광고들을 연속으로 내보냈다. 그 광고들은 조용한 백악관 집무실에서 열심히 일하는 클린턴을 보여주면서도 "클린턴에게 투표하라"는 말은 절대 하지 않았다. 클린턴의 재선을 "노골적으로 옹호하는 것"으로 간주돼지 않았기 때문에, 그 광고들은 연방선거위원회법에 저촉되지 않았다. 2000년, 소프트머니 지출로 모든 기록들이 깨져버렸다. 민주당, 공화당 총무들은 개혁을 요구했고, 2001년 맥케인과 페인골드 의원이 연방상원에 입법발의한 여러 법안 가운데 중앙당지출에 무거운 제약을 가하는 규정이 큰 표 차로 상원을 통과했다. 그 몇 년 전에는 선거자금 개혁론자들이 놀랄 정도로 의회에 큰 반향을 일으킨 후에 비슷한 법안 1건이

하원을 통과한 바 있다(Dwyer & Farror Myers, 2000). 그 이전까지는 어떠한 주요 선거자금개혁 요구가 법제화된 적이 없었다.

그러나 2000년 선거중반에 의회는 선거자금법 '527항' 자금의 우선순위에 대해 문제를 제기한 바 있다. 이 조항은 내부수입규정의 5개항에 따라 구성된 집단들에 해당하는 것으로, 선거단계마다 '이슈지지 광고'를 내보내는 데 사용되는 자금의 무제한적이고 은밀한 모금을 허용하는 것이었다. 맥케인은 공화당 대통령후보 예비선거 라이벌인 부시를 지원하는 재정후원자들의 모임인 그룹인 'Republicans for Clean Air'(환경을 생각하는 공화당원들의 모임)가 환경이슈에 관한 부시의 경력을 선전하는 광고를 막지 못했다고 혹평했다. 선거자금법 527항 옹호론자들은 이 조항이 다양한 정치적 발언을 촉발시킨 제 1차 미국 수정헌법에서도 보호되었던 것이라고 말한다. 정치적 발언으로 사람들이 처벌받아야 할 이유가 없다는 것이 그들의 주장이다. 2000년 7월, 만약 새로운 법안이 만들어졌으면, 제반조직들은 지도부와 자금출처를 밝혀야만 했을 것이다.

자유발언 옹호주장들은 대법원 판례인 버클리 대 발레오 판결(Buckley v. Valeo, 1976)[1]로부터 나온다. 이 판례는 연방선거위원회법에 대한 헌법소원에서부터 비롯된 것이다. 선거자금 후원에 대한 제

---

1) 역주: 버클리 대 발레오 판결은 1976년 연방대법원이 7 대 1로 연방정부의 관직에 출마하는 후보자들이나 그 지지자들이 지출할 수 있는 선거비용의 상한선을 설정한 1974년에 개정된 연방선거운동법(Federal Election Campaign Act)이 수정헌법 제1조에 명시된 표현의 자유를 침해한다고 위헌 판결을 내린 것을 가리킨다. 선거운동비용 제한이 헌법상 표현의 자유에 대한 위헌적 침해라고 본 이 판결은 사실상 금권선거를 합법화하는 결과를 가져왔다. 여기서 버클리는 뉴욕 주의 연방상원의원이었던 제임스 버클리인데, 그는 자신의 반대에도 불구하고 의회가 선거자금 규제법안을 통과시키자 상원사무국에서 일하는 의회직원 프랜시스 발레오에게 시비를 걸어 소송을 걸었다고 한다.

약은 일반적으로 합헌이지만, 연방선거위원회법의 일부조항들이 선거자금 지출에 대해 포괄적인 상한선을 두려고 하기 때문에 헌법상 보장된 권리를 침해했다는 것이 대법원의 판결이었다. 연방선거위원회 법령에 규정된 독자적인 지출조항의 합헌성을 유지하기 위해 버클리는 "분명한 자격이 있는 연방선거 출마자의 당선이나 낙선을 공개적으로 옹호하는 홍보지출 비용만을 포함시키도록" 법률을 다시 정의했다. 이 정의의 정확한 범위는 애매하지만, '공개적 옹호'는 "국회의원 선거에 출마한 스미스" 또는 "구태의연한 힉코리에게 표를 주지 말라"처럼 좁은 범위의 주장을 의미했다. 이처럼 분명한 표현(*Magic Words*)이나 옹호하는 성격의 다른 표현들이 없다면, 홍보는 연방선거위원회법의 통제를 받는 독자적인 지출항목이 아니기 때문에 연방차원의 규제를 받지 않는다.

2. 개인과 단체의 기부이유

현행 선거자금시스템에 대한 사람들의 생각이 무엇이든 간에, 출마자들은 그 규정에 따라 활동해야 한다. 출마자들이 승리하길 원하면 돈을 모금해야 하고, 돈을 모으려면 개인들과 단체들의 선거자금 제공이유를 알아야 한다. 소라우프(Frank J. Sorauf)에 따르면, "그 과정은 양면성을 갖는다. 기부자들과 출마자들은 모두 정치적 목적을 추구한다"(Sorauf, 1995: 78). 닉슨 대통령시절 부통령을 지낸 애그뉴가 정부발주 계약공사비의 1%를 정치자금화할 것을 요구했던 당시에는 선거자금기부가 쉽게 받아들여졌다. 그러나 21세기의 선거자금 조달은 한층 복잡하다. 대부분의 유권자들은, 사람들이 1천 달러 이상을 내고 연방상원 출마자와 '악수하면서 웃는' 스냅사진을 찍으려고 줄서서 기다리는 광경에 놀란다. 그들간에는 어떠한 정책이슈들도 논의되지 않는다. 그리고 대형사업 논의를 위해 후보자와 잠깐 시간을 갖고자 하는 사람들은 보좌진이 서둘러 내보낸다. 오늘날 선거운동의 일부 모습들은 거의 상상도 못할 정도이다.

1) 개별기부자

1998년 선거기간 동안 연방상하원 선거에 모금돼서 지출된 약 7억 5천만 달러 가운데 거의 3분의 1은 개인들이 후원한 것이었다. 연방선거위원회에 따르면, 2000년 선거의 경우는 개인들이 1년도 안 되어 1억 2천만 달러 이상을 기부했다. 이러한 규모는 전체의 일부에 불과하다. 주선거와 지방선거의 경우는 여기에 포함되지 않았고, 대통령선거도 마찬가지다. 개인기부자들이 많은 금액을 후원한다는 정도로만 말해 두겠다.

많은 사람들은 요청받기 때문에 선거자금을 기부한다. 선거자금 요청행위는 개별기부자의 후원가능성을 크게 증대시킨다. 만약 요청이 없다면, 가장 협력적인 사람들조차도 재정후원을 할 생각을 하지 않는다. 아마도 선거진영에 자금이 충분하다면, 어느 누구도 돈을 구하려고 하지 않는다. 자금후원 의도를 가진 사람들 가운데 많은 사람은 그러한 요청을 받는 것을 그냥 좋아한다. 자금후원 요청을 받으면, 기부자들은 자신들이 필요하고 인정받는다는 기분을 느낀다. 아마도 소라우프가 말했던 것처럼, "자금요청은 대의명분에 대해, 아니면 후원요청자에 대해 약간은 애매하지만 일반화된 충성심이나 공감대를 갖게 한다"(Sorauf, 1988: 49). 이러한 충성심 명제는 정당지도부가 당선이 확실한 사람들로 하여금 후원금이 부족한 동료들에게 기부를 하도록 요구하는 주의회정치의 일반관례에 의해 강화된다(Shea, 1995a).

많은 개인들은 정치에 관심이 있다. 그리고 우호적인 후보의 당선을 도와줌으로써 정치적 사건들의 전개과정을 변화시킬 수 있다. 기부는 낙태, 총기규제, 경제규제 철폐와 같은 단일이슈들과 관련 있다. 가끔은 정당강령이나 정치이념과 같은 커다란 신념들을 조성하려는 데 그 의도가 있기도 하다. 정당활동가들과 정치의 결과에 큰 관심 있는 사람들이 기부를 더 잘하는 경향이 분명히 있지만, 비정치조직들에 대한 충성심도 그들이 기부하도록 재촉한다. 예를 들어, 만약 어떤 전문협회가 현역의 정치공약을 오랫동안 반대했다면, 해당협회 회원들은 도전자에게 기부를 하면 최대이익이 돌아온다고 믿을지도 모른다.

과거업적 평가도 사람들로 하여금 기부하게 하는 강한 요인이다. 재산세완화에 찬성표를 던졌던 출마자는 그러한 노력에 단지 감사를 표현하려는 기부자들로부터 지원받을 수도 있다. 이러한 회고적 평가에 의한 기부는 도전자에게도 이롭게 작용할 수 있다. 저명한 공화당지도자 한 명이 공화당의 모금활동가들에게 "누가 현역을 싫어하고, 누가 그를 압도적으로 찍을 것인가, 당신들 자신에게 물어보라"고 자문한 적이 있다(Shea & Brooks, 1995: 25). 어떤 사람들은 일단 리스트에 올라가야 기부금을 내는 습관이 있다(Yeutter et al., 1992). 사실 미국인들의 10% 정도는 어떤 선거든지 한 명 이상의 출마자에게 후원을 한다(Sorauf, 1998: 47).

습관, 회고적 평가, 정책선호도, 기부요청자들의 충성심이 강한 기부요인이지만, 명성도 그렇다. 흥미로운 역설은, 정치인들이 전체적으로는 지탄받아도 개별적으로 보면 많은 선출직 공직자들이 크게 존경받는다는 점이다. 공직은 그 자체로서 존경심을 유도하는 힘을 갖는다. 일부 사람들은 모금행사에서, 특히 방송에 정기적으로 출연하는 당선자들을 만나고 싶어한다. 가끔 그러한 만남은 개인적인 전화나 사인, 사진형태를 취한다. 정치에서 명성은 연예계, 스포츠계, 정계 출신의 유명인사들이 포함된 정치자금모금단의 모금성공 이유를 설명해준다. 일부 사람들이 유명한 행사의 흥분되고 우아한 분위기에 참여하려고 예술행사에 돈을 내는 것과 마찬가지로, 많은 사람들은 출마자에게 기부를 하면서 정치경험을 공유하고 싶어한다.

2) 이익단체

개인들이 기부하는 동기는 이익단체의 경우에도 그대로 적용된다. 다만, 두드러진 차이점은 단체들의 경우 정책적 입장에 따라 기부하는 경향이 있다는 점이다. 모금활동가 칼 실버버그(Carl Silverberg)는 정치활동위원회가 출마자에게 기부하는 이유를 4가지로 말한다. "국회의원은 이익단체들의 이슈와 관련해서 표결한다. … 국회의원은 공식 정치활동위원회가 당해년도 우선사업들로 제시한 대다수 안건에 의결권을 가진 상임위에 들어간다. … 선거구에 상당한 추종자들이 생긴다. … 정치활동위원회가 대변하는 기업은 선거구주민들을 많이 고용한다"(2000: 62). 정치활동위원회들은 자신들의 이슈를 다루는 현역들에게 접근하려고 자신들의 관심사에 공감하는 인사들을 당선시키고 싶어 한다. 이것이 바로 현역들이 이익단체 후원금의 대부분을 얻게 되는 이유인데, 그 이유는 바로 낙선자에게 후원을 해봐야 이로울 것이 없기 때문이다. 그래서 이익단체들이 자신들의 목소리를 전하기 위해 주요 정당들에게 기부하는 모습을 일반적으로 보게 되는 것이다. 후원의 정책적 관심사와 무관하게 기부하기도 하지만, 이익단체들이 기부할 때는 후보를 '매수'한다고 믿을 이유는 별로 없다. 이익집단들이 선출직 공직자들에게 자신의 입장을 설명할 기회를 바라고 후원하는 것만은 아니지만 그래도 '설득기회, 설명기회'를 얻고 싶어한다(Sorauf, 1988: 314). 이와 관련해 시몬은 불만스럽게 말했다. "저는 어떤 사람에게도 선거자금 후원을 대가로 어떠한 것을 약속하지도 않았다. 그러나 내가 연방상원시절 한밤중에 호텔방에 갔을 때, 20통의 전화가 왔다. 그리고 그 가운데 19통은 내가 이름을 들어보지도 못한 사람들이었고, 20번째 전화는 내게 1천 달러를 기부했거나, 아니면 나를 위해 돈을 모금해주었던 사람이었을 것이다 … 당신은 내가 누구에게 전화를 걸어야 한다고 생각하는가?"(1999: 306).

3) 기부하지 않는 이유

끝으로 사람들과 집단들이 후원하지 않으려는 이유를 이해하는 것이 중요하다(Yeutter et al., 1992). 그 이유는 첫째, 많은 예비기부자들이 기부요구를 받지 않기 때문이다. 자발적으로 후원을 해야겠다고 생각하는 사람은 거의 없다. 둘째, 기부요구금액이 가끔씩 구체적으로 명시되지 않기 때문이다. 얼마가 필요한지 모르면, 잠재적 기부자는 그 기회를 그냥 흘려보낸다. 셋째, 잠재적 기부자들이 확실한 기부방식을 모를 수도 있기 때문이다. 후원요청편지에 반송봉투를 동봉하지 않으면 후원금이 훨씬 덜 걷힌다. 실질적인 골칫거리가 아닌 단순한 이슈들도 모금노력에 상당한 영향을 줄 수 있다. 가령, 어떤 후보가 모금수단으로 인종차별을 활용하면, 예비기부자들은 불쾌한 감정을 갖게 되어 기부하지 않기로 결심한다. 간혹, 기부를 해달라고 귀찮게 조르는 것도 그 대상자에게 무시받는 느낌을 주기도 한다. 비슷한 맥락에서 기부를 구걸하는 것 역시 언뜻 보기에 설득력이 없을 수 있다. 잠재적 기부자들로 하여금 자신들의 돈이 긴요할 것이라고 믿게 만드는 것도 중요하다. 기부자들은 자신의 돈이 불필요하거나 낭비된다고 생각하거나 기부요청자가 탐탁지 않으면 기부할 의욕을 못 느낀다.

3. 모금전술과 전략

모금전문가 새빈에 따르면 성공적인 모금의 3가지 비결이 있는데, 그것은 노력하고, 또 노력하고, 또 노력하는 것이다. 만약 당신이 걱정하고 스트레스를 느끼지 않는다면, 당신은 일하지 않는 것이다. 모금은 로켓과학이나 외과수술이 아니라, 열심히 계속 노력하면서 완전히 강박관념에 빠졌다는 기분이 들더라도 집중하는 것이다(Shea & Brooks,

1995: 25). 그러한 작업의 일부분은 계획된 목표들에 주목하는 것이다. 로버트 카플란(Robert Kaplan)은 "일단 계획의 주체가 되면, 중도에 어떤 계획수정이 있을지라도 후보나 선거관리자로서의 임무는 계획 이행에 총력을 기울이는 것"이라고 단호하게 주장한다(2000: 64).

전략적 모금계획의 4가지 중요요소는 금액, 타이밍, 자금원, 전술이다. 일부 선거진영에서는 모금가능한 자금규모에 대한 평가를 바탕으로 자신들의 계획을 수립하는데, 이것은 잘못된 것이다(Himes, 1995: 63). 올바른 접근방식은 전체적인 선거플랜 이행에 필요한 자금의 규모를 파악하는 것이다. 구체적 목표를 정하면, 모금활동팀은 분명한 동기를 갖는다. 표적과 마감기한은 모금활동을 강하게 자극하는 요인들이다. 예를 들어, 만약 선거전략상 이른 봄에 대형 텔레비전을 구입해야만 한다면 모금노력은 사전에 시작된다. 전통적인 모금대상인 정당지원금, 지방(*local*) 후원자들, 소속정당 인사들에게 후원했던 정치활동위원회들만 가지고 충분할 수도 있지만, 만약 그렇게 해서 충분하지 못하면, 출마자는 대안으로 지역(*regional*) 후원자들, 정당에 후원한 적이 없는 정치활동위원회 등을 고려해야만 한다.

돈 많은 출마자들은 선거초반에 자신의 돈으로 구체적 공약을 만들어 제시할 수 있기 때문에 유리하다. 이 돈은 선거운동이 본 궤도에 오르기 전에 필요한 자금인데, 여기에는 선거컨설턴트 비용, 여론조사 비용, 선거타기팅 데이터비용 등이 포함된다. 임신중절 합법화를 지지하는 민주당 여성후보들은 종종 에밀리(EMILY) 리스트를 유심히 본다. 에밀리 리스트의 'EMILY'는 "초기자금은 빵을 부풀리는 누룩 같아서 돈을 부풀리게 만든다"(*Early Money Is Like Yeast - It makes the 'dough rise'*)는 말의 약자이다. 초기자금이 없으면, 선거진영에서는 기부지망생들이 기부를 주저하는 모습을 보게 된다. 초반에 기부를 하는 에밀리 리스트 인사들은 출마자들을 스카웃해서 교육시키고 선거자금을 지원해줌으로써, 자신들에게 선발된 후보들이 선거에서 첫 번째 부딪치는 큰 장애물을 극복하도록 도움을 준다.

모든 후보들의 잠재적 자금원으로는 가족, 친구, 동료, 모임회원, 당원, 정치활동단체, 평소 기부자, 상대후보 반대자, 정당 등이 있다. 많은 입후보자들은 잠재기부자들을 3가지 일반범주(소, 중, 대)로 묶는다. 이 범주들을 정확하게 정하는 방법은 개별선거의 특성들에 따라 다르다. 도시의회 선거에 고액을 기부하는 인사들이라도 연방의원 선거에서는 소액기부자로 간주될 수 있다. 사실, 대부분의 입후보자들은 자신들이 정치자금을 고액기부자들에게만 의존하지 않는다고 일반인들이 생각해주길 바란다. 1996년 폴 웰스톤(Paul Wellstone)과 재격돌한 전(前)공화당 연방상원의원 루디 보스위츠(Rudy Boschwitz)는 자신이 많은 부분의 선거자금을 단돈 100달러도 못내는 가난한 사람들로부터 받는다는 것을 미네소타 유권자들에게 알릴 방법이 없어 애를 먹은 바 있다.

모금전략이 전망에 따라 달라지기 때문에 넓은 부분에 기반을 둔 계획이 아주 실효성 있다(Beaudry & Schaeffler, 1986: 164). 모든 선거에 전부 유효한 기술은 존재하지 않는다. 간혹 종종 여러 기술을 적절하게 배합해야 하는데, 그것은 후보와 컨설턴트에게 달려 있다. 예를 들면, 어떤 후보들은 보다 편하게 돈을 요구하지만, 어떤 컨설턴트들은 정치활동단체들에 요청하는 것보다 홍보물을 직접 보내는 DM에 더 능숙하다. DM을 싫어해서 누군가 말로 후원요구하는 것을 더 좋아하는 일부 기부예상자들이 있기는 하지만, 그 외의 사람들은 우편을 편하게 생각하고, 오히려 전화하는 것을 주제넘게 참견하는 것으로 생각한다. 모든 전략들이 모든 지역구에서 동일한 효과를 내는 것은 아니다. 그렇지만 선거본부에서는 가장 통상적으로 활용되는 각각의 모금기술들에 익숙해야 한다.

1) 개인적 후원요청

워싱턴의 공화당 연방하원의원 로드 챈들러(Road Chander)가 1992년 의회를 떠나기로 결심했을 때, 공화당 여성동료의원 제니퍼 던(Jennifer Dunn)은 자신의 가능성을 보았다. 그녀는 지난 선거에서 자신이 부족했던 부분을 실용적인 모금방법으로 보완했다. 11년간 워싱턴 공화당 주지부를 운영했던 던은 개인적 후원을 요청하는 것이 최상의 방법이라는 것을 알고 있었다. "친구들과 자원봉사자들의 도움을 받아 던은 자신의 개인서류철에 등록된 5천 명의 명단을 가지고 개인들로부터 49만 2,442달러를, 정치활동위원회로부터 16만 8,737달러를 모금했다"(Morris & Gamache, 1994: 152). 그녀는 직접 후원요청하는 기존의 방식으로 상대보다 2배 이상 더 많은 돈을 모금했다.

'돈을 요청하려고 전화하는 것'은 한나절을 보내야 하는 별로 마음내키지 않는 방법이지만, 개인적인 후원요청은 단기간에 다액기부자들로부터 먼저 돈을 받아내는 데 상당히 생산적인 것으로 입증됐다. 일반적으로 기부할 만한 사람들이 들어가 있는 중심명단은 후보자와 견해가 맞는 부자들을 포함시켜 작성된다(Allen, 1990a: 49). 개인적인 후원요청은 소액기부자들에게 효과적일 수 있지만, 1천 달러를 요청하는 데 들어가는 시간이나 10달러를 요청하는 데 소요되는 시간이나 같다. 호응도 역시 비슷하다. 새로운 스타일의 선거운동에서는 직접 후보자를 활용해 고액기부자들을 상대하는 일을 하는데, 그렇게 하는 부분적인 이유는 개인적 후원요청이 돈 많은 인사들로부터 기부를 이끌어내는 유일한 방법이기 때문이다.

성공여부는 기부할 사람의 개인적, 직업적 이해관계에 종종 달려있다. 후원요청자들은 정확하게 선거운동을 어디에서 하는지, 돈이 필요한 이유는 무엇인지를 세부적으로 설명할 준비를 해야 하고, 여론조사정보, 선거브로슈어, 후보자 정책소개서, 돈이 들어갈 지출항목들을 제시해야만 한다. 어떤 사례들을 보면, 선거계획을 간단하게 설명하는 것도 의미가 있다. 그렇게 하는 목적은, 기부자들이 치밀하게 운영되면서 상당히 조직화된 선거진영으로부터 동참요청을 받는 것처럼 느끼게 만들려는 것이다.

전문 모금활동가들이 직면하는 어려움 가운데 하나는 후보들이 마지못해서 돈을 요청하는 것이다. 카플란은 이런 현상을 '모금공포'라고 부른다(Kaplan, 2000: 64). 카플란은 후원을 요청할 때 "기부자들이 기부할 것으로 당신이 파악한 금액보다 10~25% 많은 액수를 제시하라"고 충고한다(Kaplan, 1991: 54). 어떤 컨설턴트들은 잠재적 기부자의 관점에서 기부하는 이유를 바라본다. 컨설턴트들은 간혹 별도 모금계좌를 선거 직전의 각 단계마다 만들 것을 권한다. 광고비용 부담에 동의하는 기부는 해당기부금에 대한 구체적 회신을 요구한다. 전형적인 모금요청 전화문안은 "저희는 11월 선거를 대비해 지금 계약해야 하는 몇몇 방송광고 때문에 1만 2천 달러를 모금하려고 합니다. 선생님께서는 기부를 약정해 주시겠습니까, 아니면 저희들에 지원물품을 보내 주시겠습니까?"라는 것이다(Shaw, 2000: 79).

많은 선거진영에서는 후원자에게 정기적인 기부를 요청하는 '약정(*pledge*) 시스템' 개발로 성과를 거두었다. 이러한 접근방식은 종종 기부를 전체적으로 늘린다(Beaudry & Schaeffer, 1986: 168). 보다 일반적인 기술은 일단 기부를 시작하면 계속 기부할 사람들을 접촉하는 것이다. 하지만 이러한 접근방식은 위험이 따른다. 앞으로의 후원을 점점 줄일 수 있기 때문에, 가능하면 한번에 많은 것을 얻는 것이 좋다. 대규모 모금방식으로 모금순위제를 활용할 수도 있다. 잘 사는 후원인에게 고액모금 만찬의 테이블 하나를 책임지라고 약속하게 할 수도 있다. 이러한 개별후원인이 어느 정도 소중한 것은 사실이지만, 굳이 따지면 다른 사람들로 하여금 기부하게 하는 사람들이 훨씬 더 소중하다.

2) 정치활동위원회와 이익단체에 대한 기부요청

돋보이는 선거자금 조달창구는 전국 및 주 차원의 정치활동위원회들이다. 평범한 연방의원이 1988년 선거 당시 정치활동위원회들로부터 32만 달러 이상을 모금할 정도였다(Herrnson, 2000: 155). 그렇다고, 현역후보가 올바른 정책적 입장을 견지하기만 해도 정치활동위원회 조직들로부터 기부금이 쏟아져 올 것으로 생각해서는 안 된다. 도전자들은 정치활동위원회들로부터 현역들이 받는 후원의 10분의 1 정도를 받기 때문에 특히 힘든 상황에 놓인다.

정치활동위원회의 기부를 얻으려면, 잠재적 기부자들의 명단을 많이 가지고 신중하게 전술적으로 시작해야 한다. 연방차원에서는 공식 정치활동위원회들이 연방선거위원회에 등록되어 있고, 주와 지방차원에서는 선거위원회나 주관련부서에 대부분 등록되어 있다. 만일 어떤 후보가 잘못된 정책적 입장에 서게 되면, 후원이 계속되지는 않을 것이다. 상대후보와 그 정당에 일관되게 기부하는 정치활동위원회들 역시 후원가능성이 희박해질 것이다. 일단 리스트가 정리되면, 선거진영에서는 공식 정치활동위원회를 선거전에 끌어들일 '고리'를 찾으려 노력한다. 어떤 기업에서 후보를 멤버로 간주하면, 이념성을 띠는 공식 정치활동위원회들이 해당선거구에서 제기되는 이슈들에 주목한다. 그리고 어떤 기업집단은 법안발의 및 표결과정에서 드러난 상대후보의 경력에 대해 부정적이 되기도 한다(Yeuter et al., 1992). 정치활동위원회 리스트를 만드는 것이 시간이 드는 단순한 일처럼 보이지만 관련 DB는 구체적일수록 더 좋다.

정치활동위원회 리스트가 있으면, 선거진영은 개별 정치활동위원회들을 겨냥한 구체적 주장을 개발할 수 있고, 종종 '정치활동위원회용 소개자료'(*kits*)를 만들어 내기도 한다. 전형적인 소개자료는 선거소재, 여론조사결과, 우호적 언론보도 및 이력, 선거구현황, 유능한 컨설턴트,

당지도부 추천내용, 이슈페이퍼를 모아 표지를 붙이는 것이다(Yeuter et al., 1992: 24~26; Himes, 1995: 66; Herrnson, 2000: 164). 정치활동위원회에 돌리는 자료는 일반적으로 우편으로 전달되지만, 후보나 선거운동원이 거는 후속 전화는 적절한 시간을 두고 걸어야 한다(Silverberg, 2000). 적극적 기부예상자들이 대상인 경우에는 후보자가 소개자료를 손수 전달하는 것이 현명하다.

정치활동위원회에 소개자료를 보내는 것만이 특별한 이해관계가 얽힌 후원을 얻어내는 유일한 방법인 것은 절대 아니다. 현역들은 가끔씩 동료들의 도움을 받기도 하면서 자신을 위한 정기적 연회모임을 개최하기도 한다. 정치활동위원회 관리자들은 연회모임에서 후보자와 만나도록 초대받는다. 워싱턴과 다른 주의 중심지에서 여는 연회들은 통상 1인당 1천~2천 5백 달러를 받는다. 현역의 명성이 높을수록 가격도 올라간다. 도전자와 보궐선거 출마자들의 경우, 연회부분에서는 현역보다 불리하지만, 그들에게 아주 유용한 것은 정당선거위원회이다. 정당선거위원회는 정치활동단체들에 대한 전략적 자문과 그 단체들에 제대로 접근할 방법을 알려준다. 대부분의 정치활동위원회들은 아무리 사소한 실수라도 그것 때문에 후보자가 기부금을 못 받을 수도 있다는 요지의 질문서를 보내는데, 그러면 정당에서는 후보들이 요령껏 답변을 작성하도록 가르쳐 준다. 더욱이 헤른슨이 말했듯이, 정당이 개인이나 정치활동위원회들로부터 특정후보를 대신해 받는 기부금을 특정용도로 지정하는 것은 불법이지만, 정당선거위원회위원들과 직원들은 기부자들에게 자신들이 주목하는 명단에 들어가 있는 출마자 가운데 한 사람에게 기부해야 한다는 내용을 말해줄 수는 있다(Herrnson, 2000: 107).

정당조직들은 또한 정치활동위원회들의 의사결정자들과 선별된 후보자들이 초대를 받는 '상견례'모임을 개최해서 후보자가 기부자들을 직접 접촉하도록 할 수 있는데, 그러한 경우는 간혹 정치활동위원회들의 자금모금 과정에 힘든 장애물이 되기도 한다. 만남을 주선하는 일처럼, 정당의 목표는 후보자와 정치활동위원회들을 서로 만나게 하는 일이다(Hernson, 2000: 106~107). 또한 정당지도부는 뉴스매체들에게 어떤 선거를 박빙으로 보아 달라고 요청함으로써 그 후보가 더 많은 정치활동위원회들의 자금에 접근하도록 할 수도 있다. 대체적으로 각종 정당위원회들이 공식 정치활동위원회의 자금모금에 큰 도움이 되는 것은 분명하지만, 그러한 도움을 받으려면, 정당선거위원회가 후보의 당선가능성을 먼저 신뢰해야 한다.

3) 우편발송 홍보물(*Direct Mail*)

DM은 강력한 모금방법이다. 이것은 1960년대 초반에 리차드 비게리(Richard Vigueri)가 개발했는데, 그는 모금방법으로 개인적 후원요청보다는 후원요청 편지발송을 선호했다(Blumenthal, 1980: 224). 1965년 비게리는 고용직원 두 명과 함께 골드워터(Goldwater) 대선후보선거에 기부했던 주요인사 1만 2,500명의 이름과 주소를 직접 필사했다(Friedenberg, 1997: 104). 1972년 조지 맥거번(George McGovern) 선거진영의 성공적인 DM 활용후, 1970년대 후반 공화당 전략위원회의 DM 모금노력 등이 급속하게 전개됐다. 이후 1980년대와 1990년대에 DM관련 직업이 폭발적으로 늘어났다. 모리스와 뮤리엘 가마쉬(Murielle E. Gamache)의 보고에 따르면, 1990년대 초반에 수십 개의 DM회사들이 연방상원선거에서 큰 돈을 벌었다. DM회사협회에 따르면, 1992년에 여러 기업들이 40만 달러 이상을 벌었고, 일부는 1백만 달러 이상을 벌었다(Gamache, 1994: 221). DM회사들이 발달한 이유는 일련의 작업과정이 단순하게 편지를 써서 발송하는 것 이상으로 복잡하기 때문이다. 여러모로 DM은 새로운 스타일 선거의 전형이 되었다.

DM은 미래의 이익을 기대하면서 손실을 감수하는 점진적 과정이다. 처음은 기부가능자 명단을 가지고 시작한다. 그것은 모금요청 호소를 받아들일 것으로 예상되는 사람들의 특성들을 토대로 만들어진 것이다(Sabato, 1989: 88). 종종, 그 명단은 정부기관(선관위 같은 곳), 주 및 지방의 정당조직, 이전 선거출마자 등을 통해 입수하거나, 비정치적인 다양한 리스트들에서 모을 수 있다. 리스트 판매자들은 잡지구독자, 우편주문 상품구입자, 보트 소유자, 전문회계사, 변호사, 의사 명단 등의 활용을 권장한다. 모든 사람은 어떠한 리스트에든 올라가 있다. 하지만 일부 리스트는 법적으로 사용할 수 없다. 그래서 주의가 필요하다. 아울러, 돈벌이가 되는 DM을 만들려면 초반에 손실을 감내해야 한다(Sabato, 1989). 가령, 기부예상명단에 4만 명이 있다고 가정해보자. DM제작 비용과 우편요금으로 편지 1통당 대략 0.5달러가 든다고 할 경우, 전체 소요액은 2만 달러에 이를 것이다. 회신은 명단의 2~3%정도가 하는 것이 일반적이기 때문에 편지를 보내면 1천 통의 회신이 있을 것이다. 그리고 이 같은 대규모 리스트에서 걷히는 평균 후원금은 일반적으로 19달러 정도가 된다. 결국, 이러한 우편작업으로 얻게 되는 총수입은 1만 9천 달러이기 때문에 제반비용을 제외한 최종 소요경비는 1천 달러 정도가 된다. 또 다른 우편발송방식은 1천 명의 검증된 기부자리스트를 기부자 1명당 1달러를 지불하고 구입하는 것이다. 일단 '기본리스트'(*house list*)가 만들어지면, 해당리스트가 원래 리스트에서 선별한 일부이기 때문에 우편비용이 훨씬 적게 들면서, 회신률은 훨씬 높은 장점이 있다. 두 번째 후원요청은 처음보다는 DM을 훨씬 정교하게 만들어서 보내야 한다. 그렇게 해서 편지제작 및 우편요금 비용으로, 가령 편지 1통당 0.65달러 정도가 든다고 할 때, 후원인 전체에게 우편을 보내는 데 대략 650달러가 든다. 이 경우 회신율이 20% 정도가 되고 평균후원금이 18달러 정도가 되면, 650달러를 투자해서 총 3,600달러(순이익은 2,950달러)를 기부받는다.

기본리스트 대상들에게는 우편을 여러 번 보낼 수 있다. 그러나 그렇게 할 경우, 사람들이 계속 더 많은 돈을 보내는 데 지치기 때문에 우편발송이 늘어날수록 회신율은 낮아지고, 기부자들의 면면도 다소 달라진다. 그렇더라도 기부자 카드표시란에 기부자가 이전에 낸 최고기부금을 최저요구 금액으로 하여 지속적으로 기부금을 늘려달라고 간곡히 요청하는 것이 좋다. 모금컨설턴트 니사 하트(Neesa Hart)는 후보의 선거진영에서 매주 기본리스트를 대상으로 우편을 새로 발송해도 좋다고 말한다(Hart, 1992). 연방하원의원 마크 뉴만(Mark Neumann)과 함께 일했던 DM컨설턴트는 "1998년 연방상원선거에서 110만 달러 이상을 우편모금했고, 1997년 6월 당시 7천 명이었던 뉴만의 기본리스트를 3만 6천 명 이상으로 늘렸다 … 그것도 그가 출마했던 지역(州)에서만!"(Thibodeaux, 1999: 61. 원문일부 생략). 선거진영의 자금을 늘리기 위해 "우리는 기부가능성이 있는 28개의 서로 다른 종류의 리스트에 들어가 있는 75만 6,948명에게 우편을 보내 51만 달러 이상을 모금했다. 놀랍게도 예상 리스트의 70%가 후원했다"(Thibodeaux, 1999: 61).

하위직 선거용으로 DM프로그램을 개선하는 방법의 하나는 '기부예상자 리스트'(*prospect list*) 보다 '기부할지 불분명한 리스트'(*suspect list*)를 가지고 시작하는 것이다. 대규모집단에 편지를 발송하는 대신 돈을 낼 가능성이 있는 특정개인들을 찾는다. 예를 들면, 정기적인 정당기부자 리스트나 후보자의 기업인인맥을 활용하는 것이다. 카운티행정관입후보자는 친구들의 리스트를 만들 수 있다. 주선거에 출마한 민주당 후보라면, 자기 고향 민주당원 전원에게 기부를 요청할 수도 있다. 기부할지 안 할지 불분명한 리스트에 대해서는 회신율을 15~20%정도로 높이는 것도 좋은 생각이다. 하트의 제안에 따르면, 효율성을 높이려면, 가령 후원할 것 같지 않은 인사들은 골라내고, 가족들은 하나의 편지로 묶어내는 등 리스트들을 여러모로 다듬어야 한다(Hart, 1992). 명단의 수가 적은 리스트들은 리스트를 만들어서 이름과 주소 등을 넣고, 사내우편을 활용하면 제작비용을 절약할 수 있다.

수가 많은 리스트이든, 적은 리스트이든 DM은 여러 가지를 명심해야 한다. 편지를 받는 사람에게는 긴박한 내용으로 메시지를 보내야 한다. 캔퍼(Ron Kanfer)에 따르면, "단조로우면 지루하기 때문에, 가장 성공적인 DM내용은 사람이 가만히 있을 수 없도록 만드는 것이어야 한다"(Kanfer, 1991: 22). 호소내용은 개인적인 것이나 뜨거운 이슈를 언급하는 것이어야 한다. 그리고 DM을 읽는 사람들에게 여론조사에서 지고 있지만, 간발의 차이 내에 있다는 인상을 주어야 한다. 선거에서 지고 있다는 사실만큼 후원자들을 멀어지게 만드는 것이 없기 때문이다. 마지막으로, 편지가 성공적이 되려면, 회신용카드와 주소가 적힌 봉투를 동봉해야 한다.

형식과 관련해서는 맨 아래 여백에 손으로 직접 서명한 장문편지가 단문편지보다 효과적이라는 것이 많은 사람들의 이야기이다. 사람들이 힘들게 번 돈을 기부하게 만들려면, 대부분의 사람들이 제일 첫 페이지 외에는 읽지 않는다고 하더라도, 돈을 쓴 내역을 자세하게 설명해줘야 한다. 한편, 고액의 기부는 후보자로부터 감사서신을 받은 후에 이어진다. 그 이유는 감사의 표시에서, 그리고 DM을 받으면 사람들이 한 번 이상 기부를 하는 것이 일반적이고, 또 후보가 언제 높은 자리로 올라갈지 모르기 때문일 수 있다. 그래서 상세한 설명이 중요하다.

DM작업은 복잡하고 위험이 따른다. 많은 후보들과 컨설턴트들은 우편회사에 그 일을 맡긴다. 해당회사들은 종종 카피, 레이아웃, 인쇄, 리스트 대여, 우편요금 할인방법을 모두 제공하는 원-스탑(*one-stop*) 조직들이다. 일반적으로 비용계산 방법은 선수금(*retainer*) 방식 또는 발송우편 1통을 기준으로 계산하는 방식 두 가지이다(Kanfer, 1991). 하지만 어떤 경우에는 손해를 보기도 한다. 기부받는 돈보다 들어간 비용이 많아 우편비용을 일시적으로 감당하기 어려울 수도 있다. 중요한 것은 훌륭한 타기팅과 DM 발송물이다. 래리 사바토(Larry Sabato)에 따르면, "많은 DM 발송자들은 자신들이 글자모형, 색깔, 친근한 접근방식에 대해 광범위한 심리테스트를 수행하고, 포커스그룹 여론조사와 한층 세련된 리스트선택 기법들을 활용해야할 시점을 먼저 알고 있다"(Sabato, 1989: 99). 21세기 들어 다양한 형태의 이러한 기능들은 고위직선거의 경우에 이미 일반화되어 있다.

4) 행사

대통령, 부통령, 주지사, 의회지도부들은 전국을 순방할 때, 선거출마자 모금행사에 가끔씩 방문한다. 그러한 행사들의 경우, 유명한 손님이 고액기부자들과 악수하고, 후보자와 사진을 찍은 다음, 만찬을 하려고 모인 소액기부자들 가운데로 들어가 미래에 대해 몇 마디씩 한다. 모금행사의 형태는 만찬, 칵테일파티, 콘서트, 보트여행처럼 대규모가 되기도 하고, 커피마시기, 아이스크림 사교모임, 치킨 바비큐 모임처럼 소규모가 될 수도 있다. 잘만 하면, 이러한 행사들을 통해 많은 자금을 만들고, 언론과 일반대중에게 선거진영이 탄력받고 있다는 것을 보여주고, 기존 기부자들에게 감사도 전하고, 후원인 리스트도 새로 만들 수 있다(Yeutter et al., 1992). 행사는 중요한 사교기능도 한다. 2000년 선거에서 네이더를 위한 대규모 집회들처럼, 많은 유권자들과 후원자들은 흥분을 맛보려고 후보들에게 몰린다. 어쨌든 선거진영들은 좋은 이벤트를 만드는 방법을 알아야 한다.

DM과 마찬가지로, 대규모 모금방법들도 일종의 도박이다. 특히 대규모행사 같은 경우는 준비가 엄청나서 선거진영들이 수 주일동안 꼼짝할 수 없다. 티켓판매가 잘 안되고, 통제할 수 없는 상황이 벌어지면 난관에 봉착한다. 행사를 실패하면, 재정적 문제가 발생해 언론매체와 유권자, 잠재적인 기부자들에게 선거진영이 악전고투한다는 인상을 오히려 보여주게 된다.

소규모행사들은 큰 행사의 경우처럼 난관에 봉착하지는 않는다. 그렇지만 행사가 따분할 위험성이 있다. 그 이유는 통상적으로 소그룹모임의 대화내용들이 아주 단조롭고 지루하기 때문이다. 현명한 선거진영에서는 상상력을 발휘해서 경매행사나 와인・치즈 리셉션, 포크댄스 등을 대개 연다. 이러한 행사를 개최할 경우, 장소가 중요하다. 성공한 이벤트기획자들은 흥미로운 장소를 의도적으로 찾으려 하지만, 행사가 선창가에서 열리든, 이웃집 뒷마당에서 열리든 간에, 무대장치가 훌륭해야 한다는 것이 대부분 컨설턴트들의 이야기이다. 선거진영에서 명심해야 할 점은 "이벤트사업의 경우, 이해가 중요하다는 점이다. 만약 20명의 소규모 리셉션을 개최한다면, 100명을 수용할 수 있는 방을 예약하지 말아야 한다"(Meredith, 2000: 62). 사실상 뛰어난 이벤트종사자들은 예상한 만큼 티켓이 판매되지 않을 경우에 커튼, 이동벽, 장식용나무로 행사공간을 나눌 수 있는지 확인한다.

5) 텔레마케팅

모금활동 분야의 신기술 가운데 하나는 텔레마케팅이다. 텔레마케팅은 진행과정이 DM과 유사하지만, 다른 점은 불분명한 기부자들에게 전화로 이야기한다는 것이다. 그리고 텔레마케팅은 우편처럼 리스트를 만드는 데 자금을 투자한다. 카플란에 따르면, 기본적인 텔레마케팅은 '개인간(*peer-to-peer*) 연결' 프로그램으로 좋아질 수 있다. 이 프로그램은 이전에 만나본 적도 없는 사람에게 익명으로 전화를 거는 대신 판매회사, 제조회사, 전문관리기관의 대표자들로 하여금 자기분야의 다른 사람들에게 전화를 걸도록 장려하는 방법이다. 이 경우, 자원봉사자들에게 전화걸기 작업을 도와줄 보조원을 붙이면 효율성이 올라간다. 카플란에 따르면, 이러한 방식을 활용하면 후원약속 전화를 늘리면서 통화량을 2배로 높인다고 한다(Kaplan, 1993: 41~42).

DM과 연계하면, 텔레마케팅 작업은 이전에 후원하지 않았던 기부자들에게 활력을 불어넣음으로써 가만히 있던 후원인들이 다시 기부하도록 장려한다(Himes, 1995: 76). 이 방식은, 기부할 가능성 있는 사람이 편지를 받은 날로부터 2~3일 후에 텔레마케팅 요원들이 "후보가 보낸 우편물을 받았는지 확인전화를 거는 것이다." 이렇게 하면 DM회신율이 상당히 올라가는데, 그렇게 되는 이유는 전화를 걸면 딱딱한 편지에 한층 개인적인 호소를 더하기 때문으로 생각된다.

6) 혁신적인 모금활동

최근에는 이전에 생각하지도 못했던 혁신적인 방법들로 모금활동을 한다. 예를 들면, 개인적으로 접촉하는 방법과 고용된 사람이 닥치는 대로 호별방문하면서 후원을 요청하는 방법을 절충하는 것이다. 이 방법은 생산적인 결실이 기대되는 지역들에 고용원들을 배치해 기부금을 찾아서 호별방문을 하도록 요구하는 식이다. 유급호별방문자들은 모금액의 1%를 노력의 대가로 받는다. 자금모금, 기본리스트작성, 선거홍보물 배포 등 이러한 방식은 환경과 공익을 연구하는 단체들에 의해 전국적으로 활용되는 방법으로, 여러 목적을 동시에 만족시키는 장점이 있다. 유급 호별방문 방식의 단점은 많은 고용원들이 돈으로 움직이지, 선거자체나 후보에 의해 움직이는 것이 아니라는 점이다. 관리자들은 메시지가 제대로 전달되는지, 돈이 제대로 들어오는지 가끔씩 궁금해 한다. 유념해야 할 것은 유급 호별방문을 활용하는 것이 선거진영이 실의에 빠져 자포자기 상태라는 것을 보여줄 수도 있다는 점이다. 그렇기 때문에 일부 후보들의 경우, 사람을 고용해서 기부금을 찾아 선거구를 누비게 하지 않을 수도 있다.

5~25달러 기부금을 요청하는 한 페이지 짜리 홍보물을 회신봉투와 함께 모든 선거행사장마다 배포할 것을 제안한 바 있는 선거컨설턴트 빌 와촙(Bill Wachob)은 기부요청 유급 호별방문에 대한 대안을 제시한다. 그것은 소액기부자들을 골라서 매달 발송하는 소식지수신 대상

리스트에 넣는 것이다. '비밀선거운동 정보'가 담긴 소식지를 보내는 것은 기부자들에게 참여의식을 불어넣어 앞으로도 계속 후원요청할 수 있게 하려는 데 그 의도가 있다. 와촙은 이러한 소규모전략이 큰 성과를 낳을 수도 있다고 말한다(Wachob, 1991: 51~52). 1992년 대선에서 제리 브라운(Jerry Brown)은 그의 후원자들에게 자동응답시스템(ARS) 전화 한 통을 걸어달라고 요청했고, 기부자들은 매번 그렇게 해서 1인당 10달러를 기부했다. 이처럼 다수에 기반한 접근방식은 '확고한 리더십에 도전하는 선거'라는 브라운의 선거테마 때문에 특히 호소력이 있었고, 전화를 건 사람들은 28만이 넘었다(R. Hart, 1994: 1).

1990년대의 ARS전화에 해당하는 21세기 방식은 인터넷과 이메일을 통한 모금방법이다. 아직 검증되지는 않았지만, (설치하고 유지하는 데 엄청난 비용이 드는) 인터넷 모금방식은 단순한 조치 이상이라는 징후들이 보인다. 연방상원의원 맥케인 선거진영은 불과 며칠 만에 수백만 달러를 모았다고 주장한 바 있다. 그 돈이 새로운 방식으로 모은 것인지 아니면 단순히 전통적인 방식으로 모은 것인지는 살펴보아야 하지만, 맥케인은 대통령후보 부시, 고어와 함께 이용자들이 쉽게 기부하는 시스템을 갖춘 세련된 웹사이트를 만들었다. 이 웹사이트에는 프라이버시, 보안, 합법적 정보가 제공되고, 인터넷상으로 신용카드번호를 보낼 생각이 없는 사람들을 위해 요금을 부담하는 전화번호와 함께 우편주소들이 일목요연하게 정리되어 있었다(Jalonick, 2000a: 48). 한편, 이메일로 후원을 요청하는 후보들도 점차 늘어난다. 연방하원 출마자인 공화당의 찰리 게로(Charlie Gerow)는 이메일로 사람들에게 그들이 보내준 돈이 무엇을 위해 사용될 것인지 알려주는 방법을 활용했는데, 가령 "정원광고판 100개 241달러, 범퍼스티커 1개월 공급비용 391달러 등 일부 선거소요경비 명세서를 만들어 기부자들에게 실감나는 목표를 제시하는 식이었다"(48).

4. 결 론

모금활동과 관련해 선거진영들이 움직여야 하는 정확한 방법을 놓고 참으로 견해가 분분하다. 그러나 몇 가지 원칙에 대해서는 의견이 일치하고 있다. 카플란이 말한 것처럼, 모금활동은 "요청에 관한 것이고, 미리 1달러를 받는 것이 나중에 100달러를 받는 것보다 좋다는 것을 알아야 한다"(Kaplan, 2000: 64). 여전히, 컨설턴트들이 상당한 보수를 받으면서 새롭고 좋은 자문을 해주지만, 각자마다 견해가 약간씩 다르다. 신중하면서 가장 성공한 모금활동가의 한 사람인 오들리(Bradley S. O'Leary)는 여객기격납고에서 1백만 달러짜리 행사를 하는 등 대형행사로 유명하다. 그는 "대단한 모금활동가가 되려고 찾을 수 있는 한 큰 장소를 원한다"고 말한다. 한편, 어떤 컨설턴트들은 "내게 사람들이 대형행사를 치르겠다고 말할 때는 어려움에 직면해 있는 경우"라고 말한다(McDevitt, 1996: 150). 어떤 것이 적절한 모금방법인지 누구도 확실하게 말 못한다. 성공적인 방법은 해당선거의 때와 장소, 전략적 맥락의 측면에서 오직 결정될 뿐이다.

제 10 장
전략적 홍보

1996년 공화당 전당대회에서 연방상원의원 밥 돌(Bob Dole)은 감동적인 연설과 함께 대통령 후보지명을 수락했다. 수십 년간 공직에 몸을 담았던 전쟁 영웅 밥 돌은 보수적인 미국에 대해 가슴에 와 닿는 정견을 발표했다. "연륜도 좋은 점이 있다"고 특별히 언급하면서, 그는 다음과 같이 말했다.

> 오직 모르는 사람들만이 신화라고 부르는 그러한 미국으로 가는 다리가 될 수 있도록 해주십시오. 제가 평온함, 신념, 실천에 대한 믿음의 시대로 가는 다리가 될 수 있도록 해주십시오. 미국은 결코 그랬던 적이 없고, 지금까지도 나아진 것이 없다고 말하는 사람들에게 감히 말씀드립니다. 당신들은 틀렸습니다. 저는 알고 있습니다. 제가 그곳에 있었기 때문입니다. 그리고 저는 그것을 보았습니다. 그리고 기억하고 있습니다(*New York Times*, 1996a).

이 대목 다음에 이어지는 두 번째 대목에는 연설의 핵심이 담겨 있었다.

> 오늘밤, 저는 여러분 앞에 섰습니다. 상대진영으로부터 검증을 받았습니다. 고난을 겪었습니다. 원칙을 가지고 싸워왔습니다. 그리고 미국에서 그 누구보다 미래를 낙관적으로 보고 있습니다. 저의 인생경험은 미국이 무한한 땅이라는 것을 보여 줍니다(*New York Times*, 1996a).

전당대회장 연단 아래에서 지켜보고 있던 사람들에게 이 광경은 참으로 중요한 순간이었다. 백악관 내의 인사들조차 돌의 연설을 호평했다. 그러나 클린턴의 선거진영은 달랐다. 연설내용에서 무언가를 찾아냈다. 과거로 돌아가는 다리가 되겠다고 말한 공화당후보 돌과 달리 클린턴은 미래에 대한 이야기를 하겠다고 생각했다. 민주당 대선후보 지명수락연설에서 클린턴은 완료되지 않은 일부사업과 함께 기존의 업적에 대해 일목요연하게 말하면서, 다음과 같이 이야기했다.

> 미국의 풍부하고 자랑스러운 역사를 사랑하고 존경합니다. 우리의 가장 훌륭한 전통을 앞으로 계승할 계획입니다. 그러나 우리는 모든 점에서, 과거로 돌아가는 다리를 놓을 필요가 없습니다. 미래로 가는 다리를 만들어야 합니다. 이것이 바로 제가 여러분에게 약속하는 바입니다. 오늘밤 우리 모두, 21세기로 가는 다리를 건설하고, 우리 모두 도전을 이루어내고, 우리의 가치를 보호하기로 결의합시다(*New York Times*, 1996).

클린턴 선거진영은 핵심테마를 구체화했고, 다양한 형태의 테마를 선거광고, 언론인터뷰, 가두연설, 뉴스보도, 선거웹사이트를 통해 전파했다. 빈틈없이 조정되고 미래를 지향하는 메시지는 곧바로 공화당의 '과거'테마를 압도해 버렸다. 대선이 끝난 후, 돌의 홍보책임자는 "돌은 그의 연설내용 가운데 미래에 대한 내용이 부족했다는 점을 처음부터 직감적으로 알고 있었다"고 말했다(Institute of Politics, 1997: 127).

공화당의 '과거'와 민주당의 '미래' 간의 싸움은 선거홍보에서 접전을 이뤘다. 1996년 내내 돌 진영은 뿔뿔이 흩어져 있는 메시지들을 통합하려고 노력했다. 그러나 메시지들을 결코 통합해내지 못했다. 전당대회 전부터 오랫동안 불리한 여건하에 있었던 연방상원의원 돌은 그의 러닝메이트로, 기업세금 우대조치를 강력히 옹호하는 잭 켐프(Jack Kemp)를 지명했다. 공식지명 순간이 다가오는 동안 두 사람이 도대체 어떻게 협력을 할 것인지 여러모로 의문스러웠다. 전당대회후 돌-켐프의 선거이벤트는 아마추어 티를 냈다. 두 후보간 정책노선의 색깔이 달랐고, 둘의 각기 다른 정치배경은 적절한 메시지 전달에 장애가 되었으며, 돌 진영에서는 백인남성 선출직 관료들만을 지나치게 전면에 내세우려는 경향이 있었다. 일부 백악관 인사들이 반농담조로 이러한 혼선들로 인해 선거홍보의 전체적인 모양새를 구겼다고 생각할 정도였다.

대대로 새로운 스타일의 홍보전략을 고안한 쪽이 다름 아닌 공화당이었다는 점을 감안하면, 홍보구상에 있어 돌-켐프 진영의 무계획성은 더욱 흥미롭게 비쳐진다. 아이젠하워는 처음으로 대통령선거 TV광고를 내보냈다. 닉슨은 1960년대에 방송에 깊은 관심을 기울이지 않았지만(종종, 케네디의 대선 승리요인은 방송토론을 잘한 때문이라고 한다), 1968년 닉슨 진영은 최초로 방송마케팅 전문가들을 광범위하게 활용했다. 이러한 경향이 가장 두드러진 대통령은 바로 레이건이었다. 레이건 대통령의 고문 가운데 한 사람이었던 마이클 디버(Michael Deaver)는 메시지를 정의하는 것은 언론매체이고, 메시지는 '영상'을 통해 전달된다는 점을 인식하고 있었다. 디버는 이미지를 이벤트의 첫 번째 포커스로 중시하는 홍보전략을 이행했다. 그는 "메시지를 설명하는 이미지를 찾지 못하면 메시지를 고정시킬 수 없다"는 점을 알고 있었다(1987: 141). 그에 따르면, 레이건은 "자신이 어떤 사람인지, 어디로 가는지, 정확히 파악하고 있었기 때문에" 이미지 메이커의 임무는 "대중들이 메시지를 분명히 알 수 있도록 메시지를 중심으로 이미지를 그려내는 것이었다"(Hines, 1992).

이러한 아이디어가 바로 선거홍보의 핵심이다. 1988년 대선에서 공화당 대통령후보인 부시가 뉴저지의 성조기공장에서 선거이벤트를 열기로 한 결정이 얄팍한 술수라고 학자들은 비난할지도 모르겠지만, 그 이벤트는 뉴스매체들에 의해 충실하게 보도됐다. 그것은 부시를 애국의 상징으로 장식할 정도로 강력한 이미지였다. 더욱이, 그 이미지는 절대 잘못된 것이 아니었다. 성조기공장에 나타나면서 부시는 전통적인 애국주의와 자신을 일치시켰고, 경쟁자인 매사추세츠 주 주지사인 마이클 듀카키스(Michael Dukakis)의 진보적인 입장과 자신을 차별화했다. 그 이미지는 심지어 정책부분에까지 영향을 미쳤다. 미국대법원에서 시위자들이 성조기를 태우는 것을 허용하는 판결을 내렸을 때, 대통령이 된 부시는 그것을 외면할 수 없었다. 선거 전에 성조기를 눈에 띄게 활용했었기 때문에, 부시는 설령 성조기보호 입장에서 물러서고 싶어도 그렇게 할 수 없는 처지에 놓였던 것이다. 이러한 상징화작업의 위험성은 1988년 대선 당시 부시 후보가 보스턴 항구를 방문했을 때 나타났다. 보스턴항구는 민주당의 듀카키스 후보가 주지사를 지냈던 매사추세츠 주의 일부로서 오염이 엄청나게 심한 상태였다. 이러한 사실은 듀카키스가 주지사시절 환경보호를 위해 애써 왔다는 주장을 일축하는 것이었다. 더욱이 당시 부시후보는 “환경대통령이 되겠다”고 약속한 터라 듀카키스에 대한 맹공은 주효했다. 하지만 부시는 대통령으로서 4년을 보내면서 환경이슈들과 관련해 별다른 성과를 남기지 못했기 때문에 1988년 대선 당시 잘 활용했던 환경이슈가 도리어 1992년 대선에서는 부시의 발목을 잡았다. 1992년 대선 당시 부시를 ‘환경대통령’이라고 부른 유일한 사람은 민주당을 경멸하는 사람들뿐이었다.

정치홍보를 실행하는 것은 참으로 복잡하다. 실제 경험하지 않고 이론뿐인 분석가들은 가끔 돈과 메시지가 정치홍보의 전부라고 생각하는데, 그것은 사실을 모르는 소리이다. 홍보책임자들은 TV, 라디오, 인쇄매체, 뉴스매체(주로 인터넷)의 장단점들을 알아야만 한다. 유료매체(광고)와 무료매체(뉴스보도) 간의 전술적 차이점, 유료매체와 어떻게 계약해야 하고 뉴스보도를 어떻게 끌어내야 하는지 파악해야 한다. 또한 앞에서 언급한 모든 매체들을 하나로 조직하여 일관성 있게 전략적으로 움직일 줄 알아야만 한다. 이 장에서는 선거진영이 자신들의 메시지 영향력을 극대화하는 일반전략과 언론매체전략의 기본사항, 다양한 유료매체의 차이점, 그리고 유권자들에게 적절한 매체를 찾는 방법들에 대해 살펴보고자 한다. 간혹 선거전략에 방해가 되기도 하는 뉴스보도에 대해서는 11장에서 자세히 살펴볼 것이다.

1. 미디어전략

저명한 학자 마샬 맥루한(Marshall McLuhan)은 '미디어는 메시지'라는 정의를 대중화시켰다(1964). 그는 이 경구를 통해 텔레비전과 컴퓨터 숭배문화를 비판하려고 했다. 문자와 문자문화는 얼마 안 돼 한층 압축된 정보구조에 자리를 내주었고, 그 정보구조는 지금 새로운 문화를 창조하고 있다. 이런 변화가 좋든 나쁘든 간에 그 변화는 깊게 느껴진다. 인쇄매체기자들은 텔레비전이 정보를 더 적게 전달한다고 주장하는 반면, 텔레비전 기자들은 방송화면 하나가 1천 단어의 가치가 있다고 말한다. 어쨌든 실제조사에 의하면 사람들은 신문에서 읽는 것보다 텔레비전으로 보는 것을 더 잘 믿는 경향이 있다. 그리고 사람들은 우리가 아는 것과 달리 동일한 정보라도 방송보다 신문의 인터넷사이트를 훨씬 더 잘 믿는 경향이 있다(Pew Research Center, 2000). 어쨌든 언론매체의 선택에 따라 그것이 전하는 메시지가 제약을 받는다고 한다면, 경쟁적인 환경 속에서 일하는 정치전문가들은 다양한 매체의 미묘한 차이에 주목해야 한다. 그리고 개별 언론매체들이 어떻게 효과를 내는지, 각 매체들을 어떻게 활용해야 하는지 파악해야만 한다.

조정(*coordination*)이 중요하다. 후보자의 전체적인 이미지는 선거매체의 일반전략에 의해 주로 만들어진다. 언론매체들이 잘 맞물리지 않으면 유권자들은 이슈들에 대한 후보자의 입장이 어떤지 잘 모르게 된다. 유권자들은 자신들의 이해력이 부족해 그것들을 모른다고 생각하지 않는다. 그보다는 후보가 제대로 나타내지 못한다고 생각한다. 일관된 이미지를 만들려면 선거진영이 일관성과 효율성, 타이밍, 효과적인 광고, 후보에 대해 기대를 심어주는 일에 전념해야 한다.

일관성. 미디어 컨설턴트들은 "메시지는 유지해야지 절대 벗어나면 안 된다"는 '메시지 원칙'을 추구한다. 2000년 대선에서 부시는 '리더십'에 초점을 맞추었다. 특정 이슈가 외교정책이나 국내경제, 교육제도의 개편필요성에 대한 것이든 간에 리더십을 항상 중심에 놓았다. 마찬가지로, 예비선거에서 부시의 최대 라이벌이었던 연방상원의원 맥케인 또한 단일테마를 유지했다. 그의 테마는 '좋은 정부'(*good government*)였다. 그는 고율의 세금, 불합리한 정책 등과 같은 정부시스템의 실패가 모두 선거자금 후원과정에 지나치다 싶을 정도로 역할을 하는 특정한 이해관계 때문이라고 보았다. 맥케인의 이러한 생각은 맥케인-페인골드(Feingold)가 공동발의한 선거자금개혁법안 제정을 위해 그가 끈덕지게 전력투구한 것에서 잘 알 수 있다. 학자들이 부시에 대해서는 리더십경험이 상대적으로 부족하다고, 맥케인에 대해서는 자신이 만든 법에 의해 금지된 자금들을 받았다고 종종 비판했지만, 양 선거진영에서는 모두 선거의 핵심메시지를 계속 반복적으로 강조했다.

일관성은 큰 노력이 필요하다. 선거테마는 지휘계통을 따라 전해져야 한다. 전형적으로 말하면, 후보, 선거사무장, 공보비서나 언론책임자같은 참모 한 명이 선거진영을 대변해야 한다. 통상적으로 컨설턴트들은 노출되지 않도록 요구된다. 선거테마는 또한 후보의 과거와 일관되어야 한다. 상대후보 조사의 한 가지 기능은 후보의 행동과 선거홍보물의 말이 서로 다른 것을 찾는 것이다. 말과 행동, 주장이 선거테마와 다르게 되면 그 후보는 불행하게 된다. 마지막으로, 테마는 해당 후보지지자들의 입장이나 행동과 일관성이 있어야 한다. 후보의 현재 정책입장과 배치되는 활동경력이 있는 참모들과 후원자들도 원치 않는 문젯거리가 될 수 있다. 그러나 아이러니하게도 참모와 기부자들이 후보의 신념과 너무나 일치하게 되면, 예를 들어 후보의 주장이 고액기부자들의 편이라면 이해관계 문제로 비난을 받을 수 있다. 어쨌든 정치는 정말로 쉬운 게임이 아니다.

전략적인 면에서 보면, 일관성을 고지식하게 고집하는 것도 문제가 있다. 근래의 대선후보 가운데 두 사람이 지나치게 하나만 고집해 어려움을 겪었다. 아이오와(Iowa) 연방상원의원 톰 하킨(Tom Harkin)과 《포브스》(*Forbes*)지 창립자의 아들로서 출판인 출신의 스티브 포브스(Steve Forbes)가 그들이었다. 《포브스》는 1996년과 2000년에 공평과세[1]를 주장해 정치권에서 유명세를 얻자 공평과세를 계속해서 반복했다. 문제는 《포브스》가 그 이외의 것은 말할 줄 모르고, 같은 이야기만 계속 반복함으로 인해 '너무 단순하다'는 비판을 받았다는 점이다(Tuttle, 1996: 3). 1992년 당시 톰 하킨의 경우도 같은 문제를 겪었다. 그는 노조 및 다른 전통적인 민주당지지 집단들을 겨냥한 진보적인 메시지를 주장했다. 그는 그들로부터는 열렬한 지지를 얻었지만 그 외의 집단에게는 자신의 주장을 설명하지 않았다. 패배에 직면하면서도 그가 맨 처음 테마를 계속 고수하자, 한 정치기자는 "하킨의 문제해결책은 메시지를 바꾸는 것이 아니라 다른 집단들에게도 이야기하는 것"이라고 지적한 바 있다(David Yepsen in Kurtz, 1992).

효율성. 컨설턴트들이 선거비용을 급격하게 올려놓는다는 불만이 있기는 하지만, 새로운 스타일의 정치참모들은 어려운 미디어환경 속에서도 자원을 효율적으로 활용하는 것으로 유명하다. 그들은 '낭비요

1) 역주: 세금은 모든 납세자에게 공평해야 경제에 도움이 된다.

소'를 제거하려고 한다. 시카고의 연방하원선거에 출마한 후보자가 직면하는 문제를 생각해보자. 신뢰를 얻으려면 그 후보는 텔레비전 광고를 활용해야 할 것이다. 왜냐하면 텔레비전으로 보기 전까지 후보를 믿으려하지 않는 사람들이 있기 때문이다. 그런데 문제는 방송국이다. 시카고 방송국들은 12개 이상의 연방하원선거구들을 방송권역 내에 두고 있는데, 이들 선거구 가운데 상당수는 인디애나 주와 위스콘신 주에 속한다. 이 경우, 후보의 선거구에서 투표하지 않는 시청자들은 불필요한 부분이다. 따라서 선거전문가의 일은 유료광고든, 뉴스보도든 간에 한번의 방송이 설득 가능한 유권자들에 최대한 전달되도록 만드는 것이다.

전자매체를 바라볼 때, 홍보전문가들은 광고의 도달도(*reach*)와 도달회수(*frequency*)의 측면에서 생각한다. 여기서 도달도는 특정메시지를 실제로 받아들인 시청률을 뜻하는데, 이 개념은 일정한 시간틀에 의해 전형적으로 제약을 받는다. 가령, 특정한 낮시간대에 어떤 선거운동이 시장의 30%에 도달할 수 있다는 식이다. 다른 한편, 도달회수는 한 사람에게 광고가 도달된 횟수이다. 그러나 정작 중요한 측정도구는 도달도나 도달횟수가 아니라 두 가지를 조합한 것인, 광고의 종합시청률(*gross rating points*, GRPS)이다. 이것은 도달도와 도달횟수를 곱한 것이다. 만약 시청률이 11.2%인 쇼프로에 하나의 메시지가 세 번 방영된다면 종합시청률은 33.6%가 된다.

인구통계적 특성들 역시 중요하다. 〈뉴욕경찰 24시〉(*NYPD Blue*)[2]

2) 역주: *NYPD Blue*는 미국 ABC에서 10년째 방송되는 최장수 경찰드라마로서, 아는 사람은 아는 시궁창 같은 뉴욕의 풍경 속에서 정의사회 구현을 위해 고군분투하던 멋진 형사들의 이야기이다. 국내에서는 〈뉴욕경찰 24시〉라는 제목으로 방영되어 나름대로 인기를 누린 바 있다. 경솔하면서도 퉁명스러운 앤디 시포위츠, 그와 달리 냉철하고 절제된 태도로 사건을 해결하는 존 켈리 형사의 활약이 흥미진진했다.

는 최고의 시청률을 자랑하는데, 그렇다고 이 프로에 중간광고를 내보내는 것이 모든 후보에게 다 유익한 것은 아니다. 시청자들의 특성이 18세에서 49세까지로 세계주의적인(*cosmopolitan*) 성향을 갖는 사람들이기 때문이다. 따라서 〈뉴욕경찰 24시〉는 다소 나이가 지긋하면서 사회적으로 보수적인 유권자들에게 접근하고 싶은 선거진영에는 적합하지 않다. 그들에게 더 좋은 방송프로는 시청률이 다소 적지만 광고계약이 훨씬 수월한 방송프로인 매트락(Matlock)의 재방송에 광고를 싣는 것이다. 아울러 〈뉴욕경찰 24시〉의 시청자특성은 소비를 잘 하는 사람들을 대변하는 경향이 있다. 품위 있는 젊고 출세지향적인 전문직 종사자들이 이 프로를 좋아하고 고가의 소비품을 사는 데 많은 돈을 쓰기 때문에 〈뉴욕경찰 24시〉는 상품광고자들에게 인기가 있다. 〈뉴욕경찰 24시〉 같은 쇼프로의 광고비용은 시청자들의 소비습관과 광고타기팅의 효율성에 따라 달라지는데, 통상적으로 광고비용은 비싸다. 시청자가 적은 프로그램들도 분명히 경제적인 가치가 있다. MTV 같은 경우는 시청자들이 많지는 않지만 주로 젊은층에 시청자들이 집중되어 있기 때문에, 젊은 층을 필요로 하는 광고자들에게 중요하다. 모든 연령대에서 MTV를 본다면, 이 프로는 많은 사람들의 관심을 끌지라도 가치가 다소 떨어지게 된다. 그 이유는 그 프로가 많은 사람들의 관심을 끌 수는 있지만, 특성이 넓게 분포된 시청자들에게 관심을 갖는 광고자들은 별로 없기 때문이다.

일반적으로 선거진영에서는 단순한 종합시청률이 아니라 설득 가능한 유권자들의 비용효과(*cost-per-point*, CPP)라는 측면에서 홍보전략을 생각한다. 선거구 밖의 모든 것은 불필요하다. 그리고 필요한 것 이외의 인구통계적 특성을 타깃으로 삼는 것도 효율적이지 않다. 따라서 타깃이 된 유권자들에게 메시지를 정확하게 맞추고 비용을 절감시키는 방식으로 시청자들에게 접근하는 선택권이 많을수록, 선거진영에서는 광고비용을 효과적으로 쓸 수 있다.

지금까지의 내용들은 뉴스보도와 유료광고, 그리고 신문과 전자매체에 모두 해당된다. 광고가 선거비용을 소비한다면, 뉴스보도는 후보와 참모, 컨설턴트들의 귀중한 시간을 소비한다고 할 수 있다. 시카고 주의회에 출마한 사람은 《시카고 트리뷴》(*Chicago Tribune*)지의 인물소개란에 실리도록 열심히 노력해야 한다. 다만, 《시카고 트리뷴》지가 광범위하게 발간되다 보니 시카고 주에 출마한 후보의 인물평을 보고 새로운 지지자들이 생겨도, 그들의 상당수가 위스콘신 주 거주 유권자들이라는 점은 알고 있어야 한다. 덧붙이면, 미디어이용자들의 인구통계적 특성들이 적절치 않을 수도 있다는 점에도 유의해야 한다. 일부 선거진영의 경우에는 《크레인스 시카고 비즈니스》(*Crain's Chicago Business*)지 기자와 인터뷰하는 것이 후보의 시간을 아주 효율적으로 사용하는 방법일 수도 있다. 하지만 타깃유권자들에게 접근하는 데 있어서는 지방의 주간지가 가장 효율적인 투자대상이 되는 추세이다.

신문매체를 상대하는 것은 그 자체로서 하나의 일이다. 미디어의 보도시간대와 지면을 구입하는 일 역시 너무 복잡해서, 중간수준 이하의 선거진영들은 외부컨설턴트들에게 미디어전략을 맡긴다. 아울러, 광고계에서는 많은 컨설턴트들이 광고구매 지출비용 1달러당 15% 정도의 협상수수료를 주는 조건으로 전문가들에게 광고구매하청을 준다. 비록 돈이 들기는 하지만 전문가를 이용하게 되면 알맞은 타깃을 갖춘 매체에 광고를 잡는 효과를 기대할 수 있다.

타이밍. 효율적인 홍보의 한 요소는 메시지의 타이밍이다. 도전자가 선거운동을 전개하는 일반적인 순서는 후보가 전체적으로 어떤 인물인지 시청자에게 알릴 목적으로 제작한 광고와 함께, 언론인터뷰를 연속으로 진행하면서 후보를 사람들의 마음속에 심는 것이다. 후보자에 대한 긍정적 인상이 한번 만들어지면, 선거공약의 핵심사항을 담은 일련의 이슈광고들을 통해 신뢰를 쌓을 수 있다. 만약 현역후보가 응수를 한다면, 도전자는 공격광고로 반격할 수도 있다. 전략가들은 선거막바지에 도전자가 네거티브나 포지티브, 현상유지 가운데 어떤 입장을 취할 것인지 판단을 내려야 한다. 현역들은 대개 같은 패턴을 유지하지만 사전인지도를 가지고 시작한다. 그래서 인물소개 광고를 하지 않을 수도 있다. 다만, 현역들도 자신의 경력을 공격하는 도전자에게 반격을 할 것인지는 판단을 내리고 있어야 한다.

타이밍은 또 다른 이유로 메시지 전개에 중요하다. 뉴스보도와 광고구매의 경우는 계획이 필요하기 때문이다. 통상적으로 기자들은 후보자와 곧바로 자리를 함께 하지 않기 때문에, 친분을 쌓는 데 시간이 걸린다. 더욱이 기자와 오랜 친분을 쌓아온 사람이라면 선거가 있는 해에 연초부터 경쟁후보에 대해 좋지 않은 인식을 교묘하게 심는다. 그렇기 때문에 도전자가 기자들과의 자리를 너무 오랫동안 기다리면, 상당기간 쌓인 나쁜 인상을 없애지 못할 수도 있다는 점을 알아야 한다. 한편, 유료전자매체(전자·통신기술을 응용한 정보전달매체의 총체)의 경우는 그러한 문제가 훨씬 심각하다. 신문에 광고지면을 사는 것은 광고부서에 전화를 걸어 광고면을 요청하면 되는 간단한 문제이지만, 전자매체는 희소성이 있어 다르다. 라디오와 텔레비전 광고 같은 경우는 선거기간 동안 방영 가능한 광고의 수가 제한되어 있다. 그래서 타이밍이 중요한 것이다. 따라서 선거진영에서는 얼마나 많은 자금을 모을 수 있고 언제 그 돈을 손에 쥘 수 있는지 일찌감치 판단을 내려야 한다. 아울러 선거진영의 수입과 지출은 광고구매전술과 일치해야 하고, 마지막 광고시간대들을 미리 잡아 두는 것이 광고전술의 원칙이다. 왜냐하면 모든 선거진영들이 투표일을 앞둔 마지막 며칠을 서로 확보하려고 하므로 마지막 광고시간대를 잡으려면 선거 한 달 전까지 마냥 기다리기만 해서는 아무 것도 얻지 못할 공산이 크기 때문이다. 이것은 선거자금을 일찍 모아야 하는 또 다른 이유가 된다.

광고효과. 공화당에 항상 투표하는 후원자는 해당후보가 공화당이라는 정보만 제공받으면 된다. 표지판, 라디오광고, 지지선언, 텔레비전광고를 통해서, 가령 "연방상원의원 존스(Jones)는 공화당"이라는 식으로 후보의 소속정당을 분명하게 할 수 있다. 그러나 이러한 표현은 항상 정교해야 한다. 당파성이 퇴조하고 복잡한 정책이슈들이 미국 선거에 뿌리를 내리고 있기 때문에 은유적인 방법을 기술적으로 활용하는 것이 좋다.

1980년대를 보면, 미국과 소련 간의 '핵균형상태'(*stand-off*)만큼 난제였던 국가적 이슈도 없었다. 민주당과 공화당 간에는 핵을 증가할 것인지 감축할 것인지를 놓고 논란을 벌였다. 당시 대통령이었던 레이건은 확고하게 미국의 핵우위를 강화시키려는 사람들의 편이었다. 1984년 대선 당시 레이건 진영에서는 쉬운 용어들로 자신의 입장을 정당화할 방법이 필요했다. 그래서 잘 만들어진 은유방법을 활용했는데, 그것은 미국인 한 사람이 '숲속에서 곰'과 마주쳤다는 내용이었다. 그 곰의 위험성에 대해 의견이 다르다는 점을 강조하면서 중무장한 사냥꾼이 그 곰을 서서히 물러나게 했다. 메시지는 분명했다. "소련과 군사적 충돌을 피하는 최선의 방법은 미국이 소련보다 더 강력해지는 것"이라는 것이었다(Weaver, 1996: 204).

선거광고는 포지티브, 비교, 네거티브 등 세 가지 범주로 나눠진다. 후보의 신뢰를 확립하고 정책아젠다를 보여주려고 의도한 광고의 속성은 대개 포지티브하다. 레이건의 광고가 좋은 사례이지만 다른 것들도 있다. 1998년 조지아 연방하원선거에서 공화당 딜런 글렌(Dylan Glenn)은 남북전쟁 후 남부지역 재통합기 이래 남부출신으로 최초의 흑인 연방하원의원이 되려고 했다. 자신을 소개하려고 그는 "조지아 주에서 태어나, 조지아 주를 위하여"라는 일대기성의 짧은 광고를 내보낸 바 있다. 한편, 비교광고는 후보들간의 차별성을 부각시킨다. 현역의원 테드 스트릭랜드(Ted Strickland)와 부지사 낸시 홀리스터(Nancy Hollister)가 대결한 1998년 오하이오 연방하원선거 당시 30초짜리 광고 한 편이 방영된 적이 있었다. 그 광고는 "소득세 4%를 인상한" 홀

리스터의 경력에 대한 맹렬한 공격으로 시작했고, 흑백화면과 조화롭지 않은 음악들도 가득 찼다. 그리고 중반 이후 음악이 고조되고 칼라 영상들이 흘러가면서 "테드 스트릭랜드는 감세를 위해 활동했다"는 대조적인 포지티브한 내용으로 광고가 전환됐다. 다른 한편, 네거티브 광고를 살펴보면, 1998년 켄터키 주 오하이오 강 건너편의 연방상원의원 선거에서 공화당 연방하원의원 짐 버닝(Jim Bunning)의 선거진영은 상대후보 스코티 배슬러(Scotty Baesler)에 대해 아주 네거티브한 광고를 내보낸 바 있다. 나치즘을 연상시키는 독일작곡가 리하르트 바그너(Richard Wagner)의 음악 〈전쟁의 여신〉(*The Ride of Valkyries*)이 나오는 가운데 배슬러가 시위대를 행해 확성기로 소리를 외치는 모습이 방영됐다. 이 선거를 지켜본 학자들에 따르면, 이 광고 및 관련 공격내용들 때문에 "그 선거가 전국에서 가장 지저분한 선거 가운데 하나가 됐다"고 한다(Gross & Miller 2000, 190).

미국선거에서 미디어활용이 늘어나는 것은 광고구매자들과 컨설턴트들이 광고구매금액의 1%를 업무대행수수료로 챙기기 위해 미디어활용을 부추긴 때문이라고 보는 견해들이 있다. 1995~1996년 선거에서 딕 모리스(Dick Morris)가 엄청나게 벌어들인 돈에 대해 이야기하면서 조지 스테파노플러스(George Stephanopoulos)는 "이해관계의 충돌이 있다는 것은 사실이다 … 이 사실이 의미하는 것은 모리스가 수준미달의 조언을 했다는 것이 아니라, 그가 사심 없이 조언을 한 것이 아니라는 점"이라고 말했다(Harris, 1998). 어떤 컨설턴트들은 선거여론조사가 선거광고를 구매하는 일과 조직적으로 분리되어야 한다고 조언한다. 적어도 일부 여론조사전문가들은 여론조사전문가들이 '독립된 감시자'로서의 역할을 하면 미디어업무가 잘 진행되는지를 출마자들이 파악할 수 있을 것이라고 믿는다(Friedenberg, 1997: 56).

기대. 홍보전략에 있어 중요한 부분은 정치전문가들이 '기대게임'(*expectations game*)이라고 부르는 것이다. '뉴스'는 새로운 것인데 선두후보가 이긴다면, 예상한 결과 그대로이기 때문에 여기엔 새로운 뉴스가 없다. 그러나 만약 예상하지 못한 후보가 바짝 쫓아오면, 실제승리자는 그러한 일이 벌어지는 것을 달가워하지는 않겠지만 그러한 사실은 새로운 뉴스거리가 된다.

부시는 2000년 선거초반에 과장된 예상 때문에 고생했었다. 1999년 내내, 그는 2000년 예비선거에서 압도적으로 승리할 것으로 전망됐었다. 당시 그는 떨어지는 것 외에는 더 이상 올라갈 여지가 없었다. 스티브 포브스가 아이오와에서 부시에게 11% 차까지 따라오고, 맥케인이 19% 차로 뉴 햄프셔(New Hampshire)에서 승리하자, 실제로 모든 관심사가 포브스와 맥케인에게로 집중됐다. 문제는 선두가 난관에 부딪치느냐는 것이었다. 노련한 평론가들은 포브스와 맥케인이 당선에 필요한 자금과 조직을 충분히 갖추지 못했다는 점을 알고 있었다. 포브스는 아이오와 이외의 지역에서는 제대로 된 조직을 갖추고 있지 못했고, 맥케인은 뉴 햄프셔 지역 외에도 사람들이 약간 있기는 했지만, 부시의 전국적인 공화당조직에 필적할 수는 없었다. 그리고 그들은 자금동원능력 면에서도 부시의 상대가 안 됐다. 그러나 전국의 부시선거운동요원들은 부시가 뉴 햄프셔 다음의 모든 경선지역들에서 실제로 앞서고 있었지만 지지자들에게 전화를 걸어 부시의 전망이 밝으니 걱정 말라고 안심시켜야만 했다.

기대게임은 뉴스의 상대적 속성을 보여준다. 문제는 부시가 아이오와에서 이겼냐가 아니라 그가 사람들이 예상한 만큼의 표차로 이겼냐는 점이다. 이러한 주장에 동의하지 않는 사람들은 승패가 중요하다고 말하지만, 기대충족 여부 또한 중요한 것이 사실이다. 비록 포브스의 최종당선 가능성이 아주 적었지만, 아이오와 주에서 그가 보여준 저력으로 부시진영의 약점이 노출되었다. 포브스의 공평과세주장 때문에 부시 역시 세금감면계획을 내놓지 않을 수 없었다. 이렇듯 포브스의 신선한 시도 그 자체가 하나의 뉴스였다. 그러나 이 사례가 의미하는 더 중요한 시사점은 선거에서의 성공이란 상대적인 개념이라는 것이다. 따라서 유권자들의 인식이 곧 현실로 나타날 수 있다는 점을 상기해야 한다. 그렇기 때문에 유권자들의 기대를 조절하기 위해 최선을 다해야 할 것이다.

좋은 성과를 내려면 밟아야 할 정해진 절차가 있다. 선거초기에 도전자는 승산이 있다는 인상을 주면서 아주 조금이라도 언론에 보도되기를 바란다. 한편 현역후보는 도전자들에게 겁을 주려고 승리는 필연적이라는 점을 보여주고 싶어한다. 만약 선거가 시작부터 경합이라면, 양측은 선거가 접전이라는 것을 보여주고 싶어한다. 유권자들의 투표유도를 위해 선두권의 후보들은 지지자들이 기권하게 되면 패배할지도 모른다는 점을 강조한다. 확실하게 앞서고 있는 현역들조차도 선거 하루 전날 지지자들에게 선거는 끝난 것이 아니고 계속 해야 할 일이 많다고 말한다. 이처럼 선거진영들은 뉴스보도와 유료선거광고를 통해 후보의 상황에 맞는 메시지를 제대로 전달해야 한다.

2. 유료매체

유료매체의 가치는 선거진영에 메시지 조절능력을 준다는 것이다. 선거진영과 대중사이에 기자가 존재하는 뉴스보도와 달리, 유료매체는 선거활동가들이 메시지를 작성하고, 표적이 되는 시청자들을 설정하고, 그리고 선거운동에 가장 적합한 타이밍을 선택할 수 있게 해주는 것이 장점이다. 단점은 돈이 많이 든다는 점이다. 텔레비전 광고는 수만 달러가 들어갈 수도 있다. 심지어 대학신문의 작은 전시광고조차도 수백 달러가 들어갈 수 있다. 유료매체의 비용은 참으로 놀랄 정도다. 의회학자 폴 헤른슨(Paul Herrnson)에 따르면, "장래가 유망한 도전자들은 선거홍보에 평균 41만 달러 정도를 쓴다"(2000: 230). 막대한 돈이 드는 이유는 선거진영들이 효율적으로 타기팅해야 하고, 자신들의 메시지에 적합한 매체를 선택하지 않을 수 없기 때문이다.

홍보컨설턴트 크레이그 셔리(Craig Shirley)에 따르면, "1970년대에 내가 워싱턴에서 광고를 처음 시작했을 때 선택 가능한 매체는 대도시 일간지, 일반도시 신문, 전화, 광고, 일부 라디오 … 그리고 지방방송국들이었다"(1997: 22). 21세기는 새로운 방송채널에서부터 케이블시스템, 인터넷매체에 이르기까지 선택범위가 훨씬 다양하다. 이러한 것들은 각각의 장점이 있다. 케이블시스템은 정밀한 타기팅이 가능하다. 방송텔레비전과 라디오는 도달범위가 넓고, 후보들이 가격협상을 통해 광고시간대를 요구할 수 있다. 시장이 줄어들고 있기는 하지만 신문의 경우는 가격을 대폭 할인하면서까지 경쟁력을 갖추려고 최선을 다하고 있다. 1996년 이전에는 별로 알려지지 않았지만 선거웹사이트도 중요한 유권자접근 수단이 되고 있다.

1) 텔레비전

텔레비전은 강력한 매체이다. 오디오와 이미지를 겸비하기 때문에 라디오나 인쇄매체가 할 수 없는 방법들로 시청자들을 사로잡는다. 조 맥기니스(Joe McGinnis)는 30년 이상 전에 "텔레비전은 새롭고, 무언가 숨기는 듯하고, 명확히 정의되지 않고, 사라져야 할 신비감이 점점 강해지는 그 어떤 것이다. 우리는 사건을 일으키는 사람뿐만 아니라 그것들을 보도하는 사람들을 모두 보여줘야 한다"고 말했다(1969, 28). 맥기니스가 왜 이런 이야기를 했을까? 그 이유는 텔레비전이 다른 매체들보다 훨씬 실감나는 이미지를 만들 수 있기 때문이다. 그래서 대부분의 컨설턴트들은 "텔레비전은 메시지이고, 텔레비전을 주무르는 사람은 표를 얻는다"(29)는 주장에 동의할 것이다.

제작비용이 비싼 것은 분명하다. 텔레비전 중간광고를 만들려면

PD, 사진사, 조명, 편집회사가 필요하다. 어떤 영화제작자가 선거컨설턴트들에게 말한 것처럼 "매스미디어 제작세계에 있어 정치광고만큼 실수가 없어야 하고, 시간경과에 민감하고, 진행이 순조로워야 하는 것도 없다"(1999: 62). 정치광고 제작관련 제반 진행과정은 복잡하며, 선거진영들이 참으로 내기 어려운 시간을 요한다. 그렇다보니 특히 영상부분에 주안점을 둔 촬영을 하는 선거진영에서는 필름현상에 필요한 시간은 물론 날짜까지 계산해야 한다. 이러한 정치의 경쟁적 속성 때문에 스피드가 중시되는 가운데 텔레비전의 흠이라면, 어느 매체보다도 제작속도가 느리면서 비용이 가장 많이 든다는 점이다. 이러한 특성이 실시간 변화에 장애가 되지만, 모든 선거진영은 돈만 있으면 텔레비전 광고활용 기회를 살리려 한다.

커뮤니케이션 학자 로버트 프리덴버그(Robert Friedenberg)에 따르면, 컨설턴트들이 텔레비전 광고방영의 최소기준으로 잡는 종합시청률은 300~500포인트이다(1997: 174). 종합시청률 1포인트는 특정시간대 방송시청 가능자의 1%를 말하기 때문에 종합시청률이 300포인트이면 모든 방송시청 가능자가 그 선거광고를 3번 보았다는 뜻이다. 종합시청률을 돈으로 환산하면 수천 달러 정도가 되기 때문에 광고비용이 급격히 올라가고 있고, 컨설턴트들이 앞장서 비용인상을 부채질한다. 정치광고가 텔레비전 시장을 도배했던 1996년 선거 이후부터는 권장하는 광고시간대의 종합시청률이 1,000포인트를 넘기 시작했다. 프리덴버그가 인터뷰한 컨설턴트에 따르면, "후보는 모든 유권자에게 자신의 광고가 10~14번 정도 이상 노출되길 원했다. 이러한 사실은 1990년대의 뉴미디어 환경에 내재하는 문제점들을 보여주고 있다"(175). 이처럼 광고시간대의 종합시청률을 높이도록 권하는 것은 선거비용 상승에 한몫하고 있다.

공중파방송. 텔레비전 수신의 가장 친숙한 방법은 공중파방송(*Broadcast Television*)을 통하는 것이다. 1970년대 중반까지는 공중파방송이 텔레비전을 보는 사실상 유일한 방법이었지만, 1980~1990년대 유선방송이 등장하면서 공중파방송은 상당수의 시청자를 잃었다. 비디오녹화기, 디지털비디오플레이어, 비디오게임 때문에 공중파방송의 시청자가 크게 줄어든 것이다. 텔레비전 채널의 급격한 증가는 특히 유선시스템으로 공중파방송을 보는 사람들이 중간광고를 포함한 상업광고들을 보는 경향이 커진다는 것을 의미한다. 그럼에도 불구하고 공중파방송은 대형화된 새로운 선거운동의 중심으로 남아 있다.

여전히 그 이유는 도달도 때문이다. 선거진영에서는 한 번 광고방송으로 폭넓은 유권자들에게 강력한 메시지를 보낼 수 있다. 케이블방송이 공중파방송의 시청자들을 빼앗기기는 했지만, 보급률이 아직도 낮기 때문에 공중파방송이 여전히 최강의 비디오매체로서 자리한다. 어떤 미디어전문가의 말처럼, "성공하려면 우리는 잠재적 정치고객 집단(*pool*)의 50%+1을 확보해야 한다. 이러한 사실은 우리로 하여금 대중을 상대로 마케팅에 나설 것을 요구한다. 우리가 원하는 것은 시장점유율이지 한 사람 한 사람에게 판매하는 것이 아니다"(Hutchens, 1996: 42). 특히 저소득층 유권자들에게 접근해야 하는 후보들의 경우엔 공중파방송이 강력한 매체이다.

공중파방송에는 또 다른 장점이 있다. 공중파방송이 공공재원이기 때문에 연방통신위원회(FCC)의 규제를 받고, 연방통신위원회의 임무가 방송이 정치관련 논의에 호의적이 되도록 만드는 것이기 때문에, 연방선거 출마자들은 법적으로 광고시간을 할인된 가격에 살 수 있는 권리를 갖는다. 1992년 이전에는 비연방선거입후보자들에게 저가할인 혜택권리 부여를 놓고 논란이 있었지만, 연방커뮤니케이션위원회는 그럴 수 없다고 결정했다. 심지어 연방선거 입후보자들 경우에도 제약이 있다. 저가구매는 방송시간대를 보장받지 못한다. 만약 특정후보가 어떤 시간대에 중간광고를 산다고 해도 다른 고객이 그 시간대를 차지하려고 최고가격을 지불하면 그만이다. 따라서 저가할인제도를 잘 활용하려면 광고시간 구매자들은 방송광고 시간의 일일변화에 주목해야 한다.

후보자의 광고구매기록은 법적으로 공개되기 때문에 자세한 모니터링이 가능하다. 모든 사람들은 자세한 기록을 보고, 유료로 복사할 수도 있다. 서류를 살펴보는 조사자들은 구매주문서와 계약취소전표에서부터 전화기록자료에 이르기까지 모든 것을 찾는다. 만약 특정선거 진영에서 선거초반에 낮 시간대 광고를 대량으로 구매한다면, 이와 관련해 구체적인 시간대까지 적혀있는 모든 보고서들이 서류철 속에 있을 것이다. 그러나 조사자들이 대개 찾지 않는 문서는 광고구매가 실제로 이뤄졌느냐에 대한 것이다. 문제는 요구된 중간광고가 주문된 날짜와 시간에 실제로 방송되었는지, 아니면 더 높은 가격을 제시한 고객에 의해 대체되었는가 하는 점이다. 운송장(運送狀)을 계산하면 그 결과를 어느 정도 유추할 수는 있겠지만, 사실진술서와 달리 유추방식은 사실을 대강 어림잡을 뿐이다. 게다가 방송사와 광고구매자는 서류를 남기지 않고 전화로 시간대를 재조정할 수도 있다. 더욱이 모든 방송국이 이해하고 규칙을 준수하는 것은 아니다. 미디어매체가 기록을 그대로 보관하지 않는 경우는 흔하다. 서류관리자가 짧은 시간에 데이터를 모으는 동안 조사자는 수납대에서 계속 그냥 기다려야만 할 수도 있다. 마지막으로 관련 법규해석이 분분하다. 어떤 방송국에서는 외부그룹들의 이슈주장 광고를 공개로 분류하는데, 다른 곳에서는 그렇지 않다. 법적인 분쟁이 있기는 하지만, 그 문제가 해결될 수 있을 것인지 항상 분명하지만은 않다.

디지털시대이기 때문에, 일부 선거진영들에서는 손수 기록들을 조사하는 번거로움을 피하고 싶어 할 수도 있을 것이다. 이러한 경우에는 광고의 음성기호로 텔레비전 중간광고들을 추적하는 요금약정 광고탐지시스템을 활용할 수 있다(Friedenberg, 1997: 180~183). 물론 이 시스템이 효과적이기는 하지만, 단점은 이용하는 데 비싸고, 상대후보 광고가 나간 다음 그 사실을 선거진영에 통보해준다는 것이다. 이러한 문제점을 보완하려면 무엇보다 먼저 방송국의 광고시간대 판매현황을 조사하는 일이 중요하다. 공개자료들이 완전하지 못해도, 방송국에 매주 또는 매일 가면 조기에 관련 상황을 파악할 수 있다. 초기에 광고시간대를 구매하는 선거진영들은 자신들의 계획을 노출하기 때문에 광고방송전략이 드러난다. 상대후보 진영의 광고구매를 미리 주시해야 하는 또 다른 이유는 방송국에서 평등한 방송시간 할당규칙을 준수하는지 감시해야 하기 때문이다. 방송국 관계자들이 후보들로부터 특정 시간대를 팔도록 요구받는 일은 없지만, 그들이 어떤 후보와 거래하고 싶으면 다른 후보에게도 모두 똑같이 해당 시간대를 제안해야만 한다. 따라서 선거진영의 경우, 공개기록을 자세히 보면 언제 광고구매 시장에 뛰어들어야 하는지 알 수 있게 된다.

1990년대 흐름은 광고를 일찌감치 내보내는 추세이다. 1996년에 간발의 차로 의원직을 놓친 코네티컷(Connecticut) 주의 공화당 연방하원 여성의원 낸시 존슨(Nancy Johnson)은 '복귀광고'라고 이름 붙일 수 있는 중간광고를 방송하면서 1998년에 힘차게 복귀했다. 그녀의 미디어컨설턴트들은 당시 전략을 이렇게 설명한다. "그녀는 유권자들과 다시 접촉해서 그녀에 대해 좋아했던 것을 그들이 미리 회상하도록 만들 필요가 있는 것으로 판단됐다"(Weitzner and Geller, 1999: 56). 그래서 선거 막바지를 기다리는 대신, 존슨은 광고비가 치솟기 전인 노동절 이전에 미리 광고를 내보냈다. 그녀는 '의료, 교육, 조세'에 관심 있는 유권자들을 타깃으로 삼았고, 당파성이 아닌 정책적 측면에서 이슈들을 언급했다. '존슨의 경쟁자들이 네거티브 광고를 내보내려고 했을 때 그러한 공격은 신뢰를 얻지 못했다. 그 이유는 유권자들이 그녀의 경력을 이미 알고 있었기 때문이었다"(56). 지지자들을 최대한 찾아내고, 효율성을 극대화하고, 전략적으로 자신의 카드를 활용하면서 존슨은 우세를 유지할 수 있었다.

유선방송. 공중파방송은 대규모 시청자들에 접근하지만, 유선방송

(*Cable Television*) 은 유권자의 구체적인 부분에 타깃을 맞춘다. 21세기 들어서 미국가정의 80%가 유선에 연결되어 있기 때문에, 새로운 특성의 유료매체가 광고구매자들에게 제공되었다고 할 수 있다. 어떤 측면에서 보면, 공중파방송 광고와 유선방송 광고 간에 서로 다른 점이 없다. 유선을 통해 전달되는 메이저방송을 보는 시청자들이 해당 네트워크 방식의 광고방송과 지방유선회사가 삽입한 광고방송을 구분하지 못할 정도이다. 그러나 하나의 유선에서만 광고를 하려면 통상적인 비디오광고의 전술을 근본적으로 변화시켜야 한다는 점에서 유선방송은 공중파방송과 다르다. 유선은 범위가 명확한 시장을 제공한다. 지역유선회사들은 경계(town, city, county, 다른 자치구역 등)가 명확하고, 그 경계는 많은 선거구와 근접한다. 그렇기 때문에 유선방송을 이용하면 낭비를 최소화할 수 있다. 더욱이 유선의 수십 개 채널들은 자신들의 방송프로그램을 중심으로 방송해야 한다. 즉, 히스토리 채널(History Channel), A&E, BET, MTV 등은 모두 다 각자 자기분야를 추구한다. 그렇기 때문에, 후보들은 텔레문도(Telemundo) 같은 스페인어 방송망을 서로 비집고 들어가려 한다. 정치시장을 분할하는 유선의 강한 능력을 보여주려는 듯이, 일부 선거진영에서는 단일 선거구 내에서 지역별로 광고를 다르게 하는 것이 유익하다고 생각할 정도이다.

유선방송의 혜택을 누리기 위해서는 비용이 든다. 첫째, 유선방송은 상품마케팅 회사들에게 많은 매력을 제공한다. 유선방송은 기본요금 약정시스템에 따라서 운영되기 때문에 유선방송 시청인구는 고소득층으로 올라갈수록 더 많아진다. 유선방송 시청자들이 공중파방송 시청자들보다 정기적으로 투표에 참여한다고 보고된 바 있지만(Friedenberg, 1997: 184~185), 유선방송 시청자들을 대상으로 선거운동을 벌이기 위해서는 그만큼 큰 경제적인 대가를 치러야 한다. 그래서 허친스(Hutchens)는 유선방송에 선거광고를 내보내는 것이 일반방송에 내보내는 것보다 더 저렴하다고 생각하는 사람들에게 "유권자 대비 비용을 따져보면 그렇지 않다. 훨씬 더 비싸다"고 대답한다(1996: 42). 둘째, 유선시장은 분산되어 있다. 전국적으로 유선방송국이 1만개 이상이기 때문에 광고시간대 확보가 어렵다. 미디어구매자들이 '중간광고국'(*spot reps*)의 서비스를 활용하지 않으면 여러 곳의 광고시간대를 쉽게 잡기가 어렵다는 느낌을 받을 정도이다. 마지막으로, 앞에서 언급했듯이 모든 유선방송을 전부 활용하려는 전략이 과연 정치적으로 현명한 것인지에 대해서는 약간의 의문이 든다. 유선방송 보급률이 상당하지만, 그렇다고 모든 시청자에게 전부 보급된 것은 아니기 때문이다. 허친스는 "홍보하는 데 있어 상당수의 시청자들이 배제되면, 오히려 위험만 초래하게 된다"고 말한다(42). 따라서 공중파방송과 유선방송은 각기 나름대로 중요하다고 하겠다.

허친스의 경험을 통해서 유선방송의 가치가 밝혀졌다. 1992년 당시, 허친스는 예기치 못한 재선거 때문에 선거구가 재조정된 민주당 연방하원의원 짐 바쿠스(Jim Bacchus)를 위해 일하고 있었다. 당선가능성을 높이려고 바쿠스 진영에서는 플로리다 선거구 내의 한 작은 지역인 인디언 리버 카운티(Indian River County)를 타깃으로 삼았다. 그곳은 당시까지 연방하원의원이 없었기 때문에 상당한 기회로 보였다. 허친스에 따르면 "우리는 DM 외에도 인디언 리버 카운티 지역에 있는 모든 유선방송사를 통해 매일 25차례 선거광고를 내보냈고, 지역 라디오방송을 통해 광고도달률을 보완했다"(1996: 43). 결국, 선거당일 "박빙의 상황인 가운데 인디언 리버 카운티에서의 추가득표로 격차를 벌릴 수 있었다"(43).

유선방송 산업의 변화로 유선방송은 공중파에 대해 더 경쟁력을 갖게 됐다. 가장 중요한 흐름 가운데 두 가지는 ① 유선방송 보급은 계속 늘어나는 반면, 공중파의 시장점유율은 줄어들고 있다는 점과 ② 유선방송사들의 합병과 유선방송의 '공동연결망'(*interconnect*)의 등장으로 여러 시장의 유선방송을 한번에 동시구매할 수 있게 됐다는 점이다. 지방 유선방송사들이 한층 큰 시스템에 흡수되면서 요금청구서를 보내는 곳이 집중되고 있다. 유선방송사들이 분산되어 있는 곳에서는 광고구입자들이 여러 곳에 중간광고를 동시에 할 수 있게 하는 디지털 공동연결망을 일부 유선회사들이 공유하고 있다. 이렇게 해 놓음으로써, 선거진영이 얻는 이점은 서류작업의 효율성이다. 한 통의 전화로 여러 유선방송사들에게 광고시간을 요청하고 그 비용은 나중에 한꺼번에 정산할 수 있기 때문이다. 이와 같이 유선방송 활용의 복잡성이 줄어든 점은, 선거자금법을 준수하면서 신속하게 움직여야 하는 정치선거에서 높이 평가받고 있다.

2) 라디오

라디오는 분명히 텔레비전의 시각적 요소가 부족하다. 하지만 어떤 측면에서는 유선방송의 묘미가 결합된 공중파방송의 묘미를 제공한다. 공중파방송처럼 라디오는 청취도가 대단하고, 법률적으로 공중파방송과 비슷한 광고시간 구매 할인혜택을 받는다. 유선방송처럼, 라디오는 정확한 타기팅과 지속적인 반복작업에도 활용될 수 있다. 예를 들면, 라디오 토크(*Talk*) 방송은 라디오 음악방송과 달리 확실하게 더 보수적인 청중들을 사로잡는다. 한편, 라디오에 기반을 둔 전략은 그 비용이 저렴하기 때문에, 선거진영들이 많은 광고시간대를 확보할 수 있다. 더욱이 라디오광고는 신속한 제작이 가능한데, 이것은 라디오가 신속한 대응에 적합하다는 것을 의미한다. 따라서 라디오광고를 활용하면, 선거진영에서는 발생하는 일들에 대해 몇 시간 안에 대응할 수 있다. 아울러 전술적 측면에서도 라디오기반 전략은 선거진영으로 하여금 '드러나지 않게 활동할 수 있게' 해주고, 종종 네거티브광고를 힘들게 하는 '광고모니터'에서도 가끔씩 벗어날 수 있다. 그럴 수 있는 것은, 프리덴버그가 지적한 대로, "라디오광고의 경우, 일반적으로 테이프로

녹음되지도 않고, 언론에서도 녹음된 내용을 자세하게 살펴보지 않기 때문이다”(1997: 143).

라디오의 흥미로운 측면은 컨설턴트들이 ‘라디오의 친숙함’에 대해 말하는 경향이 있다는 점이다. 라디오가 친숙하다는 것은 단지 말로만 그러는 것이 아니다. “라디오는 그 효과가 상당하다. 왜냐하면, 라디오가 전하는 이미지들이 청취자들의 머리 속에 존재하기 때문이다”(Sweitzer and Seller, 1996: 40). 라디오의 이미지는 1996년 연방상원선거에서 존 워너(John Warner)가 만들었던 한 쌍의 라디오광고에서 확인할 수 있다. 당시 《워싱턴 포스트》지는 공화당 예비선거에서 워너가 직면한 곤경에 대해 이렇게 적고 있었다. “그는 극적으로 투표율을 높여야만 한다. 여성, 중도주의자들, 그리고 특히 버지니아(Virginia) 사람들을 동원하는 한편, 미디어를 적극적으로 동원해 상대후보의 신뢰성에 대해 문제제기를 해야 한다”(Baker, 1996). 타깃유권자들의 특성에 맞추려고 분명하게 노력하면서 “워너는 상대후보가 보수주의자로 위장했다며 남자 목소리로 비난하는 라디오광고를 내보냈다. 남자 목소리의 이 광고는 오직 한번 방송되었고, 그로부터 며칠 후 내용은 그대로이면서 목소리만 여자로 바뀐 광고를 내보냈다”(1996). 지금 생각해보면, 워너 진영은 라디오청취자들의 마음에 한층 여성적인 모습을 남기길 원한 것처럼 보인다.

3) 신 문

신문은 한때 정파적인 생각을 전파하는 가장 중요한 수단이었지만 근래 들어 시장점유율을 상당히 잃었다. 사람들이 신문을 읽지 않아서 신문광고 비용도 점점 줄어드는 실정이다. 그러나 신문광고는 여전히 새로운 선거운동의 한 부분으로 남아 있다. 그 이유는 다음과 같다. 첫째, 신문의 광고지면은 항상 활용이 가능하다. 텔레비전과 라디오는 희소성을 갖지만, 신문의 경우는 선거광고 지면을 몇 개 추가하는 일이 있어도 항상 광고지면이 있다. 둘째, 신문은 신문시장을 분할함으로써 시장의 압박에 반응한다. 인쇄술의 수준이 높아지면서 광고내용을 지역에 따라 다르게 하는 것이 가능하다. 대도시 외곽지역들의 경우는 각기 그 지역광고를 실을 수 있다. 마지막으로 선거진영에서 신문광고 지면을 잡지 못하면 홍보효과가 없어 방송사의 보도대상 선정에도 제외될 수 있다. 설령 보도가 된다고 하더라도 제대로 보도가 안 된다. 따라서 이러한 일들이 벌어질 경우에는 재정적 압박을 가하면 효과가 있을 것으로 생각된다. 어떤 전직의원은 지방선거에 출마한 후보들에게 다음과 같이 조치하라고 조언한다. "선거광고를 취소하겠다고 하면서 돈을 돌려 달라고 협박하라. 신문사에서는 내가 이런 이야기를 해줬다고 미워할 것이다. 하지만 예산이 빠듯한 작은 규모의 신문사같은 경우는 이러한 방법이 매우 효과적인 수단이 된다"(Grey, 1999: 182).

4) 뉴미디어

신문이 지나간 매체라면, 웹사이트는 새로운 매체이다. 웹사이트는 1980년대 중반까지 존재하지 않았지만 이제는 모든 선거에서 없어서는 안 될 필수요소로 간주된다. 웹사이트가 없는 후보는 사려가 부족한 사람으로 인식된다. 시각적으로 보기 좋고 정보가 풍부하면서 이용자에게 편한 웹사이트는 후보에 대한 유권자들의 인상을 깊게 심는 데 유용하다. 연구에 따르면, 웹사이트 방문자들은 대부분의 시간을 "이슈코너, 인물소개코너 및 비교코너"에서 보낸다고 한다(Hockey and Edlund, 1999: 14). 2000년 대선을 보면, 선거 웹사이트에 뉴스보도자료, 행사일정, 동영상, 기존매체들에 보도된 선거광고물을 올려놓는 것이 일반적이었다. 앞으로 홍보기술에서 새로운 발전이 있기 전까지는 잘 만든 웹사이트가 선거홍보의 중요한 요소가 될 것이다.

2000년 선거 때, 당시 선보인 웹사이트의 대부분은 전문적인 모습과 느낌을 갖추고 있었다. 정책자료 및 상대후보와의 비교자료도 보여주었고, 인간적인 호소도 했다. 그래픽도 과거보다 훨씬 향상됐다. 1996년 선거 당시만 해도 언론으로부터 웹사이트가 없다는 지적을 받지 않으려고 선거웹사이트를 만들었다. 그런데 21세기에는 한층 많은 사람들이 인터넷에 접속하고, 후보에 대한 많은 정보를 웹사이트가 제공하기 때문에, 앞으로 웹사이트는 선거홍보의 주요소가 될 것이다.

웹사이트의 불편함은 사람들이 의식적으로 방문해야만 한다는 것이다. 라디오와 텔레비전은 광고를 보지 않으려는 청취자와 시청자들에게도 전달되기 때문에 선택의 여지가 없는 매체이다. 그러나 웹은 선택의 여지가 이용자에게 있는 매체이다. 그렇기 때문에 웹사이트 방문자를 많게 하려면, 오프라인시장에서의 노력이 여러모로 필요하다. 미디어컨설턴트 마이크 코넬(Mike Connell)은 웹이 일반방송매체를 보완하는 역할을 할 수 있다고 말한다. 선거진영들이 후보의 인물, 경력, 비전, 베스트후보인 이유를 선거구민들에게 설명할 생각으로 30초짜리 중간광고들을 방영하려고 할 때, 그 광고에 웹사이트 주소를 표시해 놓으면, 선거구민들이 후보에 대한 완벽하고 심층적인 정보를 찾고 싶을 때 어떻게 해야 하는지 곧바로 알려줄 수 있다"(Connell, 2000: 58). 2000년 당시, 연방하원선거에 출마했던 도널드 던(Donald Dunn)은 "자신의 웹사이트에 1998년부터 세금을 체납한 유타(Utah)주 사람들의 명단을 올려놓았다". 이것은 영리한 전략이었다. "던의 선거진영에서 문제의 명단을 공개할 것이라고 밝히는 언론간담회를 가진 다음, 2만여 명이 웹사이트를 찾았었다"(Jalonick, 2001: 62).

또 다른 홍보방법은 '배너광고'를 정치적으로 활용하는 것이다. 신문광고를 디지털화한 배너들은 야후(Yahoo), 라이코스(Lycos) 같은 주요 검색엔진과 온라인 디렉토리의 상단부분에서 볼 수 있는 작은 광고물이다. 1998년 뉴욕시의회 대변인 피터 밸론(Peter Vallone)은 뉴욕주지사 출마선언 때 배너광고를 활용했다. 배너는 후보자의 이름을 인지시킨다는 점에서 전통적인 유권자접촉 매체와 유사하다. 그러나 배너광고는 "사용자가 그것을 클릭하면, 바로 후보의 웹사이트로 이동한다"는 점에서 차이가 있다(Hockaday & Edlund, 1999: 14). 게다가 "배너광고 접속률은 그 속성이 DM성공가능률과 비슷해서 선거웹사이트를 찾는 유권자들일수록 배너광고의 접속률이 높게 나타나는 확실한 증거도 있다"(14). 한 컨설턴트는 배너광고의 활용에 대해 다음과 같이 상세하게 말한다. "《뉴욕타임스》나 《유에스에이투데이》와 같은 전국지들도 지역별 광고타기팅 능력을 갖추고 있기 때문에 이제는 선거광고 미디어전략에 포함될 수 있다. 전국지들이 운영하는 웹사이트들도 시장이나 지역, 우편번호, 전화번호 앞자리 등을 기준으로 운용지역이 구분되기 때문에 서로 다른 타기팅능력을 갖추고 있다. 그리고 공중파와 유선방송 웹사이트들(예: MSNBC.com CNN.com)도 대부분 지역이나 시장별로 광고를 내보낼 수 있다"(Mentwer, 2000: 69). 그 밖의 다른 웹사이트와 (유료 및 무료 모두 포함한) 언론매체까지 활용한다면, 어떤 선거진영이든 사이트 방문횟수를 늘릴 수 있는 것은 물론 전략적 홍보의 도달범위도 넓힐 수 있다.

3. 미디어찾기

인쇄매체 조사처럼 지방의 미디어매체를 찾으려면 신중한 조사가 필요하다. 왜냐하면 대도시 주요신문들의 경우에는 거의 모든 사람들이 알지만, 많은 소규모 발행물은 별로 알려지지 않았기 때문이다. 시골의 연방하원 선거구처럼 지리적으로 넓은 선거구의 경우는 선거구민들에게 방송서비스를 제공하는 텔레비전 방송국들을 관리하기가 쉽지 않다. 그렇기 때문에 미디어담당자들은 특정 선거구에 서비스를 제공하는 매체들의 목록을 만들어 놓아야 한다. 거기에는 해당지역에서 발행되는 매체들뿐만 아니라 선거구 밖이라도 지역유권자들에게 전달되는 매체들도 포함돼야 한다. 이와 관련된 일을 하는 데 중요한 자료로는 언론사들이 만든 《인터내셔널 연감》(*International Year Book*), 《출판물 · 방송미디어 수록집》(*The Gale Directory of Publications and Broadcasting Media*), 《TV · 케이블방송사 수록집》(*SRDS TV & Cable Source*), 《공중파 · 케이블방송사 연감》(*Broadcasting & Cable Year Book*), 《광고제작사 수록집》(*SRDS Advertising Source*) 등이 있다.

《인터내셔널 연감》은 주요 일간지부터 쇼핑안내 책자에 이르는 간행물들의 목록을 담고 있다. 이 연감을 활용하면, 마이애미 비치(Miami Beach) 시장을 조사하는 사람은 대도시지역에 배달되는 주요신문들을 찾을 수 있다. 《마이애미 헤럴드》(*Miami Herald*, 일간지편)와 스페인어판 《엘 누에보 헤럴드》(*el Nuevo Herald*, 히스패닉편)처럼 이 연감에는 각 신문의 발생부수, 광고물, 신문특별판, 특별주말섹션, 뉴스매거진 등이 수록되어 있다. 그리고 신문칼럼에서부터 신문에 사용하는 소프트웨어, 인쇄기의 종류 등을 소개하는 내용은 미디어 컨설턴트들이 구체적인 광고구매 계획을 짜는 데 유용하다. 소형신문들을 찾아보려면, 이 연감의 "미국광고신문편"(U. S. Shoppers)이나 《출판물 · 방송미디어 수록집》을 보면 된다. 그곳을 보면 포스트 뉴스페이퍼(*Post Newspaper*) 그룹에 가입한 마이애미 비치의 《선포스트》(*Sunpost*) 지가 있다. 연락처나 광고율도 정보로 제공된다. 이러한 자료들이 구비되어도 선거요원이 신중한 사람인 경우엔 직접 거리를 누비면서, 뉴스가판대에 실제로 팔리고 지역도서관에서 볼 수 있는 신문들이 무엇인지 확인한다. 길거리 뉴스가판대를 보면, 마이애미 나이트클럽 광경을 집중적으로 조명한 《마이애미 뉴스 타임스》(*Miami News Times*)와 《스트리트》(*Street*) 지가 사우스 비치(South Beach) 지역에서 널리 읽힌다는 사실이 분명해진다.

《출판물 · 방송미디어 수록집》에는 방송매체들이 소개되어 있다. 마이애미 비치 지역을 보면, 복음가요 라디오방송인 WMBM이 있다. 물론, 마이애미 비치 거주자들은 몇 마일 정도 떨어져 있는 마이애미 시로부터 방송되는 프로그램들을 청취하는 경향이 있다. 그래서 조사자들은 미디어시장 전체를 보아야 한다. 관련방송사들은 《출판물 · 방송미디어 수록집》, 《공중파 · 케이블방송사 연감》, 《라디오광고제작사 수록집》(*SRDS Radio Advertising Source*) 속에 들어 있다. 이 서적들을 보면 플로리다 주는 시장이 여러 개로 나뉜다. 마이애미 비치는 "마이애미-포트 로더데일(Fort Lauderdale)-할리우드(Hollywood)" 시장 편에 있다. 이 지역에 할당된 섹션을 보면, WLYF처럼 마이애미 밖에서 허가를 받은 성인 라디오방송국이 포함되어 있는 다양한 라디오방송국들에 대해 알 수 있다. WLYF는 35~44세의 여성들이 제일의 청취자이고, 25~54세의 남성 및 여성들이 두 번째 청취자이다. 《TV · 케이블방송사 수록집》에는 마이애미-포트 로더데일 시장에 있는 WAMI-TV가 소개되고 있다. 사실, 이 방송국은 마이애미 비치의 역사적인 예술거리 한복판에 있다. 꼼꼼히 조사해보면, 선거마케팅에 적합한 미디어매체들을 효율적으로 찾아낼 수 있다.

텔레비전 관련정보도 같은 방식으로 편재되어 있다. 가령 《TV · 케이블방송사 수록집》에서 마이애미 비치를 보면, 마이애미-포트 로더데일 시장에 많은 방송국이 있고, 그 가운데 WFOR이 있는데, 이 방송국이 마이애미 외곽에 있는 CBS의 계열회사라는 것을 알게 된다. 또한 마이애미 비치 우편번호 내의 케이블 중간광고는 마이애미 케이블광고사(Cable Advertising of Miami)가 관리한다. 상황이 이러하기 때문에 조금만 조사해보면, 예리한 조사자들은 치밀한 미디어전략을 그려낼 수 있다.

4. 결론

지금까지 살펴본 사항은 순전히 전략적인 것이다. 미디어구매는 후보가 선거승리에 한층 다가가게 할 중간광고들과 광고지면을 확보하는 것이 제일의 목표이다. 가장 통제 가능한 유권자접촉 방식인 유료광고는 상대후보가 끼어들게 되면 곧바로 예측이 불가능하게 된다. 각 선거진영들이 서로 상반된 메시지를 밀어붙이려 하기 때문에, 어떤 주장이 나오면 반론이 뒤따른다. 자신의 테마를 강화하려면, 선거진영에서는 일관된 선거메시지들을 계속 추구하면서, 뉴스보도를 유권자에게 전달하는 활용 가능한 모든 방법들을 이용해야만 한다.

제 11 장
뉴스보도

넉넉한 선거자금, 강한 메시지, 영리한 전략. 이 세 가지는 선거진영이 후보를 긍정적 측면에서 알리는 데 도움이 된다. 유료매체는 타이밍, 시청자, 메시지를 거의 완벽하게 통제할 수 있도록 해주지만, 무제한의 선거자금을 갖고 있는 선거진영은 없기 때문에 뉴스보도는 선거운동 방법으로서 가치가 있다. 그리고 뉴스보도는 완전히 공짜는 아니지만, 유료광고에 비하면 아주 비용이 저렴하다. 그러나 무엇보다 뉴스보도의 가장 중요한 이점은 그것의 신뢰성이다(Salmore & Salmore 1989; Herson 2000). 그 이유는 외견상 중립적으로 보이는 기자와, 사람들이 정치를 접하는 텔레비전 뉴스, 신문, 라디오뉴스와 같은 것에서 메시지가 나오기 때문이다. 게다가 사람들은 정치에 대한 정보를 구하려 할 때 미디어뉴스를 활용한다. 따라서 뉴스보도를 타는 것은 선거운동 시간을 현명하게 활용하는 것이다. 그리고 기자들의 관심을 끌지 못하는 선거진영은 무언가를 감추려 한다는 나쁜 인상을 줄 수도 있다. 그렇기 때문에 뉴스보도는 선거전략에서 중요한 것이다.

정치컨설턴트들은 '무료미디어'(*earned media*)에 관해 이야기한다.

무료미디어는 텔레비전, 라디오, 신문보도와 관련된 것이다. 컨설턴트들은 이러한 것들을 'free media'보다는 'earned media'라고 하는데, 이렇게 구분하는 목적은 언론에 보도되려고 기울이는 노력을 강조하기 위해서이다. 아마도 정치에 있어 후보가 뉴스에 보도되는 선거는 대통령선거가 유일하다. 그러다 보니 이름있는 후보들은 자신들이 충분한 관심을 얻지 못하거나 자신들이 뉴스보도에서 공정한 대접을 못받는다고 불평을 털어놓는다. 한편, 안하무인의 언론으로부터 억압을 받는다고 후보들은 느끼지만, 오히려 기자들은 정치인들이 뉴스를 '관리하려고 한다'면서 반론을 편다. 어쨌든 후보들이 '말뿐'이고 그 이상 어떤 것도 보여주지 못한다고 전문가들이 불평을 털어놓는 데도 뉴스매체는 후보의 말을 실제뉴스로 계속 보도하고 있다.

긍정적 보도는 그 어떤 후보도 절대 장담할 수 없다. 실제로, 플로리다 주의 민주당 연방하원의원 밥 그라함(Bob Graham)은 연방상원의원선거 출마를 결심하면서, 그 시작을 알리는 언론용 대형이벤트로 인공위성을 조정하는 화려한 쇼를 계획했으나 불행하게도 행사당일 챌린저호 우주선이 폭발하는 일이 벌어져 일을 망친 적이 있다. 한편, 2000년 선거에서 부시는 생방송라디오에서 해외지도자들의 이름을 말해보라는 요청을 받고 당황한 적이 있었다. 부시가 이름을 제대로 답하지 못하자 그의 외교역량에 대해 의문이 제기됐다. 질문의 방향이 공정했던 그렇지 않았던 간에 부시는 타격을 입었다. 한 평론가의 말대로, "만약 당신이 총명하다면, 미디어는 당신을 더 돋보이게 만든다. 그러나 당신이 똑똑하지 않고 무능하고 무기력하다면, 미디어는 당신을 완전히 바보로 만들 수도 있다"(Phillips, 1984: 77).

선거진영이 어떻게 돌아가는지 파악하려면, 후보, 컨설턴트, 선거운동요원이 미디어를 어떻게 인식하는지 알아보는 것이 중요하다. 언론은 기회요인이자 위협요인이다. 선거과정에 필요한 부분이면서도 항상 위협이 될 수 있는 존재인 것이다. 정치활동가들은 언론이 단지 사실관계만 보도한다고 해서 '객관적'이라고 믿지 않는다. 그 이유는 뉴스매체가 어떤 사실을 보도할 것인지 고르기 때문이라는 것이다. 사실, 인쇄하기에 적합한 모든 뉴스를 신문이 담는다고 말하는 것은 무엇이 '뉴스'인지에 대한 물음에 답변을 단지 회피하는 것이다. 그렇다고 기자들은 진보적인데 편집자와 발행인들은 보수적이라거나, 뉴스조직들은 이윤을 추구하는 기업에 불과하고 기자들은 항상 개인적 관점에서 기사를 쓴다고 너무 쉽게 말할 수도 없다. 정치관련 보도는 복잡해서, 정확히 뭐라고 단정짓기 어렵다. 이 장에서는 뉴스보도의 역사, 뉴스에 기반한 선거전략과 '뉴스가치'를 만들어 내는 전술에 대해 알아보고자 한다.

1. 뉴스보도의 역사

미국 건국초기에는 오늘날처럼 《뉴욕 타임스》 같은 것이 없었다. 객관적이고 냉정한 보도를 추구하지 않았기 때문에 '뉴스'는 노골적으로 당파적이었다(Dinkin, 1898: 7~9). 당시 신문은 논쟁의 한편에 섰고, 자금을 대주는 정당의 입장에 따라 움직였다. 그러나 19세기 초반, 신문발행인들은 뉴스를 읽고 싶어하는 사람들이 대가를 지불할 의향이 있다는 것을 이해하기 시작했다. 그때 '유료신문'이 탄생했다. 사람들은 1센트를 내면 재미있는 이야기와 함께 그날의 뉴스를 구독할 수 있었다. 독자들이 많을수록 많은 이윤을 얻기 때문에 신문은 특정 정당과 관점을 같이 할 이유가 별로 없었다. 이후 발행인들은 신문지면을 광고에 할애하면 더 많은 돈을 벌게 된다는 것을 알게 됐다. 그리고 이윤을 추구하는 '신문선정주의'(*yellow journalism*)[1]가 19세기 후

1) 역주: '옐로저널리즘'은 인간의 불건전한 감정을 자극하는 괴기한 사건이나 성적 추문 등을 과대해서 보도하는 것을 말한다. 그 시초는 헝가리 출생의 퓰리처가 1889년 《뉴욕월드》 일요일 판에 황색 옷을 입은 소년 "옐로키드"

반에 등장하면서 신문은 하나의 큰 사업이 됐다.

이윤동기가 언론발달의 유일한 요인이었던 것만은 아니었다. 판매망이 넓어질수록 신문은 당파적인 모습에서 벗어났다. 전국적으로 서비스를 하는 연합통신사(AP)의 등장으로 신문은 지역적이고 편협한 관점에서 벗어나게 됐다. AP통신은 1848년 뉴욕의 신문들이 공동출자한 협동조합으로 만들어졌다. 유럽발 뉴스를 얻기 위해 기자 10명을 파견하는 대신 AP통신에서 한 명만 보내면 됐다. AP통신망은 미국전역에 퍼져 있었기 때문에 미국 남북전쟁과 다른 국내뉴스들을 보도할 때 AP통신 기자들은 지역적 이해관계를 벗어나 전국적인 관점을 취했다. 19세기 말, 신문선정주의에 대해 비난이 일면서 '객관성'이 언론의 원칙이 되어야 한다는 생각이 강화됐다. 20세기 초반, 진보론자들은 개인비리, 정부부패 문제를 뒤져서 '부정비리를 폭로하는' 언론이 도래하는 것을 환호하면서 맞이했다. 언론인의 책임을 강조하는 보도를 옹호했기 때문에 부정을 밝혀낸 기자들은 오늘날 전국 언론학과에서 가르치는, '사실'과 '분석', '사설'을 구별하는 언론의 새로운 장을 열었다. 이로써 초창기의 당파적 언론과 성질이 다른 것처럼 보이는, 강한 윤리적 틀이 미국언론에 확립되었다.

언론의 객관성을 개념화하기 어려운 것은, 보도가치가 있는 뉴스의 의미가 지난 100년간 변화무쌍했기 때문이다. 20세기 초반, 정치인들은 언론에서 미지근하게 다루어졌다. 언론인들은 들은 것을 그대로 받아들였고, 선거출마자들의 사생활을 거의 조사하지 않았다. 이 시기는 래리 사바토(Larry Sabato)가 '애완견(*lapdog*) 저널리즘'이라고 적절하게 이름 붙인 시기로 이어졌다(Sabato, 1991: 25). 1960~1970년대 동안 뉴스산업은 '조사(*investigative*) 저널리즘' 시기로 접어들었다. 국가

를 기재했는데 이를 흉내 낸 W.R 허스트의 《모닝저널》과의 사이에 선정주의(*sensationalism*)의 치열한 경쟁을 전개함으로써 이 호칭이 생겼다. 그 후 선정적 기사를 기재하는 신문을 '옐로페이퍼'라 부르게 됐다.

의 허위정보가 드러나면서, 베트남전쟁과 닉슨 행정부에 대해 보도한 기자들은 정치인의 진실성을 더 이상 당연하게 받아들이지 않았다. 그들은 선거입후보자들의 말과 행동을 조사했다. 기자들은 지저분한 사실을 파고들었는데, 일부에서는 이 시기를 '감시견(*watchdog*) 저널리즘' 또는 심지어 '공격견(*attackdog*) 저널리즘'이라고 부른다. 이때는 선거에서 누가 앞서는지, 그리고 선거진영 내부사정에 대해 관심이 컸다. 어떤 의미에서 "선거진영 시스템이 선거운동 자체보다 더 좋은 이야깃거리였다"(Luntz, 1988: 33).

미디어에 대한 가장 많은 비판은 텔레비전 뉴스와 관련된 것이다. 20세기 초반, 라디오가 뉴스를 방송하기 시작했지만, 뉴스를 심도 있게 보도하는 인쇄매체와 달리, 라디오보도는 그날의 뉴스를 짧은 시간에 압축적으로 전달했다. 라디오는 이러한 피상적 보도 때문에 문제를 지적받았다. 그럼에도 불구하고, 2차대전 발발 때 유럽발 긴급소식들을 타전한 에드워드 머로(Edward R. Murrow) 기자 같은 진지한 언론인들은 라디오를 신뢰했다. 2차대전 후 머로를 위시한 많은 라디오기자들이 텔레비전 뉴스로 자리를 옮긴다. 텔레비전은 라디오와 마찬가지로 시간 제약을 받는다. 실제로, 텔레비전 프로그램 제작 및 송출비용이 비싼 관계로 3개 방송사에서 무엇을 '뉴스'로 보낼 것인지 조정했기 때문에 시청자들은 선택의 폭이 제한됐다. 텔레비전은 깊이가 부족해서 마샬 맥루한(Marshall Mcluhan), 조 맥기니스(Joe McGinniss), 그 이전의 다니엘 부어스틴(Daniel Boorstin) 같은 사람들로부터 비난을 받았다. 부어스틴에 따르면, "우리나라의 국내정치는 이상적인 목표들보다는 이미지들간의 각축장이 됐다. 선거운동이 이러한 흐름을 더 부추긴다"고 한다(1964, 249). 그리고 부어스틴은 뉴스매체가 '이미지 경쟁'에 매혹되어 이미지정치를 가속화시킨다고 보았다(7~44).

부어스틴의 지적은 모든 뉴스매체에 해당된다. 언론인들은 자신들의 직업이 객관적이지 못하다는 지적에 대해 못마땅하게 생각하지만,

사실 객관성은 도달하기 어려운 하나의 이상이다. 폐업한 미디어매체는 대중에게 정보를 제공할 수 없다. 그래서 뉴스는 소비자의 이해관계를 수용할 수밖에 없다. 그리고 뉴스는 언론매체에 따라 보도효과가 다르다. 1994년 미국과의 계약이라는 서약에 서명하기 위해 공화당후보들이 미국 국회의사당 앞에 모였을 때, 방송카메라들을 위한 준비와 배려가 많았던 것도 바로 이 때문이었다(Tron, 1996). 관련기사가 다른 매체들에도 전달되었지만 근본적으로 그 행사는 사람들의 눈을 사로잡기 위한 것이었다. 한편, 세부정보를 담은 복잡한 기사들은 인쇄매체가 더 효과적이다. 2000년 중반, 《뉴욕 타임스》는 미국 연방상원 선거 출마자 릭 라지오(Rick Lazio)의 인물소개를 대대적으로 하면서, 그의 정책, 성품, 정치철학을 분석했다. 그러나 방송에서는 그러한 인물소개가 어렵다. 왜냐하면 대통령후보가 아닌 일반 선거출마자의 긴 라이프스토리로는 프로듀서의 동의를 확실히 얻어낼 만큼 많은 시청자들을 끌어들이지 못하기 때문이다.

언론사에서 최종결과까지 걱정할 필요는 없을지라도, 뉴스공정성 시비는 좀처럼 사라지지 않는다. 기자들은 뉴스를 보도하는 데 자신의 세계관을 끌어들이지 않을 수 없다. 그들은 뉴스보도와 정치적 당파성을 분리하려고 열심히 노력하며, 그 누구보다도 사실과 분석의 차이점을 잘 안다. 또한 기자들은 정보원의 신뢰성과 사건의 중요성을 고려하지 않을 수 없다. 정치인들의 경우, 1960년대 초반까지는 신뢰할 만한 정보를 제공하는 집단이었지만, 워터게이트(Watergate) 사건 이후부터는 더 이상 아니다. 돈도 정치를 부패시키는 데 한몫 하는 것으로 생각된다. 또 언론인 직업의 역사를 볼 때, 언론인들은 공정하고 뉴스거리가 되는 기사를 써야 한다. 그러나 자기의 감정, 편견, 욕망 등에 좌우되지 않는 공정성에 집착한 나머지 뉴스거리가 되지 않으면 과연 어떤 일이 벌어지게 될까? 실례로, 1992년 공화당 대선후보 경선 당시, 경선에 출마한 댄 퀘일(Dan Quayle) 부통령이 한 초등학교를 방문했는데, 거기서 '감자'(*potato*)의 철자법을 틀리게 말한 적이 있다. 이 사실을 뉴스매체들이 대대적으로 보도했을 때, 그 일이 벌어진 경위가 학교선생님이 준 낱말카드를 댄 퀘일 부통령이 그대로 읽어버렸기 때문이라는 점을 언론이 보도하지 않은 것에 대해 일부에서 아쉬움을 토로한 적이 있다. 이 사건은 뉴스거리가 되었을지는 모르겠지만 공정성에는 문제가 있었다. 부통령 입장에서 보면, 그 에피소드는 언론이 얼마나 무서운지 재확인시켜주는 것이었다. 하지만 언론에서는 부통령의 실수가 큰 논란거리라고 생각했을 가능성이 있다.

2. 홍보전술

무료(*earned*)미디어는 홍보전술에 직접적으로 영향을 준다. 그렇기 때문에 선거진영에서 언론의 관심을 끌고 싶다면 언론이 필요로 하는 바가 무엇인지 알아야 한다. 기본적으로 기사거리가 되려면 뉴스가치가 있어야 한다. 선거와 관련된 아이템의 경우, 기사가 되려면, 내용이 신선하면서 독자들의 생활에 영향을 줄 공적인 사안과 일반적으로 관련이 있어야 한다. 하지만 이 경우, 두 가지를 유념해야 한다. 첫 번째 유의사항은 경제성이다. 미디어시장은 신문에서부터 유선시사프로, 속보를 전해주는 웹사이트에 이르기까지 매체들간에 경쟁이 심하다. 좋은 기사거리가 없으면, 독자와 시청자는 정보를 소비하지 않게 되고, 그에 따라 언론사의 광고수입이 줄어든다. 재미없는 기사거리는 기자, PD, 편집장들에게 잘 먹히지 않는다. 이와 비슷하게 모든 언론사가 일정한 예산으로 운영되기 때문에 보도비용이 많이 드는 기사거리는 효과적이지 못하다. 방송관계자들이 장비를 가지고 산을 넘어야 하는 기사거리는 방송국 근처에 편하게 찾아갈 수 있는 기사거리보다 훨씬 덜 보도가 된다. 두 번째 유의사항은 하나의 직업으로서 저널리즘에 관한 사안이다. 기자들은 150년 이상 직업으로 발전하면서 축적된 규범을 계승하며, 워터게이트 사건 전말을 보도해서 역사를 바꿔놓은 밥 우드워드(Bob Woodward)와 칼 번스타인(Carl Bernstein) 같은 대기자들처럼 완벽해지도록 훈련받는다. 기자직업에 충실하려면, 기자들은 뉴스가치, 감시자로서의 언론역할, 기사의 상대적 중요성 등에 대한 동료들 생각을 많은 부분 받아들여야 한다. 이상과 같은 미국 저널리즘의 두 가지 유의사항을 인식하지 않으면 선거진영들은 기자들의 관심을 끌 가능성이 없다.

1) 보도자료

기자들의 행동규범들을 전체적으로 이해하는 선거진영에서는 기사거리들이 뉴스매체에 제공될 수 있다는 점을 알고 있다. 비록 뉴스를 실질적으로 관리할 수는 없더라도 선거본부는 기사거리들을 제공하려고 최선을 다한다. 후보를 선전하는 가장 중요한 도구는 보도자료이다. 보도자료는 성명, 향후행사 등을 발표하고, 속보를 전달하고, 다른 사람의 지지선언 사실을 부각시키고, 상대방 공격에 대응하고, 기자들의 선거이해를 돕는 배경사실들을 제공하는 데 활용된다. 작업해서 배포하는 데 비용이 많이 들지 않는 이러한 보도자료는 선거진영의 무료 미디어전략에 중요한 역할을 한다.

문제는 미디어매체들이 다른 선거진영은 물론, 기업, 단체, 개인들로부터 엄청난 보도자료를 받는다는 점이다. 일부는 선택되지만 대다수는 그렇지 못하다. 보도자료 작성의 주요원칙은 편집장들에게 뉴스가치가 있고 기자들에게 정보가 되는 문안을 작성하는 것이다. 어떤 편집장도 따분하고 중요하지 않은 기사들이 해당신문이나 라디오, 텔레비전 뉴스방송에 보도되길 바라지 않는다. 그리고 보도자료의 가장 흔한 문제점은 과장하는 것이다(Randolph, 1989). 사실(*fact*) 그대로

가 가장 좋다. 기자들에게 문제를 일으키지 않으려고 선거진영들은 기자들이 긍정적인 기사를 쓰는 데 필요한 모든 것을 제공한다. 최선의 보도자료 작성법은 선거진영에서 해당뉴스가 언론에 보도되기를 바라는 방식대로 정확하게 작성하는 것이다. 해당업무 담당자는 기자들이 사용하는 방식대로, 예를 들면, 보도자료 맨 끝에 '###'나 '-30-' 같은 표시를 똑같이 하라는 이야기를 듣는다(기자들이 친근감이나 편안하게 생각할 것이기 때문에) (Hewitt, 1999: 57).

선거진영에서 언론인들의 스타일을 모방해야 하는 이유는 두 가지다. ① 보도자료 내용이 기자, 편집장, 방송PD의 마음에 들도록 도와주고, ② 소규모신문은 보도자료를 그대로 싣기 때문이다. 기자처럼 생각하면, 공보담당자는 후보나 다른 관계자들로부터 이름과 직함을 분명히 확인하고, 최소한 하나의 멘트는 딸 것이다. 보통, 인용멘트는 강력한 메시지를 담고 있으면서 간결하게 정곡을 찌르는 말이 좋다. 특히, 언론인들이 가장 중요한 정보를 맨 위에, 가장 중요하지 않는 정보는 더 아래쪽에 배치하기 때문에, 보도자료가 헤드라인, 강한 리드 문장, 적당한 사진을 담았다면 편집되지 않은 채 그대로 실릴 가능성이 더 크다. 물론, 긴 보도자료가 기자들에게 더 유효할 수도 있다.

형식면에서 선거 보도자료는 고정된 규범을 따른다. 보도자료는 막연한 설명보다는 사실에 근거해서, 가능하면 행위동사(*action verbs*)를 사용해서 제 3자의 입장에서 쓰여진다. 대부분 보도자료는 단순한 용어로 작성된다. 훌륭한 보도자료 스타일은 언론매체와 비슷한 경향이 있다. 라디오, 신문사설, 일요판 매거진들은 각각 자기 나름의 어투가 있다. 더욱이 기자들이 보도자료를 편안하게 사용할 수 있도록 하려면 후보자들이 미디어와 신뢰를 쌓아야 한다. 그리고 선거진영에서 정확성을 유지하면 뉴스매체의 신뢰성을 잃지 않을 것이다. 또한 선거진영 '연락책임자'의 이름과 전화번호, 보도요청 시간은 대개 보도자료 맨 위쪽에 적는다. 어떤 자료들은 사후보도용으로 '엠바고'(*embargo*)를 요청한다. '긴급 보도자료'는 편집장이 알맞다고 생각하면 언제나 보도해도 좋다는 것을 말한다.

보도자료를 얼마나 많이 보내야 하는가에 대해서는 견해가 분분하다. 일부에서는 특정매체에 언제 뉴스가 없는지 선거진영에서 알 수 없다고 말하면서, '다다익선'이라고 생각한다. 한편 공보담당자라면 누구나 한 번쯤 결코 선택될 것이라고 예상하지도 않았던 내용의 보도자료가 나간 다음 호의적으로 보도된 경험이 있을 것이다. 보도자료를 빈번하게 내면, 편집장이 해당선거를 주목하고, 기자들에게는 선거진행 상황정보를 주는 효과도 있을 수 있으나 그렇다고 날마다 보도자료를 내면 즉석에서 무시될 가능성이 더 크다. 동일한 선거캠프로부터 많은 보도자료를 받는 기자와 편집장은 곧바로 지치고, 아마도 보도자료가 시시할 것이라고 생각할 수도 있기 때문이다. 그러한 상황이 되면, 가장 중요한 보도자료들조차도 나머지 것들과 함께 무시되는 상황에 처한다. 미디어컨설턴트 스티브 스나이더(Steve Snider)는 언젠가 그가 싸웠던 상대후보가 보도자료에 지나치게 집착하다가, 그가 낸 보도자료들이 칼럼니스트의 세 살짜리 아이의 낙서장으로 사용됐다는 내용의 글을 어떤 칼럼니스트가 썼던 것을 기억한다(Snider, 1990).

2) 실황방송자료 제공

어떤 후보가 라디오와 텔레비전 방송국에 보도자료를 보내면서 방송국을 직접 찾아가기까지 하면, 해당메시지의 보도가능성은 대단히 높아진다. 많은 라디오뉴스 편집장들은 후보가 자신들을 찾아 왔다는 사실을 고마워하면서 반드시 방송에 보도해줘야겠다는 의무감을 가끔씩 느낀다. 적어도 그 후보는 방송국에서 편하게 이용할 수 있는 즉석멘트 정도는 할 수 있을 것이다.

방송국을 찾아가는 것보다 쉬운 방법이 있는데, 그것은 선거진영에서 1회성의 짧은 뉴스를 만들어 보내는 것이다. 그 절차는 다음과 같다. 먼저, 라디오방송에 어떤 내용이 보도되도록 하기 위해 선거진영에서 미리 보도자료를 배포하여, 방송국이 필요한 계획을 세우고 준비할 수 있게 한다. 그런 다음 공보담당자가 전화를 걸어 '실황방송자료'(*actuality*)를 보내도 되는지 전화로 묻는다. 실황방송자료는 20~30초를 분명히 넘지 않는 선에서 후보가 몇 초 동안 하는 짧은 말이다. 또한 공보담당은 뉴스담당자가 기사를 만드는 데 일부 활용하도록 기자에게 문건화된 정보를 제공하기도 한다. 그리고 많은 라디오방송국에서도 이러한 과정을 활용한다. 주된 이유는 이러한 방식을 이용하면 실제로 선거캠프에서 제공한 내용인데도 기자가 기사취재를 위해 현장에 다녀왔다는 느낌을 청취자들에게 주기 때문이다.

라디오방송용으로 실황방송자료를 전달하는 방법은 여러 가지이다. 가장 단순한 것은 말로 하는 것이다. 후보가 전화로 즉석에서 말하고 그것을 방송국 테이프에 녹음하는 것이다. 효과적이기는 하지만 이 방식은 금속성음질에 문제가 있다. 이보다 더 못한 것은 모든 방송국들과 일일이 녹음스케줄을 잡는 것이다. 이 경우 시간을 절약하려면, 후보자는 자신의 주장을 테이프에 녹음한 다음 공보담당이 녹음기에 전화기를 갖다 대고 각 라디오방송국에 그것을 틀어주고, 방송국에서는 그것을 기록하도록 하는 것이다. 그러나 이러한 방식은 음질을 더 떨어뜨린다. 음질문제를 해소하려고 선거진영에서는 '전자연결장치'를 사용한다. 이것은 후보의 말을 녹음하고, 녹음된 것을 재생장치와 직결된 전화선을 통해 보내는 것이다. 이렇게 하면, 마치 후보들이 스튜디오에 앉아서 이야기를 하는 것 같다. 후보의 말을 한번에 많은 방송국으로 보내기 위해 선거진영들은 디지털기술을 사용해 한층 고른 녹음소리를 내는 '실황방송장비'를 활용한다.

텔레비전의 경우도 그 과정이 흡사하다. 그러나 기술이 훨씬 복잡하고 위성장비 활용시간당 비용도 전화의 경우보다 훨씬 비싸다. 위성방식으로 자료를 보내려면, 스튜디오에서 만들어진 제작물이 방송국으로 보내져야만 하는데, 이 모든 것은 전문가의 도움이 필요하다. 이러한 이유 때문에 많은 선거진영에서는 여전히 '소음제거'(*sneaker*) 연결장치를 활용해서 테이프를 방송국으로 보낸다.

이러한 실황방송을 잘 활용한 것이 공화당의 '미국과의 계약서명' 실황방송 전파방식이다. 그 이벤트를 기획한 배리 트론(Barrie Tron)에 따르면, 전국의 모든 뉴스부서에 전달되는 "멀티카메라 생방송을 만들었다"(1996: 51). "신호가 위성을 통해 라이브로 전국 모든 방송국에 전달되었고, 그것은 공짜였으며, 마치 우리 소유의 방송망에 보내는 것처럼 이뤄졌다"(51). "선거가 한창이어서 뉴스담당자들이 가장 많이 원했기 때문에" 처음부터 끝까지 모든 이벤트가 미디어를 통해 제공됐다(51). 라디오의 경우는 "해당 프로그램의 음향부분이 오디오 연결장치를 통해 전화상으로 제공되었고, 라디오방송국에서는 그것을 공짜로 이용할 수 있었다"(52). 결국 미국 국회의사당 계단에서 치밀하게 구성된 대규모행사를 만들고 진행하는 데 여러모로 노력한 결과 당일 행사내용이 각종 방송에 집중적으로 보도됐다. 오디오자료 제공을 요청하는 "수요가 너무 커서, 우리는 여타 방송국들을 위한 하이라이트방송까지 예정하고 있었다"고 트론은 말한다(52).

실황방송자료 대량제공방식은 이제 일반화됐다. 뉴스담당자들이 식상해져 무시하기 시작할 정도다. 인터넷이 방송국과 일반인에게 실황방송자료를 제공하는 새로운 길을 열었기 때문에 선거진영에서는 차별화된 새로운 방법을 찾아야 한다. 한 가지 전략은 후보가 영상인터뷰를 통해 자신만의 가상이미지를 만드는 방법이다. '위성미디어방식'은 짧은 시간에 개별방송국에 맞게 만들어진 모습으로 후보가 많은 방송국에 도달할 수 있도록 해준다. 위성미디어 방식을 활용하면, 하나의 스튜디오에서 텔레비전 기자들이 후보와 차례로 인터뷰하는 것이 가능하다. 미디어전문가에 따르면, "1시간 동안 10개의 방송국에서 서로 다른 내용의 인터뷰를 할 수 있고", "라디오도 마찬가지 방식으로 전화기가 있는 곳이면 어디든 가능하다"(Ouzounian, 1997: 51).

3) 기자회견

무료미디어가 앞에서 이끌어가는 짐마차라면, 기자회견은 언론보도를 만들어내는 흥행마차이다. 기자회견은 출마자가 중요한 선거운동 전개상황을 알리기 위해 기자들을 통제된 공간으로 불러모으는 것이다. 기자회견은 복잡한 문제나 극적인 새로운 상황전개에 대해 직접 설명하고, 기자들이 관련된 사안들에 대해 질문할 기회를 주는 것이다. 일상적인 정치아이템들은 보도가능성이 크지는 않지만, 많은 후보들은 출마사실을 알리려고 기자회견을 활용한다. 기자회견은 상대편을 공격하고, 후보자에 대한 비난을 방어하고, 새로운 선거광고를 소개하고, 중요한 지지성명을 발표하고, 모금활동을 부각시키고, 유명인사들을 소개하는 등에 활용된다.

기자회견 취재여부를 결정할 때, 해당 편집책임자는 손익을 계산한다. 직접 취재했을 때의 장점과 취재기자를 보냈을 때의 비용을 비교한다. 이러한 손익계산을 통해 논의되는 사안이 선거취재팀에게 틀림없이 중요한지, 언론에서 보도하기 쉬운 것인지 알게 된다. 이러한 두 가지 조건들이 충족되어도 하위공직 출마자 대부분은 보도되기 어려운데, 하물며 해당조건이 충족되지 않으면 보도는 거의 불가능하다. 선거진영에서 항상 염두에 두는 내용이 아닐지라도 기자들이 후보의 기자회견을 보도하기로 했다면, 그 기사는 보도될 가능성이 크다.

시간낭비 기자회견은 언론으로부터 욕을 얻어먹고, 기자들이 보도한다고 해도 맨 마지막으로 보도하게 된다. 선거진영에서는 "만약 당신이 기자회견을 소집했는데 그것이 뉴스거리가 안 되면, 기자들이 다시는 당신에 대한 보도를 안 할지도 모른다"는 주의를 듣게 된다(Shirley,

1997: 23). 이럴 경우 해당 선거진영은 보나마나라고 간주되거나, 심하면 공개적으로 망신을 당할 수도 있다. 결국 그 선거진영은 귀중한 시간을 낭비하게 되고, 누군가 그에 대한 고통을 감수해야 한다. 그렇기 때문에 기자회견 소집 전에 선거홍보팀은 기자회견 아이템이 뉴스거리가 될 것이라는 확신이 서야 한다. 만약 그렇다면, 진행을 결정하고, 각 매체에 사안의 중요성, 기자회견 장소와 시간, 연락책임자, 전화번호 등을 안내하는 공지문을 보내면 된다. 그 다음 선거진영은 전화를 걸거나 관련기자를 방문하면 된다. 다만 조심할 것은 이러한 식의 홍보노력이 도움이 되기도 하지만, 자칫 너무 강하게 밀어붙이면 간혹 역효과가 날 수도 있다는 점이다.

이제는 대충대충 준비해서 기자회견하는 시대가 지난 지 오래다. 새로운 스타일의 선거에서는 후보의 배경화면(*background*)에 관심을 쏟는다. 좋은 화면은 후보자와 언론사 모두에 도움이 된다. 인상적인 화면은 언론사가 기사를 보도하고 싶은 마음이 생기게 하는 한편, 후보가 제대로 메시지를 전달하는 데 도움이 된다. 잘 준비한 선거진영에서는 방송취재가 부드럽게 진행되도록 도움을 준다. 여러 텔레비전 및 라디오방송국은 후보자의 마이크에 직접 플러그를 꽂을 수 있도록 '멀티박스'를 제공한다. 좋은 화면각도는 카메라기사와 협의해서 정해지고, 예기치 못한 사태가 일어나지 않도록 언론인석과 위성트럭 간의 거리는 기자회견 시작 전에 조정된다. 유능한 공보담당자는 원고마감시간까지 주목한다. 가령, 오후 6시 지역뉴스에 보도되길 바란다면, 이벤트는 오후 3시 전에 열려야 한다. 그래야만 방송국에서 충분한 편집시간을 가질 수 있다. 신문의 원고마감 시간에도 똑같은 논리가 적용된다. 문제는 편리성이다. 한 시간 이상 외곽으로 차를 몰고 가면 기자들의 참여는 최소화된다. 마지막으로, 언론보도는 부족한 주차장, 충분치 못한 전기와 좌석, 그리고 녹음기, 조명, 카메라공간을 제대로 제공하지 못하는 것에 영향을 받는 것으로 평가된다.

4) 미디어용 행사

미디어의 이목을 집중시키려고 그 동안 후보들은 전국을 횡단하거나 근로자체험을 하거나 노숙자들과 잠을 자거나 빈민무료식당에서 음식을 나르고 동네를 청소하고 유해쓰레기 현장을 찾고 노인들과 만나고 공장문에서 인사를 하고 열기구에 올라타기도 했다. 관건은 창의력이다. 한번은 전봇대에 선거포스터를 붙여서 공격받은 후보가 지역의 보이스카우트와 걸스카우트를 방문해서 포스터를 제거하는 데 도와달라고 하면서 1개당 1달러를 제안한 적이 있다. 기발한 아이디어였다. 거의 모든 지역 미디어매체가 포스터제거 작업을 보도했다. 그 보도는 스카우트단에 지불한 몇백 달러 가치 이상이었다는 점을 그 누구도 의심치 않는다. 모든 언론용 이벤트가 계획대로 되는 것은 아니다. 1994년 주지사선거에서 부시는 비둘기사냥 시즌 개막식에 참가했다. 그는 사진 몇 장을 찍으려고 언론을 불렀다. 그러나 그가 떨어뜨린 새 가운데 한 마리가 보호조류인 명금(*song bird*)이었다. 그래서 부시는 벌금 130달러를 내야 했다.

미디어용 이벤트와 간단한 기자회견을 구분하는 것은, 기자회견은 구체적인 반면 미디어용 이벤트의 초점은 액션(*action*)과 정황(*context*)이라는 점이다. '미국과의 계약' 서명행사는 1990년대 최고의 미디어 이벤트 가운데 하나였다. 1980년대 최고의 이벤트는 백악관 대통령보좌관 마이클 디버(Michael Deaver)가 기획한 것이다. 그는 관련사례를 들어가며 행사의 본질을 제대로 짚을 줄 아는 사람이었다.

> 우리는 좋은 트랜드를 반영하기 위해 우리가 보여줄 수 있는 어떤 새로운 상황을 찾는 중이었다. 그때 한 참모가 어느 날 내 사무실로 찾아와 주택건축공사가 최근 5년 만에 처음으로 크게 늘어났다고 말했다. 우리는 대통령을 기자실로 모시고 내려와야만 했다. 이러한 순간이 되면 사람들은 여러 본능에 따라 다양하게 행동할 것이다. 나는

> "미국에서 가장 급속하게 주택착공률이 늘어난 도시를 찾아서 빨리 보여 달라"고 말했다. 그 도시는 텍사스(Texas)의 포트워스(Fort Worth)였다. 나는 대통령을 모시고 그곳까지 비행기로 날아갔고, 안전모를 착용한 많은 근로자들이 주변을 둘러싼 가운데 대통령이 주택개발 상황에 대해 발표하도록 했다(1987: 140~141).

디버는 이런 말을 덧붙인다. "사전준비팀장인 빌 힌클(Bill Hinkle)과 내가 나눈 농담은, 만약 당신이 좋은 그림을 제시하지 못하면 내게 큰 표지판이라도 가져다 달라는 것이었다"(41).

미디어용 이벤트를 만드는 데도 기술이 있다. 기자간담회 기획에 필요한 모든 규칙들이 적용된다. 참석자들이 앉을 의자가 충분해야 한다. 하지만 행사가 초라해 보일 정도로 의자가 많을 필요는 없다. 조명도 비디오를 찍을 정도면 되지, 후보자가 땀을 흘릴 정도로 밝을 필요까지는 없다. 그러나 일반적인 기자회견과 달리 뉴스이벤트는 액션이 메시지라는 생각을 깔고 있어야 한다. 2000년 대선에서 부시가 이민 대기시간을 줄이겠다는 말을 하려고 가장 번화한 국경도시인 샌디에이고(San Diego)로 갔던 것처럼, 상황이 제대로 진행되면 결과도 좋게 나온다. 상황이 좋지 않게 진행되면 그 메시지는 피해가 막심해진다. 1996년 대통령선거에서 밥 돌(Bob Dole)이 지지자들과 악수하려고 상반신을 앞으로 구부린 적이 있다. 불행하게도 그가 짚은 난간이 무너져서 군중들 속으로 떨어졌다. 이 사고는 돌의 선거진영이 중심을 잃었다는 풍자로 묘사됐다. 제대로 된 선발대에서는 무대설치의 모든 세부사항을 철저하게 점검한다. '끽끽' 소리나는 연결부위나 약한 지점들을 점검하려고 계단의 수직판 위에서 뛰어보기까지 한다.

마이클 디버의 저술에서 나오는 대로, 말을 꺼내기 전에 이미지가 먼저 메시지를 전달해야 한다. "자신들의 뉴스가 걸러지지 않고 주요인물들이 숙련되지 않기를 바라는 순수주의자들은 분명히 영상이라는 용어를 무시할 것이다. 하지만 텔레비전 시대에 당신이 보는 것을 사람들이 볼 수 없다면, 이벤트가 없었거나 아니면 있었다고 해도 인상에 남지 않은 것"이라고 마이클 디버는 말한다(1987: 141). 고어의 전직 순방책임자(*trip director*) 매튜 베넷(Matthew Bennett)에 따르면, 영상이 매우 중요한 이유는 "기자나 편집장이 무엇을 보도할 것인지 결정하는 것을 통제할 수 없기 때문"이라고 한다(Bennett, 2000). 그러나 만일 언론사가 '치열한 선거상황'을 보도하고 싶은데 고어가 정책 이야기를 하려 한다고 해도, 영상을 조정하면 의도한 메시지를 조금이라도 전달할 수 있다고 베넷은 덧붙인다.

5) 토론회

토론회는 많은 지방후보들이 언론에 공짜로 보도될 유일한 기회이다. 기자들은 '유권자들에게 정보를 제공하려는' 생각으로 많은 토론회를 보도한다. 그러면서 후보별로 의무적으로 몇 자 적어야 한다고 생각한다. 언론보도는 통상 균형이 잡혀 있는데, 이것은 각 후보마다 보도량이 비슷해야 한다는 것을 의미한다. 한 차원 높은 대통령선거나 주지사선거와 달리, 지방선거에서는 확연한 '승자'나 '패자'가 없다. 그리고 많은 사람들이 토론회를 중요하게 생각하는 것도 아니다. 그러나 언론보도가 유료광고에서 주장한 테마를 강화한다면 1~2번 정도만이라도 효과적이다. 토론회는 자금이 부족한 후보들이 이름을 알리는 데 도움을 준다. 여론조사에서 앞선 후보들이 종종 토론회를 하지 않으려는 이유도 바로 여기에 있다. 도전자에게 노출기회를 줄 이유가 없다는 것이다.

언론보도를 최대화하려는 후보들은 그냥 가만히 있지 않는다. 자신들의 이야기를 언론의 구미에 맞춘다. 개인적으로 토론회에 나가거나 공영방송으로 토론회를 보는 사람들의 대다수는 이미 마음을 정했고, 자신이 지지하는 후보가 승리하기를 바란다. 어느 편도 아닌 부동층의 경우 아주 소수만 토론회를 보지만, 기자들과 편집장들은 주의를 집중한다. 후보들은 명확하고 짧고 새롭고 가끔은 도전적인 발언을 하려고 한다. 선거테마를 강화하는 것이 중요하지만, 자칫 단순히 반복하기만 하면 선거테마가 '식상한 이야기'처럼 들릴 수 있다(Hershey, 1984: 23). 새로운 스타일이나 즉석행위도 미디어의 관심을 끌 수 있다. 기자들은 무대 위에서 뻣뻣하게 후보의 사진을 찍는 것이 가장 따분한 일이라 생각한다. 그래서 기자들의 시선을 사로잡으려면 관례적인 것에서 벗어나야 한다. 이러한 전술을 아는 후보는 자신의 반론을 부각시키려고 상대후보의 선거홍보물을 치켜들 수도 있다. 그러나 릭 라지오(Rick Lazio)가 힐러리 클린턴(Hillary Rodham Clinton)의 연설대로 걸어 올라간 것처럼 자칫 후보가 너무 지나친 행동을 하면, 오히려 언론으로부터 비난받게 된다.

언론에서는 실수를 꼬집으려 하기 때문에 후보자들은 일반적으로 토론회 준비를 잘 하려고 한다. 준비된 자료에서 벗어난 후보들은 스스로 위험을 자초하는 것이다. 레이건이 어떤 토론회에서 나무가 공기오염의 주범이라고 주장하자 언론에서 맹공을 퍼부은 바 있다(Hershey, 1984: 23). 게다가 상대후보들까지 공격에 가세하면서 결과적으로 막심한 피해를 입었다. 정치에서는 언론매체가 생방송으로 공격하는 것이 가장 무서운 일이다. 그렇기 때문에 선거진영에서 이슈에 대해 요약자료를 준비하고 사전에 후보와 함께 날카로운 답변, 예리한 공격, 강한 방어전략에 대해 호흡을 맞추는 것이 이제는 흔해졌다.

6) 인터뷰, 사설, 익명의 정보

기자회견과 미디어 이벤트는 후보자의 공개적인 인터뷰이다. 그 밖에 무료 언론보도로는 라디오 및 텔레비전의 토크쇼, 지역봉사 프로그램들이 있다. 여성으로서 캘리포니아 주의 민주당 연방상원의원인 다이안 파인스타인(Dianne Feinstein)은 1994년 선거 당시 또 당선되려고 노력했으나, 점차 늘어나는 보수적 유권자 및 억만장자인 상대후보 때문에 곤욕을 치렀다. 그녀의 우세가 약화되기 시작하자 파인스타인 팀은 공세적으로 나갔다. 상대후보 마이클 허핑턴(Michael Huffington)은 불법이민 방지가 목적인 반이민법을 전폭적으로 지지서명한 전력이 있었다. 그랬던 그가 불법이민자를 한동안 가정부로 고용했던 것으로 드러났다. 이러한 위선행위로 허핑턴에 대한 지지가 빠져나갈 것이 확실했지만, 문제는 그 이야기를 어떻게 해야 신속하고 저렴하게 전파할 수 있느냐였다. 파인스타인은 CNN의 〈래리 킹 라이브〉(*Larry King Live*)[2] 방송에서 공격의 선봉에 서기로 결심했고, 그 주장은 많은 언론매체들에 의해 곧바로 보도됐다. 허핑턴의 네거티브한 공세가 거세었지만 파인스타인은 연방상원의원에 다시 당선됐다.

지방공직 출마자들은 전국적인 텔레비전 토크쇼에 초청을 거의 받지 못하지만, 지역라디오 및 텔레비전 프로에는 출연기회가 있다. 1994년 오하이오 주지사 로버트 버치(Robert Burch)는 보도될 만큼 신문으로부터 관심을 끌지는 못했지만 지역 내에 있는 토크 라디오프로에는 출연할 수 있었다. 비록 당선되지는 못했지만, 대신 그는 신문의 오피니언란에 실리는 전문가칼럼과 비슷한 역할을 하는 토크라디오 방송의 중요성을 보여주었다. "글을 쓴 사람이 유명인사가 아닌 경우, 그러한 사람의 글이 신문사설면에 실리도록 만드는 것은 홍보작업에서 가장 어려운 일 가운데 하나"라는 것이 일반적인 정설이다(Shirley, 1997: 23). 이처럼 사설면에 글이 실리기 힘든 이유는 사설면의 영향력이 너무 크기 때문이다. 그래서 많은 사람들이 신문사설면에 자기 생각이 실리길 바라면서 신문사에 많은 칼럼을 보내는 것이다. 사설면 활용이 여의치 않을 경우 대안으로는 독자투고 방법이 있다. 선거진영에서는

---

2) 역주: 사회의 모든 저명인사들과 이슈를 일으키고 있는 사건의 당사자들 등을 초대하여 사회자 래리킹이 질문을 하고 답을 하는 식으로 하는 우리나라의 토크쇼와 비슷한 CNN의 간판 토크쇼.

지역의 모든 신문사에 독자투고를 보낸다. 독자투고가 손쉬운 접근수단이라는 것과 별도로 편집장에게 보내는 독자투고는 해당신문에서 가장 비중 있게 읽히는 부분 가운데 하나이다(Beardry & Schaeffer, 1986: 138).

언론보도를 위해 기를 쓸 필요가 없는 선거진영은 익명의 배경해설 기사들을 가지고 자신의 메시지를 전파할 수도 있다. 그 메시지들은 '누설된다'(*leak*)고 표현될지도 모르는데, 여기서 '누설된다'는 표현은 정도를 벗어나면서 은밀하다는, 아마도 심지어는 공인되지 않았다는 의미로까지 생각된다. 실제로 보면, 독자적 조사결과라고 일반에게 제공되는 뉴스의 상당부분은 실제로는 익명을 전제로 권위 있는 인물이 기자들에게 주는 것이다. 따라서 기자들로부터 신뢰를 얻는 선거진영에서는 '배경해설 기사'로 자신들의 생각을 전파할 수 있다.

그 경계가 애매하지만, 기자와 정보원 간의 커뮤니케이션 수준은 일반적으로 4가지다. 첫째, '녹음하는'(*on the record*) 대화는 정보원을 직접 밝히면서 보도할 수 있다. 기자와의 모든 대화는 사전에 다른 합의가 없는 한 녹음하는 것으로 간주된다. 둘째, '백그라운드'(*background*) 대화는 정보원이 불특정한 경우이다. 이 경우에는 예를 들면, 선거사무원이 '선거책임자'로 언급해 달라고 요청해도 좋다. 셋째, '심층배경'(*deep background*) 대화는 뉴스취재원을 밝히지는 않지만 기자의 취재를 조언하는 데 활용될 수 있다. 가장 유명한 사례는 《워싱턴 포스트》지가 워터게이트 사건을 보도할 때, 뒤에서 조언해준 '딥 스로트'(*Deep Throat*, 익명의 극비제보원)이다. 마지막으로, '오프'(*off-the-record*) 대화는 어떤 식으로도 활용될 수 없다. 대부분 발표해서 안 되는 내용은 가족이나 다른 개인적인 문제들에 대한 것이다. 여기에는 기자와 정치전문가 간의 우정도 포함된다. 그런데 비밀로 한 대화들이 간혹 신문에 공개되는 경우들도 있다.

'백그라운드'로 기자들에게 말한 익명의 대화는 기자들이 해당기사를 쓰는 데 활용될 수 있다. 어떤 컨설턴트에 따르면, "백그라운드는 앞으로 발표할 복잡한 계획을 약술하거나, 말한 사람을 1차취재원으로 하지 않으면서 언론에서 일반적으로 파악하지 못한 사안을 설명하는 데 유용하다"(Scudder, 1997: 25). 익명의 취재원에 관한 조사는 항상 미흡하지만, '문제이해에 필요한 배경설명을 하는 사람들'의 책무에 대해서는 백악관이 1996년 대선 후의 정치자금 논란을 해결한 것에서 찾아 볼 수 있다. 당시 백악관에서는 대통령 특별보좌관 래니 데이비스(Lanny Davis)가 해당업무를 맡고 있었다. 그의 업무는 언론이 묻는 질문에 가능하면 완벽하게 답변하는 것이었다. 그렇게 한 목적은 '관련보도의 기본방향'(*baseline*)을 정하기 위한 것이었다. "기자들이 첫 기사를 쓰는 데 도움을 줘라. 기사 내의 모든 것을 가지고 해당기사가 완벽한지 확인해라", "그 순간부터 다른 기자들이 신문기사 DB를 뒤질 때, 그 기사를 보게 된다. 그렇게 되면 그 기사는 앞으로 모든 기사작성의 시발점이 될 것이다"라고 데이비스는 말한다(1999: 43). 공화당 조사자들에 의해 누설된 것으로 드러난 선거자금 기사들의 많은 부분은 실제로 백악관에서 나온 것들이다.

선거일이 가까워지면, 대부분의 일간지와 주간지는 선호하는 후보를 밝힌다. 새로운 스타일의 컨설턴트들은 기자들이 그러한 지지발표 과정에 단지 보조적인 역할만 할 뿐이라는 사실에 주목한다. 지지발표 결정단계가 신문마다 다르지만, 대부분은 편집장에 의해, 가끔은 발행인에 의해 결정된다. 기자들이 간혹 자신들의 견해에 대해 질문을 받기도 하지만 최종결정은 기자들의 몫이 아니다. 의사결정자들의 지지를 받아내려면 특별한 노력이 필요하다. '공정하고 정확한' 기사와 관련해 편집장에게 감사를 전하는 방법으로 후보의 개인편지가 유용한 것처럼, 직접 방문하는 것도 도움이 된다. 그리고 후보는 언론사 편집위원회가 요구한 미팅에는 꼭 나가야 한다. 언론사로부터 지지선언을 받은 선거진영에서는 선거인쇄물 최종배포용으로 해당성명을 인쇄해서 활용하는 게 좋다. 민주당 주상원의원 고든 맥카이니스(Gordon McaInness)는 선거구내 주요신문들이 상대후보를 '무제한 연임 반대론자'라고 지칭하자 인기가 크게 올랐다. 해당기사는 인쇄되어 선거구전역의 부동지역에 투입됐다(Beiler, 1994C). 물론 편집장의 결정이 기대하는 대로 잘 되지 않을 가능성도 항상 있다. 미디어컨설턴트 로버트 쉬럼(Robert Shrum)은 그러한 경우가 있으면 유료미디어를 통해서 반박할 것을 권한다. 가령, "종합시청률 500포인트인 방송사를 활용하면, 별로 읽히지 않는 사설들에 대한 대응이 가능하다"(1997: 24).

3. 결론

제임스 카빌(James Carville)은 뉴스미디어를 '야수'라고 부른다. 선거진영에서 먹이를 제공하지 않으면, 선거진영을 잡아먹기 때문이다. 이러한 평가의 타당성 여부를 떠나 뉴스미디어는 새로운 스타일의 선거운동에 있어 아주 중요한 역할을 한다. CNN이 24시간 전국뉴스방송을 위해 뉴스마감을 없애고, 지방 및 주 전체의 뉴스방송망들도 CNN을 따라서 주선거 및 연방하원선거 보도의 뉴스마감을 폐지하면서, 정치의 세계는 실로 달라졌다. 공짜 언론보도는 힘들어졌고 유료미디어는 소요비용이 많아졌다. 실례로 《TV·케이블방송사 소개서》를 보면, 마이애미 텔레비전의 프라임시간대 시청률당 평균비용은 그 어떤 선거진영에도 부담되는 액수인 707달러로 나와 있다. 하지만 효과적으로 뉴스보도를 이끌어내는 선거진영에서는 최소의 비용을 가지고서도 조금씩 선거논쟁을 형성할 수 있다.

제 12 장

일반대중으로의 복귀

이 책의 핵심주제는 새로운 스타일의 선거운동은 비용이 많이 든다는 것이다. 9장에서는 자금모금의 중요성을 강조했고, 10장은 홍보전략을 다루었고, 11장은 뉴스보도에 대해 살펴보았다. 이러한 형태의 선거운동은 정당정치가 전문화된 세계에서 활용된다. 과거에는 후보들이 정당활동가들의 도움을 기대했지만, 오늘날에는 돈과 전문선거서비스가 워싱턴에서부터 주의 주요도시에 이르기까지 널리 활용된다. 오늘날 지방정당의 자원봉사자들은 과거와 같은 세력이 아니다.

그렇다면 과연 자원봉사자를 기반으로 한 일반대중에 의존하는 선거운동(*grassroots campaigning*, 이하 '일반대중 선거운동' 또는 '자원봉사자 선거운동'으로 약칭)은 이제 낡은 것이 되었을까? 두 가지 간략한 일화를 생각해보자. 첫 번째, 민주당 연방하원의원 프랭크 팔론 2세(Frank Pallone Jr.)의 이야기이다. 그는 1998년 정치적으로 고전하였다. 그러나 상대후보와 공화당으로부터 직접 그에 대한 공격이 있지는 않았다. 그것보다는 한 민간단체가 그를 타깃으로 독자적으로 전개하는 물량공세 선거운동이 문제였다. 보수적이고 친기업적인 조직으로 자신들을

'직업안정을 원하는 미국인'(AJS)이라고 부르는 집단이 팔론을 겨냥해서 그해 10월까지 수백만 달러를 쏟아 부으면서 텔레비전 비난광고를 했다. 팔론의 한 선거운동원은 당시 상황을 이렇게 말하기까지 했다. "사람들이 텔레비전을 틀기만 하면 '프랑크 팔론은 아기살해자, 어린이 성희롱범'이라는 내용의 광고가 방송됐다. 유일한 대책은 사람들이 텔레비전을 틀지 않기를 바라는 것 뿐이었다"(Duncan, 1999: 425). 이 같은 중간광고의 대부분은 대가를 많이 받는 뉴욕 시의 언론매체들이 방송했고, 심지어는 프라임시간대 프로그램 동안에도 방송이 나갔다. 예를 들어, AJS는 시사프로 〈60분〉과 프로야구 월드시리즈 방송시간에도 팔론에게 맹공을 퍼붓는 광고를 내보냈다. 전체적으로 그들은 2백만 달러 정도를 썼다. 선거초반 안전한 것으로 평가되던 팔론은 10월 말까지 공격을 받아 선거결과를 예측할 수 없게 됐다.

이러한 맹공에 대한 팔론의 대응방법은 다양했고, 비용이 너무 비싸지 않은 일부 라디오와 텔레비전을 활용하는 것도 그 한 가지였다. 아울러 DM을 크게 활용하기도 했다. 또한 팔론 팀은 지방언론의 동정심을 유발시켰다. 팔론에 대한 AJS의 물량공세 선거운동은 기자들의 분노를 촉발했다(미국정치에는 강한 지방적 편협성이 있다. 때때로 '외부'집단은 공격을 받는다). 팔론의 또 다른 고민거리는 꼼꼼하게 편성된 자원봉사자들의 공격이었다. 선거 마지막 주에 자원봉사자들이 단체로 유권자에게 전화를 걸고, 홍보물을 돌리고, 직접 만나서 유세를 하기 시작했기 때문이었다. 시사평론가 필립 던컨(Philip Duncan)에 따르면, "뉴저지 주의 민주당은 서로 경쟁하는 강력한 파벌들이 많았다. 그리고 AJS의 선거운동은 오히려 파벌들을 하나로 뭉치게 하는 결과를 낳았다 … 학생들과 노조원들이 포함된 단체를 집결시킨 팔론은 정원표지판, 문손잡이걸이, 전화홍보운동 등을 보완하는 다른 고전적 선거도구를 배치시켰다"(Duncan, 1999: 425). 선거결과 팔론은 58%를 득표했다.

두 번째 사례는 민주당 연방하원의원이었던 마이클 시나(Michael Synar)가 예비선거에서 낙선한 이야기이다. 1994년 시나는 연방하원에서 막강한 인물로 평가되는 인물이었다. 당시 그는 8년째 의원생활을 하고 있었다. 그는 27살에 처음 하원에 들어왔지만 어린 나이에도 주목받았고 동료의원들로부터도 “가장 인기 있고 존경받는 중도진보주의자”로 평가받았다(Reeves, 1994). 그의 오클라호마(Oklahoma) 선거구는 그의 성향에 비해 상대적으로 보수적이었으나 그의 자리는 확고해 보였다.

당시 민주당 예비선거에서 그의 경쟁자는 버질 쿠퍼(Virgil Cooper)였다. 그는 정치경험이 없었고 71살로 은퇴한 학교장출신이었다. 선거기간 동안 쿠퍼는 돈을 써가면서 텔레비전 홍보시간을 확보하지 않았다. 대신, 직접 선거구를 유세하면서 집에서 만든 포스터를 붙이고 작은 전단지를 나누어주었다. 그는 이미 은퇴했기 때문에 그런 식으로 유세를 하면서 1주일에 6일을 자유롭게 보냈다. 그러면서 그는 자신을 위해서 일하는 헌신적인 활동가들을 양성할 수 있었다. 당시 자원봉사자들이 쿠퍼를 헌신적으로 도우면서, 아니면 시나를 비판하며 활력을 찾았는지 확실하지 않다. 그러나 어느 쪽이든 간에 그들의 노력은 대단했다. 오클라호마 역사상 최고의 정치이변 가운데 하나로 불린 그 선거에서 쿠퍼는 시나를 꺾었다(Martinedale, 1994). 시나는 거의 60만 달러를 썼지만 쿠퍼는 대부분 자기 돈인 1만 6천 달러 정도 조금 넘게 쓰고 선거를 이겼다.

모든 선거철마다 선거당일에 널리 일반화된 일반대중 선거운동 사례들이 있다. 직접접촉이 선거승리의 유일한 최고의 수단이고, 일반인 활용노력도 새로운 선거운동 방식에서 중요하다. 헌신적인 자원봉사자 집단은 취약한 재정을 극복하도록 도와주고 때로는 선거승리를 가져다 주기도 한다. 그렇다고 이러한 선거운동이 단순하거나 세련되지 못하다는 것을 말하려는 것은 아니다. 반대로 자원봉사자의 도움을 최적화시키려면, 계획, 목표설정, 자원배분에 세심한 관심을 기울여야 한다. 새로운 스타일 선거운동의 모든 기본원리들은 자원봉사자 운영에도 적용된다. '자원봉사자들'은 일반적으로 훈련되지 않았기 때문에 때로는 감시가 필요하다. 지시와 방향제시가 없으면 오히려 선의의 자원봉사자들이 선거운동에 해가 될 수도 있다.

이 장에서는 유권자 직접접촉이 효과적인 이유에 대해 논의하고, 일반인활용 선거운동들의 다양한 유형을 살펴보고, 자원봉사자의 도움과 이른바 '현장활동'(*fieldwork*) 이라고 불리는 기타 직접접촉 활동을 최적화시킬 수 있는 몇 가지 방법들을 정리해보고자 한다. 앞서 살펴본 팔론 2세와 쿠퍼 같은 후보들은 순수한 용기와 결심을 가진 자원봉사자들 덕분에 승리했다. 그러나 계획성이 부족하면 일반인 활용노력도 분명히 기대에 어긋나게 된다. 쿠퍼가 민주당 예비선거에서 떠오르는 별을 꺾어 정치권에 충격을 주기는 했지만, 그의 접근방식은 본선에서는 통하지 않았다. 고전적 득표방식(직접접촉)은 여전히 선거운동에 최선의 방식 가운데 하나이지만, 새로운 스타일의 전략과 결합하면 더 유용할 수 있다.

1. 유권자 직접접촉의 힘

유권자 직접접촉은 여러 가지 이유로 유용하다. 첫째, 여타 선거홍보 방법들과는 다른 관심과 느낌을 유권자들에게 준다. 가령, 자원봉사자들이 현관문에서 유권자와 이야기를 나누는 것은 우편함 속의 선거홍보물과는 질적으로 다르다. 이때 유권자는 더 오랫동안 몰입하게 되고, 관심을 더 집중하게 된다. 둘째, 유권자 직접접촉은 쌍방향 커뮤니케이션을 가능하게 한다. 유권자들이 자신의 견해를 후보와 이야기할 기회를 갖는다. 후보자를 만날 기회를 갖게 될 때 유권자들은 선거에 관심을 더 갖게 된다(Trent & Friedenberg, 2000: 300~302). 그밖의 직접접촉의 이점은 간접접촉으로는 기대할 수 없는 신체와 관련된 신호들이다. 예를 들면, 유권자는 후보자나 자원봉사자의 외모나 몸짓으로 설득될 수도 있다. 얼굴표정, 손놀림, 목소리는 서로간의 커뮤니케이션에서 상당한 의미를 갖는다. 상호간 커뮤니케이션의 일부가 라디오와 텔레비전 중간광고에 의해 잠식될 수도 있으나, 유권자들은 그러한 매체보다는 신체와 관련된 신호에 의해 더 사로잡힌다.

일반대중 선거운동은 또한 후보를 다정하게 만든다. 반면, 방송을 통한 선거운동은 후보를 거리감 있고 인간미 없는 것처럼 보이게 한다. 후보자나 자원봉사자가 유권자와 직접접촉할 때 한층 좋은 관계가 형성된다. 21세기에는 후보가 사람이지 상품이 아니라는 점을 유권자에게 환기시킬 필요가 있다. 이와 비슷하게, 일반대중 선거운동은 후보자가 열렬한 지지를 받는다는 인상을 줄 수 있다. 유권자들은 이기는 편이 되길 좋아한다. 열광적인 자원봉사자들은 일반유권자들에게 다른 사람들이 그 후보를 지지한다는 생각을 갖게 만든다. 이렇게 하면 나아가 더 많은 자원봉사자들을 끌어모을 뿐만 아니라, 선거일에 지지를 더 이끌어낼 수도 있다. 후보가 앞서간다는 분위기를 만드는 가장 좋은 방법은 선거구 내 거주자들이 후보를 지지하는 것이 눈에 확연하게 보이도록 만드는 것이다.

직접접촉 운동은 비용이 많이 들지만 자원봉사자를 활용하면 비용을 줄일 수 있다. 예를 들면, 선거진영이 선거자금이 부족해서 마지막까지 지지서명을 받을 경우 자원봉사자들이 대규모로 홍보물을 나눠주는 방법을 통해 메시지를 신속하게 전달할 수 있다. 일반대중 선거운동은 타깃이 정확하게 선정된 유용한 접촉활동 가운데 하나이다. 꼼꼼하게 계획을 수립하면, 대개 방송에서와 같은 낭비 없이 원하는 유권자에게 원하는 메시지를 전달할 수 있다.

마지막으로, 일반대중 선거운동은 선거에서 더욱 열렬한 지지, 언론매체의 더 많은 관심, 그리고 보다 손쉬운 자금조성을 가능하게 한다. 자원봉사자에 의한 선거운동은 눈에 잘 띄고, 긍정적인 메시지를 전달한다. 그리고 잠재적인 기부자의 관심과 신문 및 방송기자의 시선을 사로잡을 수 있다. 대중적 인기는 스스로 그 결실을 맺는다.

유권자 직접접촉은 많은 장점이 있다. 그러나 자원봉사자를 조직하는 것도, 힘든 선거운동에 필요한 자원봉사자를 충원하는 것도 쉽지 않다. 첫 출발은 항상 후보에게서 시작된다. 후보가 꺼려하는 일을 다른 사람에게 부탁하기는 어렵다. 다시 말하지만, 가장 설득력 있는 메시지는 후보에게서 나온다. 그리고 후보의 가족과 친구들이 그 다음으로 중요한 자원이다. 후보자와 가까운 사람들은 자신의 임무가 전략의 '이행'보다는 '수립'에 맞추어져 있다고 생각하기 때문에 이들의 역할을 환기시켜줄 필요가 있다. 선거에서 이기려면 초반부터 그러한 생각을 고쳐줘야 한다.

어떤 지구당들은 30~40년 동안 활발하게 활동해왔다. 그렇기 때문에 이들은 잠재적인 자원봉사자의 공급원이 될 수 있다. 많은 정당원들이 선거운동 경험을 가지고 있다. 일반대중 선거운동은 어렵지 않지만 나름대로 '요령'이 필요하다. 다른 지역조직과 이익집단에서도 자원봉사자를 찾을 수 있다. 많은 민주당후보들은 노조로부터, 공화당후보들은 기업집단으로부터 도움을 받는다. 만약 후보가 그러한 집단소속이라면 동료회원들에게 확실히 접근할 수 있다. 또 지역대학 학생조직이나 노인단체에서도 자원봉사자를 확보할 수 있다. 미국노인들은 정치적으로 활발하게 움직이고 가끔씩 여유시간이 많다.

2. 일반대중 선거활동의 유형

최근의 현장방문은 체계적으로 타깃화되어 있다. 가끔은 직접접촉이 최상의 득표방법이기는 하지만, 속도가 가장 느리다는 것이 흠이다. 선거에서는 시간이 아주 귀중한 선거자원이다. 일반대중 조직가들은 설득 가능성과 함께 접근 가능성에 주의해야 한다. 예를 들면, 유권자 방문활동은 지리적 요인이 중요하다. 또한 지역적 특성에 따라 운동방식이 달라져야 한다. 도시근교는 시골보다 투표구별 순방이 편한 반면, 시골은 1시간에 4~5가구 정도밖에 방문을 못하기 때문이다. 타깃이 잘 설정된 일반대중 선거활동의 이점은 타깃을 정밀하게 설정할 수 있다는 데 있다. 왜냐하면 라디오를 활용하는 미디어 선거운동은 상대편의 고정표를 포함해 전 지역에 있는 청취자들에게 전달되지만, 꼼꼼히 계획된 호별방문을 하면 상대후보 골수지지자의 집을 후보가 들리지 않아도 되기 때문이다.

1) 후보자의 도보방문 계획

연방하원의원 이하의 선거에서 후보자는 자신이 가장 접전을 벌이고 있는 타깃지역을 종종 방문유세한다. 이러한 후보의 방문유세는 후보의 손에 홍보물 한줌을 쥐어주고 그냥 유권자를 만나게 하는 것 이상의 준비가 필요하다. 아주 신중하게 상세한 부분까지 계획을 세워야 한다. 훌륭한 방문유세 계획은 다음과 같은 몇 가지 요소들로 구성되어 있다.

지역유권자 리스트. 첫 번째 단계는 유권자 리스트를 확보하는 것이다. 해당리스트에는 거리를 기준으로 가구별 유권자이름, 소속정당, 생년월일, 직업 같은 간략한 인물데이터가 들어 있다. 리스트에는 유권자로 등록하지 않은 사람은 빠져 있고, 번지수 기준이 아니라 실제

방문하게 될 거리의 왼쪽과 오른쪽을 기준으로 세대를 정리한다. 예를 들면, 다음과 같다.

1. Maple 1번가: Alma Jones(공화당) Morris Jones(공화당)
2. Maple 3번가: Bert Smith(민주당), Carol Smith(공화당)
   April Smith(민주당)
3. Maple 7번가: Andrew Johnson(무소속)
4. Maple 9번가: Betty Hill(민주당), Stephen Fisher(민주당)

이러한 양식을 활용하면 후보는 등록유권자가 없는 가정을 건너뛰고, 한번에 길 양쪽에서 유세할 수 있도록 해준다. 상대당원인 유권자도 건너뛴다. 지역유권자 리스트는 선거관리위원회, 관련업무를 담당하는 주행정부서, 선거위원회, 리스트 판매회사에서 통상 구입할 수 있다.

지역자원봉사자. 후보자는 혼자서 현장에 거의 가지 않는다. 후보가 도보순방을 하기로 한 해당지역 출신의 자원봉사자들이 많은 역할을 한다. 그들은 주민에게 후보를 소개하고, 가령 "스미스(Smith) 여사는 들새 생태관찰을 좋아하는 퇴임교사이다"는 식으로 유권자에 대한 정보제공이나 "이곳은 장난감공장이 있던 자리다"는 식으로 신속하게 해당지역을 설명할 수 있다. 또 유권자 리스트를 가지고 다니면서 후보를 유권자들과 인사시키고, 후보에게 일거리를 주고, 방향을 알려주고, 필요하면 유권자의 제안을 거절하는 역할을 할 수도 있다. 만약 유권자가 후보자와 차 한잔을 하고 싶어한다면 후보는 그 제안을 받아들이지 않을 수 없지만 자원봉사자는 계속 가야 한다고 말하면서 거절할 수 있다. 이런 경우가 생기면 유권자는 거의 대부분 자원봉사자를 원망한다.

사전방문카드. 후보의 특정지역 순방 2주 전 정도에 사전방문 안내카드가 가정으로 배달된다. 하지만 만약 선거진영에 자금이 부족하다면 자원봉사자가 대신 카드를 직접 전달하기도 한다. 카드에는 후보의 사진과 간단한 메시지가 담겨 있다. 그 내용은 다음과 같다. "며칠 후에 잠시 방문하겠습니다. 선생님의 관심사 및, 제가 주의원에 당선되면 도와드려야 할 일들에 대해 이야기를 나누고 싶습니다." 사전방문 안내카드는 후보에게 강한 동기부여 역할을 할 수 있다.

방문시 제공할 홍보물. 문 앞에서 유권자와 악수한 다음 후보는 자신이 떠난 후에 유권자가 읽어보기를 바라면서 가끔씩 정보가 담긴 홍보물을 준비하여 나눠준다. 유권자가 후보자를 만난 다음 홍보물을 읽어보게 되면 반복효과로 깊은 인상을 남긴다.

꼼꼼한 기록. 후보가 유권자를 만나고 떠나자마자 자원봉사자는 유권자 이름, 관심사, 후보에 대한 평가 등에 관한 대화내용을 기록해야 한다.

사후관리 카드. 유권자가 집에 없으면 후보는 홍보물 뒤에 다음과 같이 손으로 쓴 메모를 남긴다.

> 선생님을 만나 뵙지 못해 유감입니다. 안부인사와 함께 선생님의 관심사에 대해 이야기를 나누고자 들렀습니다만 안 계시는군요. 다음에 다시 자리를 만들어 보겠습니다. 편안하게 언제든 전화를 주십시오.

후보와 자원봉사자가 밤에도 활동할 수 있도록 카드는 미리 써 놓는다. 집에 있는 유권자에게는 방문 일주일 후 정도에 사후관리 우편을 발송한다. 유권자에게 시간을 내줘서 고맙다는 인사와 유권자의 관심사항에 노력을 기울이겠다는 점을 강조한다. 그 밖의 내용은, 앞에서 살펴본 꼼꼼한 기록에서처럼 대화 중에 작성한 메모와 똑같다. 예를 들어, 만약 유권자가 환경문제에 관심이 있으면 사후관리 카드에 후보자가 중요하게 생각하는 환경문제들에 대해 개괄적으로 요약한다.

추가적인 사후관리. 마지막 단계로 유권자의 정보제공 요구를 우편, 직접전달, 전화 등을 이용해 신속히 처리한다. 이러한 일은 자원봉사자가 수행할 수 있다.

지금까지 살펴본 다단계 프로그램은 시간과 자원을 고도로 집중해야 한다. 선거구 내 주공략 대상지역들에 활용된다면, 충분히 비용만큼의 효과를 거둘 수 있다. 후보가 단순히 문을 두드리는 전통적인 방문유세와 이러한 순방계획이 다른 점은, 유권자에게 반복적으로 후보를 노출시킨다는 것과 유권자의 메시지에 대해 세심한 관심을 기울인다는 것이다.

2) 자원봉사자 방문유세

여러 면에서 방문유세는 후보의 순방계획을 반영한다. 그러나 여기서 유세는 선거본부 구성원들이 후보를 대신해서 가정을 방문하는 것이다. 후보의 사전방문 카드를 발송하는 대신, "자원봉사자가 곧 들를 것이다"는 메모를 보낸다. 방문자들은 대개 외모가 깔끔하고 선거진영의 테마에 대해 어느 정도 잘 알아야 한다. 방문연습을 하고 대본을 준비하는 것이 좋다. 누가 집에 있었는지, 그리고 만난 유권자의 관심사에 대해 꼼꼼하게 기록하는 것이 중요하다. "저의 자원봉사자 가운데 한 사람과 이야기를 나누어주셔서 감사합니다"라고 사후관리 카드를 보낸다. 중요한 경우에는 자원봉사자 방문유세가 '신속대응' 작전, 이른바 '호별 급습작전'의 역할을 할 수 있다. 만약 상대후보가 선거막바지에 강력하게 공격을 퍼부으면, 방문유세 작전이 그 충격을 완화시키는 데 유용하다. 이것이 바로 연방하원의원 팔론의 전략이었다.

3) 유권자등록 운동

새로운 유권자를 찾아 등록하도록 하는 데 자원봉사자들이 활용된다. 지역마다 차이가 있기는 하지만 투표가능 연령대주민 가운데 유권자 등록비율은 대략 50% 정도 된다. 유권자등록 과정은 상대적으로 복잡하지 않은 업무이다. 지역유권자 명부에 누락된 세대에 미등록 유권자가 있기 때문이다. 자원봉사자들이 해당세대를 방문, 유권자등록카드 작성을 설득한다. 작성되면 자원봉사자는 카드를 선거본부로 가져오고, 본부에서 명부에 명단을 넣은 다음 지역선거관리위원회에 보낸다. 선거진영에서는 유권자등록 안내기준을 주법에서 확인해야 한다. 선거본부에서 선거관리위원회에 명부를 보내는 것이 허용되는지를 파악해야 하기 때문이다.

등록을 한다고 반드시 투표를 하는 것은 아니다. 그렇지만 사전에 유권자등록을 하지 않은 사람들은 당파성이 약하고, 상대후보와도 연관성이 적은 경향이 있다. 또한 그들은 새로운 유권자이기 때문에 상대후보 진영에 등록되어 있지 않다. 따라서 선거기간 동안 그들이 받게 되는 유일한 선거홍보물을 후보의 선거본부에서 전달할 수도 있다. 유권자등록 운동은 시간이 들고 다소 예측하기도 어렵지만, 자원봉사자를 활용하는 것은 좋은 방법이고 선거진영이 힘든 싸움에 직면했을 때 도움이 된다. 대학생인구가 밀집된 지역에서의 유권자등록 운동은 후보자의 당락을 좌우할 수 있다.

4) 부재자투표와 우편투표

부재자투표의 확대로 최근 새로운 투표양상이 전개된다. 특히 오리건과 워싱턴 같은 경우는 우편투표를 상당히 활용한다. 노스캐롤라이나의 '의무투표'(반드시 투표를 해야하는) 플랜은 선거일 3주 전부터 위성투표소에서 투표를 하도록 허용한다. 옹호론자들은 투표가 점차 용이해져서 민주주의 절차에 도움이 되고, 부재자투표 과정이 선거일에 투표장에 가서 투표하는 전통적 방법보다 신속하고, 편하고, 비용도 적게 든다고 말한다. 또한 사람들도 이러한 방향으로 나가려는 것처럼 보인다. 온라인투표 가능성에 대한 관심도 커지고 있다.

이러한 변화는 선거진영에 있어 많은 것을 의미한다. 예상치 못한 투표결과가 벌어질 가능성에 주목해야 한다. 새로운 풀(*pool*)의 유권자들이 들어가면 유권자구성도 변한다. 부재자는 몸이 아프거나 장애, 그리고 학생이나 여행객, 군인들이 종종 해당되는 경우로, 선거당일 투표구 밖에 있기 때문에 투표를 못하는 사람들이다. 앞으로 느슨한 부재자 관련규정과 우편투표자 때문에, 직업이나 정치적 관심이 적어 투표소에 가지 않던 사람들의 투표가 한층 늘어날 것으로 보인다.

연구자들이 더 많은 선례를 확보하기 전까지는 신규규정으로 등장하게 된 새로운 투표자들을 파악하기가 어렵다. 새로운 투표자들은 선거운동의 전략적 타이밍뿐만 아니라 수행해야 할 선거사무 유형까지 바꾸어 놓았다. 선거사무 관계자들은 부재자투표 마감일을 메모해 놓고, 부재자투표가 예상되는 유권자들이 정해진 기일 내에 투표하는지 확인해야 한다. 투표독려 사후관리편지나 전화걸기는 종종 기권방지에 도움이 된다. 다음으로, 관할구역 내 부재자명단은 선거관리위원회나 선거업무담당 행정부서에서 얻을 수 있다. 자원봉사자들은 유권자등록 여부를 꼼꼼하게 살펴서 선거기간 동안 부재자에게 홍보물을 우편으로 보낸다. 이전에는 선거구에 살지 않던 유권자들의 경우 이 홍보물이 그들이 받는 유일한 정보일 수도 있다.

우편투표는 유권자등록을 했으면서도 선거에 참여하지 않거나 대통령선거에만 투표하는 유권자들의 투표참여를 독려하는 데 활용될 수 있다. 노인들이 가끔식 이러한 범주에 해당한다. 투표참여가 저조한 사람들에게는 부재자신청서와, 법적으로 문제가 없다면, 후보에 대한 정보를 우편으로 보내야 한다. 이러한 활동에 참여하는 선거진영은 '선거일'이 3~4주 정도 길어졌다는 점을 가끔씩 알게 된다. 그리고 미디어광고, 뉴스이벤트, 우편물발송 등을 통한 선거진영의 홍보는 1회성이 아니라 1달 이상에 걸쳐 전개해야 한다. 특히 부재자투표 개시일

후 처음 며칠간 관심을 집중해야 한다.

5) 홍보물배포

홍보물배포는 부동지역을 목표로 한다. 방문유세와 달리 홍보물배포는 유권자를 만날 필요가 없고, 단순히 현관이나 문기둥에 선거홍보물을 놓아두는 것이다. 이 작업은 후보자를 잘 모르는 자원봉사자를 포함해 심지어 어린아이까지도 할 수 있다. 핵심은 특정지역을 신속하게 돌아다니면서, 법적으로 금지된 우편함 이외의 장소에 홍보물을 전달하는 것이다. 홍보물배포는 우표가 필요없기 때문에 우편발송보다는 비용이 훨씬 저렴하다. 그러나 전체적인 효과에 대해서는 논란이 있다. 홍보물배포는 선거막바지 공격 때나 선거초반 인지도를 높일 때가 가장 효과적일 것으로 생각된다.

6) 전화작업

전화작업은 단기간에 많은 유권자를 접촉할 수 있는 좋은 방법이다. 장점은 자원봉사자, 특히 호별방문할 수 없는 사람들을 활용할 수 있고, 그 비용도 저렴하다는 점이다.

전화유세의 역할은 설득, 성향확인, 독려 등 세 가지이다. 설득전화는 간단한 메시지를 유권자에게 전하는 것을 목표로 한다. 그 형식은 대본을 만들어 자원봉사자들이 그 내용을 전달하는 방식이다. 그리고 텔레비전 광고 같은 유권자 간접접촉 활동과 비슷하게 전화를 받는 유권자에게 회신전화를 하도록 요구하지 않는다. 그렇게 하는 이유는 유권자에게 정보를 전달하는 것이 설득전화의 목적이기 때문이다. 성향확인 전화는 전화를 걸어 유권자의 선호도와 관련해 누구에게 투표할 것인지, 가장 중요한 관심사가 무엇인지 등에 대해 몇 가지 간단한 질문을 하고, 질문에 답변한 정보를 꼼꼼하게 기록해서 유권자가 '지지자' 인지 '반대자'인지 '부동표'인지를 표시하는 것이다. 때로는 성향별 숫자분류표를 만들기도 한다. '반대'라고 표시된 유권자들은 전화리스트에서 제외하고, 만약 후보를 지나치게 싫어하면 우편발송 리스트에서도 제외한다. 반대자에게 다시 전화를 걸거나 우편물을 보내서 문제가 되는 일이 없도록 조심해야 한다. '부동층'은 다시 전화를 걸고 후보의 정보를 우편으로 보내고 심지어는 자원봉사자가 방문하기도 한다. 이 집단은 선거기간 내내 강력한 설득을 받는다. 독려전화는 설득된 유권자로 하여금 선거일에 투표하도록 하기 위한 것이다. 여기에 해당하는 명단은 성향확인 과정에서 '우호적'으로 메모된 사람들로 구성되어 있지만, 후보지지 가능성이 있을 것으로 생각되는 사람들도 포함된다. 이들에게는 선거당일이나 그 며칠 전에 투표확인 전화를 한다.

전화작업은 철저하게 관리된다. 전화요원들에게 유권자명단과 신중하게 다듬은 메시지가 주어진다. 주어진 시간 동안 접촉이 가능한 건수는 비교적 정확하게 예측될 수 있다. 그것은 다음과 같은 수치들을 곱해서 계산할 수 있다.

- 전화 1통당 소요시간(통화와 통화사이 중단시간 포함)
- 자원봉사자 수
- 평균전화시간
- 일일 통화시간
- 주간 전화요일수

어떤 날 저녁에는 다른 때보다 자원봉사자들이 많고, 또 어떤 날 저녁에는 봉사시간이 적을 수도 있지만, 선거진영에서는 주어진 기간 동안의 전화통화 소요시간을 대체로 계산할 수 있다. 그렇게 해 놓으면, 선거진영이 전체적인 전략과 선거활동 타이밍을 계획할 때 유용한 정보가 된다.

텔레마케팅회사와 계약을 해서 전화작업을 하면 신속하다는 장점이 있다. 예를 들면, 선거막바지에는 주말에 5천 통 정도의 전화를 걸어야 한다. 자원봉사자로는 이 일을 해내기 힘들다. 그러나 대형 텔레마케팅회사에서는 쉽게 해낼 수 있다. 통상 텔레마케팅회사에서는 전화홍보 문안의 길이와 전화작업 대상지역의 위치에 따라 전화 1통당 고정요금으로 0.5달러나 0.75달러를 요구한다.

그러나 자원봉사자에 의한 시내전화도 장점이 많다. 전화요원을 제대로 관리하고 감독하기가 쉽다. 가끔은 지방법률사무소, 부동산사무소, 노조사무소 같은 곳을 저녁시간대에 이용하기도 한다. 이러한 경우 훨씬 더 보안이 되고 전화시간을 융통성 있게 조정할 수 있다(Yeutter et al., 1992). 가장 중요한 것은 유권자들이 텔레마케팅 전문회사의 전화를 가끔씩 무시한다는 점이다. 그렇지만 전화가 자원봉사자나 이웃으로부터 오면, 유권자는 더욱 경청하고 수용하려 한다. 자원봉사자에 의한 전화유세는 빠르고, 인간적이고, 비교적 저렴하기 때문에, 보기에 따라서는 효율성과 효과를 모두 갖추었다고 할 수 있다.

7) 커피와 악수

유권자 직접접촉 기회는 아주 많다. 점차 많은 후보들이 커피모임이나 칵테일파티를 이용한다. 특정지지자가 이웃들을 자기 집으로 초대해 소모임을 갖고, 후보가 모임에 잠시 들러 인사를 한다. 하루 저녁에 여러 모임이 열리면 후보자는 많은 유권자들과 접촉할 수 있다. 이것이 꽤 선호되는 형태의 선거운동이다. 많은 공장 교대시간을 알면 짧은 시간에 많은 유권자를 만날 수도 있다. 수백 명의 근로자들이 15분 정도 동안에 지나가기 때문에, 공장출입문과 정류장에서 후보가 예를 들어 커피나 도넛 혹은 조그마한 홍보물을 건네주면 특히 효과적이다. 항상 작업교대와 출근은 오전 7시처럼 선거진영에 별다른 일이 없는 시간대에 대개 이뤄진다. 아울러, 기차승강장에서 유권자들과 이야기할 기회를 갖게 되면 후보자는 끈끈한 유대관계를 쌓을 수 있다.

어쩌다보면 후보가 악수하는 일에 골몰할 수 있다. 어떤 컨설턴트들은 유권자를 만나는 최선의 방법이 지역쇼핑센터, 시장, 길거리코너 가판대를 찾는 것이라고 믿는 후보자와 타협하기도 한다. “수천 명이 시장에 간다”고 후보자가 외치지만, 무차별접근 방법은 새로운 스타일의 선거에 맞지 않는다. 후보는 사람들의 거주지, 당파성, 유권자등록 여부를 알 수 없다. 목표설정이 제대로 되지 않은 선거운동은 소중한 시간을 비효율적으로 쓰게 된다. 따라서 생산적인 선거운동은 무조건 많은 사람을 만나려는 것이 아니라 꼭 만나야 할(*right*) 사람을 만나 정확한(*right*) 메시지를 전하는 것이다.

3. 투표독려운동

시간은 소중하기 때문에 효율성이 중요하다. 막바지 선거운동의 좋은 사례는 로즈메리 시(Rosemary Shea)가 뉴욕 오네온타(Oneonta) 교육위원회에 처음 출마했을 때 일이다(시는 이 책 저자의 어머니이다). 투표마감 1시간 전에 선거팀에서는 우호적인 유권자명단을 뽑아 2~3번씩 전화를 걸었다. 마지막까지 선거운동을 하기로 결심한 후보는 투표하지 않은 사람들의 명단을 철저하게 조사했다. 15분 정도 차를 몰고 마을로 가서 3명의 잠재적인 민주당지지자 집을 방문했다. 그들을 설득해서 차에 태우고 투표장으로 가서 ‘시민의 의무’를 다하게 했다. 곧바로 3명 모두 투표를 했다. 전체적으로 수천 명이 투표했는데, 선거결과 시는 불과 3표 차이로 당선됐다.

투표독려 노력은 선거에서 가장 중요한 활동이다. 선거를 보면 소수의 유권자들이 당락을 결정한 선거들이 많다. 2000년 대선 때 플로리다에서의 박빙의 선거도 여기에 해당한다. 연방하원의원, 주의원, 심지어 연방상원의원, 주지사선거 등 모든 선거는 투표유권자의 1% 미만에 의해 결판이 난다. 이는 꼼꼼하게 준비한 막바지 공세로 당락이 결정될 수 있다는 말이다.

민주주의는 모든 사람들이 투표할 것을 요구하지만, 투표독려운동은 후보자에게 투표할 가능성이 가장 큰 사람들을 대상으로 한다. 잠재적 지지자를 판단하는 방법은 유권자성향 확인전화, 인구통계조사, 여론조사, 지역 등 많다. 당적도 때로는 활용된다. 모든 조건이 동등하다면 유권자의 당적이 그의 선택을 가장 잘 예상할 수 있는 유일한 척도이다. 생각할 수 있는 바로는, 방문유세기록을 활용하면 우호적인 유권자명단을 만들 수 있다. 경험상으로 투표독려는 당선에 필요한 득표의 10% 정도를 목표로 삼는다. "만약 주의회선거에 출마해 당선되는 데 1만 5천 명의 득표가 필요하다면, 당신은 투표소에 밀어 넣을 확실한 지지자를 적어도 1만 5천 명 정도는 가지고 있어야 한다" (Allen, 1990C: 38). 어떠한 판단기준이 활용되던 간에 막바지공세는 지지자를 투표소로 이끌어내기 위한 것이지, 단순히 투표율을 올리려는 것이 아니라는 점을 명심해야 한다.

1) 효과적인 투표독려 기술

모든 컨설턴트와 정당요원들은 다소 다른 투표독려 방식을 활용한다. 어떤 사람들은 방문유세, 초인종울리기, DM, 기타 전술들에 의존한다. 지금부터 말하는 것들은 자원봉사자의 노력에 의존하는 기술로서 그 효과가 우수한 것으로 입증된 것들이다.

조기계획. 선거팀은 선거 30일 전에 투표독려 계획을 세운다. 이것은 문건화된 행동계획을 세우고, 조정자를 선정하는 것을 의미한다. 계획서에는 세부업무, 임무완료 마감일, 업무책임자를 개괄한다. 또한 투표독려 수행에 필요한 자원들의 리스트를 만든다.

투표독려 우편발송. 선거일 3~5일 전 부동지역과 우호지역에 우편물을 발송한다. 만일 부동표가 필요 없다면 그것은 제외할 수 있다. 우편물에서는 투표의 중요성과 한 표 한 표가 선거결과를 좌지할 수 있다는 것을 강조한다. 단지 몇 표로 선거에 승리한 일화를 담는 것도 좋다. 만약 선거진영에서 자금부족으로 곤란하면, 선거일 전 주말에 타깃지역을 대상으로 팜플렛을 뿌려도 된다.

전화걸기. 선거일 전 날, 전화를 최대로 돌린다. 이 단계의 타깃목표는 우편발송 대상집단보다 더 정교해야 한다. 가능하다면, 전체 등록유권자의 10%에 해당하는 투표독려 집단을 접촉한다. 전화상의 메시지는 우편물의 경우와 유사하다.

투표상황 확인 및 관련정보 보고. '투표감시'의 경우, 많은 관할지역에서 가능하다. 선거일 아침, 자원봉사자들이 모든 투표소로 가서 편안하게 자리를 잡은 다음 투표자들의 이름을 기록한다. 그 명단을 2시간 정도 간격으로 모아서 선거본부로 보내 취합한다. 투표자이름은 선거인명부에서 지워버린다. 이러한 과정을 거치면, 어떤 유권자가 투표장에 왔는지 알 수 있기 때문에 선거진영에서 누구에게 투표독려 전화를 걸어야할지 알 수 있게 된다.

투표암시와 도움주기. 많은 사람들은 아침 일찍이나 퇴근 후에 투표한다. 오후 4시경, 발 빠른 선거캠프에서는 타깃집단 가운데 아직 투표하지 않은 사람들에게 초점을 맞추어 전화요원을 가동한다. 투표소까지 데려줘야 할 필요가 있는 경우들이 아주 빈번한데, 여기에 해당하는 경우들은 어린이를 돌봐 주거나 투표소까지 차량으로 데려줘야 하는 경우들이 대부분이다. 이러한 과정은 선거일 저녁까지 계속되고, 투표감시 요원들로부터 새로 업데이트된 명단을 활용해 이미 투표한 사람들은 대상에서 제외한다. 그리고 우호적인 지지자들을 대상으로 투표마감 시간까지 전화를 건다.

2) 기타 투표독려운동

우편물, 투표성향 확인, 전화걸기, 지원활동은 투표독려운동의 핵심이다. 그러나 그 외의 여러 활동들도 유용하다. 선거일 전 주말에 타깃지역에서 집회를 가질 수도 있다. 정원표지판 설치운동처럼 홍보물을 대량으로 투입하는 것도 효과적이다. 만일 후보가 열세이기 때문에 투표율이 높아져야만 승산이 있는 경우가 아니라면, 교차로에서 표지판을 흔들고, 쇼핑몰에서 유인물을 나눠주고, 포괄적 유세처럼 무차별적 활동들은 하지 않도록 조심해야 한다. 왜냐하면 투표독려는 무조건 유권자를 투표시키는 것이 아니라, 정확한 유권자를 투표에 참여시키는 것이기 때문이다.

투표독려 단계는 후보에게 매우 힘든 시점이다. 비록 몇 년은 아니지만 몇 달간의 일이 마감되는 상황이기 때문이다. 이 경우에는 컨설턴트들이 후보자로 하여금 적극적 지원자들에게 전화를 걸어 고마움을 표시하게 하는 것도 좋은 생각이다. 아울러, 선거구 내 최고 부동지역의 집들을 후보가 걸어서 일일이 방문하게 하는 것도 한 가지 방법이다. 그 외에 여러 일들로 후보를 바쁘게 만들 필요가 있다. 그렇게 하는 것이 모두를 위하는 것이기 때문이다.

3) 재개표절차

2000년 대선 후 6주 동안 재개표절차의 중대함과 복잡함이 사람들의 관심을 끌었다. 재개표절차의 혼란과 선거결과의 가변성에 많은 사람들이 놀랐다. 표를 계산할 때마다 합계가 달라졌다. 부시의 법률적 주장은 정확성도 중요하기는 하지만 그에 못지않게 빨리 결말을 짓는 것 또한 중요하다는 것이었다. 완전하지 않은 세계에서 완벽함을 추구하는 것은 불가능하다. 결국 플로리다의 많은 표가 2000년 대선의 공식결과에 포함되지 못했다. 21세기 첫 대선의 이러한 결과는 제대로 된 재개표의 중요성과 관련해 많은 것을 시사한다. 법률적 절차는 주마다, 심지어 카운티마다 다르지만, 모든 재계표계획 속에는 몇 가지 핵심요소들이 있다.

현명한 선거진영이라면 사전에 재개표절차 규정을 정리해 놓아야 한다. 주선거법에 대한 실질적인 지식을 겸비한 변호사를 갖추어야 한다. 선거에서 패하면 재개표를 요구하고, 승리하면 거부한다는 원칙 아래, 관련된 법적 문제들을 선거일 전에 아주 확실하게 파악해 놓아야 한다. 재개표팀의 구성원들은 법률적, 정치적 책임의식이 분명해야 하고, 서로 연락망을 공유하고, 선거관리사무소, 선거관리위원, 유관 사법당국의 모든 주소와 전화번호를 구비해 놓아야 한다. 그 이유는 재개표가 통상 선거당일 밤이나 다음날 아침에 신속하게 진행되기 때문이다. 어떤 곳에서는 선거가 박빙이면 무조건 재개표한다.

일반적으로 재개표의 첫 번째 절차는 투표용지와 투표기를 안전하게 보관하는 것이다. 예를 들어 뉴욕의 경우, 특정 카운티에서 투표기를 압수하려면 카운티 사법당국의 명령서가 필요하다. 특히 속았다고 의심되면 이 단계가 중요하다. 이때부터 변호사의 활동이 시작된다. 재개표절차는 시간이 들고 노동력이 많이 필요하다. 그리고 세부사항까지 관심을 쏟아야 한다. 고어와 부시 두 사람이 2000년 11~12월에 깨달은 것처럼, 의욕적인 변호사들은 고무되기만 하면 오랫동안 열심히 일한다. 가끔 유권자리스트에 문제점은 없는지 초점이 맞추어진다. 플로리다 사태의 경우는 허술한 투표용지 도안, 투표자 실수, 잘못된 투표절차, 적절치 못한 명령, 심지어 유권자 협박설 등이 모두 종합된 것이다. 빈번하지는 않지만 여전히 놀라울 정도로 선거부정이 자행된다(Sabato & Simpson, 1996). 어떤 경우이든 재개표의 법적 함의와 그에 수반되는 홍보이슈를 주목해야 한다. 그 이유는 일반여론이 변호사의 주장을 경청하는 법정만큼 중요하기 때문이다.

하지만 선거운동 요원들은 증거가 명백한 경우에도 선거결과를 뒤집기가 매우 힘들다는 점을 알아야 한다. 이와 관련해 어떤 변호사는 그의 의뢰인이 30표 차이로 낙선한 선거이야기를 하면서, 상대후보가 125표를 얻고 그의 의뢰인이 55표를 얻었던 선거구 내 한 투표구에서, 문제점을 정확히 지적할 수는 없었지만 분명한 투표기 오작동이 있었다고 말했다.

> 100표 정도 손해를 본 것 같아서 우리는 문제의 투표구를 찾아가 민주당을 찍었다고 말한 사람 150명 정도의 진술서를 받았다. 나는 선거명부에서 그들을 확인했고, 실제로 그들 모두 명부에 올라 있었다. 청문회에서 나는 의뢰인이 기계오작동의 피해자라는 것을 보여주려고 진술서를 제출했다. 판사는 기계에 문제가 있었다고 믿는다고 말했다. 그러나 내 의뢰인은 항소를 하지 않기로 결심했다(Still, 2000).

사실 가끔 후보자들은 끝가지 싸우기보다는 가만히 그냥 물러나는 것이 더 명예로운 것으로 생각한다.

4. 사이버공간에서의 선거운동?

일반대중 선거운동의 가장 전망 있는 새로운 방식 가운데 하나는 인터넷으로 성취할 수 있는 것이다. 1988년 제 3당후보로 미네소타 주지사에 당선된 유명한 전직 레슬러출신 제시 벤츄라(Jesse Ventura) 보다 사이버 선거운동을 더 잘 아는 사람은 없다. 어떤 평론가는 그가 최초의 '사이버주지사'라고 말하기까지 했다(Noble, 1998).

벤츄라는 인지도가 높고 자금동원력에서 앞선 두 명의 후보에 맞섰고, 대부분의 평론가들은 그의 초반노력을 우습게 생각했다. 선거기간 동안 그는 단지 두 명의 유급직원과 아주 적은 자금이 전부였다. 그래서 그의 지지자들은 신속하고 저렴한 수단인 인터넷으로 메시지를 전달하는 데 크게 주력했다.

벤츄라의 선거팀은 웹페이지를 활용해 선거운동에 착수했다. D-Team이라고 불리는 DB 자원봉사팀이 모여 데이터를 입력하고 선거운동을 담은 디지털사진을 올렸고, 게시판에 메시지를 게재하고 도표와 그림을 정리했다. 특히 그들은 벤츄라와 유권자를 연결하는 채팅룸을 수십 개 만들었고, 선거 하루 전에는 벤츄라를 따라 72시간 전지역 선거투어에 나섰다. 벤츄라의 인터넷운동은 무엇보다 자원봉사자가 주도했고, 유권자접근의 중요한 수단이 됐다.

벤츄라의 사이버팀이 얼마나 득표에 도움이 되었을까? 말하기는 어렵지만, 어떤 사람은 벤츄라를 당선시키고 남을 정도인 그의 득표 가운데 3% 정도가 사이버팀 덕분이라고 추산한다. 벤츄라의 웹마스터는 이렇게 평가한다. "인터넷이 없었다면 우리는 그 투어를 조직할 방법이 없었다. 투어가 없었다면 우리는 그 표를 모으지 못했을 것이다. 인터넷을 무시하면 이길 수 없다"(Noble, 1998). 미네소타는 인터넷 선거운동에 안성맞춤이다. 그 이유는 독자적으로 생각하는 유권자, 인터넷에 밝은 대규모 전문가계층이 있고, 미국 내에서 통신망이 가장 잘 깔린 도시 가운데 하나인 미네폴리스(Minnepolis)가 있기 때문이다.

벤츄라의 인터넷활용은 더 이상 예외가 아니다. 거의 모든 주선거 및 연방선거 진영은 정교한 웹사이트를 개발한다. 웹사이트를 통해 후보의 걸어온 길과 정책을 소개하고, 후보와 정당을 연계하고, 행사스케줄을 잡고, 후원금을 요청하고, 채팅방을 제공하고, 후보를 도우려는 자원봉사자들에게 접촉창구를 제공할 수 있다. 자원봉사자는 인터넷을 통해 임무를 지시받는다. 그들은 어디로 가야하는지, 무엇을 해야 하는지 알고 있다. 종종 전문가들이 이러한 웹사이트들을 만들기도 하지만, 때로는 자원봉사자들이 그 일을 감당하기도 한다. 웹사이트가 만들어진 다음, 데이터입력, 자료올리기, 이메일답장 및 발송업무에 자원봉사자들이 활용된다. 이것은 일반대중 선거운동이 사이버공간으로 들어갔다는 점을 보여주는 것이다.

5. 결 론

다른 선거운동방식과 마찬가지로 일반대중 선거운동에도 정치적 판단이 중요하다. 어떤 지역에서는 일요일에 호별방문을 통해 자원봉사자를 구하는 것이 일반적이지만 다른 지역에서는 터부시되기도 한다. 어떤 날에는 오전 9시 전이나 오후 8시 30분 후에 전화하는 것을 조심해야 한다. 잔디밭 표지판의 경우 어떤 지역에서는 용인되나 다른 곳에서는 불쾌하게 생각한다. 따라서 전문가들은 선거운동 지역들의 사회적, 종교적, 정치적 규범을 이해해야만 한다.

정치적 지혜는 가끔 실수를 통해서 얻기도 하지만 대개 일하면서 배운다. 예를 들어, 어떤 열정적인 선거운동 요원이 방문유세를 목적으로 10월 어느 상쾌한 토요일 아침에 자원봉사자들을 불러모은 적이 있었다. 장소는 뉴욕 나소 카운티(Nassau County)의 롱 비치(Long Beach)였다. 그들을 볼 수 있었다. 2시간 정도 일한 후 그들은 차츰 실망하기 시작했다. 차량들이 도로에 있어도 사람들은 집에 없는 것처럼 보였다. 사람이 실제로 대답을 한다고 해도 문을 열려고 하지 않았다. 결국 방문유세는 곧바로 취소됐다. 나중에 조사한 바에 따르면 해당지역은 정통 유대인들이 많았다. 토요일은 안식일이었는데, 그들은 상황파악을 못한 선거운동원들 때문에 기분이 상했다. 해당 선거진영에서는 잘못된 선거운동으로 인한 타격을 만회하는 데 엄청난 노력이 들었다.

감독하지 않으면, 선의를 가지고 일하는 사람들이 큰 피해를 끼칠 수 있다. 선거진영에서는 자발적 열의를 올바른 방향으로 정확하게 이끌어야만 한다. 이상하게 보일지는 몰라도, 많은 선거진영에서는 자원봉사자들이 시간을 보낼 일거리를 찾지 못해 지치기도 한다. 정치에 있어 자원봉사자의 적극적인 도움은 흔하지 않다. 현명한 선거진영에서는 감사를 전하고 관심을 지속시키려고 후보자를 자원봉사자들에게 데려가 격려를 해준다. 피자, 베이글, 음료, 커피를 제공하고 선거일 밤에는 큰 파티를 열어준다.

선거운동을 제대로 하는 곳에서는 방금 살펴본 방식을 선거관리에 활용한다. 선거에 이기려면 과정이 즐거워야 한다. 심술궂은 표정과 격한 성질은 순조로운 선거에 필수인 단합을 깨뜨린다. 타기팅과 미디어정치가 전통적인 선거활동들을 압도하기는 했지만 정치는 여전히 사람들의 노력을 필요로 한다. 선거운동은 그 자체로서 어느 누구나 참여할 수 있는 가장 보람된 일 가운데 하나다. 선거일 밤의 황홀감은 그 어느 것과도 비교할 수 없다. 후보자, 컨설턴트, 선거운동 요원들은 항상 승리하고 싶어하지만, 전문가들은 특정선거가 단지 하나의 선거에 불과하다는 사실을 절대 잊어버리지 않는다. 승리하든 패배하든 선거의 세계는 계속되기 때문이다.

제 13 장
결 론
정치선거운동 조직의 미래

정치전략가는 군사작전의 관점에서 말한다. "정치와 전쟁은 비슷한 원칙을 따른다: 군대는 전쟁터에서 적을 부수어야 한다는 동일한 목표를 가지고 각기 서로 다른 전략 및 강점과 약점, 제한된 자원, 서로 다른 스타일의 지휘관을 가지고 대결한다"(Sweitzer, 1996: 46). 정치전략가에게 선거는 정교한 전쟁이다. 그러나 광범위한 전투계획을 이행하는 정치전술가에게는 다른 개념적 모델이 요구된다. 전술활동은 상업적 마케팅형태를 취한다. 유권자접촉 용어로는 '종합시청률'(GRP), '중간광고 제작'(*Spot Production*), '명부관리'(*list management*), '인구통계조사'(*demographic research*) 등이 있다. 각 선거단계마다 새로운 마케팅수단, 즉 유권자를 세분화하고 후보자를 파는 새로운 방법이 등장한다. 21세기가 시작되면서 컨설턴트들은 인터넷의 마케팅파워 및 1950년대엔 상상도 못했던 유권자 타기팅방법들에 관해 언급한다. "생각없이 고위직 출마자들을 광고하는" 사람들에 대해 맹렬히 비난했던 아들라이 스티븐(Adlai Stevenson)이 오늘날 있었다면, 현재의 상황에 정말로 깜짝 놀랐을 것이다.

20세기 후반 정치선거는 놀라운 속도로 혁신적인 기술들을 흡수해 왔다. DB, 비디오편집, 디지털전화, 퍼스널컴퓨터 등은 일반적인 장비가 되었다. 지리정보시스템(GIS) 같은 선진기술들은 고위직선거에 광범위하게 쓰이고, 가끔씩 그 이하의 선거들에도 활용된다. 다른 모든 삶의 영역처럼, 특정조직의 활용도구들이 조직을 변형시키는 경향이 있다. 미국 정치선거의 미래를 알아보려면, 기술혁신의 첨단을 짚어볼 필요가 있다. 이 장에서는 컨설턴트중심 선거를 미시적으로 보는 개념적 틀을 제공하고, 새로운 스타일의 선거운동을 강화하는 기술들의 일부를 집중조명하고, 후보와 유권자 간의 관계에 그러한 기술들이 갖는 함의에 대해 이야기하고자 한다.

1. 프로의식과 대량주문제작

유권자들이 정당과 자신을 동일시하는 정당일체감이 투표행위 결정요인으로 중요도가 떨어지면서 정치인들은 자신만의 정체성을 만들어야 했다. 그리고 텔레비전은 후보들을 흥행시키는 데 선호되는 수단이었다. 1974년 당시 국회의원들이 생각하는 새로운 인물상(像)은 젊고 역동적이면서, 드라이기로 머리를 다듬은 인물이었다. 보스정치 스타일의 정치는 사라졌다. 당선되기 위해 후보들은 비용이 많이 드는 매체이면서 특별한 전문지식이 필요한 텔레비전에 출연해야만 했다. '후광효과'를 만들지 않으면서 후보를 등 뒤에서 조명하는 방법을 아는 정치인들은 거의 알지 못했다. 광고제작 용어인 '노그라스'(*Nogras*), '크로마키'(*chroma keys*), '크리스털 싱크'(*crystal Syncs*) 같은 것은 선거매니저들에게도 생소했었다. 더구나 텔레비전에서는 다른 시각매체들에서는 찾아볼 수 없는 독창적인 연출이 요구된다. 텔레비전은 전문가들을 필요로 한다. 그러다 보니 선거진영에서는 해당업무를 아는 사람들에게 정치광고를 아웃소싱하지 않을 수 없었던 것이다.

이러한 상황 때문에 컨설턴트들은 선거시장으로 급속하게 들어올 수 있었다. 지금은 DM이 그러한 점을 보여준다. 대량우편발송 관련규정을 습득하려면 귀중한 시간을 들여야 하지만, 전문가에게 맡기면 제작기간을 크게 줄일 수 있다. 그러나 우편물규격 및 분류, 우표붙이기 방법에 대한 이해수준은 아직도 시작에 불과하다. DM은 정확한 데이터, 효율적인 내부장치, 그리고 보다 중요한 것으로서 고액후원금을 낼 명단을 만들어내는 전문성에 달려 있다. DB전문가들은 자료의 종합·정리·관리를 잘 할 줄 알아야 한다. 한 명의 선거요원들이 우편업무의 법적, 기술적, 창조적, 조직적인 필요사항들을 마스터했다면, 습득한 전문기술을 한 명의 후보에게만 국한하여 사용할 필요는 없다. 동시에 많은 선거에서 일하게 되면, 비용을 여러 고객들에게 분산시키는 데 도움이 된다. 그렇게 되면, 과다인력을 줄이고, 수익성을 늘릴 수 있다. 이리하여 선거진영들의 조직구조가 변하지 않을 수 없게 된 것이다.

1970년대, 미국 연방상원의원 선거진영에서는 대량우편 발송작업을 (지지자들을 모아 편지를 접어 봉투에 넣으면서 저녁시간을 보내던) 자원봉사관리자에게 의존했다. 21세기 들어, 우편작업은 전문우편회사로 아웃소싱되고 있다. 시카고의 스트래터지그룹(Strategy Group) 같은 컨설팅회사들은 처음부터 끝까지 관리할 수 있다. 전문가들은 기술을 개발하고 홍보문안을 쓰고 인쇄준비를 하고, 주소를 타기팅하면서 우편을 발송한다. 이러한 전문화로 선거진영의 자원봉사 의존도가 줄어들었고, 우편회사들은 작업비용을 어느 정도 절감할 수 있게 되었다. 어떤 DM컨설턴트의 말에 따르면, "우편회사를 활용하는 것은 자원봉사자들에게 식사와 술을 대접하는 것보다 저렴하다"(Malchow, 1990). 선거공학의 새로운 경제학으로 인해, 과거에 마당발 대학생과 현장경험 있는 당원들이 맡았던 자원봉사관리자의 역할은 평가절하되는 반면, 개별 모금활동가들의 필요성은 늘어나고 있다(전문가 고용비용은 전문가들이 스스로 모금한다). 그러나 많은 자원봉사자들은 설득하면 선거 마지막에 그냥 공짜로 여러 시간 일을 도와주지만, 다이렉트 마케팅[1] 회사는 컨설팅비용을 포기하지 않는다.

정당 전성기시대에 있어 선거는 중앙집중화된 명령체계를 따랐다. 새로운 스타일의 선거 초기에 정당구조가 해체되었는데, 그러면서 선거의 중심이 개별후보들이 자체적으로 작전을 구사하는 후보중심으로 바뀌었다. 이러한 후보중심선거로의 변화가 생겨나면서, 후보들은 외부의 컨설턴트들에게 의존하게 되었다. 심지어 전국정당이 부활한 것도 이러한 흐름을 반영한다. 현재 정당은 더 이상 선출직 공직자와 정당사무처 요원들의 계층조직이 아니다. 자금, 전문지식, 일반정보, 정치기밀의 교환센터이다. 그 결과 정당구조는 선거진영들이 정치환경 내의 변화들에 훨씬 잘 적응할 수 있는 구조가 되었다.

새로운 스타일의 움직임을 재개념화할 수 있는 방법 중 한 가지는 민간영역에서 최근 전개되는 대량주문 제작(*mass customization*) 현상을 살펴보는 것이다. 외관상 모순되는 이러한 어법은 조셉 파인 2세(B. Joseph Pine II)에 의해 대중화되었는데, 그는 대량생산의 효율성과 수제품의 꼼꼼한 특성을 한 곳에 모아야 한다고 주장했다. 파인에 따르면 "기술과 새로운 관리방법들을 통해" 새로운 스타일의 제조업자들이 "융통성 있으면서 신속한 대응으로 다양하게 주문제작하고 있다" (1993, 44: omitted emphasis). 대량주문제작의 등장이 새로운 스타일 선거기술의 등장과 여러모로 흡사하기 때문에 산업화의 역사를 살펴보면 정치선거의 미래를 전망할 수 있다.

미국의 산업화는 개별 장인(*artisan*) 기술에서부터 반복되는 대량생산으로 경제구조가 이동하면서 일어났다. '규모의 경제'는 공장의 생산량

---

1) 역주: 중간상(中間商)을 배제하고 소비자에게 직접 판매하는 활동

을 늘려 제품단가를 낮출 수 있었다. 이러한 식으로 개발비용은 많은 동일 생산제품들에 분산되었다. 대량생산의 문제점은 융통성이 부족하다는 점이었다. 한 가지 제품에 집중함으로써 기업이 새로운 생산라인에 착수할 역량을 뜻하는 '범위의 경제'를 갖출 능력이 약화되었다. 그리고 대규모 제조업자들은 시장점유율을 유지하려고, 소비자의 수요에 반응하기보다는 통제했다. 이러한 가운데 소비자들이 다양한 제품을 요구하기 시작하면서, 시장이 "소비자욕구를 더 잘 이해하도록" 요구됨에 따라 과거의 '안정과 통제'모델이 약화되기 시작했다(Pine, 1993: 44).

제조업자들은 모든 사람들이 자신이 원했던 그대로라고 생각할 정도로 아주 다양하면서, 가격대가 알맞은 제품과 서비스를 개발, 생산, 판매, 배달하는 식으로 대응했다(44). 도매 컴퓨터산업은 대량주문 제작방식에 의해 완전히 재편되었다. 1964년 당시, 대량판매 컴퓨터로는 IBM시스템/386이 유일했다(36). 그러나 21세기에는 고객들이 온라인으로 자신들의 컴퓨터시스템을 디자인한다. 델(Dell)이나 게이트웨이(Gateway) 컴퓨터를 사려는 소비자들은 회사의 웹사이트로 가서 자신들의 필요에 맞는 컴퓨터를 고른 다음, 자신들의 특별요구에 따라 사양을 맞춘다. 네트워크(*Network*)카드, 하드드라이브, 외장저장장치, 화면크기 등이 소비자의 요구사항대로 한번에 선택된다. 수천 개의 조합이 가능하다.

정치의 경우도 유사한 점이 분명하다. 정치컨설턴트들은 기존 선거슬로건, 컬러배합, 정책 등 고객에게 적합한 미디어전략들을 통상 짜맞춘다. 선거운동은 수공업도 아니고, 대량생산도 아니다. 선거운동은 대부분 사전검증된 요소들을 다양한 지역성, 후보, 유권자의 필요에 맞추어서 준비된다.

핵심은 '모듈(*module*, 규격화) 방식'이다. 새로운 형태의 산업들은 한 가지 생산라인 내에서뿐만 아니라, 다른 생산라인간에도 서로 활용가능한 부품들을 사용한다. 표준화된 구성요소들은 다양한 제품에 알맞다. 이처럼 다양한 소비품목에 들어갈 수 있는 각종 묘듈(기본단위)을 만들게 되면 제품의 생산비용 증가를 막을 수 있다. 파인(Pine)에 따르면, "규모의 경제는 제품보다는 구성요소를 통해서 확보된다. 범위의 경제는 규격화된 구성요소들을 계속 다른 제품들에 활용하면서 확보된다. 주문제작은 고를 수 있는 제품들이 많으면 가능하다"(1993: 196). 정치의 세계에서 CNN은 CNN유럽, CNN에스파냐, CNN라디오, CNN헤드라인 뉴스, CNN fn, CNN si, CNN.com 등 그 어떤 매체에서도 방송가능한 토막뉴스를 만든다. 이러한 모듈방식의 방송뉴스제작으로 보도매체의 범위와 융통성이 확대되었다.

선거학자 주디스 트렌트(Judith Trent)와 로비터 프리덴버그(Robert Friedenberg)는 "'스피치 모듈'을 활용함으로써" 다양한 청중들에게 "후보들이 적응할 수 있게 되었다"고 말한다(2000: 182). 여기서 모듈은 '스피치의 한 단위'를 말하는 것으로서, "앞으로 후보자들은 자신들이 가장 자주 말하는 10개나 20개의 이슈들 각각에 대해 스피치 모듈을 가지게 될 것이다"(182). 해당업계에서 사용하는 표현을 그대로 빌리면, 이러한 "이야기 논지들(*talking points*)은 구절에 약간의 변화만 주면" 하나의 이벤트에서 다른 이벤트로 재활용가능하다. 그리고 편지, 브로슈어, 사설, 토론, 커뮤니케이션의 다른 문서에도 사용될 수 있다.

그러나 '스피치 모듈'은 시작일 뿐이다. 그리고 모듈화는 선거과정 도처에서 확인되고 있다. 선거테마가 표준화된 형태로 나오고, 선거광고물이 일관된 규칙성을 갖게 된다. 대통령선거에서의 (행사담당) 선발보좌진은 이전에 여러 차례 활용한 바 있기 때문에 음향트럭, 조명, 멋진 배경을 가지고 대규모 선거집회를 신속하게 준비한다. 선거요원이 소규모행사에서 비디오와 음향을 조화시키는 방법을 알게 되면, 그러한 전문지식을 더 큰 행사에도 곧바로 적용할 수 있다. 유능한 선발보좌진은 해당기술의 어떤 요소들(전기장비, 배선 등)이 특정지방에만 맞는 것인지, 아니면 표준화되어 전국 어디서나 사용가능한 것인지 파악하고 있다. 실제적으로 관련기술은 표준화되어 있어, 대형이벤트를 신속하게 만들어 내는 것이 가능하다.

모듈화는 정치적 지혜를 필요로 한다. 대량생산방식의 접근법은 성공적인 선거이벤트를 만들어낸 절차를 개별 회합장소마다 확실히 반복할 것만을 요구한다. 장인(*artisan*) 방식의 접근법은 선거장소마다의 특수한 필요사항에 개별 선거이벤트를 맞추는 것이다. 그러나 대량주문제작방식의 접근법은 반복의 효율성과 특성화의 위력을 결합시킨다. 정치전문가라면, 성공적인 이벤트의 요소들 가운데 특정시간과 장소에만 맞는 것들과 다른 상황에도 적용가능한 것들을 구분할 수 있어야만 한다. 그러기 위해서는 폭넓은 선거지식을 갖추고 있거나, 아니면 적어도 업계의 동향 정도는 파악하고 있어야 한다. 홍보컨설턴트들이 고된 경험을 통해 웹사이트 제작방법을 배울 수도 있지만, 똑똑한 전문가는 "다른 사람이 너에게 이야기하는 것을 유권자에게 말하라", "스페인어로 번역해라", "웹사이트를 개인에 관한 것으로 하되 적절하게 만들어라", "사람들의 주목을 받도록 재미있는 특징들을 활용해라" 등등 다른 사람들의 경험을 통해 축적된 일반화된 조언에 주목한다(Jalonick, 2000b: 56, 58). 아울러, 선거전문가들은 효과적인 것과 그렇지 못한 것, 그리고 특히 신속하게 계속 재활용될 수 있는 것이 무엇인지 배워서 안다.

정치선거의 전문화는 잘 수행된 모듈화가 효율적으로 이뤄지면서 부분적으로 가능해졌다. 선거운동의 전문화로 이를 담당하는 컨설턴트 산업이 등장하게 되었다. 이러한 컨설턴트 산업은 잇따른 선거운동을 통해 습득한 기술을 재활용함으로써 최대의 효과를 올리는 특성을 지닌다. 그래서 정치전문가들은 선거타기팅과 선거당일 투표독려 활동을 안내하는 '공식들'을 개발하고, 특별한 타입의 선거메시지나 현장전술들을 연구한다. 제임스 카빌(James Carville)이 말했던 것처럼, "선거정치에서 아이디어는 똑같은 것을 계속 내놓아서는 안 된다. 아이디어를 빼면 아무 것도 없다. 그런데 대부분의 사람들이 새로운 아이디어를 못 내고 계속 그 주위를 맴돌 뿐이다"(Matalin & Carville, 1995: 35). 장수(將帥)가 다음 전쟁을 지난 전쟁과 비슷하게 임하면 패배를 각오해야 하듯이, 분명히 예상되는 위험성은 있지만, 낡은 것을 새로운 기술로 교체하면서 선거관리의 규격화된 구성요소들을 지속적으로 다시 조합하면, 컨설턴트의 전체적인 운용방법들도 틀림없이 전략적으로 생존가능하다. 승리하려면, 그것도 연전연승으로 승률을 최대화하려면, 선거컨설턴트들은 자신들의 기술을 계속 갈고 닦아야 한다. 그들은 다양한 선거를 치르면서, 다른 컨설턴트들을 만나고 가장 최근의 변화를 따라 잡으면서, 자신들의 지식을 계속 넓혀야 한다. 달리 말하면, 컨설턴트들은 개별후보들이나 권력의 주변을 맴돌 것이 아니라, 선거운동이나 선거 그 자체에 집중하는 '진정한 전문가'가 되어야 한다.

사실, 정치컨설턴트 직업은 성숙기로 들어섰다. 그것은 전문조직, 행동표준, 업계매거진, 그리고 과거 정당보스들 및 심지어 후보자들과 컨설턴트들을 구분하는 규범과 관행까지 갖고 있다. 전문컨설턴트들은 소속정당 내에서 거리낌없이 말하는 이론가들보다는 당파성에서 벗어나 있는 직업상의 동료들과 더 많은 공통점을 갖는다. 그러나, 무엇보다 중요한 점은 새로운 스타일의 선거들이 갈수록 복잡해지면서, 컨설턴트업이 자리를 잡았다는 것이다. 그러한 현상은 1980년까지 거슬러 올라간다. 당시 언론인 시드니 블루멘탈(Blumenthal)이 "DM, 유권자 성향 확인방법, 정교한 여론조사 등 컴퓨터에 기반한 새로운 기술들이 컨설턴트들의 역할을 강화시키고 있다"고 말한 바 있다(1980: 3). 블루멘탈에 따르면, 그 이유는 간단하다. "새로운 기술에 접근하려면, 후보에게 컨설턴트가 필요하기 때문이다. 후보에게 컨설턴트가 없으면, 실행가능하면서도 남부끄럽지 않은 선거를 할 수 없다"(3).

2. 첨단기술

정치선거에서 대량주문제작이 가능할 수 있는 것은 DB와 홍보기술이 확산되었기 때문이다. DB와 홍보기술은 동시에 발전하고 있다. DB관리는 유권자명부를 생산하고, 이러한 유권자들은 새로운 홍보방식들의 표적이 되고 있다. 21세기 초반인데도 하위직선거의 컨설턴트들은 아직도 선거사무장들에게 하드카피 기록물들에 의존하라고 자문한다. 그들의 말대로 선거사무장들은 "선거운동을 하면서 접촉하는 모든 사람들을 기록하는 3×5기록카드를 만들고", "정원표지판 설치, 전화홍보, 사무작업과 같은 선거활동 가운데 자원봉사자가 어떤 일을 할 것인지 눈에 띄게 하려고" 지원을 자청하는 사람들을 색깔로 구분한다(Shaw, 2000: 35~30). 방금 언급한 전술들은 컴퓨터 DB화작업의 초기비용이 상당히 비쌀 때까지만 소규모선거들에 있어 의미가 있다. 그러나 데이터 관리비용이 줄어들고 있기 때문에 앞으로 최하위직 선거전도 디지털시대로 접어들 것이다.

1) DB관리

1996년 대통령선거에서 팻 뷰캐넌(Pat Buchanan)이 노력한 최고의 성과는 여러 면에서 새로운 선거방식을 활용했다는 것이다. 뷰캐넌 선거진영에서 '전자필드작전'이라고 불린, 선도기술이 새로운 선거운동의 핵심이었다. 그 아이디어는 기부자, 1-800-go-pat[2] 전화자, 폰뱅크 관리본부 등 다양한 곳으로부터 많은 데이터를 통합해서, 해당 DB를 모든 유권자접촉의 토대로 활용하면서, 선거가 진행되는 동안 실시간으로 자료를 업데이트하는 것이었다. 뷰캐넌 선거진영에서는 모든 구성

2) 역주: 유권자들이 해당번호로 전화를 걸면 후원이나 격려 등을 보낼 수 있도록 팻 뷰캐넌 선거진영이 고안한 전화시스템.

부문이 서로 지원하고 의사소통이 되는지 점검하려고 주요 보좌파트의 대표들로 구성된 군대스타일의 '전술작전 센터'를 만들었다(Hathaway, 1996: 43). 이를 통해 DB팀에서는 모든 선거계획을 모니터하고, 필요할 때 개입하고, 신속하게 데이터를 검색할 수 있었다. 나중에 뷰캐넌 선거진영은 방금 들어온 사건에도 바로바로 대응할 수 있었다. 한번은 알래스카에서 정당간부투표 도중에 와슬리아(Wasslia) 투표소를 예상보다 늦게까지 열어 놓을 것이라는 사실을 알게 된 적이 있었다. 그래서 "선거진영의 전화본부에서는 그 지역에 투표권있는 유권자들을 DB에서 찾아내 10분도 안 되어서 1,500명 이상의 명단을 확보했고, 선거종료 90분 전에 전화를 걸었다". 그 결과, "와슬리에서 뷰캐넌이 2:1로 이긴 것으로 보고되었고, 표차이는 알래스카 주 전체에서 뷰캐넌이 낸 표차이의 거의 절반에 해당하는 성적이었다"(43).

정보관리를 잘 하는 비결은 데이터의 완전함(*integrity*)이다. 각 데이터기록은 예상투표자와 일치해야 하고, 유권자기록에 들어가는 모든 데이터는 (1) 정확하고, (2) DB의 다른 기록사항과 일치하는 형식을 취해야 한다. 예를 들면, 뷰캐넌 선거진영의 경우, 모든 입력데이터는 표준화된 파일구조에 알맞도록 한 다음, "우편번호, 성명, 성별, (상업적으로 확보한) 주소정보에 바탕으로 두고, 자료를 정리해서 중복데이터를 없앴다"(Hathaway, 1996: 43). 이 과정은 새로운 기록들을 하나씩 추가하는 것보다 복잡하다. DB에서 첫 번째 기록은 일치하는 것이 없다. 그러나 두 번째는 첫 번째와, 세 번째는 첫 번째 및 두 번째와 일치할 수 있다. 데이터 보전비용도 점차적으로 늘어난다. DB가 10만 정도 되면, 중복되는 것을 없애는 것은 여러모로 번거롭고 힘들다.

DB작업의 많은 투자비용은 나중에 운영비용이 줄어들고 신속한 대응이 가능하게 되면 보상을 받는다. 별도로 작업된 기록들을 가지고 선거진영에서는 여론조사, 유권자확인전화, 선거타기팅, 유권자접촉 결과를 단일하게 조합해낼 수 있다. 이를 가능하게 하는 한가지 방법으로는 CHAID(카이스퀘어 상호작용탐지)라는 통계프로그램이 있다. 이 프로그램의 목적은 유권자확인 전화작업을 최대한 활용해서 정치타기팅의 가치를 최대화하는 것이다. 이 프로그램은 선거DB에서 투표가능성이 높은 유권자들의 잘 알려진 인구통계특성과 ID를 비교한 다음, 부동층이나 잠재적인 지지유권자들과 상관관계가 있는 모든 인구통계적 요인들을 끌어낸다(Malchow, 1997: 37). 이를 통해 타깃집단들이 일단 확인되면, 선거진영에서는 유권자를 설득하고 동기를 부여하기 위해 전통적인 유권자접촉방법을 활용할 수 있다.

1996년 오리건 주 연방상원의원 보궐선거에서 CHAID프로그램을 활용해서 "민주당원 가운데 그 성향이 무당파보다도 훨씬 우유부단한 사람들의 특성을 찾아낸 적이 있었다. 그들은 Eugene & non-Portland 미디어시장 내에 살면서 고학력자 거주지역에는 살지 않는 사람들이었다"(Malchow: 38). CHAID는 선거모듈화의 이상적인 사례이다. "CHAID 프로그램이 정치적 판단까지 대신하는 것은 아니지만", "판단을 다듬고 평가하는 방법은 제공하기 때문이다"(38 ; Malchow, 2000).

어떤 사람들은 '수천 세대 동안의 도태법칙' 전개결과를 설명하는 신경그물 유형인식과 유전자 연산방식 같은 정교한 통계기술들을 사용하길 갈망할지 모르지만, 새로운 스타일의 선거에서는 혁신적인 리스트관리 방식으로 데이터가 이미 잘 활용되고 있다. 한 DB마케팅 컨설턴트는 "정치자금 모금활동은 상업적 DB마케팅에서 배울 점이 많다. 왜냐하면 상업적 DB마케팅을 통해 접하는 분석 및 정보를 통해 어디에서도 얻을 수 없는 통찰력을 얻을 수 있기 때문이다"라고 말한다(Haaltyn, 1998: 48). 설득된 유권자들을 유심히 보면, 설득가능한 유권자들을 찾을 수 있듯이, 기존 기부자들의 통계적 특성을 살펴보면, 기부가능성 있는 사람들을 파악할 수 있다. 노스캐롤라이나의 한 연방상원선거에서 어떤 출마자가 방과후 아이들을 데리고 축구교육을 시키는 일에 열성인 '사커 맘'(*soccer moms*)을 찾으려고 노력하면서, DB 교차방법을 활용한 적이 있었다. “국가투표기록, 미국우정공사 발행리스트, 지역주소인명록 등 이 세 가지만 해도 1만 명의 상위타기팅 명단이 나오고”, 그리고 “최후까지 우편홍보”하고 전통적인 방문유세를 지속해야 할 “잠재지지자들과 부동층을 찾아내려고” DB에서 ID를 불러내는 작업과 “집중적인 우편 및 전화선거운동”을 연결하였다(Crone, 1998: 51).

데이터 겹쳐보기(*overlay*)는 ‘전술지도만들기’의 기본이다. 지리정보시스템(GIS)이 선거작전의 중요한 부분이 되는 이유 가운데 하나는 지리정보시스템이 이해가능한 형태로 수치데이터를 보여주는 능력이 있기 때문이다. 예를 들면, “TV시청권과 타깃으로 삼은 유권자집단의 위치를 겹쳐보기하면, 선거진영에서는 시청권 밖 유권자들에게 접근해야 할 필요성을 더 잘 이해할 수 있게 된다”(Lindauer, 1999: 49). 이것이 바로 시각화의 힘인 것이다. 데이터 겹쳐보기를 하면, 해당 통계수치를 인구통계적 특성 및 과거 선거현황들과 비교해 놓은, 타깃대상지역들의 목록이 나올 수 있다. 그러나 통계수치 정보는 한 번 보고 이해하기가 가끔씩 어렵다. 하지만 전략가들이 글자 그대로 지지자와 반대자, 특히 중요한 설득대상인 부동층을 볼 줄 알면, DB기술의 힘이 얼마나 큰지 알게 된다.

이전에는 하드웨어의 까다로운 조건 때문에 지리정보시스템의 활용이 제약을 받았지만, 21세기 들어서는 데스크탑 컴퓨터를 가지고도 대부분의 지리정보시스템 소프트웨어를 쉽게 다룰 수 있다. 지금은 선거데이터의 시각화가 하위직선거로까지 확산된 상황이다.

지리정보시스템이 장기적으로는 효율성을 가져다주지만, 문제는 정치와 관련한 지리정보시스템 DB를 완전구축하는 비용이 여전히 매우 비싸다는 점이다. 전통적인 선거구조로는 하나의 선거를 처음부터 끝까지 치르는 데 필요한 기술들을 자체적으로 개발할 수 없다. 그렇기 때문에 선거진영들이 관련업무를 처리함에 있어 외부 컨설턴트와 판매회사들에 대한 의존도가 점차 커질 것으로 전망된다. 현재상황은 기부자, 지지자 및 유권자 접촉파일을 만드는 데 유용한 데이터관리 프로그램을 가지고, 정확한 유권자명단, 인구통계특성, 역대 선거현황, 소비자데이터 등을 제공하는 수준이다. 그리고 기술비용이 떨어지고 디지털선거 관리방식을 활용하는 선거진영이 많아지면서, 손으로 써가면서 3×5크기의 유권자카드를 작성하는 일들은 외부로 아웃소싱되고 있는 상황이다.

2) 캠페인 커뮤니케이션

DB관리 프로그램이 대단해지면서 전통적인 유권자접촉방식의 성격이 엄청나게 변하고 있다. 유권자들은 더 이상 투표구기준으로 타깃화되지 않는다. 개인의 특별한 투표·인구통계적 특성에 따라 개인별로 유권자들이 타깃화될 수 있다. 우편물도 세분화되어 만들어지고, 전화선거운동 역시 개별유권자에 맞춰 개별화가 가능하다.

유권자접촉 분야에 상대적으로 최근 도입된 것이 '콜센터'(*call center*) 기술이다. 이것은 선도적인 대량주문제작 마케팅의 한 형태로서 민간영역에서 볼 수 있다. 폰뱅크나 자동응답장치를 훨씬 뛰어넘는 콜센터에서는 소비자데이터를 추적해서 접촉대상별로 적절한 메시지를 만든다. 금융서비스 산업에서 나온 한 시나리오를 보면, 커뮤니케이션 소프트웨어가 "고객서비스 판매요원들이 전화를 걸은 사람에게 맞는 상품과 서비스를 제안할 수 있도록 고객정보를 실시간으로 생성한다. 예를 들면, 해당고객이 이전에 빌린 대출금을 거의 다 갚았다는 사실을 판매원이 알도록 해주기 때문에, 은행에 수표지불을 정지시키려는 고객에게는 오히려 신규자동차 대출서비스를 제안할 수도 있다" (Wreden, 1998). 이러한 기술의 정치적 활용법은 분명하다. 설득가능 유권자와의 개별 커뮤니케이션을 선거DB에 기록할 수 있으면, 후보의 메시지는 실제로 일대일 원칙에 따라 정교화될 수 있다. 이러한 현상은 대량 커뮤니케이션이 대량주문제작 방식에 자리를 내주고 있다는 것을 보여주는 것이다.

콜센터 전문가 로잔 데소몬느(Rosanne Desomone)는 콜센터요원에게 전화를 넘기기 전에 유권자의 통화가능 여부를 파악하는 '예측전화장치'(*predictive dialer*) 같은 최근의 기술발전으로 콜센터요원들이 기부자들에게 사용하는 시간을 보면, 손으로 직접 전화를 1시간 걸 때 22분 미만 정도 이야기를 했던 것이 45분으로 엄청 늘었다고 말한다"(1999: 40). 보다 중요한 것은 "예측전화장치를 통해 전화요원 대화시간, 평균통화 연결시간, 전화중단율, 실제응답률, 마감률 같은 중요한 실적 데이터를 실시간으로 파악, 가공, 보고하는 것이 가능해지면서 모금활동가들이 전화선거운동 전략과 전술을 바꾸게 되었다"는 점이다(48). 이제는 정치텔레마케팅이 기부금모금과 유권자접촉에도 사용되고 있다. 1988년 플로리다 주지사선거에서 젭 부시는 "우편연락처가 2개 국어로 된 데이드 카운티(Dade-County)의 스페인어 방송과 시간을 정해서 TEAMVoice TM CTI 방송장치를 통해 6만 명의 쿠바인과 남미출신에게 스페인어로 직접 전화를 건 바 있다"(Porter, 1999: 54).

새로운 스타일의 선거에서는 웹사이트를 정교하게 만들어 활용한다. 2000년 선거는 웹사이트 디자인에서 크게 발전했다. 1996년 가장 정교한 웹사이트 가운데 하나는 클린턴-고어 선거진영의 웹사이트였다. 그것은 정보성자료 외에도 방문자들이 재미 삼아 그들 자신이 생각하는 선거인단 승리현황지도를 만들어 볼 수 있게 해주었다. 4년 후, 클린턴-고어의 기존 사이트는 아주 진부하게 보였다. 고어와 부시의 웹사이트에서는 모든 주요부문의 정책정보를 제공했고, 오디오와 비디오를 활용해 방문자들이 새로운 광고선전을 보도록 했고, 안전한 웹거래 시스템을 통해 후원금도 받았다. 고어 선거진영에서는 웹사이트의 완결성을 너무나 신뢰한 나머지 웹사이트 책임자가 수석고문들에게 www.algore2000.com 사이트에 필요한 모든 것이 있다고까지 말할 정도였다.

현대 선거운동은 인터넷시장으로 깊숙이 빠져들고 있다. 《캠페인과 선거》 같은 경우는 이슈코너를 선거웹사이트 전용으로 운영하고 있다. 지금은 웹상에서 카드결제로 가능하지만, 유권자와 기부자명단을 최초로 판매했던 아리스토텔레스(Aristotle)사 같은 회사들이 웹사이트 제작, 배너광고, 웹을 기반으로 한 후원, 지리정보시스템 사업에 뛰어들었다. 아리스토텔레스 사의 접근방식은 민간부문에서의 흐름을 반영한다. "다이렉트 마케터는 항상 주문제작, 개인화, 자동화를 갈망해왔다". "전통적인 DM지식과 인터넷기술의 힘을 접목함으로써 모든 것이 잡힐 수 있는 거리에 있다"(Jeffery B. Morris, 1999: 50). 어떤 마케팅 컨설턴트는 광범위하게 흩어져 있는 세일즈맨들이 "광고품목을 고르면서, 실시간으로 만들어진 DB를 활용하는 DM프로그램을 주문하는" 프로그램을 기획중이다(48). 젭 부시는 대중매체, DM, 텔레마케팅을 통합해서 데이드 카운티 소재 스페인어 사용주민들을 3차례 연속 공략했다. 부시의 텔레커뮤니케이션 고문에 따르면, 오디오와 비디오자원은 선거기획에서 중요하게 다루어야 할 부분이다. "발전된 텔레커뮤니케이션과 디지털기술을 결합시켜, 유권자를 인터넷사이트로 끌어들여야 한다"(Porter, 1999: 54).

3) 선거비용

커뮤니케이션과 기술을 접목하는 데 상당한 자금이 필요하다. 심지어 텔레마케팅 대행사를 고용하기 전에도 텔레마케팅요원 한 자리에 수천 달러의 비용이 들 수도 있다(Desmone, 1999: 40). 정교한 웹디자인도 처음 띄우는 데 수만이나 수십만 달러가 소요되기도 한다. 유권자명부도 비용이 상당하다. 새로운 스타일 선거의 경우, 특화된 전문지식에 의존하기 때문에 상당한 비용이 필요하다. 전화서비스의 경우, "경험이 가장 중요하다"고 주장하는 어떤 컨설턴트는 "정교하게 조직되고 시의적절한 텔레마케팅 선거운동의 도움없이 혼자 힘으로 꾸려가려는 후보들은 실제로 대결에 들어갈 기회조차도 보통 얻지 못 한다"(53). 어떤 컨설턴트가 《캠페인과 선거》 지에 실은, "전문가를 빼놓고 후보가 그 어느 누구에게 DB관리를 맡길 수 있을까?"라는 제목의 글을 보면, 전문가들만이 "중요한 DB관리 및 관련타깃 홍보를 감당할 수 있다"는 점이 시사되고 있다(Grefe, 1998: 18). 컨설턴트들이 아웃소싱에 기득권을 갖고 있지만, 그것은 어쩔 수 없다. 경쟁하려면 기술적 능력이 있어야 하고, 기술적 능력은 자본이 있어야 가능하다. 그런데 선거본부에서 관련업무 및 비용을 감당할 수 없어 외부의 컨설턴트들에게 의존할 수밖에 없는 게 선거진영의 현실이다.

웹사이트 디자인을 생각해보라. 사용자가 편하게 쓸 수 있는 소프트웨어는 기술을 잘 아는 지지자들이 후보의 웹사이트를 직접 만들 경우에는 유용하다. 문제는 아마추어가 만든 웹사이트가 결국 아마추어 티를 낸다는 것이다. 웹서퍼들은 기능장애도 없으면서 시각적으로도 보기 좋은 사이트를 방문하는 데 익숙하다. 그래서 그들은 디자인이 떨어지는 사이트를 보면 실망한다. 더욱 심각한 것은, 웹디자이너가 서버플랫폼과 웹브라우저 및 버전간의 미세한 차이를 잘 알지 못하면, 후보자의 웹사이트가 사용자의 컴퓨터와 충돌이 생기고, 이 과정에서 표를 잃게 될 것이라는 점이다. 인터넷보안이 점차 필요해지고 있다는 점을 감안해도, 최고의 사이트를 만들려면 최고의 실력이 필요하다. 컴퓨터공격의 일차대상이라는 정치사이트의 주요 근심거리인 해킹을 당하지 않으려면, 웹디자이너는 다른 인터넷사용자들보다 서버기술에 대해 더 많이 알아야 한다. 그리고 선거진영에서 후원금을 모으려고 전자결재장치 설치를 시작할 때, 관련전문가들이 필요하다. 때문에 선거진영에서는 외부컨설턴트를 고용하거나 정치후원금 모금경험이 있는 전자상거래회사와 계약해야 한다. 이처럼 관련기술이 복잡해지면서 자원봉사 웹디자이

너의 가치는 줄어들었고, 조직 내 선거참모가 보안상 문제없는 최신의 선거웹사이트를 만들 수 있을 것도 더욱 더 회의적이 되었다.

그 어떤 후보의 선거팀도 각종 연구·개발·경험에 소요되는 비용을 혼자서 부담할 수는 없다. 후보의 열렬한 지지자들은 전문웹사이트를 만들 수 없고, 복잡한 DB를 관리할 수 없고, 인구통계적 변수와 선거변수를 지리정보시스템과 겹쳐볼 수 없고, 텔레비전, 라디오, 인터넷, 콜센터, 우편통합프로그램을 개발할 수 없다. 그리고 여론조사와 유권자 타기팅은 더욱 정교해지고 있다. 21세기 들어 이용가능한 정보가 많아지면서, 상대후보조사도 상당한 기술수준이 되었다. 그러나 새로운 수단들이 많아졌다고 해서 선거운동이 훨씬 쉬워진 것은 아니다. 오히려 선거운동이 훨씬 복잡해졌다. 게다가 선거정치의 경쟁적 속성으로 선거진영들이 더 신속하고, 더 강하고, 그리고 어느 정도 기술을 갖춘 상대후보 선거작전본부들과 더 잘 싸워야 할 필요성이 커졌다. 따라서 21세기에는 그 누구나 첨단기술 활용경험이 있는 컨설턴트들을 활용해서 중요한 선거운동을 펼치려고 할 것이다.

정보는 쉽게 오는 것이 아니다. 1800년대 후반에는 태머니 스타일의 조직들이 정보를 가지고 있었기 때문에 정당들이 선거관리비용을 부담했었다. 21세기에도 전통적인 정당들이 아직도 그대로라면, 컨설턴트사업은 필요가 없을 것이다. 그러나 1960년대와 70년대, 개인선거조직들이 등장하면서, 정당구조는 약화되었고 컨설턴트들이 주도권을 잡았다. 다만 컨설턴트들은 정당조직들이 어떠한 이념과 고객들을 대변하기 때문에 정당조직들에 대해서는 충성을 다한다. 하지만, 컨설턴트들은 통상 정당조직 참여에 별 관심이 없고, 후보선택을 사업적으로 판단한다. 제임스 카빌(James Carville)이 타협대상으로 제시하는 사람의 최소판단기준이 대표적인 사례이다. “나는 고집쟁이도, 그리고 사기꾼도 아니면서, 나와 잘 지낼 수 있는 민주당 인사를 위해 일할 것이다”(Matalin & Carville, 1995: 55).

정당이 쇠퇴하면서, 전문컨설턴트업이 생겨났다. 정당들이 타깃으로 삼은 선거에 출마한 후보들에게 자금과 사람을 보내는 등 컨설턴트 중개자로서의 역할에 힘입어 그 중요성을 어느 정도 인정받고 있다. 그러나 정당들이 새로운 환경에 적응하기는 하지만, 그들이 컨설턴트 기반 선거기술을 개선하지 않고 그대로 활용한다는 점은 독자적인 선거전문가들이 미국의 선거운용을 장악했다는 사실을 보여주는 것으로 생각된다.

선거컨설턴트가 제공하는 가치는 특화된 전문지식이다. 민간영역에서 받아들인 텔레비전 광고와 여론조사에 의한 시장분석은 1952년 아이젠하워의 대선에서 크게 활용되었다. 당시 아이젠하워 진영에서는 텔레비전 광고 선구자 로저 리브스(Rosser Reeves)를 활용했다. 그의 가장 유명한 슬로건은 "M&M 초콜릿은 손에 녹지 않고 입안에서 녹습니다"는 것이다. 1968년 닉슨은 엄선된 미디어팀에 의존했다. 그 팀에는 유명한 마이크 더글라스 쇼(Mike Douglas Show)의 대표제작자인 로저 에일스(Roser Ailes)가 들어가 있었다. 1996년 클린턴은 워싱턴에 위치한 회사로서, 다양한 고객들을 상대하는 스퀴어 냅 오치스(Squier Knapp Ochs)사의 밥 스퀴어(Bob Squier)를 활용했다. 미디어 컨설턴트업의 구성역할들이 정말로 서로 호환가능하다는 것을 마치 보여주려는 듯이, 레이건과 부시를 위해 일했던 에일스는 폭스 뉴스 채널(Fox News Channel)의 회장으로 텔레비전에 컴백했고, '데미지 콘트롤'[3] 분야의 대가 밥 스퀴어는 인터넷서비스 제공업체인 아메리칸 온라인(American Online)사가 (온라인 서비스를 중단시키는) 통화중 신호 때문에 소비자들의 불만을 샀을 때, 잘 대처하도록 도움을 주었다. 이와 같이 민간 마케팅분야 출신의 정치전문가는 원래 분야로 되돌아오면서 비즈니스 세계에 유용한 새로운 방안들을 보급하기도 했다.

---

3) 역주: 피해 등을 수습하고 관리하는 것.

제임스 카빌을 처음 만났을 때 스테파노플러스(George Stephanopoulos)는 케네디시대 이후 일어난 변화에 대해 다음과 같이 말했다.

> 테오도르 화이트(Theordore H. White)의 저서 《1960, 대통령 만들기》를 보면, 당시의 정치참모들은 "창문이 가린 어두운 방에서 정치에 대한 열정을 키우면서 연습 및 취미 삼아 정치를 하는" 워싱턴 변호사들이었던 것으로 나온다. 그러나 1991년 들어, 이러한 정치인의 모습은 옛날이야기가 되었다. 물론 1991년에도 정치를 좋아하는 아마추어들은 여전히 있었다. 하지만 당시 선거는 전문가들이 이미 관리하고 있었다(1999: 45).

1991년부터 선거시장은 점차 전문성을 요구하기 시작했다.

어떤 평론가에 따르면, 선거를 전 분야에 걸쳐 감독했던 제임스 카빌처럼 잡다한 컨설턴트들은 "컨설턴트 세계에서 시대에 뒤떨어지는 유형이다"(Glasser, 2000a). 유능하고 자수성가한 기업인들과 선거의 점진적인 복잡성으로 인해 전문성이 잡다한 재능보다 종종 높게 평가받는 상황이 되었다. 대규모 선거의 경우, 시간당으로 돈을 받는 전략가, 서베이당 균일가격을 요구하는 여론조사전문가, 비용지불시간을 늘리는 상대후보조사자, 제작비용과 수수료를 함께 요구하는 미디어컨설턴트, 광고매체 구매비용을 추가로 깎는 광고배치 컨설턴트, 착수금에다 통화당 비용을 더해 계산을 요청하는 텔레마케터, 요구되는 우편배달유형과 사용된 리스트 및 발송우편 규모에 따라 비용이 달라지는 DM컨설턴트들이 고용된다. 한편, 전략가는 인구통계자료 외에 유권자명부를 외부로부터 여러 경로를 통해 구한다. 그리고 미디어컨설턴트는 시각적인 부분, 사이트 호스팅, 전자상거래 서비스 등을 여러 전문가에게 하도급주는 웹마스터와 협조한다. 이처럼 선거관리는 하도급되는 전문서비스업무를 통합하는 일이 됐다.

4) 장애요인

선거운동을 아웃소싱하는 흐름에도 불구하고, 이러한 흐름은 여러 고질적인 장애요인들 때문에 제약을 받는다. 가장 소규모의 지방자치 수준의 선거에서는 컨설턴트업이 경제적으로 항상 이득을 보는 것만은 아니다. 무료 컨설턴트 선거사례들도 많다. 오하이오 소도시 공화당 시의원 에드 봄(Ed Baum)은 단돈 몇 천 달러만 가지고 혼자 선거운동을 해서 당선되었다. 봄의 선거팀은 친구들과 지인들로 구성되었고, 그의 전략은 몇몇 좋은 서적을 읽고 개발한 것이었다. 그는 정원표지판으로 인지도를 높였고, 지역신문에 광고를 냈다. 당선된 후, 봄은 다음번 선거에서 더 잘하기 위해, 당시 선거에서의 잘된 것과 그렇지 못한 것을 파악한 바 있다. 이처럼 하위직선거에서는 컨설턴트가 거의 필요 없는 것 같다. 만약 있다고 해도, 전문가에 의지해서 얻을 수 있는 효율성은 거의 없다. 이러한 경제적 문제 외에도 컨설턴트들의 활동을 제약하는 장애요인들로는 다음과 같은 것들이 있다.

첫째, 유권자들은 호락호락하지 않다. 그래서 후보가 아무리 돈을 들이더라도 호감을 얻지 못할 수도 있다. 실례로 미디어에 의해 선거가 좌우되는 캘리포니아에서 1994년 연방상원선거에서 낙선한 마이클 허핑턴(Michael Huffington)과 1998년 주지사후보 지명전에서 떨어진 알 케키(Al Checchi), 두 사람 모두 미디어에 많은 돈을 썼지만 크게 고생했다. 허핑턴 같은 경우는 선거비용으로 3천만 달러를 썼지만 실속이 없었다. 최고의 컨설턴트 마크 펜(Mark Penn)과 밥 쉬럼(Bob Shrum)이 관장한 케키의 광고와 선거홍보물들은 4천만 달러짜리 선거답게 전문가다운 솜씨를 보였지만, 후보와 유권자를 연결시키지는 못했다. 미디어컨설턴트 알렉스 카스텔라노스(Alex Castellanos)의 말처럼, "중요한 것은 상표가 아니라 내용물(*dog food*)이기는 하지만, 아무리 돈을 들인 내용물이라도 사람들이 싫어하는 경우도 있기 마련이다"(1998). 따라서 선거가 미디어에 의해 영향을 받는 것은 사실이지만, 그것이 전부인 것은 아니라는 점을 주목해야 한다.

둘째, 후보들이 충성심을 중요하게 생각한다. 후보들은 외부의 컨설턴트들을 주목하면서도, 내부의 참모들에게도 계속 의존한다. 현명한 후보들조차도 신뢰받는 비선(秘線)창구나 동료들로 사설브레인을 구성한다. 선거기간에 이들이 공식 선거위원회가 되고, 이들 가운데 직책을 맡는 사람에게는 활동비까지 공식적으로 지원된다. 선거기간이 아닌 경우에도 공직자들은 측근참모들의 조언에 의존한다. 실례로 2000년 대선에서 양당후보 모두 이러한 측근정치를 활용했다. 고어는 피터 나이트(Peter Knight), 로이 닐(Roy Neel), 잭 퀸(Jack Quinn), 론 클레인(Ron Klain) 같은 그의 전직보좌관들에게 오랜 기간 의존했다. 그들 모두는 고어의 선거캠프에서 일했던 사람들이었다. 부시는 주지사시절 수년간 충성심이 확인된 참모들로 선거핵심그룹을 구성했다. 통상적으로 후보들은 은밀한 조언, 컨설턴트가 수행한 여론조사자료 해석, 그리고 치열한 선거 가운데 후보의 심각한 이야기와 욕구불만을 들어주는 측근참모들에게 조언을 구한다. 반면 정치를 사업으로 간주해야 하고, 정당위원회에 의해 고용되기도 하고, 동시에 여러 고객들을 위해 일하고, 그리고 선거가 끝난 후 시야에서 사라지는 컨설턴트들은 후보의 비밀스런 내부 결정과정에 관여하지 못할 수도 있다.

셋째, 선거를 복잡하게 만든 기술적 요인들이 선거과정을 단순화시키는 기능을 하기도 하면서, 컨설턴트들의 도움 없이도 전형적인 선거문제들에 대한 해결책을 만드는 것이 가능해졌다. 현재 미국은 선출직 공직이 5만이 넘기 때문에, 일반화된 선거자문과 선거기술에 대한 수요가 풍부하다. 물론, 천편일률적인 방법은 없지만, 선거운동에 내포된 여러 공통점으로 말미암아 선거컨설턴트들도 보편적인 선거운동방법을 만들게 된다. 선거운동서적도 일반화된 정보를 제공한다. 유선방송은 디지털 '공동연결망'(*interconnect*)이 전송과 요금부과체계를 통합시켜 전문가들이 쉽게 광고할 수 있도록 만들었다. 컴퓨터기술에 익숙한 새로운 유형의 후보는 주말 동안 지역의 인구통계자료를 다운받고, 유권자리스트를 보완하고, 이 정보를 기존 선거데이터와 겹쳐서 컴퓨터상에 그 결과를 지도로 나타낸다. 이러한 방식으로 하면, 후보자들과 그들의 지지자들은 선거운동비용을 줄이면서 불필요한 재정적 부담을 피할 수 있다.

넷째, 제대로 감독하려면, 선거에 관여하는 컨설턴트의 숫자를 제한해야 한다. 많은 컨설턴트가 선거에 관여할수록 감독문제가 생겨난다. 컨설턴트가 여러 명일수록, 언론기관에 대한 비밀누설의 새로운 가능성, 비용문제, 규모가 커서 제대로 사업관리가 어려운 문제 등이 생겨난다. 활동범위가 전국적인 컨설턴트들과 관련하여, 선거진영들은 "무엇이 효과적이고 그렇지 않은지에 대한 폭넓으면서 전국적인 시각"의 장점과 "일이 과부화되면 전국적인 컨설턴트들이 그의 밑에서 일하는 부하직원들에게 중요한 일들을 맡기는 데 따른" 문제점의 장단점을 비교해볼 필요가 있다(Faucheux, 1996). 간단한 커뮤니케이션도 문제가 될 수 있다. 컨설턴트들이 같은 관(官) 내에서 왔다 할지라도, 이윤을 중심으로 움직이는 많은 컨설턴트들을 단합시키는 일은 능력이 출중한 후보까지도 종종 감당하지 못한다. 언론보도에 따르면, 지나치게 돈을 밝히는 컨설턴트간에 싸움이 벌어진 바도 있다. 케키 선거진영이 직면했던 문제 가운데 하나도 바로 그런 것이었다(Glasser, 200b).

마지막으로 돈을 많이 주고 외부에서 데려온 컨설턴트들을 유권자들이 불신하는 경향이 있어, 그들을 쓰게 되면 선거에 악영향을 줄 소지가 있다. 조 맥기니스(Joe McGiniss) 같은 경우는 선거에 홍보전술을 이용하는 것을 반대한다(1969). 유권자들은 후보에게 진지한 모습을 기대하기 때문에, 후보들이 〔제임스 터버(James A. Thurber)와 캔디스 넬슨(Candice J. Nelson)이 '선거용병'이라고 이름붙인〕 컨설턴트를 고용하는 것을 못마땅하게 생각한다. 그렇기 때문에 밖에서 많은 돈을 주고 컨설턴트들을 데려오면, 오히려 후보에게 나쁜 영향을 줄 수 있다. '후보가 컨설턴트를 데리고 온 것을 보니 상황이 안 좋은 모양'이라거나 '후보가 돈으로 선거를 이기려 한다'는 등등의 좋지 않은 이야기들이 나올 가능성이 있다. 그리고 크게 우려되는 바도 있다. 그것은 컨설턴트들이 계속해서 같은 전술을 구사할 경우 정치가 동질화되면서 독창성이 없어지게 될 것이라는 점이다. 더욱이 유권자들이 "신뢰할 수 있는" 후보를 좋아하기 때문에 선거운동이 전문컨설턴트들에 의해 기획된 것이라는 기미만 있어도 후보의 이미지가 상처를 받을 수 있다〔제시 벤츄라(Jesse Ventura)의 선거운동이 성공한 부분적인 이유도 자기만의 선거운동을 했기 때문이었다〕. 어쨌든 여러모로, 전문 컨설턴트들이 급부상하는 현상은 정치가 후보개인 중심에서 컨설턴트 중심으로 나아가고 있다는 것을 보여주는 것이다.

3. 정치적 관계

예전 사람들은 요즘 사람들보다 권력과 더 밀접한 관계를 가졌을까? 어떤 측면에서는 그랬고, 또 어떤 측면에서는 그렇지 않았다. 완벽한 정치는 어느 시대에도 존재하지 않았다. 돈이면 무엇이든지 어느 정도 접근이 가능했고, 순전히 정치적인 이유로 대중의 마음을 변화시키려는 선거진영들의 시도는 항상 있었다. 미국 남북전쟁은 당파정치, 지역정치가 폭력적으로 나타난 것이었다. 이후, 1896년 미국대통령 윌리엄 맥킨리(William McKinley)의 선거참모였던 마크 한나(Mark Hanna)가 존 록펠러(John D. Rockfeller)의 스탠더드 오일(Standard Oil) 사로부터 25만 달러를 받은 것도, 당시 그 회사가 민주당 대선후보였던 윌리엄 제닝스 브라이언(William Jennings Bryan)으로부터 존립에 위협을 받았기 때문이었다. 그리고 조셉 맥카시(Joseph McCarthy)는 정파적인 의도를 가지고 가장 비열하게 마녀사냥식의 정치를 했다. 그러나 이러한 사례들을 가지고 정치를 바라보는 것이 적절치 않다는 문제제기도 있다. 그 이유는 첫째, 비교대상들이 극단적이라는 점이다. 미국 남북전쟁, 록펠러 문제, 그리고 맥카시 문제는 미국의 경험으로 보면, 너무 낯선 것들이라는 것이다. 둘째, 선거조직들의 유권자접촉방식이 너무 달라졌다는 점이다. 그렇게 때문에 과거의 선거와 새로운 선거를 어떤 식으로 비교하든 그 자체가 문제라는 것이다.

부패정치의 대명사로 일반적으로 거론되는 것은 조지 워싱턴 플런키트(George Washington Plunkitt)의 정치행태이다. 그는 자신이 대표하고 있는 사람들을 개인적으로 모두 잘 안다고 자랑했다. 그의 주장에 과장된 측면이 있을 수도 있지만, 당시 사교적인 일과 정치적인 일을 구분하지 않았던 도시의 정치조직들은 유권자와 선출직 공직자들이 한층 개인적인 유대관계를 맺도록 만들었다. 그리고 정당조직들은 구성원들과 일대일 관계를 맺고 있었다. 그러나 《태머니홀의 플런키트》(*Plunkitt of Tammany Hall*, Riordon, 1995)를 자세히 읽어보면, 후보와 유권자 간의 관계는 그 보다는 훨씬 덜 했던 것으로 나타난다.

플런키트는 정치를 시작할 때부터 정치적으로 자신을 추종하고 자신이 원하는 대로 투표하는 유권자들이 그의 뒤에 있었다. 그러한 유권자들이 플런키트의 '힘'(*marketable goods*)이었다(Riordon, 1995: 8). 플런키트는 이러한 힘을 활용해 시당을 거쳐 주당, 중앙당과 연결되어 있는 지역본부의 정당지도자들과 관계를 맺었다. 정당조직들은 권력의 위계구조가 다층화된 사다리꼴 형태로 계층화되었다. 당시 플런키트의 충성스러운 지지자들은 민주당 주지사나 대통령과 직접 이야기를 나눌 수 있었는데, 이러한 것은 오늘날에는 거의 상상도 못할 일이다. 한편, 정당구조는 상당히 개인적이었다. 플런키트는 그의 맨 처음 추종자들이 실제로 그의 사촌이고 친구들이었기 때문에 지지자들과 직접적인 관계를 맺고 있었다. 그러나 일선의 지지자들과 정당지도부들 간에는 아무런 접촉이 없었다. 정당서열상 지도자들과 유권자들 사이에 여러 단계가 있어 그들간의 관계가 중간에서 조정됐기 때문이었다.

새로운 스타일의 선거는 과거의 정당관계를 근본적으로 변화시켰지만 유권자 소외현상을 초래했다. 선거학자 크리스토퍼 아터턴(Christopher Arteron)은 이렇게 말했다.

> 현대정치는 과거 정당네트워크를 여론조사와 매스컴으로 교체했다. 그 과정에서 개별유권자는 기호(*cipher*)가 되었다. 살아서 숨쉬는 존재보다는 통계적인 개념이 되었다. 타기팅은 인구통계적 특성이나 특정집단 내의 개인들의 '속성'을 토대로 유권자들에게 메시지를 보내 다수표를 만들어 내는 것과 연관되어 있다. 포함된 유권자들이 대규모이면, 선거운동가들은 그 유권자들을 개별적으로 다루거나 생각할 수 없다. 사실, 개인들은 어느 정도 중요하지 않다. 지지자들의 총계가 50% 지점을 넘어설 수 있다면, 한 두 명의 개인은 더 이상 중요해지지 않는다. 특정유권자는 다른 유권자로 교체될 수 있다(2000: 22).

탈개인화는 기존정당들이 쇠퇴한 이후 미국정치의 특징이 되었다.

그러나 어떤 측면에서 과거 정당위계질서의 몰락은 유권자와 후보자간에 새로운 관계들이 만들어지면서 촉발되었다. 1980년 대통령후보 예비선거 당시, 레이건은 당지도부를 통하지 않고 유권자들에게 직접 호소했다. 그의 호소방식은 공중파를 통해 이루어진 것이어서 결코 개인적이지도 않고 일대일 관계도 아니었다. 그러나 이러한 레이건의 정치는 플런키트 시절의 전형적인 '밀실정치'보다 훨씬 더 개인중심적이었다. 닉슨의 경우도 당지도부를 거치지 않고 텔레비전을 활용해 공화당이미지를 벗어난 바 있다. 조지 맥거번(George McGovern)은 DM기술을 습득했기 때문에 1972년 민주당후보로 지명되었다. 지미 카터(Jimmy Carter)는 대통령감으로 정치권에 때 묻지 않은 사람을 요구했던 바로 그 순간에 텔레비전을 효과적으로 활용해 자신을 그러한 인물로 묘사했다. 나중에 레이건(Ronald Reagan)은 광고컨설턴트 마이클 디버(Michael Deaver)의 도움으로 '최고의 이야기꾼'(*Great Communicator*)이 되었다. 1992년, 빌 클린턴은 '타운홀'(*town hall*) 미팅을 적절히 활용해 기자들의 질문이 필요없을 정도로 모든 것을 다 전달하고 보여주었다.

클린턴식의 '타운홀' 미팅은 실제 청중이 안방의 시청자들이라는 점에서 그리고 정당정치와 무관한 '진짜 일반인'이 후보들에게 질문을 한다는 점에서 여러모로 유익한 행사였다. 그런데 이러한 '타운 홀' 미팅이 정치를 친근하게 만들 것인지, 아니면 멀어지게 만들 것인지는 한번 생각해보길 바란다. 한편 이제는 여론조사전화에서 무작위로 선택된 응답자나 상점에서 지나가는 사람을 상대로 하는 조사에서 신중하게 선택된 응답자들의 생각이 선거에서 중요하게 부각되고 있다. 이러한 변화들을 볼 때, 정치의 모습은 정말로 크게 달라졌다.

블루멘탈(Blumenthal)은 "컨설턴트들은 20세기 초반 진보주의자들이 신봉했던 미덕 가운데 많은 것을 구현한다. 그들은 정당보스의 지배를 경계하면서 평소 정치에 냉철한 비판자"라고 말했다(1980: 7). 개별 컨설턴트들이 가지고 있는 새로운 기술의 힘은 좋든 싫든 간에, 과거 정당조직의 운명에 종지부를 찍었다. 정확한 타기팅, 정교한 마케팅기술이 주요목표로서 약속하는 것은 소비자와의 일대일 관계이다. 그러나 새로운 스타일의 선거운동은 후보자들이 유권자와 직접 친분을 쌓도록 도모하지도 못하고, 또한 대중매체 광고를 이용한 유권자와의 원격 상호작용을 진척시키지도 못하고 있다. 하지만, 아터턴(Arterton)은 적어도 인터넷기술만은 "후보와 유권자 간에 한층 새롭고 개인화된 관계를 형성시키고", "후보와 유권자간의 관계에 어느 정도 균형을 잡고, 서로간에 존중하도록 만드는 데" 유익할 것으로 생각한다(2000: 22).

물론, 새로운 스타일의 정치를 발전시키는 것은 가능하다. 컨설턴트에서 학자로 전향한 딕 모리스(Dick Morris)는 선거를 개혁하고 선거에서 돈의 힘을 줄여 정치를 변화시킬 '사이버 공간의 민중의 소리'로 인터넷을 바라본다(1999b: 7). 그러나 선거를 신중히 검토해 보면, 기술이 후보와 유권자를 한층 친밀하게 만들지도 않았고, 그렇다고 멀어지게 하지도 않았다. 오히려 후보와 유권자 간 관계의 속성은 과거 정치와 새로운 정치를 서로 연관시키기 어려울 정도로 많이 변했다. 앞으로 어떻게 변할지 궁금하다. 후보의 유권자접촉 전략이 부동층을 겨냥할 때, 정치가 다소 개인적이 될 수 있을까? 정당지도자들이 연방 상원선거에서 승리하려고 전문컨설턴트들을 끌어들이면, 정당의 힘이 강화될까. 아니면 정당 밖으로 그 힘이 넘어갈까? 미국선거에서 일어난 중요한 변화는 대통령선거에서부터 시장선거로까지 확산되었다. 그리고 정치학도들이 미국정치의 변화를 제대로 평가하려면 새로운 선거공학의 속성을 밝혀야 한다.

선거를 새롭게 이해하려면, 핵심은 전문적인 선거운동이 새로운 기술(*craft*)이라는 점을 인식하는 것이다. 후보들이 즉석웅변과 원칙있는 토론을 통해 유권자들에게 인상을 심어주었던 과거에는 그랬을지 모르지만, 이제는 전문선거운동이 더 이상 고도의 기술이 아니다. 그리고 그것은 유권자들이 여론조사전문가의 객관적인 조사를 받은 다음, 미디어 컨설턴트에 의해 조정되는 과학도 더 이상 아니다. 그 대신, 양당시스템을 통해 만들어진 경쟁환경 속에서 선거요원들은 자신들의 전문지식을 지속적으로 다듬어야 하고, 선거승리를 위해 기술과 독창성을 겸비해야 한다. 후보들이 이제 선거본부를 스스로 만들고 선거관리 전략과 전술을 알고 있는 전문가들을 활용하기 때문에 컨설턴트중심 선거는 예전만큼 정당의 도움을 받지는 않는다. 이러한 의미에서 새로운 스타일의 선거는 독창성 및 조사, 경험, 분석의 산물인 과학(*science*)이자 예술(*art*)이다. 그렇기 때문에 컨설턴트중심 선거가 최고의 새로운 선거기술로 인식되는 것이다.

참고문헌

Abramson, Paul R., John H. Aldrich, and David W. Rohde. 1999. *Change and Continuity in the 1996 and 1998 Elections*. Washington, DC: Congressional Quarterly.

Adamany, David. 1969. *Financing Politics: Recent Wisconsin Elections*. Madison: University of Wisconsin Press.

Adamany, David W., and George E. Agree. 1975. *Political Money: A Strategy for Campaign Financing in America*. Baltimore: Johns Hopkins University Press.

Agranoff, Robert. 1972. *The New Style in Election Campaigns*. Boston: Holbrook.

Ahuja, Sunil, Staci L. Beavers, Cynthia Berreau, Anthony Dodson, Patrick Hourigan, Steven Showalter, Jeff Walz, and John R. Hibbing. 1993. "Modern Congressional Theory Meets the 1992 House Elections." *Political Research Quarterly* 47:891–908.

Alexander, Kathy. 1994. "Television Is the Name of the Game." *Atlanta Constitution*. October 16, B1.

Alford, John, Holly Teeters, Daniel S. Ward, and Rick K. Wilson. 1994. "Overdraft: The Political Cost of Congressional Malfeasance." *Journal of Politics* 56:788–801.

Allen, Cathy. 1995. "Women on the Run." *Campaigns & Elections,* October.

———. 1990a. "Peer-Pressure Politics." *Campaigns & Elections,* June.

———. 1990b. "Impressing the Press." *Campaigns & Elections,* April.

———. 1990c. "GOTV." *Campaigns & Elections,* October.

Anderson, Margo J., ed. 2000. *Encyclopedia of the U.S. Census*. Washington, DC: Congressional Quarterly.

Ansolabehere, Steven, and Shanto Iyengar. 1997. *Going Negative: How Political Advertisements Shrink and Polarize the Electorate.* New York: Free Press.

———. 1995. "Winning through Advertising: It's All in the Context." In *Campaigns and Elections American Style,* edited by James A. Thurber and Candice J. Nelson. Boulder, CO: Westview.

Arnold, Marguerite. 1999. "TV Spot Production: A Political Campaign Primer." *Campaigns & Elections*, September.

Arterton, Chris. 2000. "New Relationships." In "20/20 Vision." *Campaigns & Elections*, April.

Atlas, Mark. 1989. "Gambling with Elections." In *Campaigns & Elections: A Reader in Modern American Politics,* edited by Larry J. Sabato. Glenview, IL: Scott, Foresman.

Backstrom, Charles H., and Gerald Hursh-Cesar. 1981. *Survey Research.* New York: Macmillan.

Baer, Denise. 1995. "Contemporary Strategy and Agenda Setting." In *Campaigns and Elections American Style,* edited by James A. Thurber and Candice J. Nelson. Boulder, CO: Westview.

Bailey, Michael A., Ronald A. Faucheux, Paul S. Herrnson, and Clyde Wilcox, eds. 2000. *Campaigns & Elections: Contemporary Case Studies.* Washington, DC: Congressional Quarterly.

Baker, Peter. 1996. "Contrasting GOP Strategies Mark Senate Primary in Va." *Washington Post.* May 26, sec. A.

Balz, Dan. 1996. "Clinton Broke Republican Grip on Some Suburban County Strongholds." *Washington Post.* November 10, sec. A.

Bayer, Michael J., and Joseph Rodota. 1989. "Computerized Opposition Research." In *Campaigns & Elections: A Reader in Modern American Politics,* edited by Larry J. Sabato. Boulder, CO: Westview.

Beaudry, Ann, and Bob Schaeffer. 1986. *Winning Local and State Elections.* New York: Free Press.

Beck, Paul A., and Frank J. Sorauf. 1992. *Party Politics in America.* New York: HarperCollins.

Beiler, David. 2000. "The Body Politic Registers a Protest." In *Campaigns & Elections: Contemporary Case Studies*, edited by Michael A. Bailey, et al. Washington, DC: Congressional Quarterly.

———. 1994a. "Abraham vs. Romney." *Campaigns & Elections,* October.

———. 1994b. "Day of the Iguana." *Campaigns & Elections,* June.

———. 1994c. "The Harder They Fall." *Campaigns & Elections,* May.

———. 1994d. "Return of the Plainsman." *Campaigns & Elections,* July.

———. 1990. "Precision Politics." *Campaigns & Elections,* February/March.

Benenson, Bob. 1995. "Jesse Jackson Jr. Wins House Seat." *Congressional Quarterly Weekly Report* 53:3836.

Bennett, Matthew. 2000. Telephone interview with Michael John Burton. July 17.

Berelson, Bernard R., Paul F. Lazarsfeld, and William N. McPhee. 1954. *Voting.* Chicago: University of Chicago Press.

Bike, William S. 1998. *Winning Local Elections: A Comprehensive Guide to Electoral Success*. Juneau, AK: Denali.

Bilbank, Dana. 2000. "The Year of the Latino Voter? Only in Campaign Rhetoric." *Washington Post.* May 21, sec. B.

Blumenthal, Sidney. 1980. *The Permanent Campaign: Inside the World of Elite Political Operatives*. Boston: Beacon.

Bogart, Leo. 2000. "Politics, Polls, and Poltergeists: A Critical View of the 1996 Election." In *Election Polls, the News Media, and Democracy*, edited by Paul J. Lavrakas and Michael W. Traugott. Chatham, NJ: Chatham House.

Boorstin, Daniel J. 1964. *The Image: A Guide to Pseudo-events in America.* New York: Harper and Row.

Bovee, John. 1998. "How to Do Opposition Research on the Internet." *Campaigns & Elections,* September.

Bradshaw, Joel. 1995. "Who Will Vote for You and Why: Designing Strategy and Theme." In *Campaigns and Elections American Style,* edited by James A. Thurber and Candice J. Nelson. Boulder, CO: Westview.

Braun, Gerry. 1999. "Bilbray Catches Heat from Assembly Woman over Trip Down Under." *San Diego Union Tribune.* August 12, sec. B.

Broder, David S. 1971. *The Party's Over: The Failure of Politics in America.* New York: Harper and Row.

Brown, James, and Philip M. Seib. 1976. *The Art of Politics: Electoral Strategies and Campaign Management.* Port Washington, NY: Alfred.

Brown, Ron, and Nello Giorgetti. 1992. "Downballot Doldrums." *Campaigns & Elections,* June.

Bryan, William Jennings. 1913. *Speeches of William Jennings Bryan.* New York: Funk and Wagnalls.

Buckley v. Valeo. 1976. 424 U.S. 1.

Bumiller, Elisabeth. 2000. "Giuliani Accuses Mrs. Clinton of Negative Calls, Disguised as Polling." *New York Times.* February 23, sec. B.

Butler, David, and Austin Ranney. 1992. *Electioneering: A Comparative Study of Continuity and Change.* New York: Oxford University Press.

Castellanos, Alex. 1998. Interviewed for PBS, *The :30 Second Candidate.* Transcript at http://www.pbs.org/30secondcandidate.

Cisneros, Henry. 1999. "Winning the Crucial Hispanic Vote in 2000." *Campaigns & Elections,* August.

Cohen, Mary W., ed. 1992. *Congressional Campaign Finances: History, Facts, and Controversy.* Washington, DC: Congressional Quarterly.

Connell, Mike. 2000. "A Guide to Finding a Smart Internet Strategy for 2000." *Campaigns & Elections,* December/January.

Conway, Margaret M. 1985. *Political Participation in the United States.* Washington, DC: Congressional Quarterly.

Conway, Margaret M., and Joanne Connor Green. 1995. "Political Action Committees and the Political Process in the 1990s." In *Interest Group Politics,* edited by Allan J. Cigler and Burdett A. Loomis. Washington, DC: Congressional Quarterly.

Cotter, Cornelius P., James Gibson, John F. Bibby, and Robert J. Huckshorn. 1984. *Party Organizations in American Politics.* New York: Praeger.

Cover, Albert D. 1977. "One Good Term Deserves Another: The Advantage of Incumbency in Congressional Elections." *American Journal of Political Science* 21:523–41.

Craney, Glen. 1990. "Kentucky." *Congressional Quarterly* 48:3311.

Crespi, Irving. 1988. *Pre-Election Polling.* New York: Russell Sage Foundation.

Crone, Brad. 1998. "Finding Priority Precincts with Database Overlays." *Campaigns & Elections,* December/January.

Cross, Al. 1994. "Kentucky Derby." *Campaigns & Elections,* July.

Dahl, Robert A. 1961. *Who Governs?* New Haven, CT: Yale University Press.

Daves, Robert P. 2000. "Who Will Vote? Ascertaining Likelihood to Vote and Modeling a Probable Electorate in Preelection Polls." In *Election Polls, the News Media, and Democracy*, edited by Paul J. Lavrakas and Michael W. Traugott. Chatham, NJ: Chatham House.

Davis, Lanny J. 1999. *Truth to Tell: Tell It Early, Tell It All, Tell It Yourself.* New York: Simon and Schuster.

Dawidziak, Mike. 1991. "Use Ethnic Targeting to Focus Mailings." *Campaigns & Elections,* November.
Deaver, Michael K., with Mickey Herskowitz. 1987. *Behind the Scenes*. New York: William Morrow.
Desmone, Rosanne. 1999. "Exponential Boost: The New Contact Center." *Campaigns & Elections,* October/November.
Diamond, Edwin, and Stephen Bates. 1992. *The Spot: The Rise of Political Advertising on Television*. Cambridge: MIT Press.
Dimock, Michael A., and Gary C. Jacobson. 1995. "Checks and Choices: The House Bank Scandal's Impact on Voters in 1992." *Journal of Politics* 57:1143–59.
Dinkin, Robert J. 1989. *Campaigning in America: The History of Election Practices*. New York: Greenwood.
Dowd, Matthew. 1992. "Bottom of the Ninth: If You Target Them, They Will Vote." *Campaigns & Elections,* November.
Duncan, Phil, ed. 1993. *Politics in America 1994*. Washington, DC: Congressional Quarterly.
Duncan, Philip D. 1999. "Incumbent in the Cross Hairs." *Campaigns & Elections,* December.
Dunn, Anita. 1995. "The Best Campaign Wins: Local Press Coverage of Nonpresidential Races." In *Campaigns and Elections American Style,* edited by James A. Thurber and Candice J. Nelson. Boulder, CO: Westview.
Dwyer, Diana, and Victoria A. Farrar-Myers. 2000. *Legislative Labyrinth: Congress and Campaign Finance Reform.* Washington, DC: Congressional Quarterly.
Edmondson, Brad. 1994. "Crime Crazy." *American Demographics* 16:2.
Egan, Timothy. 1996. "Of Marriage, Money and a Lawmaker's Woes." *New York Times.* May 2, sec. A.
Ehrenhalt, Alan. 1991. *The United States of Ambition.* New York: Random House.
Fairbank, John. 1993. "Proving Conventional." *Campaigns & Elections*, April/May.
Fairbank, John, and Paul Goodwin. 1993. "When Two's a Race and Three's a Crowd." *Campaigns & Elections*, January.
Farinella, Marc. 1992. "Research Resources." *Campaigns & Elections,* January.
Faucheux, Ron. 1998. *The Road to Victory, 2000: The Best of the Best from Campaigns & Elections.* 2nd ed. Dubuque, IA: Kendall/Hunt.
———. 1996. "Should You Hire Out-of-State Consultants?" *Campaigns & Elections,* February.
———. 1993. "Don Beyer, Mike Farriss, and the Wizard of Oz." *Campaigns & Elections,* December/January.
Fenno, Richard F. 1996. *Senators on the Campaign Trail: The Politics of Representation.* Norman: University of Oklahoma Press.
———.1989. *The Making of a Senator: Dan Quayle.* Washington, DC: Congressional Quarterly.
———.1978. *Home Style: House Members in Their Districts*. Boston: Little, Brown.
———. 1973. *Congressmen in Committees*. Boston: Little, Brown.
Ferejohn, John A. 1977. "On the Decline in Competition in Congressional Elections." *American Political Science Review* 71:166–76.
Ferguson, Andrew. 1996. "Live Free or Cry: The Truth about New Hampshire." *The Weekly Standard,* January.
Fiorina, Morris P. 1981. *Retrospective Voting in American National Elections*. New Haven, CT: Yale University Press.

Fowler, Linda L. 1995. "Campaign Ethics and Political Trust." In *Campaigns and Elections American Style,* edited by James A. Thurber and Candice J. Nelson. Boulder, CO: Westview.

———. 1993. *Candidates, Congress, and the American Democracy*. Ann Arbor: University of Michigan Press.

Fowler, Linda L., and Robert D. McClure. 1989. *Political Ambition: Who Decides to Run for Congress*. New Haven, CT: Yale University Press.

Frantz, Douglas. 1999. "Plenty of Dirty Jobs in Politics and a New Breed of Diggers." *New York Times*. July 6, sec. A.

Frendries, John, and Alan R. Gitelson. 1999. "Local Parties in the 1990s: Spokes in a Candidate-Centered Wheel." In *The State of the Parties,* edited by John C. Green and Daniel M. Shea. Lanham, MD: Rowman and Littlefield.

Friedenberg, Robert V. 1997. *Communication Consultants in Political Campaigns: Ballot Box Warriors*. Westport, CT: Praeger.

Friedman, Lawrence M. 1993. *Crime and Punishment in American History*. New York: Basic Books.

Glad, Paul W. 1964. *McKinley, Bryan, and the People*. Philadelphia: J.B. Lippincott.

Glass, Andrew J. 2000. "Campaign 2000: Internet: Internet Vital to Campaigns; TV Still Best Way to Reach Voters, but Web Best Way to Raise Funds, Panel Says." *Atlanta Constitution*. May 11, sec. A.

Glasser, Susan B. 2000a. "Hired Guns Fuel Fundraising Race." *Washington Post*. April 30, sec. A.

———. 2000b. "Winning a Stake in a Losing Race." *Washington Post*. May 1, sec. A.

———. 2000c. "Consultants Pursue Promising Web of New Business." *Washington Post*. May 3, sec. A.

Goodliffe, Jay. 2000. "The 1998 Utah Second Congressional District Race." In *Outside Money: Soft Money and Issue Advocacy in the 1998 Congressional Elections,* edited by David B. Magleby. Lanham, MD: Rowman and Littlefield.

Green, John C., and Daniel M. Shea, eds. 1999. *The State of the Parties: The Changing Role of Contemporary American Parties,* 3rd ed. Lanham, MD: Rowman & Littlefield.

Greenblatt, Alan. 1995. "Republican Wins Minnesota Seat." *Congressional Quarterly Weekly Report* 53:3835.

Grefe, Edward A. 1998. "Can Political Candidates Afford to Allow Their Data to Be Managed by Anyone but a Professional?" *Campaigns & Elections,* December/January.

Grey, Lawrence. 1999. *How to Win a Local Election*. Rev. ed. New York: M. Evans.

Gross, Donald A., and Penny Miller. 2000. "The 1998 Kentucky Senate and Sixth District Races." In *Outside Money: Soft Money and Issue Advocacy in the 1998 Congressional Elections,* edited by David B. Magleby. Lanham, MD: Rowman and Littlefield.

Gruenwald, Juliana. 1995. "Wyden, Smith Vie for Center in Race for Packwood Seat." *Congressional Quarterly Weekly Report* 53:3755.

The Guide to Background Investigations. 1998. Tulsa, OK.: Source Publications.

Guzzetta, S.J. 2000. *The Campaign Manual: A Definitive Study of the Modern Political Campaign Process*. 5th ed. Anaheim, CA: Political Publishing.

Halatyn, Tom. 1998. "Using Data Files to Raise More Bucks." *Campaigns & Elections,* December/January.

Hallow, Ralph Z. 1997a. "Brad O'Leary." *Campaigns & Elections,* September.

———. 1997b. "Brad O'Leary's Fundraising Secrets." *Campaigns & Elections,* September.

Harris, John F. 1998. "Clinton's Campaign Consultants Reaped Millions from TV Ads." *Washington Post*. January 4, sec. A.
Hart, Neesa. 1992. "Buddy, Can You Spare a Grand?" *Campaigns & Elections*, September.
Hart, Roderick P. 1994. *Seducing America: How Television Charms the Modern Voter*. New York: Oxford University Press.
Hathaway, T. R. 1996. "Bright Ideas from Pat Buchanan's Integrated Campaign Database." *Campaigns & Elections,* August.
Helton, Charmagne, and Kathey Pruitt. 1998. "Millner Pulls TV Ad Erroneously Reporting Barnes Parole Vote." *Atlanta Constitution*. August 6, sec. E.
Henry, Gary T. 1990. "Practical Sampling." *Applied Social Research Methods Series*. Newbury Park, CA: Sage.
Herrnson, Paul S. 2000. *Congressional Elections: Campaigning at Home and in Washington*. Washington, DC: Congressional Quarterly.
———. 1998. *Congressional Elections: Campaigning at Home and in Washington*. Washington, DC: Congressional Quarterly.
———. 1994. "Party Strategy and Campaign Activities in the 1992 Congressional Elections." In *The State of the Parties,* edited by Daniel M. Shea and John C. Green. Lanham, MD: Rowman and Littlefield.
———. 1988. *Party Campaigning in the 1980s*. Cambridge: Harvard University Press.
Hershey, Marjorie R. 1984. *Running for Office: The Political Education of Campaigners*. Chatham, NJ: Chatham House.
Hesla, Maren. 1992. "Credibility Crusade." *Campaigns & Elections,* January.
Hewitt, John. 1999. "Sending Effective Press Releases." *Campaigns & Elections,* April.
Himes, David. 1995. "Strategy and Tactics for Candidate Fund-Raising." In *Campaigns and Elections American Style,* edited by James A. Thurber and Candice J. Nelson. Boulder, CO: Westview.
Hines, Cragg. 1992. "The Reagan–Bush Era; Reagan's Simple Message Hit the Spot." *Houston Chronicle*. August 16.
Hockaday, Tom, and Becki Donatelli. 2000. "Fundraising Capabilities." In "20/20 Vision." *Campaigns & Elections,* April.
Hockaday, Tom, and Martin Edlund. 1999. "Banner Advertising as a Voter Outreach Tool." *Campaigns & Elections,* May.
Hood, John. 1993. "The Third Way." *Reason* 24:40–43.
Hutchens, Jon. 1996. "Buying Cable Time: How to Get Your Money's Worth." *Campaigns & Elections,* June.
Hyman, H. H., and P. B. Sheatsley. 1950. "The Current Status of American Public Opinion." In *The Teaching of Contemporary Affairs,* edited by J.C. Payne. Washington, DC: National Council of Social Studies, 11–34.
Idelson, Holly. 1990. "Michigan." *Congressional Quarterly* 48:3318.
Ifill, Gwen. 1992. "Democrats Exercising Their Legs and Lips." *New York Times*. July 20, sec. A.
Institute of Politics. 1997. *Campaign for President: The Managers Look at '96*. Hollis, NH: Hollis.
Ireland, Doug. 1995. "The Rich Rise of Lamar Alexander." *The Nation* 260:517–22.
Jacobson, Gary C. 1997. *The Politics of Congressional Elections*. 4th ed. New York: Addison Wesley Longman.
Jalonick, Mary Clare. 2000a. "Bringing in the Bucks on the Web." *Campaigns & Elections,* April.

———. 2000b. "Greatest Hits II: Democratic House Candidate Sites." *Campaigns & Elections,* July.

Jamieson, Kathleen Hall. 1998. "Facing Up to It; What Those Polls Are Telling Us." *Washington Post.* March 22, sec. C.

———. 1992. *Dirty Politics*. New York: Oxford University Press.

———. 1984. *Packaging the Presidency*. New York: Oxford University Press.

Johnson, Dick. 1995. "Victory His, Jesse Jackson Jr. Heads to Congress." *New York Times,* December 14, sec. B.

Johnson, Wayne C. 1992. "First Do No Harm." *Campaigns & Elections,* July.

Johnson-Cartee, Karen S., and Gary A. Copeland. 1997. *Inside Political Campaigns: Theory and Practice.* Westport, CT: Praeger.

Johnson-Cartee, Karen S., and Gary A. Copeland. 1991. *Negative Political Advertising: Coming of Age*. Hillsdale, NJ: Lawrence Erlbaum Associates.

Jones, Ruth S. 1991. "Campaign and Party Finance in the American States." In *Campaign and Party Finance in North America and Western Europe,* edited by Arthur B. Gunlicks. Boulder, CO: Westview.

———. 1984. "Financing State Elections." In *Money and Politics in the United States: Financing Elections in the 1980s,* edited by Michael Malbin. Chatham, NJ: Chatham House.

Jones, Stanley. 1964. *The Presidential Election of 1896.* Madison: University of Wisconsin Press.

Joyella, Mark. 1994. "Beating the Son King." *Campaigns & Elections,* March.

Kanfer, Ron. 1991. "Direct to the Bank." *Campaigns & Elections,* July.

Kaplan, Robert L. 2000. "Getting the Most Out of Your Professional Fundraiser." *Campaigns & Elections,* February.

———. 1993. "Setting Up a Peer-to-Peer Fundraising Program." *Campaigns & Elections,* January.

———. 1991. "Psychology of Silence: Raising More Money by Psyching Out Donors." *Campaigns & Elections,* November.

Kayden, Xandra, and Eddie Mahe Jr., eds. 1985. *The Party Goes On*. New York: Basic Books.

Koelemay, Douglas. 1994. "Clay vs. Corbett: How a State Senate Incumbent in Alabama Was Out-Campaigned in an Upset Primary." *Campaigns & Elections,* September.

Krasno, Jonathan S. 1994. *Challengers, Competition, and Reelection*. New Haven, CT: Yale University Press.

Krehbiel, Keith, and John R. Wright. 1983. "The Incumbency Effect in Congressional Elections: A Test of Two Explanations." *American Journal of Political Science* 27: 140–57.

Krueger, Richard A. 1994. *Focus Groups: A Practical Guide for Applied Research*. Thousand Oaks, CA: Sage.

Kurtz, Howard. 1992. "Hotline to Campaign Central; Daily Clip Sheet Keeps the Pack Ahead." *Washington Post.* February 29, sec. D.

Lau, Richard. 1994. "An Analysis of the Accuracy of 'Trial Heat' Polls during the 1992 Presidential Election." *Public Opinion Quarterly* 58(1):2–20.

Lavin, Michael R. 1996. *Understanding the Census: A Guide for Marketers, Planners, Grant Writers, and Other Data Users*. Kenmore, NY: Epoch.

Lavrakas, Paul J. 1993. "Telephone Survey Methods: Sampling, Selection, and Supervision." *Applied Social Research Methods Series*. Newbury Park, CA: Sage.

Lindauer, Charles. 1999. "Tactical Cartography." *Campaigns & Elections,* April.

Longley, Lawrence D. 1992. "The Institutionalization of the National Democratic Party: A Process Stymied, Then Revitalized." *Wisconsin Political Scientist* 7:9–15.

Luntz, Frank I. 1988. *Candidates, Consultants, and Campaigns: The Style and Substance of American Electioneering*. Oxford, England: Basil Blackwood.

Magleby, David B., ed. 2000. *Outside Money: Soft Money and Issue Advocacy in the 1998 Congressional Elections.* Lanham, MD: Rowman and Littlefield.

Maisel, L. Sandy. 1990. "The Incumbency Advantage." In *Money, Elections, and Democracy: Reforming Congressional Campaign Finance,* edited by Margaret Latus Nugent and John R. Johannes. Boulder, CO: Westview.

Malbin, Michael J. 1995. "1994 Vote: The Money Story." In *America at the Polls: 1994,* edited by Everett Carl Ladd. New Brunswick, NJ: Roper Center for Public Opinion Research.

Malchow, Hall. 2000. "Predicting Voter Turnout: Applying New Tools." *Campaigns & Elections,* April.

———. 1997. "The Targeting Revolution in Political Direct Contact." *Campaigns & Elections*, June.

———. 1990. "10 Ways to Design In House Mail That Works." *Campaigns & Elections,* June/July.

Manes, Susan. 1990. "Up for Bid: A Common Cause View." In *Money, Elections, and Democracy: Reforming Congressional Campaign Finance,* edited by Latus Nugent and John R. Johannes. Boulder, CO: Westview.

Marquette, Jesse F. 1991. *Response Form Effects in Election Polling Process*. Phoenix: American Association for Public Opinion Research.

Martindale, Rob. 1994. "Ex-Teacher Tops Veteran Lawmaker." *Tulsa World,* September 21, sec. A.

Matalin, Mary, and James Carville. 1995. *All's Fair: Love, War, and Running for President.* New York: Touchstone.

Mayhew, David R. 1974a. "Congressional Elections: The Case of the Vanishing Marginals." *Polity* 6:295–317.

———. 1974b. *Congress: The Electoral Connection*. New Haven, CT: Yale University Press.

McDevitt, Bob. 1996. "Fundraising: Quick Tips for Candidates." *Campaigns & Elections,* September.

McGinniss, Joe. 1969. *The Selling of the President 1968.* New York: Trident.

McLuhan, Marshall. 1964. *Understanding Media: The Extensions of Man.* New York: McGraw-Hill.

Melder, Keith E. 1992. *Hail to the Candidate: Presidential Campaigns from Banners to Broadcasts*. Washington, DC: Smithsonian Institution Press.

Menefee-Libey, David. 2000. *The Triumph of Campaign-Centered Politics*. Chatham, NJ: Chatham House.

Mentzer, Bruce. 2000. "Banner Ads: The New Entry in Paid Political Media Plans." *Campaigns & Elections,* July.

Meredith, Todd. 2000. "Fundraising Events: The Dollars Are in the Details." *Campaigns & Elections,* February.

Milbank, Dana. 2000. "The Year of the Latino Voter? Only in Campaign Rhetoric." *Washington Post,* May 21, Section B.

Mitchell, Alison, and Frank Bruni. 2000. "Bush and McCain Swap Strategies for Next Battle." *New York Times,* Feb. 21, sec. A.

Morris, Dick. 1999a. *Behind the Oval Office: Getting Reelected against All the Odds*. Los Angeles: Renaissance.

———. 1999b. *Vote.com*. Los Angeles: Renaissance Books.

Morris, Dwight, and Murielle E. Gamache. 1994. *Gold-Plated Politics: The 1992 Congressional Races*. Washington, DC: Congressional Quarterly.

Morris, Jeffrey B. 1999. "You Can Use the Internet to Drive Your Direct Mail." *Target Marketing,* September.

Napolitan, Joseph. 1986. "Some Thoughts on the Importance of Strategy in a Political Campaign." In *The National Republican Congressional Committee Campaign Starter Manual*. Washington, DC: Republican Congressional Campaign Committee.

———. 1972. *The Election Game and How to Win It*. Garden City, NY: Doubleday.

Nelson, Michael. 1995. "Evaluating the Presidency." In *The Presidency and the Political System,* edited by Michael Nelson. Washington, DC: Congressional Quarterly.

New York Times. 1996a. "Dole's Speech Accepting the G.O.P. Nomination for President," 16 August.

New York Times. 1996b. "Clinton's Speech Accepting the Democratic Nomination for President," 30 August.

Nie, Norman H., Sidney Verba, and John R. Petrocik. 1976. *The Changing American Voter*. Cambridge: Harvard University Press.

Nieves, Evelyn. 1992. "Spelling by Quayle (That's with an E)." *New York Times*. June 17, sec. A.

Nimmo, Daniel. 1970. *The Political Persuaders*. Englewood Cliffs, NJ: Prentice-Hall.

Noble, Phil. 1998. "Ventura Win Marks Dawn of New Era: Age of Digital Politics." *Roll Call*. December 7.

O'Neill, Tip, with Gary Hymel. 1994. *All Politics Is Local and Other Rules of the Game*. Holbrook, MA: Bob Adams.

O'Neill, Tip, with William Novak. 1987. *Man of the House: The Life and Political Memoirs of Speaker Tip O'Neill*. New York: Random House.

Ouzounian, Richard. 1997. "Satellites, Feeds and Computers." *Campaigns & Elections,* August.

Pelletier, Paul. 1999. "Closing the Deal: Ten Fundraising Tips." *Campaigns & Elections,* May.

Persinos, John F. 1994. "Gotcha!" *Campaigns & Elections,* August.

Pew Research Center. 2000. "Internet Sapping Broadcast News Audience." Text at www.people-press.org/mediaoorpt.htm. June 11.

Phillips, Gerald M. 1984. *How to Support Your Cause and Win*. Columbia: University of South Carolina Press.

Pine, Joseph B. 1993. *Mass Customization: The New Frontier in Business Competition*. Boston: Harvard Business School Press.

Pomper, Gerald M. 1974. *Elections in America*. New York: Dodd, Mead.

Porter, Rick. 1999. "The Magic Campaign Combination in the Age of Access." *Campaigns & Elections,* October/November.

Pressley, Sue Anne. 1994. "The Comeuppance of Texas Icon Mirrors Nation's Political Revolt." *Washington Post*. December 7, sec. A.

Randolph, Sallie G. 1989. "The Effective Press Release: Key to Free Media." In *Campaigns & Elections: A Reader in Modern American Politics,* edited by Larry Sabato. Glenview, IL: Scott, Foresman.

Reeves, Richard. 1994. "Synar's Defeat Gives Politicians the Jitters." *Tulsa World*. September 28, 27.

Rieter, Howard L. 1993. *Parties and Elections in Corporate America*. New York: Longman.

Riordon, William L., ed. 1995. *Plunkitt of Tammany Hall: A Series of Very Plain Talks by Ex-Senator George Washington Plunkitt*. New York: Signet.

Robberson, Tod. 1996. "Those Who Dig Dirt Are in Demand." *Washington Post*. November 1, sec. B.

Robbin, Jonathan. 1989. "Geodemographics: The New Magic." In *Campaigns and Elections: A Reader in Modern American Politics,* edited by Larry Sabato. Glenview, IL: Scott, Foresman.

Roberts, Steven V. 1987. "Preserving Reagan's Legacy." *New York Times*. May 7, sec. A.

Sabato, Larry J. 1991. *Feeding Frenzy: How Attack Journalism Has Transformed American Journalism*. New York: Free Press.

———. 1989a. *Campaigns and Elections: A Reader in Modern American Politics.* Glenview, IL: Scott, Foresman.

———. 1989b. "How Direct Mail Works." In *Campaigns & Elections: A Reader in Modern American Politics,* edited by Larry J. Sabato. Glenview, IL: Scott, Foresman.

———. 1981. *The Rise of Political Consultants: New Way of Winning Elections*. New York: Basic Books.

Sabato, Larry, and Glenn R. Simpson. 1996. "Vote Fraud!" *Campaigns & Elections,* June.

Sabato, Larry, Mark Stencel, and S. Robert Lichter. 2000. *Peepshow: Media and Politics in an Age of Scandal.* Lanham, MD: Rowman & Littlefield.

Salmore, Barbara G., and Stephen A. Salmore. 1989. *Candidates, Parties, and Campaigns*. Washington, DC: Congressional Quarterly.

Schapiro, Beth S. 1992. "It's a Man's World: Unless You Know the Right Questions to Ask." *Campaigns & Elections,* June.

Schlesinger, Joseph A. 1991. *Political Parties and the Winning of Office*. Ann Arbor: University of Michigan Press.

Schuman, Howard, and Stanley Presser. 1981. *Questions and Answers in Attitude Surveys.* San Diego: Academic Press.

Scudder, Virgil. 1997. Interviewed in "Spin." *Campaigns & Elections,* April.

Selnow, Gary W. 1994. *High Tech Campaigns*. Westport, CT: Praeger.

Semiatin, Richard J., and Tari Renner. 1994. "Much Ado about Nothing? The Impact of Check Bouncing on Members Returning to Congress." Paper presented at the 1994 Annual Meeting of the Midwest Political Science Association, Chicago, April 14–16.

Shaw, Catherine. 2000. *The Campaign Manager*. 2nd ed. Boulder, CO: Westview.

Shea, Daniel M. 1999. "The Passing of Realignment and the Advent of the 'Base-Less' Party System." *American Politics Quarterly* 27(1):33–57.

———. 1996a. *Campaign Craft: The Strategies, Tactics, and Art of Political Campaign Management.* Westport, CT: Praeger.

———. 1996b. "Issue Voting, Candidate Quality, and the Ousting of a Ten-Year Incumbent. *American Review of Politics,* 17:395–420

———. 1995a. *Transforming Democracy: State Legislative Campaigns and Political Parties*. Albany: State University of New York Press.

———. 1995b. "Lessons from a Challenger Upset: The Voters Have the Floor." Unpublished Manuscript.

Shea, Daniel M., and Stephen C. Brooks. 1995. "How to Topple an Incumbent." *Campaigns & Elections,* June.

Shea, Daniel M., and John C. Green, eds. 1994. *The State of the Parties*. Lanham, MD: Rowman and Littlefield.

Sheingold, Larry. 1993. "One More Hurrah: How Milton Marks Beat the Odds." *Campaigns & Elections* 14:40–41.

Shirley, Craig. 1997. Interviewed in "Spin." *Campaigns & Elections,* April.

Shrum, Robert. 1997. Interviewed in "Spin." *Campaigns & Elections,* April.

Sifton, Elisabeth. 1998. "The Serenity Prayer." *The Yale Review* 86 (1):16–65.

Silverberg, Carl. 2000. "The Secret Ingredient for Successful PAC Fundraising: Discipline." *Campaigns & Elections,* June.

Simon, Paul. 1999. *P.S.: The Autobiography of Paul Simon*. Chicago: Bonus Books.

———. 1995. Interviewed for CBS, *60 Minutes*. "Capitol Hill Nine: Retiring Senators Discuss Why They Chose to Leave Public Office," December 17.

Simpson, Dick. 1996. *Winning Elections: A Handbook of Modern Participatory Politics*. New York: HarperCollins.

Snider, Steve. 1990. "What Makes a Press Release Sing." *Campaigns & Elections*, January.

Sorauf, Frank J. 1995. "Competition, Contributions, and Money in 1992." In *Campaigns and Elections American Style,* edited by James A. Thurber and Candice J. Nelson. Boulder, CO: Westview.

———. 1988. *Money in American Elections*. Boston: Scott, Foresman.

Squier, Robert. 1998. Interviewed for PBS, *The :30 Second Candidate*. Transcript at http://www.pbs.org/30secondcandidate.

Stephanopoulos, George. 1999. *All Too Human: A Political Education*. Boston: Little, Brown.

Still, Edward. 2000. Listserv posting to Law-Courts List-serv, December 9.

Sweeney, William R. 1995. "The Principles of Planning." In *Campaigns and Elections American Style,* edited by James A. Thurber and Candice J. Nelson. Boulder, CO: Westview.

Sweitzer, Don. 1996. "Kill or Be Killed; Military Strategies Can Help Win Campaigns." *Campaigns & Elections,* September.

Sweitzer, Don, and David Heller. 1996. "Radio Tips: 10 Ways to Give Your Campaign Ads More Punch." *Campaigns & Elections,* May.

Swint, Kerwin C. 1998. *Political Consultants and Negative Campaigning: The Secrets of the Pros*. Lanham, MD: University Press of America.

Thibodeaux, Bessie. 1999. "The Road Home: Direct Mail Fundraising." *Campaigns & Elections,* May.

Thomas, Robert J., and Doug Gowen. 1999. *How to Run for Local Office: A Complete Guide for Winning a Local Election*. Detroit, MI: R and T Enterprise.

Thurber, James A., Robin Kolodny, and David A. Dulio. 2000. "Consultants on Candidates: Survey Taps Surprising Attitudes." *Campaigns & Elections,* May.

Thurber, James A., and Candice J. Nelson. 2000. *Campaign Warriors: Political Consultants in Elections*. Washington, DC: Brookings.

———. 1995. *Campaigns and Elections American Style*. Boulder, CO: Westview.

Thurber, James A., Candice J. Nelson, and David Dulio. 2000. *Crowded Airwaves: Campaign Advertising in Elections*. Washington, DC: Brookings.

Tourangeau, Roger, and Kenneth A. Rasinski. 1988. "Cognitive Processes Underlying Context Effects in Attitude Measurement." *Psychological Bulletin* 103(3):299–314.

Traugott, Michael W., and MeeEun Kang. 2000. "Public Attention to Polls in an Election Year." In *Election Polls, the News Media, and Democracy,* edited by Paul J. Lavrakas and Michael W. Traugott. New York: Chatham House.

Trent, Judith S., and Robert V. Friedenberg. 2000. *Political Campaign Communication: Principles and Practices*. 4th ed. New York: Praeger.

Tron, Barrie. 1996. "Staging Media Events: What We Learned from the 'Contract with America.' " *Campaigns & Elections,* December/January.

Troy, Gil. 1991. *See How They Ran: The Changing Role of the Presidential Candidate*. New York: Free Press.

Tufte, Edward R. 1975. "Determinants of the Outcomes of Midterm Congressional Elections." *American Political Science Review* 69:812–26.

Tuttle, Stephen. 1996. "Arizona Primary of Secondary Concern." *Arizona Republic*. February 4, sec. H.

Uslaner, Eric M. 1981. "The Case of the Vanishing Liberal Senators: The House Did It." *British Journal of Political Science* 11, pt. 1:105–13.

Varoga, Craig. 1995. "The Lone Star Upset." *Campaigns & Elections*, March.

Visser, Penny S., Jon A. Krosnick, Jesse F. Marquette, and Michael F. Curtin. 2000. "Improving Election Forecasting: Allocation of Undecided Respondents, Identification of Likely Voters, and Response Order Effects." In *Election Polls, the News Media, and Democracy,* edited by Paul J. Lavrakas and Michael W. Traugott. New York: Chatham House.

Wachob, Bill. 1991. "Tapping the Local Till." *Campaigns & Elections,* July.

Wachob, Bill, and Andrew Kennedy. 2000. "Beating B-1 Bob: Underdog Ends Conservative's Congressional Career in California's 46th District in 1996." In *Campaigns & Elections: Contemporary Case Studies,* edited by Michael A. Bailey et al. Washington, DC: Congressional Quarterly.

Wallace, Amy. 1994. "Stunning Blow for a Hired Gun." *Los Angeles Times*. November 14, sec. A.

Wattenberg, Martin P. 1998. *The Decline of American Political Parties 1952–1996.* Cambridge: Harvard University Press.

Wayne, Stephen. 1982. "Great Expectations: What People Want from the Presidency." In *Rethinking the Presidency,* edited by Thomas E. Cronin. Boston: Little, Brown.

Weaver, Mark. 1996. "Paid Media." In *Campaign Craft: The Strategies, Tactics, and Art of Political Campaign Management,* by Daniel M. Shea. Westport, CT: Praeger.

Weitzner, Larry, and Adam Geller. 1999. "Winning Tough Re-Elections: Start with Early Media." *Campaigns & Elections,* August.

Westneat, Danny, and Tom Brown. 1998. "Self-Funded Races Rarely Succeed." *Seattle Times.* September 3, sec. B.

Whillock, Rita Kirk. 1991. *Political Empiricism: Communication Strategies in State and Regional Elections*. New York: Praeger.

White, John Kenneth, and Daniel M. Shea. 2000. *New Party Politics: From Jefferson to the Information Age*. Boston: Bedford/St. Martin's.

White, Theodore H. 1961. *The Making of the President, 1960.* New York: Atheneum Publishers.

Wilson, Chris, and Mike Burita. 2000. "Winning in Unfriendly Territory." In *Campaigns & Elections: Contemporary Case Studies,* edited by Michael A. Bailey et al. Washington, DC: Congressional Quarterly.

Wreden, Nick. 1998. "On-Target Marketing." *Information Week,* August 31.

Yang, John. 2000. "Battle Tested: Poll Helps Bush Craft Anti-Gore Message." ABCNews.Com, March 23.

Yeutter, Clayton, Jeanie Austin, James S. Nathanson, and Jane Hershey Abraham. 1992. *The RNC Campaign Encyclopedia*. Washington, DC: Republican National Committee.

찾아보기 (일반)

ㄱ

ㅇ

ㅈ

ㅊ ~ ㅋ

ㅌ ~ ㅍ

ㅎ

기 타

찾아보기 (인명)

A~B

C～D

E～I

J～M

N~R

S

T~Y

■ 저자 약력

다니엘 시(Daniel M. Shea)
미국 앨러게니대학 정치학과 교수. 이전에 뉴욕 주 민주당 하원 선거위원회 지역조정관을 지낸 바 있다. 저서로는 *Transforming Democracy*(1995), *The State of the Parties* 1·2·3판(1994, 1996, 1999, 공동편집) 등이 있다.

마이클 존 버튼(Michael John Burton)
미국 오하이오대학 정치학과 교수. 1990년대 중반에 앨 고어 부통령의 정치 담당 부국장을 지낸 바 있다.

■ 역자 약력

전광우는 현재 국회의원 보좌관으로 근무중이다. 1969년 강원도 정선군 임계면에서 출생했고, 강릉고등학교를 거쳐 1994년 고려대학교 정치외교학과를 졸업하였다. 동 대학원 정치외교학과에서 1997년 석사학위를 받았고, 대학원 재학중 새로운 정치를 꿈꾸며 정치권에 들어가 현재까지 활동하고 있다. 2004년 국회국정감사에서 250여 개 시민단체로 구성된 NGO국정감사모니터단으로부터 최우수보좌진 3인에 선정된 바 있다.

나남커뮤니케이션스 ③

나남신서

나남출판사의 책은 쉽게 팔리지 않고 오래 팔립니다

2006. 4

614 **일상 속의 한국문화**
일상생활연구회 편

622 **불량주택 재개발론**
김형국(서울대)·하성규(중앙대) 공저

623 **딱정벌레에게 배우는 광고발상법**
박현주(LG Ad.) 저

624 **사회복지실천 기법과 지침**
B. 셰퍼·C. 호레이시·G. 호레이시/서울대 사회복지실천연구회 역(김혜란 감수)

626 **언론현상의 이해**
서정우(前 연세대) 저

628 **사회복지조사방법론**
A. 루빈·E. 바비/성숙진·유태균·이선우 공역

630 **기자학 입문**
박진용(대구매일신문) 저

631 **위험사회와 성폭력**
심영희(한양대) 저

632 **현대한국사학사**
조동걸(前 국민대) 저

633 **The World of Prose**
윤혜준(한국외대) 저

637 **정보사회와 국제커뮤니케이션**
황상재(한양대) 편

638 **현대방송의 이해**
홍기선(고려대) 외

641 **국제커뮤니케이션과 세계화**
A. 모하마디/김승현(고려대)·이경숙 공역

644 **세계화 시대의 인권과 사회운동: 5·18광주민주화운동의 재조명**
한국사회학회 편

646 **현대사회와 인권**
한상진(서울대) 편

648 **유학심리학: 맹자·순자 篇**
조긍호(서강대) 저

649 **글로벌시대의 국제광고론**
마리케 드 무이/김유경(한국외대)·전성률(한국외대) 공역

650 **충성과 반역: 전환기 일본의 정신사적 위상**
마루야마 마사오/박충석(이화여대)·김석근(고려대) 공역

651 **아레오파지티카: 존 밀턴의 언론 출판 자유에 대한 선언**
존 밀턴/임상원(前 고려대) 역

655 **중국의 중앙-지방관계론: 분권화의 정치경제**
정재호(서울대) 저

657 **아시아경제의 논리: 전예측 아시아 1999**
미쓰비시종합연구소/김경식(한국경제신문) 역

658 **내부고발의 논리**
박흥식(중앙대) 저

659 **한국재벌개혁론: 재벌을 바로잡아야 경제가 산다**
김대환(인하대)·김균(고려대) 공편

663 **대통령학**
함성득(고려대) 저

664 **포토저널리즘**
이병훈(前 조선일보) 저

665 **사회보장론**
이인재·류진석·권문일·김진구 공저

667 **보건경제학**
양봉민(서울대 보건대학원) 저

668 **미디어와 권력: 한국언론— 이제 어떻게 할 것인가**
김중배(언론개혁시민연대 상임공동대표) 저

669 **사회조사방법론: SPSSWIN 통계분석**
김영석(연세대) 저

670 **언론법제와 보도**
임병국(언론중재위원회) 저

673 **멀티미디어시대의 행정: 정보기술을 활용한 행정개혁론**
정충식(경성대) 저

674 **인터넷 광고: 이론과 전략**
최환진(한신대) 저

684 **99 춘천 리포트: 춘천의 삶과 꿈**
한림대 사회과학연구소·(주) 춘천문화방송 편

685 **신문발행인의 권력과 리더십: 장기영의 부챗살 소통망 연구**
안병찬(前 한국일보) 저

686 **직관과 구성**
승계호/김주성(한국교원대) 공역

690 **시원으로의 회귀: 고전과의 대화**
송호근(서울대)·서병훈(숭실대) 공편

693 **땅과 한국인의 삶**
김형국(서울대) 편

695 **영국노동당사: 한 노동운동의 정치화 이야기**
고세훈(고려대) 저

697 **교통계획**
노정현(한양대) 저

699 **스포츠 마케팅**
필 셰이프/김낙회(제일기획)·김호(LANG & Associates) 공역

700 **한국언론과 출판저널리즘**
조상호(나남출판 대표) 저

701 **한국5대재벌백서 - 1995～1997**
참여연대 참여사회연구소 경제분과

702 **김영섭작업 1980～1999**
김영섭(건축가) 저

708 **모성의 담론과 현실: 어머니의 성, 삶, 정체성**
심영희·정진성·윤정로 공편

709 **정보화시대의 방송교육**
김광호(서울산업대) 편

710 **현대방송학**
김우룡(한국외대) 저

714 **질적 연구방법론**
제니퍼 메이슨/김두섭(한양대) 역

717 **한국의 사회복지체제 연구**
홍경준(성균관대) 저

718 **사회복지실천론**
양옥경(이화여대) 외

720 **상담의 필수기술: 효과적 의사소통을 위한 사례중심 접근법**
에반스 외/성숙진(한신대)

721 **현대 매스커뮤니케이션 개론**
세버린·탠카드/박천일·강형철·안민호 공역

725 **공익 캠페인**
라이스·애트킨/한정호(서강대)·이현우(한양대) 공역